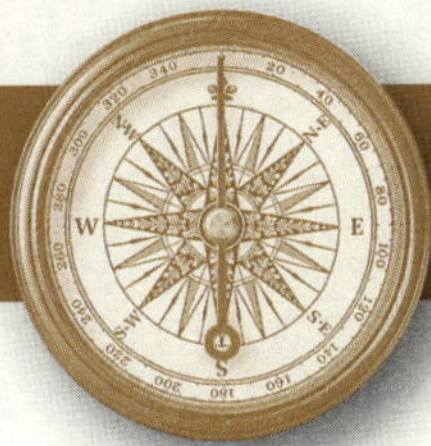

FÉ E
REFLEXÕES DIÁRIAS
ESPERANÇA
PARA INSPIRAR
PARA
SUA JORNADA ESPIRITUAL
CADA DIA

FLAVIO VALVASSOURA

FÉ E ESPERANÇA PARA CADA DIA

REFLEXÕES DIÁRIAS PARA INSPIRAR SUA JORNADA ESPIRITUAL

CITADEL
Grupo Editorial

1ª edição: Novembro 2025

Autor:
Flavio Valvassoura

Produção Editorial:
Gisele Romão da Cruz

Edição:
Renata Vaes

Preparação de texto:
Emanuelle Malecka

Revisão:
Bruna Gomes, Elaine Freddi,
Nilda Nunes

Projeto gráfico e diagramação:
Patrícia Lino

Capa:
Rafael Brum

Impressão:
Plena Print

DADOS INTERNACIONAIS DE CATALOGAÇÃO NA PUBLICAÇÃO (CIP)

Valvassoura, Flavio
Fé e esperança para cada dia : reflexões diárias para inspirar sua jornada espiritual / Flavio Valvassoura. — Porto Alegre : Citadel, 2026.

416 p. : il., color.

ISBN 978-65-5047-715-8

1. Devoções diárias 2. Vida cristã I. Título

25-4739 CDD 242.2

Angélica Ilacqua - Bibliotecária - CRB-8/7057

Produção editorial e distribuição:

CITADEL Grupo Editorial

contato@citadel.com.br
www.citadel.com.br

Um novo ano cheio de fé e esperança!

Ao pensar sobre tudo aquilo de que precisamos como seres humanos, cheguei à conclusão de que fé e esperança nos são essenciais. Assim como você, enfrento dificuldades, temores, tentações e situações conflitantes com frequência, pois nossa condição de vida terrena nos deixa suscetíveis a tais intempéries. Apesar de não termos controle sobre a grande maioria das circunstâncias que acontecem conosco ou com aqueles a quem amamos, temos pleno poder sobre como será a nossa reação.

É para ajudar você a lidar com as diversas situações do seu dia a dia que este livro foi concebido. Meu desejo é que este seja um meio pelo qual diariamente sua fé seja impulsionada e sua esperança seja ampliada. Que você possa receber paz, sabedoria, discernimento e edificação para a sua vida e o seu lar.

Seja bem-vindo!

Flavio Valvassoura

Aproveite seu tempo devocional!

Para extrair o máximo potencial deste livro, tenho algumas sugestões.

1

Sempre que possível, faça seu devocional assim que acordar. Nesse período, a mente está mais tranquila e ainda não foi tomada por diversas informações, podendo, desse modo, absorver tudo aquilo com o qual você pode nutri-la para o dia todo. Assim como acontece com o alimento físico em relação ao corpo, o alimento espiritual garante a sanidade da alma.

2

Deixe uma Bíblia física junto com seu livro.
A Bíblia digital certamente existe para nossa edificação, mas também fica instalada em um aparelho que nos apresenta diversas distrações. Por esse motivo, usar uma versão impressa pode colaborar para que você consiga se concentrar sem devaneios.

3

Tenha caneta, lápis, marca-texto e outros itens decorativos de que gostar em mãos. Este livro foi preparado com espaço para você fazer suas anotações acerca das suas reflexões e de seus aprendizados.

4

Indico que você comece com a leitura bíblica, siga para a reflexão e, em sequência, para a oração. Caso haja disponibilidade, um tempo de silêncio meditativo em solitude permitirá maior absorção de tudo o que foi preparado em oração para o seu dia.

5

Leia sempre o texto indicado para o dia que estiver marcado no calendário. Ainda que você não comece em 1º de janeiro, poderá ler o texto atual pela manhã e um anterior no final do dia, ou ler apenas um por dia e finalizar no ano seguinte.

Em algumas páginas, você encontrará informações ou atividades adicionais. Espero que aproveite cada uma delas.

Nada será mais importante do que ter o coração disposto para ler, ouvir e obedecer ao que Deus disser diretamente ao seu coração.

Tenha uma boa jornada!

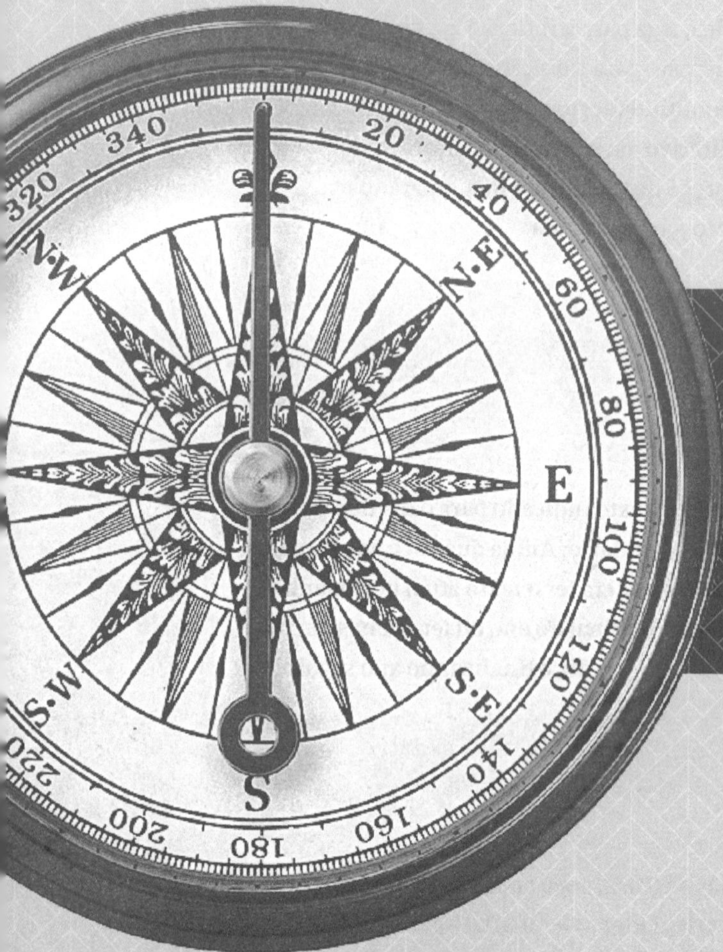
340
20
320
40
N·W
N·E
60
80
E
100
120
S·W
S·E
140
220
S
200
180
160

JANEIRO

Meu planejamento

Meta

Plano Espiritual

Atividade em família

Leitura bíblica do livro

Plano para um hábito saudável

Um filme/série

Um livro/*podcast*

Passos para aprender algo novo

Meta financeira

Um médico a agendar

Resumo de um aprendizado espiritual

Um lugar para visitar

Não existe cenário ideal sem Deus

1
JAN

[...] clamamos ao Senhor [...] , e o Senhor ouviu a nossa voz [...]. Por isso, o Senhor nos tirou do Egito [...]. Ele nos trouxe a este lugar e nos deu esta terra, terra onde fluem leite e mel.

DEUTERONÔMIO 26:6-9

Vivemos na esperança de dias melhores. A cada ano, nosso coração é consolado ao pensar que o que não foi realizado agora se realizará e que o que foi perdido recuperado será. E, então, nos vemos diante da possibilidade de, enfim, receber e contemplar tudo aquilo que esperamos o ano todo, ou mesmo toda a vida. Afinal, quando pensamos em um ano novo, vemos 365 novas oportunidades.

Deixe para trás o que passou. Um novo tempo espera por você.

Iniciar um novo calendário, porém, não é garantia alguma de mudança ou felicidade. O que a Palavra de Deus nos garante é que, independentemente das circunstâncias, não estamos sós. Em Atos 7:34, temos a garantia de que o Senhor vê a opressão que seu povo sofre, ouve seus gemidos e anseios, e desce a fim de salvá-lo.

Ele tem poder para trocar o Egito pela Terra Prometida por meio de sua forte mão, com sinais e maravilhas. Portanto, ainda que o nosso cenário atual seja de dor, podemos nos deleitar na convicção de que o Senhor está conosco e ouve nossos clamores. Por seu poder e sua graça, ele pode trazer algo novo à nossa vida.

Neste primeiro devocional do ano, preciso lembrá-lo de que não existe cenário ideal sem Deus! Talvez para alguns isso pareça um lamento; contudo, é, na verdade, um alívio: com ele, qualquer cenário se torna ideal, por mais difíceis que sejam os dias.

Por isso, não entre neste novo tempo sozinho e deixe para trás toda a bagagem de 2025. O que passou já passou. Há um novo tempo esperando por você. Faça planos e renove seus votos, mas jamais se esqueça de que a terra que mana leite e mel, sem Deus, não tem nenhum valor.

“Senhor, obrigado pelas novas oportunidades vindas com este ano que se inicia. Creio que haverá novas possibilidades, mas que, em todas elas, precisarei de ti. Ensina-me a viver cada dia na certeza de que o Senhor é o único capaz de mudar cenários, e assim o fará, em nome de Jesus. Amém.”

2
JAN

Derrotando o medo

Davi concluiu: "O Senhor que me livrou das garras do leão e das garras do urso me livrará das mãos desse filisteu".

1SAMUEL 17:37

Como já o fez no passado, o Senhor nos capacitará a vencer o medo outra vez!

Quando nos sentimos ameaçados e encurralados, sentimentos, como o medo, podem aparecer. Em face do perigo, seja real, seja fruto de nossa ansiedade, o medo é uma emoção capaz de paralisar até mesmo aquele que é considerado o mais forte.

A Palavra de Deus nos diz em 1Samuel 17 que os israelitas ficaram aterrorizados e muito abalados com as provocações constantes do gigante Golias. Na situação, até mesmo Saul recuou e nada fez em defesa do seu povo e do seu Deus, apesar de se destacar pela altura e força física, e de seus muitos triunfos em batalhas.

Algumas ameaças produzem reações inimagináveis em nós. Traumas do passado, perdas, decepções ou situações de escassez têm o potencial de gerar em nós o medo e a incerteza de um bom futuro. Em meio a uma situação de perigo e ameaça, Davi, porém, não se deixou vencer! Tendo enfrentado um urso e um leão, talvez a última coisa que ele quisesse era mais um embate, contudo, a confiança no Deus vivo o fez acreditar que seria vitorioso mais uma vez.

A história de Davi e Golias é um lembrete de que, independentemente de qual seja a nossa luta, a batalha pertence ao Senhor, e ele é quem concede a vitória aos seus. Assim como Davi, somos convidados a não temer, mas a declarar que, como o Senhor o livrou do urso e do leão, também nos livrará da angústia, da solidão, da pobreza, do engano, da morte e de tantos outros males. Como já fez em nosso passado e tem feito por nós dia após dia, ele nos capacitará mais uma vez a derrotar o gigante do medo e todos quantos se colocarem em nosso caminho. Com ele ao nosso lado somos vitoriosos, para que todos testemunhem o poder do nosso Deus.

"Meu Deus, obrigado pelas tantas vezes que me deste vitória. Sei que, contigo, nem urso, nem leão, nem gigante podem me parar! Ajuda-me a viver cada um dos meus dias crendo que é possível derrotar o medo. Em nome de Jesus, amém."

Quais sentimentos o Espírito de Deus nos dá?

Pois Deus não nos deu um espírito de covardia, mas de poder, de amor e de domínio próprio.

2TIMÓTEO 1:7

É sabido que as palavras que saem da nossa boca refletem o que guardamos no coração. Quando ouvimos os outros, ou até a nós mesmos, com atenção, conseguimos identificar o sentimento que rege as atitudes, quer boas quer más. Algumas pessoas, por exemplo, por tanto ouvirem palavras amarguradas, tornam-se também amarguradas e repetem esse padrão. Outras ouviram que são incapazes e passaram a reafirmar isso de tal modo que se sentem impotentes.

Não se permita ser cegado pelas inseguranças, pois Deus tem coisas grandiosas para você.

Gideão é um exemplo de homem que demonstrou, por meio das palavras e ações, que estava tomado pelo medo. Em Juízes 6:11, ele estava malhando o trigo no lagar a fim de não ser descoberto pelos midianitas que, como uma praga de gafanhotos, devastavam a terra, deixando Israel na mais absoluta pobreza.

Gideão estava amedrontado pelos inimigos e, além disso, carregava um senso de inferioridade (v. 15). Ele ouvira falar dos feitos grandiosos do Deus de Israel, mas só os veria em sua vida quando se livrasse do espírito do medo. Enquanto não se libertasse das mentiras que o acorrentavam, não poderia viver as coisas grandiosas que o Senhor havia preparado.

Deus não nos deu o seu Espírito para vivermos atemorizados. O Espírito produz em nós poder, amor e autocontrole. Não podemos permitir que palavras e ambientes negativos nos ceguem ou determinem nosso estilo de vida. Quando o medo nos domina, ficamos impedidos de viver com pleno potencial e essa não é a vontade de Deus para mim e para você!

“Senhor Deus, não quero mais ser dominado por sentimentos que não provêm de ti. Eu te agradeço por teu Espírito, que me habilita com poder, amor e autocontrole. Ensina-me a viver com todo o potencial que tens para mim, todos os dias da minha vida. Em nome de Jesus, amém.”

4
JAN

A força que você tem

O Senhor se voltou para ele e disse:
— Com a força que você tem, vá libertar Israel das mãos de Midiã.
Não sou eu quem o está enviando?
JUÍZES 6:14

Você não conhecerá sua verdadeira identidade até que tenha sua perspectiva alinhada à de Deus!

Temos a estranha mania de ver em nós mais defeitos do que qualidades, tristezas que alegrias. No entanto, essa não é a perspectiva que Deus quer que tenhamos. Embora sejamos pequenos, fracos e falhos, o Senhor nos permite usar o que somos e temos a fim de cumprir seus propósitos e de operar seus planos por nosso intermédio.

Foi assim com Josué. O texto conhecido de Josué 1:9 nos mostra que o Senhor garantiu estar com ele por onde quer que ele fosse e, por isso, o líder não precisava temer. Josué não foi chamado a ter coragem porque era poderoso, mas porque Deus direcionaria cada um de seus passos e lhe concederia a vitória.

Outro homem que também foi encorajado pelo Senhor foi Gideão. Embora visse a si mesmo como alguém pequeno e abandonado, Deus o via como um guerreiro valente.

O Senhor jamais pedirá de nós aquilo que não temos. Ele é justo e pede apenas que usemos aquilo que já temos. Há algo dentro de nós que o próprio Deus depositou, e ele espera que usemos para nosso benefício, em favor do próximo e para a glória do nome dele.

Talvez você, como Josué, precise de encorajamento. Talvez, como Gideão, você não enxergue a força que tem. De qualquer forma, o caminho é apenas um: voltar-se para Jesus, pois ele é o único que pode resgatar nossa identidade. É tempo de começar a acreditar naquilo que Deus diz ao nosso respeito e a confiar que o poder do Senhor se aperfeiçoa em nossa fraqueza (cf. 2Coríntios 12:9).

“Pai, perdoa-me pelas vezes em que me vi de maneira diferente de como tu me vês. Reconheço que minha força é pequena, mas também reconheço teu amor ao me ajudar e ao estar sempre comigo. Eu te agradeço porque, em Jesus, sou mais que vencedor. Amém.”

A verdade de quem nós somos

5 JAN

[...] *As armas com as quais lutamos não são deste mundo* [...]. *Destruímos argumentos* [...] *e levamos cativo todo pensamento para torná-lo obediente a Cristo.*

2Coríntios 10:3-5

Somos filhos de Deus e, como nosso Pai, Deus nos afirma na verdade sobre quem somos. O mundo a todo o tempo espalha mentiras e tenta distorcer a nossa identidade. Todavia, a Palavra de Deus não mente. Em Efésios 2:10 está escrito: "Porque fomos feitos por Deus, criados em Cristo Jesus, para boas obras, as quais Deus preparou previamente para que andássemos nelas".

O único modo de vencer a mentira proferida a nosso respeito é com a verdade da Palavra.

Ainda que a sociedade esteja corrompida, a verdade a nosso respeito está nas Escrituras: fomos feitos por Deus, em Cristo, para realizar os propósitos que ele preparou para cada um de nós.

O mundo, e até mesmo nossa família terrena, pode ter dito coisas ruins ao nosso respeito, mas Deus reafirma a verdade de quem somos e a nossa identidade. Quando escolhemos acreditar naquilo que ele diz, começamos, enfim, a ser libertos das mentiras proferidas em relação a quem somos.

A melhor forma de vencer os falsos argumentos é lutar com as armas poderosas que vêm de Deus. O único modo de vencer a mentira é com a verdade. É com ela que destruiremos os falsos argumentos e as opiniões arrogantes que nos afastam de Deus.

A partir da verdade de quem somos — adotados, justificados pelo sangue, coerdeiros com Cristo e povo de propriedade exclusiva do Senhor —, podemos viver na liberdade que somente a verdade carrega. Assim, somos capacitados a substituir a perspectiva distorcida de nós mesmos, que só nos diminui e amedronta, pela imagem restaurada que o Senhor tem de nós e a respeito do nosso futuro.

"Senhor, obrigado por ter me feito de maneira tão especial e única. Obrigado por revelar em tua Palavra a forma como me vês. Perdoa-me pelas vezes em que me deixei levar pela perspectiva mentirosa deste mundo. Quero, dia após dia, declarar a verdade de quem sou em ti, em nome de Jesus. Amém."

6
JAN

Criado para fazer coisas grandes e maravilhosas

Realiza maravilhas insondáveis, milagres que não se podem contar.
Jó 9:10

Os planos do Senhor estão muito além de nossa compreensão e imaginação limitadas.

Somos seres cheios de planos e sonhos. É normal que no início de um novo ano façamos projetos e tracemos algumas metas nas mais diferentes áreas, como saúde, família e finanças. A esse respeito, a Bíblia nos lembra de que a palavra final não é nossa, e sim do Senhor: "Ao homem pertencem os planos do coração, mas do SENHOR vem a resposta da língua. [...] No coração, o homem planeja o seu caminho, mas o SENHOR determina os seus passos" (Provérbios 16:1,9).

Em Isaías 55:8-9, o Senhor declara que também tem planos para nós. Estes, porém, são diferentes dos nossos; seus planos e caminhos são mais altos. A Palavra também nos assegura de que sua vontade é sempre boa e de que seus planos sempre visam ao nosso bem (cf. Jeremias 29:11; Romanos 8:28, 12:2). O Senhor é o Deus que faz grandes coisas, muito além de nossa compreensão e imaginação. Seus milagres são incontáveis e, por isso, nele podemos confiar.

Fomos chamados para fazer coisas grandes. Carregamos a centelha de Deus em nós. Por esse motivo, não devemos ficar abatidos pelos planos frustrados e pelos sonhos que não se cumpriram. Se acreditarmos que os planos de Deus para nós são maiores e melhores e deixarmos que a fé nos governe, veremos os bons planos divinos se cumprirem em nós e por nosso intermédio.

Por isso, esqueça o que passou. Deixe a caverna da descrença e, com fé, faça seus planos, consagre-os ao Senhor e espere dele a última palavra. O Senhor é Deus misericordioso. Quando submetemos a nossa vontade à dele, tudo muda. Permita-se ser guiado pelos caminhos dele. Confie nele e nem sonhe em deixar de sonhar!

"Meu Deus, obrigado por me permitir sonhar os teus sonhos e andar nos teus caminhos, mais altos e melhores que os meus. Eu quero consagrar a ti todos os meus planos, confiando que me chamaste para coisas grandes e maravilhosas. Ensina-me a depender de ti a cada dia, em nome de Jesus. Amém."

Paz em meio ao caos

7 JAN

Busquem, pois, em primeiro lugar o reino de Deus e a sua justiça, e todas essas coisas serão acrescentadas a vocês.

MATEUS 6:33

Como bem sabemos, os dias são maus. Temos vivido tempos de angústia e aflição, com guerras e conflitos que revelam a perversidade humana, violência, desigualdade, tragédias. Para sobreviver a estes tempos sem sermos abatidos pelo medo e pelo desânimo, temos de buscar ao Senhor e nos alicerçar nele. Ainda que o cenário ao nosso redor seja de caos e desespero, precisamos nos lembrar de que Jesus venceu o mundo, e essa é a razão da nossa esperança.

Pouco antes de ser crucificado, Jesus disse aos seus discípulos: "[...] Neste mundo, vocês terão aflições; contudo, tenham coragem! Eu venci o mundo" (João 16:33). Mais adiante, após a morte de Jesus, os discípulos passaram por um momento de aflição. Eles estavam escondidos, com medo. E, em sua primeira aparição após a ressurreição, Jesus lhes disse: "Paz seja com vocês!" (cf. 20:19).

Ainda hoje, a palavra do Senhor para o nosso coração é a mesma: paz! Mesmo em meio aos dias turbulentos, em meio à aflição, nele e com ele, temos paz. Não a paz que o mundo tem, mas aquela que, por meio de seu Espírito, nos faz avançar e conquistar apesar do medo e do cenário de caos. De Jesus vem a paz de que precisamos nestes tempos de grande agonia. Ele é quem pode trazer esperança à nossa alma desolada e coragem ao nosso espírito abatido.

Em Efésios 5:15-17, Paulo nos instrui a não viver como insensatos, mas como sábios, de modo a aproveitar ao máximo todas as oportunidades nestes dias maus e a não agir de maneira impensada, mas procurando entender a vontade do Senhor. Se nos apegarmos à paz de Jesus e à vontade soberana de Deus, resistiremos a estes tempos e prosseguiremos em direção à esperança que nos aguarda.

De Jesus vem a paz de que precisamos nestes tempos de grande agonia.

"Senhor, graças te dou porque tenho paz em ti mesmo em meio ao caos. Perdoa-me pelas vezes em que me deixei levar pelo cenário contrário. Ensina-me a confiar em todo o tempo que, no Senhor, tenho a verdadeira paz. Em nome de Jesus, amém."

8
JAN

Livres para o novo

Vejam, eu farei uma coisa nova! Ela está prestes a acontecer! Vocês não a percebem? Até no deserto vou abrir um caminho e riachos no ermo.

Isaías 43:19

No Senhor, podemos experimentar novidade de vida a cada dia!

Existem pessoas presas a limitações, sejam elas impostas pelas circunstâncias da vida, sejam criações enganosas da mente. Presas e confinadas por uma série de sentimentos, elas se veem impedidas de romper e viver algo novo. Não prosseguem, não se movem em direção à novidade porque ainda estão acorrentadas.

A Palavra de Deus nos diz em Gálatas 5:1 que Cristo já nos libertou e nos exorta a permanecer nessa liberdade, de modo que não nos submetamos novamente à escravidão. Jesus pagou um alto preço para que não fôssemos mais moldados pelas consequências da Queda, mas nos tornássemos testemunhos vivos do que ele é capaz de fazer em nós por meio de seu Espírito.

Por mais que tenhamos sido expostos a traumas e sofrimentos, somos convidados a crer que, diariamente, o Senhor realiza algo novo em nós. Deus convida seu povo a prestar atenção no que "está prestes a acontecer" (Isaías 43:19) e ordena: "Esqueçam o que se foi; não vivam no passado" (v. 18).

Cheio de graça e favor, Deus Pai nos enviou seu Filho e, por meio dele, somos livres para viver algo novo. Aquele que abre um caminho e faz brotar rios no meio do deserto não tem limites. Ele é o mesmo que pode mudar qualquer cenário de vida ainda hoje.

Portanto, não se permita viver preso ao passado ou confinado às limitações, às circunstâncias, ao que disseram a seu respeito ou cometeram contra você. Nada disso pode exercer domínio sobre você se estiver firmado na liberdade conquistada por Jesus Cristo. Creia que Deus pode fazer algo novo em sua vida e em seu entorno!

"Pai, obrigado pelo amor que me libertou. Não fosse o teu Filho, Jesus, eu ainda estaria preso nas algemas do pecado e da morte, sem fé e esperança de dias melhores. Ensina-me a viver com a expectativa de que, com o Senhor, todos os dias existe algo novo para mim. Em nome de Jesus, amém."

Atentos e vigilantes

Estejam alertas e vigiem. O Diabo, o adversário de vocês, ronda como um leão, rugindo e procurando a quem devorar.

1PEDRO 5:8

Todos vivemos debaixo de ameaças constantes. No entanto, ao contrário do que muitos pensam, as ameaças vão além de contas a pagar, trabalhos a realizar, conflitos relacionais e das muitas crises que enfrentamos no cotidiano da vida terrena. As ameaças que sofremos como seres espirituais se dão na realidade do mundo espiritual. Somos chamados a deixar qualquer alienação de lado e a estar atentos e vigilantes, como bons soldados do exército de Deus.

Como soldados do exército do Deus vivo, temos de estar sempre atentos e vigilantes.

O Diabo, nosso adversário, não economiza recursos quando o assunto é destruir os filhos de Deus. Conforme Jesus alertou em João 10:10: "[Satanás] vem apenas para roubar, matar e destruir; eu vim para que tenham vida e a tenham plenamente". O Inimigo da nossa alma deseja a nossa morte; Cristo, por sua vez, nos concede vida em abundância.

Saber da verdade, porém, não é suficiente. Precisamos estar atentos em todos os momentos e tomar cuidado com aquele que nos ronda como um leão rugindo à nossa volta, à procura de alguém para devorar. Se não estivermos atentos e vigilantes, estaremos sujeitos às tentativas do Maligno. Por isso, o conselho que nos é dado é: "Resistam-lhe, permanecendo firmes na fé [...]" (1Pedro 5:9).

Deus não nos direciona ao confinamento ou a algum esconderijo. Esconder-se não faz cessar as ameaças, apenas produz uma falsa sensação de segurança. Somos convocados a nos posicionar com coragem, permanecendo firmes na fé. Precisamos ser nutridos espiritualmente pela Palavra e pela oração para sermos fortalecidos. Lembre-se: servimos ao Senhor dos Exércitos, que jamais perdeu uma batalha!

"Senhor, obrigado pelo conhecimento da verdade. Não quero viver alienado, tampouco me esconder atrás de falsas sensações de segurança. Ensina-me a viver como um soldado, sempre pronto, atento e vigilante para vencer contigo todas as batalhas que vierem. Em nome de Jesus, amém."

10
JAN

Obras ainda maiores

Em verdade lhes digo que aquele que crê em mim fará também as obras que faço; fará coisas ainda maiores do que estas, porque eu vou para o Pai.

JOÃO 14:12

A fé no nome do nosso Senhor Jesus nos capacita a fazer grandes obras.

Ao longo de seu ministério terreno, Jesus realizou muitas obras. Ele ensinou, confrontou, amou, serviu, mas também curou, libertou e ressuscitou. Sinais e maravilhas o acompanhavam. Todos os que cruzaram seu caminho e creram nele foram transformados por completo. Ninguém permaneceu o mesmo, nem uma pessoa sequer.

No capítulo 11 do Evangelho de Mateus, quando João Batista estava na prisão e soube do que Jesus estava fazendo, enviou seus discípulos para perguntarem se ele era mesmo o Cristo (v. 2-3). Jesus, em resposta, sintetizou o próprio ministério: "Voltem e anunciem a João o que vocês ouvem e veem: os cegos veem, os aleijados andam, os leprosos são purificados, os surdos ouvem, os mortos são ressuscitados, e o evangelho está sendo pregado aos pobres" (v. 4-5).

Quando pensamos nos feitos grandiosos de Jesus, contemplamos seu poder e sua glória, evidentes em cada uma de suas obras. Entretanto, esses feitos não estavam restritos àquele tempo. Jesus não somente fez como também continua a fazer em nossos dias, por intermédio daqueles que nele creem. Em João 14:12, recebemos a promessa de que faríamos essas mesmas obras, e obras ainda maiores. Ou seja, se crermos, também poderemos fazer que cegos vejam, aleijados andem, surdos ouçam, mortos ressuscitem, e muito além.

Ele não impôs nenhuma habilidade, condição ou qualidade, não exigiu nome ou boa reputação. O único requisito é a fé! E, como fez aos discípulos naquele tempo, Jesus nos faz a mesma proposta ainda hoje: façam grandes obras e contem ao mundo que, em meu nome, os milagres ainda são realidade.

"Senhor Jesus, eu te agradeço por tua promessa e por saber que a fé é a única coisa que exiges de mim para realizar obras grandiosas. Ajuda-me a crer e a seguir contando ao mundo tudo aquilo que o Senhor já fez, faz e ainda fará. Em teu nome eu oro, amém."

O que você faz aqui?

11 JAN

Ali entrou em uma caverna e passou a noite.
Eis que a palavra do Senhor veio a ele:
— O que você está fazendo aqui, Elias?
1Reis 19:9

A vida não é uma linha reta. É feita de altos e baixos, curvas acentuadas seguidas de longos trechos retilíneos. Não vemos o todo e, incapazes de prever o futuro, somos pegos de surpresa por situações para as quais nem sempre estamos preparados. Muitas vezes nos sentimos frustrados e desanimados.

Quando estamos desanimados e esgotados, o Senhor tem água e pão para nos fortalecer e renovar.

Elias foi um dos grandes profetas do Antigo Testamento. Por meio dele, o Senhor fez grandes milagres, dentre eles: parar a chuva em Israel, de modo que houve um período de seca por aproximadamente três anos (cf. 1Reis 17), fazer chover novamente (cap. 18), fazer cair fogo do céu (cf. 2Reis 1). Ainda assim, a Palavra de Deus revela em 1Reis 19 que, depois de ter eliminado todos os profetas de Baal, o profeta fugiu com medo e chegou até a clamar pela própria morte: "Já tive o bastante, Senhor. Tira a minha vida" (v. 4).

Muitos de nós já passamos por momentos semelhantes. Como Elias, já sentimos vontade de dizer: "Já basta, Senhor!". Podemos fugir, tentar nos esconder, mas Jesus sabe exatamente onde nos encontrar — seja em um quarto escuro de nossa casa, seja dentro de nós mesmos. Por mais longínqua que seja a caverna ou inóspito o deserto, ele vem ao nosso encontro e nos estende a mão para nos tirar do esconderijo.

Não fomos chamados a esse lugar de clausura e medo. Em nossos momentos de dificuldade, temos de nos voltar para o Senhor, pois ele é quem pode nos revigorar e sustentar. O Senhor tem água e pão para nos fortalecer na jornada. Dele vem todo o renovo de que a nossa alma precisa. É tempo de deixar a caverna para trás, ouvir sua voz e, ainda hoje, retomar a carreira que nos foi proposta.

"Senhor, obrigado pelo renovo oferecido durante a jornada. Tu és a água que me refresca e o pão que me alimenta. Ajuda-me a deixar para trás o medo e a viver todos os meus dias em busca da tua vontade, em nome de Jesus. Amém."

12
JAN

Shalom

Deixo com vocês a paz; a minha paz dou a vocês. Não a dou como o mundo a dá. Não se perturbe o coração de vocês nem tenham medo.

JOÃO 14:27

Jesus é a personificação de *shalom*. Ele é tudo de que o mundo precisa.

Segundo o dicionário hebraico, o significado de *shalom* não é somente paz. Tal expressão representa também a ausência de conflitos, a tranquilidade do espírito, a conexão com o divino e um estado de plenitude, prosperidade e felicidade tamanho, que nada falta, está em desordem ou quebrado. *Shalom* diz respeito a um bem--estar completo, em todos os sentidos e âmbitos da nossa vida.

Em Isaías 9:6, o profeta anuncia o nascimento de Cristo: "Porque um menino nos nasceu, um filho nos foi dado, e o governo está sobre os seus ombros. Ele será chamado Maravilhoso Conselheiro, Deus Poderoso, Pai Eterno, *Príncipe da Paz*". Ou seja, Jesus é a personificação de *shalom*. Quando veio ao mundo como homem e adentrou nossa realidade, trouxe consigo a paz, a harmonia e a plenitude de que este mundo carecia. Ele trouxe a reparação a um mundo destruído e maculado pelo pecado.

Onde há tormenta e ondas revoltas, ele silencia o vento e o mar com paz. Onde há perturbação e grilhões, como foi em Gadara, conforme Lucas 8:26-39, ele liberta com paz. Onde há medo da perseguição, como nos tempos da igreja primitiva, ele impulsiona com paz. A primeira coisa que Jesus nos oferece é a sua paz. Não se trata da ausência de conflitos ou de uma aparente calmaria, mas daquela perfeita e completa paz que existe somente em Jesus.

O mundo não precisa de estratégias, boas ideias ou planos mirabolantes, mas das palavras de Jesus: "[...] E essa paz que eu lhes dou é um presente que o mundo não pode dar. Portanto, não se aflijam nem tenham medo" (João 14:27, NVT). O que o mundo precisa é de Jesus, nosso *Shalom*.

"Senhor, eu te agradeço pela paz que somente tu podes proporcionar. Enquanto o mundo vai mal, no Senhor tenho a plenitude, pois me dás o teu *Shalom*. Ensina-me a viver essa verdade nos meus dias e a apontar sempre para ti, o Príncipe da Paz. Amém."

Digno de reconhecimento

13 JAN

Uma semana depois, [...] Tomé estava com eles. [...] Jesus entrou, pôs-se no meio deles e disse: [...] — Pare de duvidar e creia. [...] Bem-aventurados os que não viram e creram.

JOÃO 20:26-29

Infelizmente, algumas vezes, por mais que Deus se manifeste em nossa vida, temos dificuldades em reconhecê-lo. Uma porta de emprego aberta, um presente inesperado, dias em saúde plena... tudo isso e ainda mais. Essas são provas indiscutíveis da presença de Deus em nossa vida. Entretanto, temos dificuldade em reconhecer seu agir e em demonstrar a gratidão que lhe é devida.

Contudo, a Bíblia nos conta a história de um homem que agiu de maneira diferente. Em Lucas 17:11-17, Jesus estava a caminho de Jerusalém quando encontrou dez leprosos que clamavam por cura. Jesus ordenou a eles que fossem se apresentar ao sacerdote, todavia, ainda no caminho, foram curados. Apenas um entre os dez homens, ao ver que estava curado, voltou para agradecer Jesus, enquanto glorificava a Deus em alta voz.

Muitas vezes, sem perceber, somos como os nove homens que não se deram ao trabalho de demonstrar gratidão a Jesus. Ou, ainda, agimos como Tomé, que não creu mesmo após ouvir o relato de seus irmãos sobre a ressurreição de Jesus. Foi preciso que Jesus aparecesse diante dele e dissesse: "[...] Coloque o seu dedo aqui; veja as minhas mãos. [...] Pare de duvidar e creia" (João 20:27).

Jesus é digno do nosso reconhecimento tanto com relação às coisas mais simples quanto às mais surpreendentes. É dele a terra e tudo que nela há. Sem ele não temos sequer o ar que respiramos, quanto mais as inúmeras bênçãos que ele nos concede por sua graça e misericórdia. Temos de reconhecer quem o Senhor é e o que faz por nós ainda que não o vejamos, afinal, ele mesmo disse: "Bem-aventurados os que não viram e creram" (v. 29).

Nada do que somos e temos seria possível senão por Jesus.

"Senhor, obrigado por tudo que fazes por mim. Reconheço que, sem a tua boa e graciosa mão, eu nada seria. Quero reconhecer-te em todos os meus caminhos, por isso, dá-me um coração grato. Em nome de Jesus, amém."

14
JAN

Medo da morte?

"Onde está, ó morte, a sua vitória? Onde está, ó morte, o seu aguilhão?"
1CORÍNTIOS 15:55

Não precisamos temer a morte porque Jesus a venceu na cruz.

A maior de todas as nossas ameaças, com certeza, é a morte. Com relação às demais coisas, tudo podemos tentar, mas, quando a morte nos encontra, o que fazer? Ainda em Gênesis, Deus revelou a Adão que a morte seria uma das consequências do pecado (cf. 3:19). A respeito disso, o apóstolo Paulo afirmou que "o pecado entrou no mundo por um homem, e pelo pecado entrou a morte, assim também a morte veio a todos os homens, porque todos pecaram" (Romanos 5:12). Dessa forma, se a humanidade é pecadora e a morte é sua consequência direta, como reverter o irreversível?

Mesmo diante do nosso maior obstáculo, temos um Salvador. Em Isaías 25:8 está escrito que o Senhor tragará a morte para sempre, enxugará todas as lágrimas. Em Apocalipse 21:4, encontramos esta mensagem de esperança: "Ele enxugará dos seus olhos toda lágrima. Não haverá mais morte, nem aflição, nem choro, nem dor, pois as coisas antigas já passaram".

Não precisamos temer a morte porque nós estamos com aquele que a venceu na cruz, porque, "Da mesma forma que em Adão todos morrem, em Cristo todos voltarão a viver" (1Coríntios 15:22). Jesus passou pela morte e a venceu. Assim como ele, um dia nós também a enfrentaremos e ressuscitaremos!

Portanto, não podemos perder a esperança mesmo em face da morte. Jesus não nos abandona e, com ele, a tristeza se transforma em alegria; o luto, em festa; e o sentimento de perda, em esperança por todo o cumprimento da sua inerrante Palavra. Muito além do conhecimento de um futuro desconhecido, o que precisamos é da certeza de sua presença diária, constante e real.

"Meu Deus, obrigado pela esperança de vida, mesmo diante da morte. Teu Filho superou o nosso maior obstáculo e, por isso, não temos de temer. Ensina-me a confiar em tua companhia constante e a ter esperança de dias melhores, em nome de Jesus. Amém."

Ainda há algo a ser feito

15
JAN

Como me enviaste ao mundo, assim eu
os enviei ao mundo.
João 17:18

Somos seres movidos por propósitos. Já disseram que, quando os objetivos falham, é o propósito que nos sustenta e nos ergue para tentar mais uma vez. A vida é uma caixa de surpresas tanto para quem crê quanto para quem não crê, afinal, quem poderia acrescentar um só dia à sua vida? Contudo, aos que creem, está reservada a graça de seguir dentro de um propósito maior: a vontade de Deus.

Na Bíblia, encontramos histórias de pessoas que perderam o senso de propósito e quase interromperam sua missão. Elias, o tesbita, foi um deles. Quando pensava que tudo estava perdido e teve de fugir dos inimigos e se esconder em uma caverna, Deus o mandou voltar por onde tinha vindo, pois ainda havia muito a ser feito, conforme descrito em 1Reis 19:15-17.

Nenhum de nós tem como saber quando a missão encerrou. O Senhor é quem determina o tempo certo para cada tarefa que nos confia. O próprio Jesus disse que, assim como o Pai o enviara, ele também nos enviou ao mundo. Seu desejo é nos enviar para completar a missão, não para abandoná-la na metade, deixá-la incompleta ou para dar uma pausa e fazer um breve desvio no percurso. Se desejamos nos mover em direção aos planos de Deus para nós, segundo seu propósito, temos de obedecer à sua vontade e seguir os seus direcionamentos.

Portanto, creia que há uma meta, um destino e um alvo a ser atingido. Se você não cruzou a linha de chegada, ainda não terminou a corrida. Portanto, prossiga pela fé. O Espírito de Deus, que é quem nos capacita, também nos enche de ousadia e intrepidez para que cumpramos todos os planos de Deus ainda nesta vida.

Se você não cruzou a linha de chegada, ainda não terminou a corrida.

“Deus, eu te agradeço porque me deste propósito de vida! Eu, que antes andava perdido, hoje sou guiado pelo teu Espírito para cumprir tua missão. Ensina-me a viver uma vida com senso de propósito a fim de cumprir tudo aquilo que tens para mim. Em nome de Jesus, amém.”

16
JAN

A minha graça é suficiente para você

Ele, porém, me disse: "A minha graça é suficiente para você, pois o meu poder se aperfeiçoa na fraqueza". Portanto, eu me gloriarei [...] *nas minhas fraquezas* [...].

2CORÍNTIOS 12:9

A graça de Deus sempre será maior do que os nossos problemas.

Tudo o que vivemos é pela graça de Deus. O ar que respiramos, a comida que comemos, o lugar onde pisamos, trabalhamos ou moramos, a nossa família, tudo é pela graça, um favor da parte de Deus, o qual não merecemos. Como afirmou o teólogo britânico John Stott: "Graça é Deus amando". Por seu amor, ele nos concede muito mais do que merecemos e muito além do que poderíamos conquistar por conta própria.

O apóstolo Paulo fala sobre a graça de Deus com conhecimento de causa. Lemos em uma de suas cartas à igreja de Corinto que, diante da grande aflição causada por seu "espinho na carne", rogou ao Senhor por livramento três vezes; contudo, o que recebeu como resposta foi: "A minha graça é suficiente para você" (cf. 2Coríntios 12:9).

Ora, o que poderia ser o bastante contra um espinho na carne? Bem, em outra carta, desta vez aos romanos, Paulo afirma que, à medida que o pecado aumentou, a graça se tornou ainda maior (cf. 5:20). Ou seja: não importa a circunstância, a graça de Deus sempre será superior, a ponto de transbordar.

Talvez você esteja passando por, situações adversas que são como um espinho na carne ou por tentações aparentemente impossíveis de resistir. Pode ser que, como Paulo, você tenha suplicado diversas vezes por livramento, mas nada mudou. Não temos ideia de quantos livramentos obtivemos da parte de Deus e de sua graça. É impossível mensurar o trabalho do Senhor em nosso favor. É impossível contar as bênçãos que ainda serão derramadas pelo Deus da graça. O que sabemos é que sua dose da graça é sempre maior que os problemas. Portanto, a graça nos basta.

"Senhor, obrigado por tua graça e por tantos livramentos. Não é possível mensurar tão grande amor e favor e, por isso, sou grato. Ensina-me a confiar e a viver na certeza de que, independentemente da situação, a tua graça me basta. Amém."

Mais próximos de Deus

17
JAN

Ainda que um exército se acampe contra mim, o meu coração não temerá; ainda que se declare guerra contra mim, mesmo assim estarei confiante.

Salmos 27:3

Permita que a dor o impulsione para mais perto de Deus.

Não existe momento mais propício para buscar a Deus do que em meio à dor. Quando nos deparamos com nossas fraquezas e limitações, nos tornamos mais abertos ao evangelho e à graça salvadora de Deus. Quanto mais cientes de nossa vulnerabilidade, mais compreendemos que somos dependentes do amor e da misericórdia do Senhor. Assim, aquilo que antes não ouvíamos ou aceitávamos chega como um bálsamo ao nosso coração e se torna a resposta que tanto esperávamos.

O apóstolo Paulo fez questão de registrar em 2Coríntios 12:10 como aceitava com prazer as fraquezas, os insultos, as privações, as perseguições e as aflições que sofria por Cristo. Ele constatou: "[...] quando sou fraco, então é que sou forte". A jornada de Paulo foi, sem dúvidas, repleta de dificuldades. No entanto, quando olhamos para os ensinamentos e para os conselhos do apóstolo, não encontramos queixas, e sim gratidão pelas oportunidades de se achegar a Deus e ser mais uma vez alvo de sua graça. Talvez por esse motivo a Bíblia destaque que grande parte do desenvolvimento de sua fé veio de um lugar de sofrimento.

Ainda que o comportamento natural do homem seja o de se isolar em meio à dor, Paulo a usou para avançar e completar a carreira. Quando as coisas não vão bem, temos a tendência de fugir e de reclamar da solidão. Contudo, a Palavra garante que o Senhor está perto dos que têm o coração quebrantado e resgata os de espírito oprimido.

Se adotarmos a perspectiva do apóstolo Paulo, também começaremos a ver o sofrimento como oportunidade para nos aproximar de Deus. Por isso, não tenha medo do sofrimento. Antes, faça dele uma mola propulsora que o aproxima do que é eterno!

"Senhor Deus, eu te agradeço por fazer da dor algo que me aproxima de ti. Que eu jamais perca o coração sensível e quebrantado, nem me esqueça de que é na fraqueza que tu me fazes mais forte. Em nome de Jesus, amém."

18
JAN

A força que vem de Deus

Uma coisa pedi ao Senhor e a buscarei: que eu possa habitar na casa do Senhor [...] para contemplar a bondade do Senhor e buscar a sua orientação no seu templo.

SALMOS 27:4

Não permita que as preocupações tirem o seu foco das coisas do alto.

Em momentos de dificuldade, nos deparamos com as nossas próprias fraquezas. Algumas situações nos lembram que somos "como a neblina que aparece por um pouco de tempo e depois se dissipa" (Tiago 4:14). Não podemos nos esquecer de que a vida exige cuidado. Todavia, temos de ser prudentes, vigilantes e sensatos sem nos permitir focar tanto nas adversidades e nas circunstâncias terrenas a ponto de ficarmos ansiosos e perder de vista a esperança da eternidade.

Nesse aspecto, o apóstolo Paulo é um exemplo de equilíbrio. Encontramos em suas cartas alguns relatos dos muitos sofrimentos pelos quais passou no decorrer de seu ministério. Contudo, em nenhum dos momentos esse foi o foco de sua mensagem. Pelo contrário, Paulo sempre foi intencional ao direcionar os leitores ao que de fato deve consumir nosso tempo e nossos esforços e estar no centro do nosso coração.

Assim, os percalços ao longo de nossa trajetória não têm como objetivo nos trazer preocupações e ansiedade, e sim nos forjar e trazer responsabilidades. Precisamos nos questionar se nossos olhos estão em Deus ou nas coisas desta terra. Devemos ter o cuidado de não permitir que a preocupação com coisas terrenas ocupe nosso coração e nossa mente, a fim de que não desviemos nosso olhar daquilo que é eterno.

Na fraqueza, não devemos nos deixar ser abatidos. Temos de ajustar o nosso foco e, declarar "Ainda que um exército se acampe contra mim, o meu coração não temerá; ainda que se declare guerra contra mim, mesmo assim estarei confiante" (Salmos 27:3).

"Senhor, quero manter o meu foco em ti. Quando as tristezas vierem e eu me sentir fraco, me lembrarei da tua força e não temerei. Ajuda-me a voltar os meus olhos para as coisas do alto e ter a certeza de que o Senhor tem cuidado de mim. Em nome de Jesus, amém."

Domínio

Cheia de esplendor está a princesa nos seus aposentos,
com vestes enfeitadas de ouro.
SALMOS 45:13

Temos a tendência ao domínio. Por vezes nos esquecemos de nossa limitação e caímos no engano de pensar que podemos assumir o controle de todas as situações. Por essa razão, as pessoas têm adoecido cada vez mais. Temos adoecido por pensar que exercemos qualquer domínio sobre as coisas quando sequer temos autoridade para determinar a quantidade dos nossos dias.

Precisamos entender que não temos domínio sobre todas as coisas. Temos de assumir a responsabilidade pelo que nos cabe, mas é necessário que aprendamos a deixar aos cuidados de Deus aquilo que não estiver ao nosso alcance.

O renomado autor C. S. Lewis escreveu a respeito da necessidade de abrir mão do controle em seu livro *Cristianismo puro e simples*: "Quanto mais abrirmos mão de 'nós mesmos' e deixamos Cristo assumir o controle, mais verdadeiramente nos tornamos nós mesmos". Talvez, para abrir mão de si mesmo hoje, você precise entregar suas ansiedades e preocupações, submeter seus sonhos e planos à vontade de Deus, ou, ainda, mudar a forma como você se relaciona com as pessoas ao seu redor e consigo mesmo.

Precisamos recordar que nossas preocupações e nossos esforços não podem acrescentar uma hora sequer à nossa vida (cf. Mateus 6:27). Em vez de tentar assumir o controle do que nos cabe, temos de compreender que nada é melhor do que entregar o controle a Deus e permitir que ele nos conduza segundo sua vontade sempre perfeita.

Deus é o único que detém todo o domínio. Nosso papel é aprender a descansar em Deus e crer que o Senhor é fiel em todas as suas promessas e é sempre bondoso em tudo o que faz.

"Senhor, reconheço tua soberania e teu domínio sobre todas as coisas. Abro mão de tudo aquilo que não está ao meu alcance e assumo a responsabilidade somente pelo que me cabe. Ensina-me a descansar em ti, em nome de Jesus. Amém."

Em vez de tentar exercer o domínio, aprenda a descansar no Deus que detém todo o domínio sobre os céus e a terra.

20
JAN

Ajuda indispensável

Por isso, encorajem e edifiquem uns aos outros, como de fato vocês estão fazendo.
1TESSALONICENSES 5:11

A sua dor de hoje pode servir de consolo e encorajamento para alguém amanhã.

Em meio à dor, precisamos de amparo. É impossível viver a vida sozinho. Não foi para isso que Deus nos criou. Ninguém pode suportar a vida na solidão. O amparo é parte do plano de Deus para nós desde que criou a mulher ao constatar: "Não é bom que o homem esteja só" (cf. Gênesis 2:18). Eclesiastes 4:9-12 corrobora o princípio de que não fomos feitos para viver em isolamento.

É por isso que Paulo escreveu em 2Coríntios 1:4-6 que o Senhor nos encoraja em todas as nossas aflições, para que, dessa forma, possamos encorajar outros quando passarem por aflições. Até nossos profundos sofrimentos podem ser transformados em ânimo para o próximo. Pois, quando recebemos o consolo divino, somos capacitados a transbordar desse consolo a fim de que outros possam suportar pacientemente os mesmos sofrimentos que nós.

Buscar auxílio em Deus é inegociável. Ele é nosso socorro e refúgio. Contudo, pedir a ajuda de pessoas em quem podemos confiar é indispensável. Muitas vezes o Senhor nos permitirá presenciar cenários desfavoráveis para que nos tornemos fontes de socorro uns dos outros. Uma das razões da existência da igreja é prestar serviço, apoio e encorajamento ao próximo.

Portanto, não se isole. Ser parte do corpo de Cristo, a igreja, requer entender que o amparo e o auxílio de que precisamos muitas vezes podem ser oferecidos pelo outro, e vice-versa. Entenda que, assim como a dor do outro pode lhe servir de consolo, nada do que você já viveu foi em vão. Dediquemo-nos a animar e edificar uns aos outros crendo que somos curados para curar e podemos, sim, ser alívio para alguém ainda hoje.

"Pai, obrigado por me dar uma família da fé com a qual posso contar. Eu entendo que o Senhor nos chama a ser amparo e fonte de edificação e, por isso, peço-te que me ensines a viver conforme teu plano original. Em nome do teu Filho, Jesus, amém."

Membros de um mesmo corpo

21 JAN

Como é bom e agradável quando os irmãos convivem em união! [...] *ali o Senhor concede a sua bênção, vida para sempre.*

SALMOS 133:1-3

É comum ouvirmos de pessoas que passam por problemas que querem ficar sozinhas. Em alguns momentos, optamos por nos afastar até mesmo das pessoas mais próximas. Estar só, por mais que leve a um tempo de reflexão e centralidade, não traz a solução. Quando nos aproximamos das pessoas, podemos obter consolo e conselhos a respeito de como solucionar problemas e como lidar com nossas emoções e preocupações.

Pessoas que sobrevivem ao sofrimento e permanecem de pé são especialistas em encorajamento. A crença de que passar sozinho pela dificuldade demonstra algum tipo de força está completamente enganada. Ser vulneráveis a ponto de nos abrir com relação às nossas dores é que mostra coragem. Não precisamos passar por nossas lutas sozinhos; tampouco é essa a vontade de Deus para nós.

Em Romanos 12:4-6, Paulo comparou aqueles que estão unidos em Cristo aos membros do corpo humano. Assim como cada um de nós tem um corpo com muitos membros, e estes não desempenham a mesma função, em Cristo, nós formamos um só corpo, de modo que cada membro está ligado aos demais. Em outras palavras: precisamos uns dos outros para funcionar adequadamente. Se queremos garantir o crescimento e o fortalecimento da igreja, o corpo de Cristo, precisamos cuidar uns dos outros.

A Palavra de Deus nos diz quão agradável é que os irmãos vivam em união, pois há uma unção específica para quando há o ajuntamento dos santos. É ali que o Senhor ordena a sua bênção. Por isso, apesar de diferentes, devemos nos lembrar de que somos membros de um mesmo corpo, o corpo de Cristo.

Como membros do corpo de Cristo, precisamos uns dos outros.

“Senhor, obrigado por não nos deixar sós, mas fazer de nós membros do teu corpo. Ensina-me a viver em comunhão com os meus irmãos, servindo ao teu corpo com alegria, amor e gratidão. Que eu seja sempre uma fonte de encorajamento, em nome de Jesus. Amém.”

22
JAN

Boas notícias

Como água fresca para a garganta sedenta, assim é a boa notícia que chega de uma terra distante.

PROVÉRBIOS 25:25

Somos mensageiros das boas-novas e devemos viver para proclamá-las.

São muitas as más notícias. Mortes, acidentes, desastres climáticos, crises financeiras, conflitos políticos... tudo parece colaborar para que pensemos que não há mais esperança. Contudo, Cristo continua presente como nosso ajudador e alvo da nossa fé. Por mais que o mundo escureça, Jesus ainda é a nossa luz. Como filhos de Deus, nós devemos brilhar onde estivermos.

Fomos chamados a carregar uma mensagem de esperança e a proclamar que Jesus é tudo de que precisamos neste tempo sombrio "O Espírito do Soberano SENHOR está sobre mim, porque o SENHOR me ungiu para levar boas-novas aos pobres. Ele me enviou para cuidar dos que estão com o coração quebrantado, para proclamar liberdade aos cativos e libertação aos prisioneiros, para proclamar o ano do favor do SENHOR e o dia da vingança do nosso Deus; para consolar todos os que andam tristes e dar a todos os que choram em Sião uma bela coroa em vez de cinzas, óleo de alegria em vez de pranto, manto de louvor em vez de espírito deprimido [...]" (Isaías 61:1-3).

Não somos outra coisa senão mensageiros das boas notícias que vivemos para proclamar. Portanto, consolemos uns aos outros com as palavras da verdade, sem nos afastar dela ou nos calar perante as calamidades e o sofrimento deste mundo. Podemos escolher focar nas más notícias e ter nossa perspectiva moldada pelo cenário ao nosso redor ou nas boas-novas da salvação em Cristo Jesus, que nos resgatou das trevas e nos trouxe para sua maravilhosa luz. Conforme Provérbios 25:25, boas notícias vindas de uma terra distante são como água fresca para o sedento, e é isso que seremos, em nome de Jesus!

"Eu te agradeço, Senhor, porque tu tens boas-novas para o teu povo. Quero seguir como teu mensageiro, edificando e sendo edificado pelos meus irmãos com as palavras da verdade. Ajuda-me a escolher bem as palavras e a ser fonte de água fresca para o sedento. Em nome de Jesus, amém."

Quando não temos respostas

23
JAN

Se é somente para esta vida que temos esperança em Cristo, somos os mais miseráveis de todos os homens.
1CORÍNTIOS 15:19

Há muitas coisas que não entendemos: a perda de um ente querido, um desafio familiar, a luta contra uma doença, o afastamento dos amigos, a dificuldade na criação dos filhos ou até mesmo a dificuldade para nos sustentar. Algumas pessoas, como consequência, desacreditam da existência de Deus quando é em momentos como esses que podemos vê-lo de maneira mais nítida.

Quando não temos todas as respostas, tudo que nos resta é crer. E a fé, conforme está escrito em Hebreus 11:1, "é a confiança daquilo que esperamos e a certeza das coisas que não vemos." Enquanto passamos por momentos para os quais não temos respostas, Deus opera em nós o seu poder. Descobrimos que sua presença nos proporciona o consolo, a paz, a esperança e o afago de que precisamos. Ainda que não saibamos o porquê, podemos confiar que ele sabe de todas as coisas e nos ampara quando nenhuma palavra é capaz de trazer conforto à nossa alma. Podemos descansar nos braços daquele que restaura os cansados e sobrecarregados.

A jornada com Deus nunca se tratou de alcançar uma linha de chegada, apesar de termos um destino. Ela se trata, na realidade, do caminho e do quanto somos transformados no decorrer dessa caminhada. É no processo que crescemos e, ao enfrentar lutas e dores, saímos melhores do que quando entramos.

Se é somente para esta vida que temos esperança em Cristo, somos os mais miseráveis de todos os homens. Por isso, devemos ajustar nossas expectativas e, olhando para o alvo, que é Cristo, avançar certos de que, no caminho, ele também está conosco, conduzindo-nos ao destino que preparou para nós.

Mesmo sem ter respostas, podemos confiar que o Senhor cuida de nós.

"Senhor, eu sou grato porque, mesmo sem entender, posso confiar em ti e em teus planos. Ajuda-me a crer no que não vejo e a confiar plenamente no que é eterno. Ajuda-me a avançar no caminho e a te ver em cada processo. Em nome de Jesus, amém."

24
JAN

Aparência verdadeira

— [...] "Conheço as suas obras; você tem fama de estar vivo, mas está morto. [...] as obras que você realiza não são completas diante do meu Deus.

Apocalipse 3:1-2

Não podemos pautar nosso modo de viver em falsas aparências, mas na verdade da Palavra.

A Palavra de Deus é inerrante, isto é, não comete erros ou enganos. Ela é rica, completa para nossa edificação e inerrante em suas orientações. Para defender que a Bíblia, em sua totalidade, não comete erros, John MacArthur afirmou no livro *Por que crer na Bíblia*: "A Bíblia é a Palavra *infalível* de Deus, a única regra de fé e prática". Não há nela o que possa ser descartado, invalidado ou compreendido como contraditório. Apesar da natureza infalível da Palavra, nem todos conseguem compreendê-la.

Um trecho que talvez nos chame atenção é a conhecida história da Jesus e a figueira sem frutos. Em Marcos 11:12-14, lemos que Jesus viu, a certa distância, uma figueira cheia de folhas e foi ver se encontraria nela alguns figos. Ele, porém, nada achou além de folhas, porque não era tempo de frutos. Em seguida, Jesus a amaldiçoou.

Essa história é intrigante. Se não era tempo de frutos, que mal cometeu por não tê-los produzido? O mal estava na falsa aparência! As folhas da figueira são indicativos de frutos. A figueira descrita em Marcos 11 tinha folhas, mas não frutos, não aparentava a verdade e, por isso, secou e morreu.

O Senhor nos alertou quanto ao perigo de aparentar o que não somos, de sustentar inverdades como se pudéssemos esconder dele alguma coisa. Ele nos diz claramente: "Conheço as suas obras; você tem fama de estar vivo, mas está morto" (Apocalipse 3:1). O Senhor nos convida a uma mudança de vida hoje, para que sustentemos uma aparência verdadeira, plenamente transformados pela Palavra infalível de Deus, e não mais realizemos obras incompletas diante dele.

"Senhor, obrigado pelo teu amor que me confronta e disciplina. Por meio de tua Palavra, convidado a deixar de lado uma falsa aparência. Ajuda-me a apresentar diante de ti obras completas e uma aparência condizente com a verdade. Em nome de Jesus, amém."

25
JAN

Verdadeira orientação

O coração é mais enganoso que qualquer outra coisa,
e a sua doença é incurável. Quem é capaz de compreendê-lo?

Jeremias 17:9

No Antigo Testamento, o profeta representava o próprio Deus ao transmitir suas mensagens ao povo de Israel. O profeta era a voz que comunicava a vontade diretiva do Senhor para a vida do povo e da nação. Por isso, era comum que, em face de uma decisão a ser tomada ou problema a ser solucionado, as pessoas buscassem por seus conselhos. O rei Davi, por exemplo, sempre consultava os profetas do Senhor, assim como Deus se comunicou com ele por intermédio do profeta Natã em algumas ocasiões.

Aquele, porém, que ousava contrariar uma palavra de Deus sofria com as consequências. Deus nunca escondeu a verdade, antes, apresentava os dois caminhos: o da morte e o da vida. Ainda hoje, há quem decida por si mesmo e, sem buscar a orientação de Deus, age sozinho nos seus relacionamentos, negócios e nas demais áreas da vida, insistindo em fazer as coisas à própria maneira.

A bênção da alegria e da multiplicação está no cumprimento da Palavra de Deus em sua vida; qualquer outro caminho é perda de tempo e energia. Se tomarmos outras orientações como base para as nossas decisões, enfrentaremos consequências severas. Se, por outro lado, permanecermos fiéis à instrução e aos mandamentos do Senhor, nos deleitaremos no cumprimento de seus planos. Pois, como está escrito em Provérbios 13:13: "Quem despreza a instrução pagará por ela, mas aquele que respeita o mandamento será recompensado".

O coração humano é enganoso, por isso, a verdadeira orientação não virá dele. Devemos estar atentos às orientações vindas de Deus por intermédio de sua Palavra e daqueles que professam a sua verdade. Este, sim, é um caminho seguro e repleto de paz!

Não siga o seu coração; siga o de Deus.

"Meu Deus, eu te agradeço por me mostrar que não terei as orientações corretas com base em meu próprio entendimento. Enganoso é o meu coração e preciso de tua orientação. Peço que fales comigo por meio da tua Palavra e dos teus servos. Amém."

26 JAN

O coração do homem

O homem bom tira boas coisas da bondade que entesoura no coração, mas o homem mau da sua maldade tira coisas más, pois a boca fala do que está cheio o coração.

LUCAS 6:45

Se o seu coração for um solo árido, será impossível colher bons frutos.

O Senhor Jesus, falou a respeito do cultivo e da colheita. Ele usava em suas lições figuras como as sementes, os tipos de solo e a do grande agricultor. Deus, nosso Pai, é o dono de tudo o que existe. Ele é, inclusive, o responsável pelo crescimento e desenvolvimento de tudo o que há. Contudo, cada colheita dependerá do tipo de terra na qual a semente foi plantada.

O nosso coração é o solo no qual lançamos as sementes que, mais cedo ou mais tarde, mostram seus frutos. Conforme nos ensina a Palavra em Lucas 6:43-44, nenhuma árvore boa produz frutos ruins. Da mesma maneira, uma árvore ruim é incapaz de dar bons frutos. Toda árvore é reconhecida pelo fruto que dá. Ninguém colhe figos de espinheiros nem uvas de ervas daninhas.

Assim também é com cada um de nós. A continuação do texto de Lucas 6 diz: "O homem bom tira boas coisas da bondade que entesoura no coração, mas o homem mau da sua maldade tira coisas más, pois a boca fala do que está cheio o coração" (v. 45). Os nossos frutos são evidenciados pela forma como falamos, agimos, nos comportamos, pelas nossas decisões, relacionamentos, pela forma como respondemos às adversidades, e assim por diante.

Muitos frutos parecem agradáveis à primeira vista, mas, ao serem provados, revelam-se podres. Por isso, é tempo de parar, sondar o nosso próprio coração e deixar de cultivar mais a aparência do que a essência. Se não atentarmos ao essencial, boas sementes continuarão a ser lançadas, mas, pela dureza do solo, dos espinhos e até da água que as rega, não colheremos bons frutos. Faça do seu coração um solo propício para o crescimento das sementes plantadas pelo Agricultor.

"Senhor, tu és o grande agricultor, e o meu coração, uma terra que precisa de cuidados. Ensina-me a cuidar melhor das tuas sementes, sendo terra fértil e cheia de vida. Em nome de Jesus, amém."

Água purificadora

27
JAN

Aspergirei água pura sobre vocês, e ficarão puros. [...] Tirarei de vocês o coração de pedra e, em troca, darei um coração de carne.

EZEQUIEL 36:25-26

Jericó ficou conhecida como uma das maiores cidades dos tempos bíblicos. Foi também uma das mais emblemáticas conquistas do povo de Israel nos tempos de Josué. Conhecida por suas grandes e fortes muralhas, foi completamente destruída com o brado de um povo que obedeceu ao Senhor: "Quando soaram as trombetas, o povo gritou. Ao som das trombetas e do forte grito, o muro caiu. Cada um atacou do lugar onde estava, e tomaram a cidade" (Josué 6:20).

A imponente fortaleza ruiu e, após ser reconstruída, a cidade padecia em razão da esterilidade. Ela aparentava ser forte, mas caiu; aparentava ser próspera, mas foi à falência; suas fontes não eram de vida, mas de morte. Em 2Reis 2:19, a Palavra de Deus nos diz que, apesar de a cidade estar situada em uma boa região, sua água não era boa. Como consequência, a terra era improdutiva.

Jericó tinha tudo para prosperar, porém, porque sua água era ruim, seu crescimento foi estagnado. Assim como acontecia com essa cidade, nós também precisamos analisar se o que corre em nosso interior é saudável. Será que temos frustrado as oportunidades de prosperar porque as águas que fluem em nós são impuras?

Todavia, em Ezequiel 36:25-26, encontramos a promessa de que o Senhor aspergiria água sobre nós a fim de ficarmos puros. Ele prometeu purificar-nos de todas as nossas impurezas e de todos os nossos ídolos, ao nos dar um coração novo.

Por isso, podemos nos apegar a essa verdade e buscar, diariamente, nos regar e nutrir do Senhor, a nossa fonte. De nada adianta ter beleza externa, aparência de força e robustez, se nosso coração estiver seco, rachado, sedento das águas da vida.

O nosso Deus não é Deus de escassez, mas de água viva, abundante e purificadora.

"Senhor, obrigado por aspergir tua água sobre mim, dando-me a verdadeira vida. Ajuda-me a cuidar do que realmente importa. Que em mim jamais deixe de fluir da tua água viva, que purifica meu coração. Em nome de Jesus. Amém."

28
JAN

Tipos de solo

— [...] *Enquanto ele semeava, uma parte caiu à beira do caminho* [...]. *Outra parte caiu em terreno pedregoso,* [...]. *Outra parte caiu entre os espinhos* [...].

MATEUS 13:1-8

Em vez de criticar e desprezar, coloque-se em uma posição de autoanálise e busca por discernimento.

Algumas pessoas têm tendência a serem mais críticas. Não conseguem se satisfazer com qualquer coisa, não se sentem confortáveis em determinados lugares, são mais seletivas quanto à iluminação, ao ambiente e até mesmo às pessoas com quem convivem. Não é tão diferente no âmbito da igreja.

Cada vez mais, as pessoas se posicionam para dizer com o que concordam ou do que discordam, o que deveria mudar a respeito daquilo que julgam certo ou errado, ou que gostam ou não. O problema não está na possibilidade de escolher uma coisa ou outra, mas na sutil fuga de responsabilidade que nos faz pensar que a opinião do outro é sempre errada, inadequada ou ruim e que a nossa opinião deve prevalecer em todas as circunstâncias.

Quando analisamos a conhecida Parábola do Semeador, descrita em Mateus 13:1-23, e observamos com atenção o resultado de cada plantio, podemos facilmente julgar o tipo de semente. Entretanto, o problema não está na semente, tampouco no semeador, mas no tipo de solo. O que deve saltar aos nossos olhos é o "terreno pedregoso", no qual a planta não pôde criar raízes e, por isso, secou. É o solo cheio de espinhos que sufocou a planta. É, por fim, a boa terra que produz boa colheita.

Em Ezequiel 2:4-5 está escrito que há pessoas de coração duro, teimosos e rebeldes, que não ouvem a palavra do Senhor. É impossível que a semente germine em corações obstinados. Que não sejamos pessoas insensíveis, orgulhosas e arrogantes que impõem suas opiniões, mas sim pessoas de coração ensinável. O Senhor nos convida hoje a ser uma terra fértil, um solo que recebe de bom grado a sua boa semente e produz "cem, sessenta e trinta vezes mais" (Mateus 13:8).

"Senhor, obrigado pela promessa de um novo coração. Sei que podes transformar um solo endurecido em uma terra boa e fértil. Ajuda-me a sair deste lugar de crítica e julgamento, em nome de Jesus. Amém."

O Senhor conhece a essência

29
JAN

Quando Eliabe, o irmão mais velho, ouviu Davi falando com os soldados, ficou muito irritado com ele [...].Davi respondeu: — O que fiz agora? Será que não posso nem mesmo conversar?

1Samuel 17:28-29

Não é difícil nos enganarmos em assuntos nos quais não somos especialistas. Ao olhar um campo, poderíamos considerá-lo belo e ideal para construção e plantio, apesar de ser mais apropriado que engenheiros definam se é adequado para construir. Da mesma forma, agrônomos são muito mais aptos para determinar a real possibilidade, ou não, de cultivo.

A verdade é que não somos especialistas em todas as áreas, e temos de aceitar que nem sempre o nosso julgamento será correto. Isso também é verdade no que diz respeito à nossa percepção das pessoas. Vemos o exterior, enquanto Deus conhece o interior. Em 1Samuel 16:6-7 mostra que, quando Samuel viu Eliabe, pensou que aquele era o homem a quem o Senhor queria ungir como rei de Israel. O Senhor, porém, disse: "Não considerei a sua aparência nem a sua altura, pois eu o rejeitei. O Senhor não vê como o homem: o homem vê a aparência, mas o Senhor vê o coração".

A princípio, as coisas não estavam claras, mas, no capítulo seguinte, quando Davi foi levar alimento para os seus irmãos no acampamento, enquanto Golias desafiava incansavelmente os israelitas, vemos o que havia no coração do primogênito de Jessé. Ao ver o irmão caçula, ficou muito irritado, o humilhou e o chamou de presunçoso, de alguém cujo coração é mau.

Não somos especialistas em pessoas, mas Deus é. Ele conhece nosso interior, nossos pensamentos e sentimentos. Deus conhece a essência do coração de todo homem e é impossível enganá-lo. Por isso, melhor que se deixar levar pela aparência é cuidar daquilo que aos olhos dele não passa despercebido.

Não somos especialistas em pessoas, mas Deus é.

"Senhor, tu me conheces e me sondas. Eu te louvo porque não vês como o homem, antes, conheces a essência de todos nós. Ensina-me a viver meus dias investindo no que realmente importa, sem me deixar levar pelo que as aparências mostram. Amém."

30
JAN

Tratando a fonte

[...] "Purifiquei esta água. Não causará mais mortes nem deixará a terra improdutiva". A água permanece pura até o dia de hoje, conforme a palavra de Eliseu.

2Reis 2:20-22

Somente o Senhor pode purificar o seu coração e transformá-lo em uma fonte abundante.

Muitas vezes tentamos solucionar complicações com medidas parciais. Um problema no encanamento, por exemplo, pode desencadear infiltrações. Contudo, apenas pintar uma parede manchada pela infiltração não resolve o problema, apenas o esconde por um tempo. Se, porém, você contratar um encanador, ele será capaz de encontrar a origem do problema e formular uma estratégia eficaz.

Nós somos atacados diariamente e, se não estivermos firmes e nutridos pela Palavra de Deus, sucumbiremos às investidas do Inimigo. Enquanto de Deus provém tudo que é bom, do Diabo provém tudo que é mau. Por isso o Senhor nos orienta a estar sempre posicionados e vigilantes, sobretudo guardando o nosso coração, de onde procedem as fontes da vida, como está escrito em Provérbios 4:23.

Se a fonte está contaminada, tudo adoece e se torna estéril. Foi assim com o povo de Deus ao chegar a Jericó e se deparar com águas amargas. Eliseu sabia que a solução estava em alterar o que jorrava da fonte e foi até a nascente para purificar a água.

Não raro tentamos encontrar soluções provisórias que, mais tarde, provam-se ineficientes, porque não chegamos à raiz do problema: o nosso coração. O único que tem poder para nos purificar por completo e reverter qualquer situação é Deus! Não há como obter o que precisamos senão dele, nosso Pai e detentor de toda boa dádiva.

Não adianta agir nas consequências ou alterar o curso das águas enquanto a origem do problema não for tratada. Deus é especialista em fazer tudo novo. Portanto, apresente a ele o seu problema e veja o lugar de esterilidade transformar-se em uma fonte que jorra vida abundante!

"Deus, eu apresento a ti as fontes de toda a esterilidade em minha vida. Sei que somente tu podes transformar cenários e purificar o meu coração. Ajuda-me a manter minhas fontes limpas e guardadas no Senhor, em nome de Jesus. Amém."

Bênção e maldição

31
JAN

Com a língua bendizemos ao Senhor e Pai e com ela amaldiçoamos os homens, feitos à semelhança de Deus. Da mesma boca procedem bênção e maldição.

TIAGO 3:9-12

"Acaso podem brotar da mesma fonte água doce e água amarga?" Esse é o questionamento feito pelo apóstolo Tiago em sua carta ao se dirigir a uma igreja que ora usa os lábios para louvar ao Senhor, ora para amaldiçoar o irmão, esquecendo-se de que todos foram criados por Deus à imagem dele.

Quantas vezes vemos pessoas que afirmam amar a Deus e seguir seus preceitos serem cruéis com o próximo? Quantos oram em voz alta e usam a voz para cantar louvores, mas humilham os familiares com gritos e xingamentos?

Como filhos de Deus, precisamos atentar ao que sai da nossa boca. As nossas palavras são reflexo do que há no mais profundo do nosso coração e determinam a condição de nossa fonte — se doce ou amarga. A Palavra nos diz em João 7:38 que, se crermos em Jesus, do nosso interior fluirão rios de água viva e elas não podem ser ruins, pois não há nada ruim nele.

Quanto mais alinharmos nossa fonte ao Autor da vida, mais seremos irrigados de tudo o que é limpo, santo e bom. Precisamos ser intencionais em nossa conduta, em nosso modo de pensar, falar e agir, a fim de que vivamos cada vez mais de maneira agradável a Deus.

Ao encerrar o primeiro mês deste novo ano, é válida a reflexão a respeito daquilo que tem nutrido a nossa vida e sido a fonte dos nossos pensamentos, sentimentos e ações. Diante de nós estão a bênção e a maldição, a vida e a morte, mas o conselho do Pai sempre será: "[...] escolham a vida, para que vocês e os seus descendentes vivam" (Deuteronômio 30:19).

Sempre que tiver uma decisão a tomar, escolha agradar a Deus.

"Eu te agradeço, Senhor, pela verdade que me lava e purifica. Perdoa-me pelas vezes em que permiti que águas amargas fluíssem em mim, tornando-me estéril. Ajuda-me a escolher a bênção e a vida que há somente em ti. Amém."

340
20
40
N.E
60
80
E
100
120
S.E
140
S
160
180
200
S.W
N.W

FEVEREIRO

Meu planejamento

Meta

Plano Espiritual

Atividade em família

Leitura bíblica do livro

Plano para um hábito saudável

Um filme/série

Um livro/*podcast*

Passos para aprender algo novo

Meta financeira

Um médico a agendar

Resumo de um aprendizado espiritual

Um lugar para visitar

O homem bem-aventurado

1
FEV

Bem-aventurado aquele que não anda segundo o conselho dos ímpios, não se detém no caminho dos pecadores nem se assenta na companhia dos zombadores.

Salmos 1:1

O segredo para a nossa vida frutificar é o lugar onde estamos plantados. Assim como uma árvore, nós nascemos, crescemos, frutificamos e morremos. Começamos pequenos e nos desenvolvemos, ganhando espaço, profundidade e altura.

O segredo para frutificar é o lugar onde você está plantado.

No entanto, todo crescimento está relacionado ao tipo de nutrientes que recebemos. Se uma planta está limitada a um vaso, pode ser que ela não cresça em todo o seu potencial. Se faltar água ou contato com a luz do sol, ela pode até morrer antes do tempo.

Em várias passagens da Bíblia, o Senhor nos comparou a uma árvore. O salmista, por exemplo, relatou o segredo do homem bem-aventurado. No versículo 3, lemos: "É como árvore plantada junto a ribeiros: dá fruto no tempo certo e as suas folhas não murcham. Tudo o que ele faz prospera". Quem bebe do rio de Deus tem vida e frutifica.

Se estivermos plantados no lugar que ele nos designou, beberemos de sua água, receberemos a luz do nosso Senhor Jesus Cristo e daremos frutos. As nossas folhas não ficarão murchas ou secas; seremos bem-aventurados. Contudo, aqueles que estão plantados em uma terra hostil, sem acesso à água e luz, não resistirão, tampouco frutificarão, porque "o caminho dos ímpios leva à destruição" (v. 6b).

O início do salmo 1 nos ensina que o homem feliz é aquele cuja satisfação está na lei do Senhor. Não podemos permanecer em lugares que não nos cabem ao andar "segundo o conselho dos ímpios" ou "na companhia dos zombadores" (v. 1). É na Palavra de Deus que devemos nos enraizar se desejamos crescer e frutificar. Ele é quem deve nos nutrir para que nos tornemos cada vez mais fortes.

"Senhor, eu quero ser feliz. Obrigado por teus conselhos, que me ajudam diariamente. Ajuda-me a ser como uma árvore plantada junto ao teu rio e dele me nutrir todos os dias. Quero meditar em tua Palavra, concentrando-me no que é puro, correto e amável. Em nome de Jesus, amém."

2
FEV

Boa obra

Estou convencido de que aquele que começou a boa obra em vocês há de completá-la até o dia de Cristo Jesus.

Filipenses 1:6

O Deus Criador orquestra cada acontecimento da nossa vida com maestria.

Deus sempre termina o que começa! Não é do seu feitio deixar as coisas pela metade. O Senhor não procrastina, não adia prazos e não se contenta em deixar nada mal-acabado. Quando iniciamos a leitura das Sagradas Escrituras no livro de Gênesis, o primeiro capítulo nos revela o que Deus criou a cada dia. Na primeira parte do versículo 31, lemos que, ao final da Criação, "Deus viu tudo o que havia feito e percebeu que tudo havia ficado muito bom".

É do caráter de Deus dar ordem ao caos. Se ele põe a mão na história de uma pessoa, é porque também tem poder de conduzi-la até o seu desfecho. Ele orquestra cada acontecimento da nossa vida com maestria. Paulo testemunhou isso na vida de outras pessoas e viveu a transformação do Senhor de maneira pessoal. Por isso, o apóstolo podia afirmar: "Estou convencido de que aquele que começou a boa obra em vocês há de completá-la até o dia de Cristo Jesus".

Precisamos abrir mão da falsa sensação de controle e do engano de que sabemos o que é melhor para nós, a fim de nos rendermos aos cuidados desse Deus. Quando o fazemos, nos tornamos uma obra em ação, um projeto em andamento que ele, com toda certeza, completará. Não há testemunho mais lindo de ser contado do que a progressão da vida com Deus.

Não é preciso ansiar por linhas de chegada. Não é necessário ter pressa, pois o desfecho desta história já é conhecido. Importa-nos saber que somos uma boa obra nas mãos do poderoso Deus. Embora seu trabalho em nós ainda não esteja concluído, podemos louvá-lo por já não sermos mais o que um dia fomos.

"Eu te agradeço, meu Deus, pela tua obra em minha vida. Graças te dou, pois tenho caminhado e visto o teu agir dia após dia. As preocupações são desnecessárias, pois o Senhor é aquele que termina tudo o que começa. Ensina-me a caminhar sem pressa, sabendo que o processo também importa. Amém."

Imutável

De fato, eu, o Senhor, não mudo. Por isso, vocês, descendentes de Jacó, não foram destruídos.

Malaquias 3:6

Somos mutáveis. A volatilidade e a impermanência são características inerentes à humanidade. O envelhecimento e as diferentes fases da vida, por exemplo, são evidências das mudanças inevitáveis pelas quais passamos. Entretanto, essa mudança vai muito além: no decorrer da vida, erramos, aprendemos, nos arrependemos, seguimos em uma direção, voltamos, mudamos de direção; mudamos de roupas, de cidade, de gostos... Apenas um dia é o suficiente para, de repente, tudo se transformar por completo.

Isso não é algo ruim; pelo contrário, temos de ser gratos a Deus pelas mudanças que nos permitem crescer em sabedoria, discernimento e maturidade, pois este é o propósito do Pai: que seus filhos se tornem saudáveis e maduros. Fomos criados para avançar, mudar de fases e estações e, ao longo de cada processo, descobrir o propósito de Deus para nós.

Enquanto isso, aquele que nos criou é imutável. A. W. Tozer explica em seu livro *Em busca de Deus* que, para mudar, Deus teria de se tornar melhor ou pior; entretanto, ele não tem como se aperfeiçoar, visto que já é perfeito e, se fosse menos perfeito, "seria menos que Deus" (2017, p. 47). Em Tiago 1:17, o Pai das luzes não muda como sombras inconstantes. Ele não muda em seu caráter, em seu amor por nós ou em suas promessas sempre verdadeiras.

Quando parece que tudo aquilo pelo que esperamos está distante ou que a promessa não se cumprirá, somos convidados a olhar para sua imutabilidade, um traço exclusivo de Deus. Podemos nos ancorar em seu caráter imutável e crer que aquilo que foi dito ao nosso respeito, na hora certa, se cumprirá.

A certeza de que o nosso Deus é imutável é o que precisamos para resistir aos processos.

"Deus santo, obrigado por tantas promessas. Com o passar do tempo, percebo tua fidelidade em me fazer crescer e amadurecer para viver plenamente tudo o que sonhaste para mim. Quero sempre me lembrar de que és um Deus imutável e fiel, em nome de Jesus. Amém."

4
FEV

Esperança

Aquele que os chama é fiel e fará isso.
1TESSALONICENSES 5:24

Em um mundo que perece no caos e na desolação, Jesus tem a esperança de que precisamos.

Quando o apóstolo Paulo escreveu sobre o amor no conhecido texto de 1Coríntios 13, ele concluiu que, no fim, restariam apenas três coisas: a fé, a esperança e o amor. A palavra "esperança" no hebraico é *tikvá*. Seu significado, porém, é muito mais profundo do que uma simples expectativa ou desejo. Antes, é uma expressão de fé tão forte que se assemelha a uma âncora. Segundo o *Dicionário Bíblico Baker*, a esperança bíblica está "enraizada na fidelidade da aliança de Deus", ela "confia no Senhor no presente e vive mesmo agora na força das realizações futuras de Deus" (p. 325).

A Palavra de Deus nos diz em Jó 14:7-9 que há esperança até mesmo para uma árvore, pois, ainda que seja cortada, voltará a brotar e a dar novos ramos. Ainda que as raízes tenham envelhecido na terra e o tronco esteja podre, com o cheiro da água, voltará a brotar e dará ramos, como uma planta nova.

Da mesma forma, muitas vezes nos sentimos sufocados por problemas e adversidades. Nesses momentos, é preciso manter acesa em nós a verdadeira esperança. Ainda que para o mundo não haja solução, Deus é o Deus do impossível, e tudo de que precisamos é *tikvá*! Talvez, ao olhar para a sua situação, você não veja nada além de raízes envelhecidas e um tronco apodrecido. Contudo, Jesus pode lhe dar a esperança de que sua alma precisa.

Ao rogarmos por suas águas, o Senhor fará brotar em nós, mais uma vez, a centelha da esperança, que crescerá e ganhará raízes novamente. Então, testemunharemos de sua fidelidade, graça e amor infinito, o qual nos cerca e salva todos os dias. Podemos prosseguir pela certeza de que aquele que nos chama é fiel e fará isso!

"Senhor, obrigado por me dar tua esperança. Sei que tu virás em meu socorro mesmo que, aparentemente, tudo já esteja cortado ou morto. Eu escolho confiar na tua Palavra, que me diz que aquele que me chama cumprirá o que prometeu. Em nome de Jesus, amém."

A perfeição de Deus

5
FEV

Sabemos que todas as coisas contribuem juntamente para o bem de todos aqueles que amam a Deus, dos que foram chamados de acordo com o seu propósito.

ROMANOS 8:28

Dia após dia, nos deparamos com as evidências da imperfeição humana. A forma como nos relacionamos com as pessoas, com nós mesmos e com Deus está contaminada. Nossas obras, ainda que aparentem ser boas, muitas vezes são mal-intencionadas. Outras vezes, por mais que nos dediquemos e tenhamos objetivos nobres, somos incapazes de completar as tarefas que nos são confiadas.

Encarar essa realidade não é nada fácil. Entretanto, enquanto não abrirmos os nossos olhos para a nossa própria imperfeição, não poderemos reconhecer a perfeição de Deus. Somos seres imperfeitos criados por um Deus perfeito que tem planos perfeitos para cada um de nós. Como um artesão, ele nos tem nas mãos, tecendo e trabalhando em sua peça, dia após dia. Ele não descansa e não para até concluir.

Na Palavra de Deus temos uma boa ilustração de como o Senhor opera em nós. No livro do profeta Jeremias, está registrado, no capítulo 18, versículo 6, que próprio Deus diz: "Ó Israel, será que não posso agir com vocês como fez o oleiro? [...] Como o barro nas mãos do oleiro, assim são vocês nas minhas mãos, ó Israel".

Não há nada que esteja oculto aos olhos do Senhor. Por mais que às vezes não entendamos o processo, ele não perde o controle. Sabemos que Deus faz todas as coisas cooperarem para o bem daqueles que o amam e que são chamados de acordo com seu propósito, conforme Romanos 8:28.

Talvez você esteja se sentindo na casa do oleiro. Ora é amassado, ora é colocado no fogo. Creia que o grande artesão nunca errou e tem plena ciência do que está fazendo. Permita-se ser moldado pelo Oleiro, em quem há perfeição!

Somos seres imperfeitos criados por um Deus perfeito cujos planos são perfeitos.

"Senhor, como é bom saber que estou em tuas mãos. Por mais que eu me sinta pressionado, escolho crer que tudo coopera para o bem daqueles que te amam, e eu te amo. Ensina-me a reconhecer a tua perfeição. Em nome de Jesus, amém."

6
FEV

A obra gradual do Senhor

Este é o Deus cujo caminho é perfeito; a palavra do Senhor *é genuína. Ele é escudo para todos os que nele se refugiam.*

Salmos 18:30

Obedecer à vontade do Senhor é a melhor decisão que você pode tomar quanto ao rumo da sua vida.

Deus não negocia os propósitos dele para a nossa vida. Somos nós que, em busca de uma falsa liberdade, escolhemos a independência e nos afastamos de sua vontade e graciosa mão. Jamais teremos um desfecho melhor do que o que o Senhor tem para a nossa história. Todavia, antes de agir, ele aguarda a nossa decisão voluntária de nos render por completo à sua vontade soberana.

A grande razão de nossa dispersão é a falta de paciência. Temos a tendência de querer as coisas no nosso tempo e à nossa maneira, mas, com Deus, não funciona assim. Em Eclesiastes 3:1 está escrito que há um momento certo para todas as coisas, um tempo determinado para tudo o que acontece debaixo do céu. O relógio de Deus não funciona como o nosso, tampouco seus planos estão programados segundo a nossa agenda.

É imaturo de nossa parte "espernear" quando as coisas não saem como esperávamos. Se dizemos que cremos no Senhor, precisamos também agir de maneira condizente com a nossa fé. A nossa conduta revelará se de fato cremos que o nosso Deus é perfeito e genuíno. Precisamos aprender que os planos dele são sempre melhores e que o tempo dele é sempre perfeito.

A obra do Senhor é gradual e constante. Tudo o que ele faz é bom. Cabe a nós, seus filhos, confiar no seu tempo e modo de agir. Ele é digno da nossa confiança, espera e total rendição. Em vez de querer que ele se submeta à nossa vontade e faça as coisas no nosso tempo — o que jamais acontecerá —, devemos descansar na certeza de que obedecer à vontade dele é a melhor decisão que podemos tomar quanto ao rumo da nossa vida.

"Senhor, obrigado pela obra que fazes constantemente em minha vida. Perdoa-me por não ter paciência e, muitas vezes, tentar acelerar o processo, questionando a tua soberania. Ajuda-me a confiar, esperar e me render completamente. Amém."

Vaidade

7 FEV

Não neguei aos meus olhos nada que desejaram; não me recusei a dar prazer algum ao meu coração [...] meu coração se alegrou em todo o meu trabalho.

ECLESIASTES 2:10

Cada vez mais, somos vítimas de uma geração imediatista. As pessoas agem como se não tivessem tempo para passar por processos. Os vídeos nas redes sociais são de poucos segundos; a comida precisa ficar pronta em minutos e as compras online têm entrega rápida, algumas até para o mesmo dia.

Isso acontece não somente com serviços, mas conosco também. Queremos o método para aprender mais rápido, o modelo de sucesso imediato e as regras perfeitas para ser bem-sucedido.

Os processos são necessários. Não podemos evitá-los; na realidade, sequer deveríamos tentar pular as etapas necessárias para o nosso crescimento e amadurecimento. É como se quiséssemos ir do Ensino Fundamental para o Superior em um piscar de olhos.

Enquanto a sociedade nos estimula a buscar mais em menos tempo, Salomão registrou no livro de Eclesiastes que buscou e alcançou tudo o que almejava, sem se negar prazer algum. Mais tarde, porém, ele percebeu que nada disso fazia sentido, era como "correr atrás do vento" (cf. 2:11). Muitas vezes alcançamos a linha de chegada e só então percebemos o valor de cada etapa da corrida.

O que o Senhor espera é que entendamos que a corrida se torna vã sem ele. Assim como concluiu o sábio, precisamos entender que buscas materiais e terrenas não têm valor se não estiverem relacionadas com o propósito eterno que Deus tem para nós. Na corrida, o que verdadeiramente vale a pena é temer ao Senhor, obedecer aos seus mandamentos e nos deleitar em seus ensinamentos ao longo de cada fase.

De nada adianta correr depressa rumo a um destino que não foi preparado por Deus.

"Eu te agradeço, ó Deus, pela clareza que me permite ver que o ritmo do mundo não é teu. Ajuda-me a não correr desenfreadamente para um destino que não foi desenhado por ti. Quero abrir mão das vaidades, temer ao Senhor e obedecer aos teus mandamentos. Em nome de Jesus, amém."

8
FEV

Consequências

Não se deixem enganar: de Deus não se zomba. Pois o que o homem semear, isso também colherá.

GÁLATAS 6:7

O Senhor é tão bom que nos permite plantar o que queremos. E é tão justo que nos faz colher exatamente o que plantamos.

Não há como desvencilhar o evangelho do perdão. A Bíblia é uma coleção de histórias de um povo rebelde e de um Deus sempre disposto a perdoar. O perdão faz parte de quem Deus é. Ele enviou seu filho Jesus para nos perdoar de todos os pecados e, assim, nos reconciliar com ele.

Contudo, o perdão não descarta as consequências de nossos atos. É a chamada lei da semeadura: colheremos somente o que plantamos. Em 2Coríntios 9:6, o apóstolo Paulo nos exorta a nos lembrar de um princípio muito importante: "[...] aquele que semeia com moderação também colherá moderadamente, e aquele que semeia com fartura também colherá fartamente".

A lei da semeadura é irrevogável! Quanto a isso, não devemos nos enganar, pois ninguém pode zombar de Deus. A pessoa sempre colherá aquilo que semear. Tudo o que você faz, fala, a forma como se relaciona com as pessoas, o que prioriza, todas as suas decisões terão consequências — sejam positivas ou negativas.

Uma pessoa que semeia com sabedoria, temor a Deus, amor ao próximo, diligência e honestidade colherá frutos condizentes com o que plantou. Por outro lado, uma pessoa insensata, inconsequente, ímpia e desonesta sofrerá as consequências de sua semeadura. Contudo, há esperança: o Senhor é "bondoso e perdoador" (cf. Salmos 86:5).

Você pode estar hoje em um tempo em que já entendeu a importância de semear boas sementes, mas ainda tem de lidar com as consequências do passado. Não desista! Continue a plantar o que é bom. Quando menos esperar, a hora da colheita pela qual você tanto se esforça chegará.

"Senhor, obrigado por tua bondade, que me permite plantar o que quero, e por tua justiça, que me faz colher o que plantei. Dá-me paciência para esperar que as boas sementes germinem e frutifiquem em minha vida. Amém."

Certeza

9
FEV

Alguns confiam em carros de guerra, outros confiam em cavalos; nós, porém, confiamos no nome do Senhor, o nosso Deus.
Salmos 20:7

Infelizmente, as circunstâncias muitas vezes nos tiram de nossas certezas. Como um ladrão, a adversidade pode nos roubar daquilo que para nós outrora foi uma convicção. Quantos de nós já recebemos de Deus uma palavra que incendiou o nosso coração, porém, com o tempo ou a realidade adversa, aos poucos começamos a duvidar?

A gente parece se esquecer de que, entre o início e o fim, existe um meio chamado vida — dias inesperados, situações adversas e imprevistos que fogem do controle. É assim com todos nós, sem exceção. A Bíblia está cheia de histórias de pessoas que passaram por dificuldades e sofrimentos e, ainda assim, permaneceram firmes pela fé: Abraão, Isaque, Jacó, José, Moisés, Josué, Jó, Davi, os profetas e os juízes, os líderes da igreja primitiva e tantos outros.

É por isso que nossa confiança não deve estar em outra coisa senão no caráter daquele que pronunciou a palavra. Circunstâncias mudam, pessoas nos decepcionam, problemas vêm e vão, mas aquele que falou não muda, não falha e não se atrasa. A Palavra de Deus nos diz que aqueles que não confiam no Senhor vacilam e caem, todavia, os que confiam no nome do Senhor se erguem e se mantêm firmes.

De que lado será que você está? Será que já está há tanto tempo caído que desistiu de sequer tentar se levantar? Será que tem depositado a sua confiança no dinheiro, no seu trabalho, no seu cônjuge, na sua família? Nossa certeza não deve estar nos homens, tampouco em nós mesmos. Como diz a letra de um antigo hino: "Em nada ponho a minha fé senão na graça de Jesus [...] A minha fé e o meu amor estão firmados no Senhor". Ele é a nossa maior certeza, para todo o sempre. Amém!

Quando tudo ao nosso redor parece desmoronar, sabemos que Deus permanece firme e imutável.

"Obrigado, meu Deus, pela firmeza que somente tu podes me dar. Ensina-me a viver cada um dos meus dias na esperança de que tu tens a minha vida em tuas mãos e me sustentarás nas adversidades. Em nome de Jesus, amém."

10
FEV

Esperando no Senhor

Desde os tempos antigos, ninguém ouviu, nenhum ouvido percebeu e olho nenhum viu outro Deus além de ti, que trabalha para aqueles que nele esperam.

ISAÍAS 64:4

O tempo certo é sempre o tempo de Deus. Ele não se atrasa.

Esperar nem sempre é fácil. No entanto, Deus é tão bondoso para conosco em nossas fraquezas que usa sua Palavra para nos consolar e nos orientar acerca da espera com diversas histórias de pessoas que esperaram no Senhor e receberam sua promessa. A verdade é que, se soubéssemos realmente pelo que ou por quem esperamos, tudo seria mais fácil.

Talvez uma das histórias mais conhecidas seja a de Abraão e Sara. Abraão tinha 75 anos quando recebeu a promessa de Deus e 100 anos quando Isaque, o filho da promessa, veio ao mundo (cf. Gênesis 13:4, 21:5). Os vinte e cinco anos de espera não foram tranquilos ou livres de preocupação. Sara já havia passado da idade de gerar filhos quando o Senhor chamou seu marido pela primeira vez. Ainda assim, vinte e cinco anos depois, ela viu que a espera valeu a pena e afirmou: "Deus me encheu de riso" (21:6).

Esperar por algo incerto é penoso e sem garantias. Mas esperar por aquele que nos dá sua palavra é completamente diferente. O que somos e temos hoje jamais poderá se comparar com aquilo que ele está preparando para nós. A nossa espera não é vã; esperamos no Deus que nos encherá de riso.

Como dito pelo profeta Isaías: "Desde os tempos antigos, ninguém ouviu, nenhum ouvido percebeu e olho nenhum viu outro Deus além de ti, que trabalha para aqueles que nele esperam" (Isaías 64:4). Que garantia gloriosa! O próprio Deus trabalha por nós. Precisamos entender que, mesmo que não vejamos, ele não falha. Portanto, deixe Deus trabalhar. O agir dele não está vinculado ao nosso cronograma. Independentemente do tempo que passar, ele está fazendo!

"Senhor, tu és fiel para cumprir o que prometes e teu tempo é sempre perfeito. Isso enche o meu coração de esperança e me faz descansar. Não há Deus como tu, e o teu trabalho é perfeito e incansável. Ajuda-me, tão somente, a confiar, em nome de Jesus. Amém."

Desenvolvendo a paciência

11 FEV

Descanse no Senhor e aguarde por ele com paciência; não se aborreça quando outros obtêm sucesso em seus caminhos, quando eles maquinam o mal.

Salmos 37:7

Para Deus, todo dia é dia de milagres. Somos nós que, sem perceber, reduzimos o agir divino porque o nosso entendimento é limitado demais. Achamos que o tempo está correndo depressa demais e, se não interferirmos, ficaremos para trás, como se, de alguma forma, pudéssemos ajudar a Deus.

Mais uma vez, podemos aprender com Abraão e Sara. Em uma tentativa de apressar os planos e alcançar a promessa de um filho, Sara propôs que o marido se deitasse com a serva Hagar (cf. Gênesis 16). O desfecho desse episódio nos ensina que de nada adianta tentar intervir nos planos do Senhor. Deus não precisa de auxílio; a vontade dele é que saibamos esperar pacientemente.

Nossa preocupação e a incapacidade de esperar muitas vezes nos levam a tomar decisões prejudiciais. Entretanto, Salmos 127:2 nos diz que é inútil trabalhar tanto, desde a madrugada até tarde da noite, e se preocupar em conseguir o alimento, pois Deus cuida de seus amados enquanto dormem. Isso não é uma apologia à preguiça, mas um convite à confiança, ao descanso e à espera.

Você não precisa se preocupar com o perverso que prospera nem se aborrecer com seus planos maldosos. A comparação é um terreno perigoso, tal qual o orgulho, pois nos leva à ideia de que o que Deus faz não é o suficiente.

Somos convidados a nos aquietar na presença do Senhor e a esperar nele com paciência. Por isso, não pense que o que pediu a Deus está demorando, tampouco desista daquilo que ele colocou em seu coração. Enquanto esperamos pacientemente nele, ele continua a agir.

O Deus que nos chama é o mesmo que planeja e executa.

“Ó Deus, perdoa-me pelas vezes em que questionei o teu tempo. O Senhor é poderoso para realizar milagres e o teu tempo é perfeito. Obrigado por cuidar de mim até mesmo enquanto durmo. Quero aprender a esperar em ti com paciência. Amém.”

12 FEV

Caminho enganoso

Há caminhos que parecem retos ao homem, mas no final conduzem à morte.
PROVÉRBIOS 14:12

Os caminhos do Senhor são sempre melhores do que os nossos.

A Palavra do Senhor nos ensina uma dura realidade a respeito do coração do homem: "O coração é mais enganoso que qualquer coisa, e sua doença é incurável. Quem é capaz de compreendê-lo?" (Jeremias 17:9). Outras versões trazem "desesperadamente corrupto" (NAA), "extremamente perverso" (NVT), "terrivelmente sombrio e enganoso" (A Mensagem). Apesar dos diferentes adjetivos, a ideia central é a mesma: o coração humano tem tendências pecaminosas.

Muitas vezes, sem perceber, escolhemos caminhos diferentes do que Deus tem para nós. Ao fazê-lo, deixamos de lado a rota principal e nos perdemos em atalhos sem nos dar conta de quão perigoso isso pode ser. Pensamos que "seguir o nosso coração" é inofensivo, afinal, estamos apenas em busca de nossos sonhos, certo? O que pode dar errado?

A questão é que, quando escolhemos o caminho que vamos seguir, automaticamente fazemos a escolha de não seguir por outros caminhos. Dessa forma, se escolhemos satisfazer os desejos do nosso coração enganoso, corrupto, perverso e sombrio, deixamos de satisfazer os desejos do coração do Pai, que é sempre bom, perfeito e justo.

Por mais que digamos que Deus está no controle, traçamos nossas próprias rotas e seguimos nosso próprio caminho. No entanto, o que a Bíblia nos diz em Provérbios 14:12 é que há caminhos que a pessoa considera corretos, mas que acabam levando à estrada da morte. Ou seja, podemos ser facilmente enganados pelo orgulho.

Deus não quer que percamos mais tempo em caminhos que não nos levam até ele. Por isso, resista e mantenha-se firme, sem se desviar nem para a direita nem para esquerda, mas seguindo dia após dia na centralidade de Cristo.

"Senhor, obrigado por me conduzir em teus caminhos. Eles, com certeza, são muito melhores do que os meus. Alinha o meu coração ao teu, para que eu viva conforme a tua vontade, em nome de Jesus. Amém."

Bom pastor

Ele me faz repousar em pastagens verdejantes e me conduz a águas tranquilas; restaura-me o vigor. Guia-me pelas veredas da justiça por amor do seu nome.

SALMOS 23:2-3

A ovelha é um dos animais mais assustados da natureza. Qualquer movimento mais forte no riacho ou barulho na vegetação é o suficiente para amedrontá-la e afastá-la. As ovelhas são incapazes de encontrar a provisão de que precisam e de se proteger de ameaças. Desprotegidas, ingênuas e com sentidos limitados, elas precisam desesperadamente de um pastor, pois este as guia às águas tranquilas, oferecendo-lhes alimento, segurança e paz.

Não precisamos temer, pois somos parte do rebanho de Jesus, o Bom Pastor.

O Senhor Jesus se apresentou como pastor de ovelhas. Em João, no capítulo 10, ele disse: "Eu sou o bom pastor. O bom pastor dá a sua vida pelas ovelhas" (v. 11). Nos versículos 14 e 15, complementa: "Eu sou o bom pastor; conheço as minhas ovelhas, e elas me conhecem, [...] e dou a minha vida pelas minhas ovelhas".

Como ovelhas desprotegidas e assustadas, precisávamos desesperadamente de alguém que nos conduzisse a um lugar seguro. Precisávamos não somente de um pastor, mas de um bom pastor. Em sua graça, Jesus se fez o Bom Pastor. Podemos proclamar com alegria: "O SENHOR é o meu pastor; de nada terei falta" (Salmos 23:1).

No tempo de Deus, tudo acontece de maneira perfeita. Ainda que no caminho passemos por momentos de seca e escassez, visto que ele é o Bom Pastor, temos a segurança de sermos levados a verdes pastos e junto de riachos tranquilos. Ali, ele renova nossas forças e nos guia pelos caminhos da justiça.

Jesus é o bom pastor, que deu sua vida por nós; não há amor maior que esse! Por isso, como ovelhas do seu pasto, podemos confiar que ele tem a proteção, a provisão e o descanso de que precisamos, basta obedecer à sua voz.

"Senhor Jesus, eu te agradeço por teu sacrifício em meu favor. Antes, eu andava errante pelo caminho, mas agora posso descansar e ser levado por ti às águas tranquilas e aos pastos verdejantes. Renova minhas forças, peço-te em teu nome. Amém."

14
FEV

Posicionados em Deus

Responde-me, ó Senhor, responde-me, para que este povo saiba que tu, ó Senhor, és Deus e que fazes o coração deles voltar para ti.
1Reis 18:37

O sobrenatural de Deus ainda se manifesta na vida dos que se posicionam nele.

Quem está determinado a ver e provar milagres não se deixa influenciar pelas coisas deste mundo. Estamos cercados por céticos e pessoas cujas crenças não são compatíveis com as nossas. Assim como o profeta Elias desafiou os 450 profetas de Baal a proclamar que somente o Senhor é Deus, devemos nos posicionar, sem temer os homens, somente a Deus.

Em Romanos 12:2, o apóstolo Paulo nos instrui a não ser conformados pelo comportamento e pelos costumes deste mundo, mas a deixar que Deus nos transforme por meio de uma mudança em nosso modo de pensar, a fim de que experimentemos "a boa, agradável e perfeita vontade de Deus". Essa orientação é clara quanto ao nosso posicionamento. Não podemos assumir uma conduta influenciada pelo mundo. Precisamos nos posicionar.

O Senhor espera por homens e mulheres corajosos que não se deixam intimidar e, assim como Elias, oram: "Ó Senhor, Deus de Abraão, de Isaque e de Israel, que hoje fique conhecido que tu és Deus em Israel, que sou teu servo e que fiz todas estas coisas por ordem tua. Responde-me, ó Senhor, para que este povo saiba que tu, ó Senhor, és Deus e que fazes o coração deles voltar para ti" (1Reis 18:36-37).

Nossa convicção deve nos blindar contra essa agenda que luta tão abertamente contra os princípios bíblicos, a família e a própria vida. O Senhor deseja que nos levantemos com ousadia e proclamemos a verdade, a fim de que seu nome seja glorificado. Temos de contar ao mundo que o Deus de milagres vive e se manifesta, ainda hoje, aos que estão posicionados.

"Senhor, obrigado pela tua Palavra, que me revela a tua na verdade. Guiado por ela, eu não me amoldo aos costumes deste mundo e, ainda, sou fortalecido em fé para me posicionar. Dá-me ousadia para declarar quem tu és ao mundo, manifestando tua glória e teus sinais. Em nome de Jesus, amém."

Um só Deus

Eu o fortalecerei, ainda que você não me conheça, de forma que desde o nascente até o poente saibam todos que não há outro além de mim.

Isaías 45:5b-6

O mundo insiste em nos apresentar falsos deuses. Com eles, as riquezas, a fama, a liberdade e uma falsa alegria. Mas a verdade é que, longe de Jesus, nós não ganhamos nada, apenas perdemos. Ele é a vida; longe dele, tudo morre. Nada que este mundo possa nos oferecer chega aos pés do que temos no Senhor. Nenhum bem, nenhuma paixão, nenhum prazer. Somente em Jesus Cristo podemos encontrar aquilo de que nossa alma precisa para ser plenamente satisfeita.

Deus não aceita dividir o trono com mais nada nem ninguém. Ele é único e soberano.

O grande problema está em tentar se dividir entre o céu e a terra. Indecisas, muitas pessoas acreditam que podem viver no meio-termo, como se pudessem ter as mordomias terrenas e as bênçãos do céu ao mesmo tempo. Contudo, a Bíblia nos diz que é impossível servir a dois senhores (cf. Mateus 6:24). O Senhor não está disposto a dividir o trono dele em seu coração. É tudo ou nada. Não há outro Deus além do Senhor, mas ele nos deixa livre para decidirmos ou não quem se assentará nesse trono.

Ao profeta Isaías, o Senhor Deus disse a respeito de si mesmo: "Eu sou o Senhor, e não há outro; além de mim não há Deus. Eu o fortalecerei, ainda que você não me conheça, de forma que desde o nascente até o poente saibam todos que não há outro além de mim. Eu sou o Senhor, e não há outro" (Isaías 45:5-6). Em uma oração feita por Davi, ele reconheceu: "[...] quão grande és tu, ó Soberano Senhor! Não há ninguém como tu nem há outro Deus além de ti, conforme tudo o que ouvimos com os nossos ouvidos" (2Samuel 7:22).

Se você ainda está em cima do muro, saiba que todo silêncio esconde uma escolha disfarçada. É hora de decidir! Boa coisa é decidir-se pelo Senhor, o único Deus. Qual é a sua resposta?

"Senhor, creio que tu és o único Deus e que longe de ti não há vida ou alegria. Não quero mais andar dividido entre as coisas do céu e da terra. Hoje, eu me posiciono e me rendo totalmente ao Senhor. Amém."

16
FEV

Coração ardente

Conheço as suas obras, que você não é frio nem quente. Gostaria que fosse frio ou quente [...] estou prestes a vomitar você da minha boca.

APOCALIPSE 3:15-16B

O Senhor não deseja a mornidão. Ele quer que o amemos com todo nosso coração, com todo nosso vigor.

Muitos são os que dizem crer em Deus. De acordo com os dados do IBGE de 2010 e 2022, a população evangélica no Brasil cresceu de 21,6%, o que equivale a 35 milhões de pessoas, para 26,9%, isto é, 47,4 milhões. Mas será que esse crescimento quantitativo é sinônimo de vida com Deus? Nossas ações são condizentes com os princípios bíblicos?

Um número na lista do IBGE não é capaz de reverter a apatia na qual a igreja se encontra, não somente no Brasil, mas no mundo inteiro. Precisamos urgentemente atentar para o que o Senhor declara em sua carta à igreja de Laodiceia, conforme está escrito em Apocalipse 3:15-16: "Conheço as suas obras, que você não é frio nem quente. Gostaria que fosse frio ou quente! Assim, porque é morno, nem frio nem quente, estou prestes a vomitar você da minha boca".

Precisamos ser despertos do estado letárgico. Nosso coração deve arder pelo Senhor! O que fazemos é um reflexo da maneira como nos sentimos e pensamos. Uma fé morna se traduz em obras mornas. No entanto, uma fé devota, uma paixão pelo evangelho e pela Palavra de Deus e um coração ardente são mostrados em obras igualmente fervorosas.

Como está escrito em Tiago 2:17, a fé sem obras é morta, ou seja, nosso comportamento deve acompanhar e dar testemunho da nossa fé. Por isso, um convite nos é feito diariamente para que sondemos o nosso coração. É insensatez enganar a nós mesmos enquanto o Senhor já disse que conhece cada uma de nossas obras. Portanto, peça ao Espírito Santo que revele se você tem vivido uma vida fria, quente ou morna.

"Santo Deus, eu te agradeço pela tua Palavra, que me orienta e me leva a um lugar de reflexão e arrependimento. Ensina-me a viver cada dia queimando de amor por ti e a agir de tal maneira, em nome de Jesus. Amém."

Amigos de Deus

17 FEV

Não amem o mundo nem o que nele há. O mundo e os seus maus desejos passam, mas aquele que faz a vontade de Deus permanece para sempre.

1JOÃO 2:15A,17

Mais do que nosso Senhor, Jesus deseja ser também nosso amigo. Seu amor nos convida a um relacionamento profundo, íntimo e verdadeiro com ele, de tal maneira que estejamos cada vez mais próximos de seu coração. Enquanto no mundo a cultura predominante é a do isolamento e cancelamento, o Senhor nos chama para perto.

Tal amizade, porém, exige de nós uma escolha; não é possível sermos amigos dele e do mundo ao mesmo tempo. A Palavra de Deus nos diz em Tiago 4:4 que a amizade com o mundo nos torna inimigos de Deus, ao passo que, se desejamos ser amigos do mundo, tornamo-nos inimigos de Deus. O apóstolo é tão enfático nesse posicionamento que utiliza a palavra "adúlteros" para se referir aos que desejam ter amizade tanto com o mundo quanto com Deus.

Embora estejamos neste mundo, não pertencemos a ele, não podemos nos conformar a ele nem devemos amar o que há nele. Tudo que está no mundo passa. Nós, porém, pertencemos ao Pai eterno. O mais profundo anseio do nosso coração deve ser a eternidade, onde desfrutaremos da plenitude da presença do nosso Deus, finalmente reunidos com aquele que nos criou, chamou e resgatou.

Por isso, lembremo-nos do conselho dado pelo apóstolo João em sua primeira epístola: "Não amem o mundo nem o que nele há. Se alguém ama o mundo, o amor do Pai não está nele" (2:15). É tempo de tomarmos a decisão de ser amigos dele e de proclamar a verdade de que este mundo é passageiro. O Senhor Jesus disse: "Vocês são meus amigos se fizerem o que eu ordeno" (João 15:14). Vivamos, portanto, como amigos do nosso Senhor!

O Senhor nos chama a viver a cada dia um relacionamento mais profundo e verdadeiro com ele.

"Senhor, obrigado por tua amizade. É um privilégio chamar-te de amigo, e eu não quero trocar isso por nada! Ajuda-me a manter meu coração próximo ao teu e a renunciar o mundo, entendendo que o que ele me oferece é passageiro. Em nome de Jesus, amém."

18
FEV

Confronto de vida

Melhor é a repreensão feita abertamente do que o amor oculto. Quem fere por amor mostra lealdade, mas o inimigo multiplica beijos.

PROVÉRBIOS 27:5-6

Não há ninguém que não tenha o que ensinar; não há ninguém que saiba tanto que não tenha mais o que aprender.

Nem todo confronto é para a nossa destruição. Nem toda crítica é feita com a intenção de nos diminuir e atacar. Temos vivido dias em que ninguém suporta mais ser contrariado, e os conselhos não têm mais valor. Todo mundo acha que sabe muito, a ponto de sequer ter mais o que aprender. As pessoas agem como se a opinião de outras com mais experiência e sabedoria fosse uma pedra no sapato, em vez de uma oportunidade para crescer, se desenvolver e amadurecer.

É verdade que muitas vezes recebemos críticas injustas e maliciosas, todavia, precisamos aprender a ser gratos pelas pessoas que se preocupam com o nosso crescimento e desejam o melhor para nós. Não há quem não tenha o que ensinar, nem quem saiba tanto que não possa aprender. Por isso, no tocante às coisas de Deus, é necessário caminhar com pessoas que nos amem de tal maneira a nos confrontar e apontar quando erramos.

Foi isso que o profeta Elias fez com o povo de Israel no desafio do monte Carmelo. Ele propôs um desafio que exigia do povo um posicionamento. Era necessário escolher quem era o verdadeiro Deus. A Palavra nos diz em 1Reis 18:21 que Elias se colocou diante do povo e disse: "Até quando vocês vão titubear para um lado e para outro? Se o SENHOR é Deus, sigam-no; se, porém, é Baal, sigam-no". O povo, contudo, ficou em silêncio.

Que o nosso coração decida andar na contramão destes dias e aceite com humildade os confrontos que visam nosso bem. Que atentemos à instrução da Palavra de que a repreensão franca é melhor que o amor escondido e que as feridas infligidas por um amigo sincero são melhores que os beijos de um inimigo (cf. Provérbios 27:5-6).

"Senhor, sei que não há limites para o conhecimento e, por isso, peço-te que me aproximes de pessoas sábias que venham me confrontar e ajudar. Ensina-me a ser humilde para aceitar a tua vontade. Em nome de Jesus, amém."

Do início ao fim

Acaso busco eu agora a aprovação dos homens ou a de Deus? Ou procuro agradar a homens? Se eu ainda procurasse agradar a homens, não seria servo de Cristo.

GÁLATAS 1:10

É natural que, no início de qualquer nova fase, nos sintamos mais empolgados. Um novo emprego, uma nova cidade, uma nova casa, um novo projeto, um novo relacionamento... Começar algo é realmente maravilhoso e necessário. Sentimo-nos extasiados com a novidade, revigorados. Entretanto, devemos também atentar à forma como conduziremos essa novidade e, principalmente, às intenções por trás de tudo o que fazemos.

Faça do Senhor o centro de cada projeto, de cada decisão, de cada passo que você der.

Em Eclesiastes 7:8 está escrito: "O fim das coisas é melhor que o seu início, e a paciência é melhor que o orgulho"; isto é, terminar algo é melhor que começar, assim como a paciência é superior ao orgulho. Sendo assim, permanecer nos princípios da excelência e da constância é o que nos fará, verdadeiramente, alcançar êxito.

Não raro começamos novos projetos e, quando a paixão e o ânimo inicial dissipam, o abandonamos e partimos em direção a algo diferente. No entanto, se as nossas intenções forem corretas e se estivermos pautados na Palavra, o Senhor renovará as nossas forças e nos ajudará a concluir tudo que nos é confiado.

Por isso é tão importante sondar o nosso coração para analisar nossa audiência, nosso público-alvo. Vivemos com a intenção de agradar à "massa" ou de agradar sobretudo a Deus? Ele deve ser o centro de nossa vida, o único a quem devemos buscar agradar.

O apóstolo Paulo deixou muito claro em Gálatas 1:10 que a intenção correta para tudo o que fazemos deve ser agradar a Deus, não às outras pessoas. No final do versículo, ele constata: "Se eu ainda procurasse agradar a homens, não seria servo de Cristo". Portanto, que Deus nos ajude a começar com ele e a terminar por ele!

"Querido Deus, eu te agradeço pelas oportunidades que o Senhor me dá de começar algo novo. Quero que tu sejas o centro de tudo. Ajuda-me a chegar até o fim preservando os princípios de tua Palavra e vivendo a cada dia para te agradar. Em nome de Jesus, amém."

20
FEV

Biblicamente embasados

Não se amoldem ao padrão deste mundo, mas transformem-se pela renovação da sua mente, para que vocês experimentem a boa, agradável e perfeita vontade de Deus.

Romanos 12:2

Pare de viver para agradar às pessoas e viva para agradar a Deus.

Todo ser humano carrega o desejo de ser aceito. Ansiamos por nos sentir pertencentes à família, a amigos, a uma comunidade de fé. Sentir-se "solto no mundo", sem pessoas com as quais contar, talvez seja uma das causas mais profundas de redenção. Queremos ser importantes para algo, para alguém ou em algum lugar.

O problema é que, na busca por aceitação, muitos abrem mão dos seus gostos, princípios e valores. As pessoas passam a se amoldar ao que os outros falam e fazem, esquecendo-se de sua essência e das características que as tornam únicas, bem como daquilo em que acreditam. Todavia, não é do agrado do Senhor que vivamos uma vida de aparências em busca da aceitação humana, mas de verdade e retidão, a fim de que agrademos àquele que nos criou.

Por mais importante que seja estar cercado por pessoas que nos amam, nos desejam ter por perto, nos encorajam e nos afiam "como o ferro afia o ferro" (cf. Provérbios 27:17), não podemos confundir as prioridades. Nossa prioridade não deve ser buscar a aceitação de homens, principalmente se, para isso, tivermos de nos moldar aos costumes de um mundo que ainda perece nas trevas. Pelo contrário, devemos buscar agradar a Deus em todas as coisas, vivendo como filhos da luz, afastando-nos "de todo tipo de mal" (1Tessalonicenses 5:22).

Antes de tentar aderir a costumes e ideais que não condizem com o que cremos, lembremo-nos de não nos conformar ao comportamento e aos costumes deste mundo, mas deixar que Deus transforme a nossa maneira de pensar, a fim de que experimentemos sua boa, agradável, perfeita e individual vontade para nós.

"Senhor, eu não quero aderir à forma do mundo, mas, ser moldado pelo Senhor. Que a tua Palavra transforme a minha maneira de pensar e eu não me force para caber em lugares que não são para mim. Ajuda-me a crer que não preciso ceder à política deste mundo pois, já fui aceito por ti. Em nome de Jesus. Amém."

Reconhecidos por ele

Todo aquele que me confessar diante dos homens, também eu o confessarei... Mas aquele que me negar diante dos homens, também eu o negarei diante do meu Pai, que está nos céus.

MATEUS 10:32-33

A era digital trouxe a oportunidade de muitos desconhecidos tornarem-se famosos. A exposição nas redes sociais atiçou o desejo de ser conhecido e reconhecido. E, na busca desenfreada pela fama, alguns passaram a negar, até mesmo, a fé.

Não devemos buscar reconhecimento dos homens, e sim tornar conhecido o nome de Deus.

Em determinados cargos e funções, em especial no que diz respeito à liderança, temos de tomar o cuidado de não confundir o propósito de nossa exposição. Não devemos exercer nossos papéis em busca de reconhecimento dos homens, mas com o objetivo de tornar conhecido o nome de Deus e de sermos reconhecidos pelo Senhor. O reconhecimento do mundo não deve ter valor para nós.

Em Romanos 1:16, notamos que Paulo não se rendeu a esse comportamento de se colocar em evidência, antes, priorizava usar todas as oportunidades para apontar para Cristo: “Não me envergonho do evangelho, porque é o poder de Deus para a salvação de todo aquele que crê [...]”. Assim como ele, devemos assumir a nossa fé, a fim de que sejamos salvos e reconhecidos por ele, mais do que por pessoas.

O mundo quer que acreditemos que esse estilo de vida em busca por reconhecimento e mérito é “normal”. Precisamos nos lembrar de que não somos daqui. Nosso modo de viver tem de ser diferente, afinal, não pertencemos a esta terra, pertencemos ao céu.

Por isso, quando as perseguições nos alcançarem e formos questionados, não teremos por que temer, mas permaneceremos firmados no que Jesus diz: “Quem me reconhecer em público aqui na terra, eu o reconhecerei diante de meu Pai no céu. Mas quem me negar aqui na terra, eu também o negarei diante de meu Pai no céu” (Mateus 10:32-33, NVT).

“Senhor, é uma honra ser reconhecido por ti. Que eu jamais me envergonhe do evangelho, mas o proclame em todos os momentos. Ajuda-me a não me render às tendências deste mundo e a ser cada vez mais parecido contigo. Em nome de Jesus, amém.”

22
FEV

Crendo para ver

Então, Jesus lhe disse: — Porque me viu, você creu?
Bem-aventurados os que não viram e creram.
JOÃO 20:29

Mesmo quando não vemos, confiamos no caráter digno e fiel do Pai, e isso basta.

As coisas neste mundo andam cada vez mais incertas. Antes, parecia haver uma sequência clara para os acontecimentos na nossa vida: nascer, crescer, estudar, se formar, trabalhar, se casar, ter filhos, conquistar algum patrimônio, se aposentar e morrer. A vida de nossos pais, avós e bisavós foi basicamente assim. Talvez houvesse mudanças na área profissional ou no grau de instrução, porém, em geral, tudo girava em torno desse roteiro.

Contudo, a sociedade tem mudado de maneira expressiva, de modo que os interesses e objetivos das pessoas não são mais iguais aos de antigamente. Cada vez mais, as pessoas têm mudado a forma de pensar e de agir, e é bem provável que essa tendência aumente com o passar dos anos. Em meio a tantas mudanças, não é incomum que nós cristãos nos sintamos deslocados e até mesmo atordoados ou frustrados ao ver que a nossa vida tem seguido um ritmo diferente ou se pautado em princípios contrários ao da sociedade.

Diante de tantas mudanças e incertezas, a pergunta que costumamos fazer é: em que devemos acreditar? Em um cenário de instabilidade e imprevisibilidade, será que tem algo em que possamos nos ancorar para permanecer firmes? A Palavra de Deus nos ensina que é inútil confiar apenas no que vemos. Como o apóstolo Paulo declarou em 1Coríntios 15:29, se nossa esperança em Cristo vale apenas para esta vida, somos os mais dignos de pena em todo o mundo.

Por isso, esforcemo-nos em ser daqueles bem-aventurados que creem sem ver. Precisamos crer que vale a pena remar contra a maré ainda que não vejamos o resultado disso, pois essa é a fé que agrada a Deus.

“Senhor, não quero que meus olhos se prendam apenas naquilo que vejo. Quero crescer em minha fé e depositar minha confiança unicamente em quem tu és. Que tua Palavra seja o meu filtro de fé, em nome de Jesus. Amém.”

Reconstruindo o altar

23
FEV

Nesse local, eu os encontrarei e falarei com você; ali me encontrarei com os israelitas, e o lugar será consagrado pela minha glória.
Êxodo 29:42b-43

No Antigo Testamento, encontramos diversas passagens nas quais o Senhor pede que o altar seja reconstruído. Se você pesquisar a definição da palavra "altar" em algum dicionário, encontrará algo simples, como "lugar de sacrifício" ou "lugar sobre o qual ofertas são feitas a uma divindade". No entanto, nenhuma dessas definições compreende o que o altar de fato significa na história do povo de Deus. Mais do que um lugar de sacrifício ou de ritos religiosos, o altar significava um lugar de adoração, relacionamento com Deus, consagração, entrega.

Abraão, Isaque, Jacó, Moisés, Josué e muitos outros — construíram ou reconstruíram um altar. O povo vivia em rebeldia nos tempos de Elias, servindo a outros deuses, influenciados pelo rei Acabe e sua mulher, a temida Jezabel. Nesse contexto o profeta, segundo 1Reis 18:30, chamou o povo para se reunir em volta dele enquanto reparava o altar do Senhor, que havia sido derrubado. Assim como naqueles dias, uma coisa é certa: os céus não se abrem enquanto o altar não tiver sido reconstruído!

Construir um altar de pedras hoje não nos é mais necessário, porque Jesus, o sacrifício perfeito, já nos justificou. Contudo, todos os dias somos chamados a reconstruir um altar ao Senhor. Como? Pelo nosso estilo de vida. Que a nossa vida manifeste o Deus verdadeiro e sejamos esse lugar de adoração, entrega e sacrifício — o altar — onde Deus sempre se manifestou. Como o próprio Senhor disse a Moisés: "De geração em geração, esses holocaustos deverão ser feitos regularmente [...] diante do Senhor. Nesse local, eu os encontrarei e falarei com você" (Êxodo 29:42).

Que o seu coração seja um altar de adoração, gratidão e consagração diárias ao Senhor.

"Senhor, eu quero ser para ti como um altar que apresenta ofertas de aroma suave às tuas narinas. Quero que minha vida reflita o Deus a quem eu sirvo. Quero me encontrar contigo todos os dias e ouvir a sua voz. Amém."

24
FEV

O silêncio dos bons

Eu, porém, e a minha família serviremos ao Senhor.
Josué 24:15b

É tempo de ter coragem e ousadia para nos posicionar com fé.

Nós, os que cremos, temos o privilégio de confessar Jesus como nosso Senhor e Salvador. A resposta que Deus espera de nós é que não nos deixemos influenciar pelo mundo mau ao nosso redor, mas tomemos uma decisão de servir e obedecer a Deus.

Foi isso que Josué, o sucessor de Moisés, fez. No último capítulo do livro que leva seu nome, lemos que Josué reuniu todas as tribos de Israel em Siquém e convocou todas as autoridades, os líderes, os juízes e os oficiais. Em seu discurso ao povo, Josué disse: "Se [...] não agrada a vocês servir ao Senhor, escolham hoje a quem irão servir [...]. Eu, porém, e a minha família serviremos ao Senhor" (24:15).

Como bem disse Martin Luther King Jr.: "O que mais me preocupa não é nem o grito dos corruptos, dos violentos, dos desonestos, dos sem caráter, dos sem ética. O que mais me preocupa é o silêncio dos bons". Você não foi chamado para se esconder nas sombras ou para se camuflar em meio à multidão, mas para brilhar "diante dos homens, para que vejam as suas boas obras e glorifiquem a seu Pai, que está nos céus" (Mateus 5:16).

Em dias de tantas causas falsas, é tempo de assumir a nossa fé, não mais permitindo que a cultura ou a grande massa determinem o que é certo ou errado. Talvez você não entenda por que as coisas não têm ido bem. Você tem corrido atrás das bênçãos, contudo, elas parecem estar cada vez mais longe. Isso acontece porque a vida não está na bênção pela qual você anseia, mas em confessar o Senhor Jesus. Deus espera que, de uma vez por todas, nós rompamos com a postura de neutralidade e tenhamos coragem para nos posicionar com fé, independentemente do que as pessoas ao redor têm feito.

"Senhor, obrigado pelo teu imenso amor por mim. Confessar minha fé em ti é um grande privilégio. Quanto a mim, declaro que eu e minha casa te serviremos, não importa o que outras pessoas façam. Em nome de Jesus, amém."

Correndo bem

Venham a mim todos os que estão cansados e sobrecarregados,
e eu darei descanso a vocês.
MATEUS 11:28

Quem já praticou corrida sabe que o esgotamento e o desgaste físico são consequências comuns após treinos prolongados. O esforço excessivo muitas vezes resulta na fadiga, em dores musculares e até mesmo no enfraquecimento do sistema imunológico se não houver recuperação adequada. Comparada a uma corrida, a vida também tem seus desgastes, os quais, além de físicos, podem ser de ordem emocional. Depois de uma jornada extensa, sentir-se cansado é normal: os ânimos e o vigor se esvaem, dando lugar a uma sensação de sobrecarga emocional, preocupações e, em alguns casos, apatia.

No capítulo 12, o autor de Hebreus fala a respeito de uma corrida e nos aconselha: "[...] uma vez que estamos rodeados de tão grande nuvem de testemunhas, livremo-nos de tudo o que nos atrapalha e do pecado que nos envolve e corramos com perseverança a corrida proposta para nós, tendo os olhos fitos em Jesus, autor e consumador da nossa fé [...]" (v. 1-2). Todos, sem exceção, têm uma jornada a percorrer. Nela, haverá trechos de declínio, subidas, curvas acentuadas e terrenos acidentados. Mas, apesar disso, mantenhamos o olhar firme em Jesus, o líder e aperfeiçoador de nossa fé, a fim de sermos fortalecidos por ele e continuarmos correndo bem.

Talvez o ano que passou tenha sido mais difícil, com lutas que exigiram muito de você e, agora, mesmo com o passar do tempo, você ainda se sente esgotado. No entanto, em Isaías 35:3, a Palavra de Deus nos convida a fortalecer as nossas mãos cansadas e a firmar os joelhos vacilantes. O Senhor não nos quer prostrados, mas correndo bem a carreira que nos foi proposta. Mesmo em momentos de dor e dificuldade, podemos contar com um Deus que restaura, revigora, fortalece e nos sustenta.

Jesus está sempre de braços abertos para receber os cansados e sobrecarregados.

"Senhor Jesus, obrigado por ser meu maior exemplo e me ajudar a suportar os desafios da jornada. Ensina-me a permanecer com o olhar firme em ti. Fortalece as minhas mãos cansadas e os meus joelhos vacilantes. Amém."

26
FEV

Renovados em Deus

Digam aos desanimados de coração: "Sejam fortes, não temam! O seu Deus virá, virá com vingança; com retribuição divina virá para salvar vocês".

ISAÍAS 35:4

Você não precisa tentar dar conta de tudo porque tem um Deus que de fato dá conta de tudo.

Há momentos da vida em que nos sentimos fracos, e está tudo bem! Por mais que tentemos ser fortes na maior parte do tempo, em algum momento a nossa vulnerabilidade e as nossas fragilidades ficarão evidentes. Não somos super-heróis nem anjos; somos humanos, sujeitos às intempéries da vida. Passamos por momentos de grande alegria e momentos de grande dor. Conquistamos e perdemos. Realizamos sonhos e nos frustramos. E, em determinado momento, nos deparamos com a realidade de que não temos forças suficientes por conta própria.

A verdade é que não somos seres independentes e autônomos, mas completamente dependentes de Deus. O que fazer quando essa realidade nos confronta? Temos de aprender a lidar com a nossa natureza e perceber que não precisamos tentar ser fortes, não precisamos nos esforçar até a exaustão. Por mais paradoxal que seja, a resposta está em nos esforçar e aprender a descansar.

Deus, nos convida a esse lugar de descanso. Ele restaura o nosso vigor e alivia o nosso fardo, nos fazendo fortes novamente. A Palavra confirma: "Ele fortalece o cansado e dá grande vigor ao que está sem forças" (Isaías 40:29). Ainda que estejamos esgotados e cansados, é necessário um movimento em direção à fonte correta de renovação. A desistência parece ser o caminho mais fácil, mas a solução para o cansaço não é a desistência, e sim o descanso.

Por isso, em momentos de fadiga, nos apeguemos a ele e à sua promessa de nos fortalecer. É ele o único que tem poder para renovar nosso ânimo e nos dar esperança. Como é bom depender do dono de todo fôlego de vida, que pode trazer o descanso de que nossa alma precisa!

"Senhor, obrigado por renovar as minhas forças quando penso que não há mais saída. Tu és o descanso e o vigor de que eu preciso para prosseguir. Ensina-me a descansar em vez de desistir. Em nome de Jesus, amém."

Alívio no caminho

27
FEV

Guia-me, SENHOR, na tua justiça por causa dos meus inimigos;
aplaina o teu caminho diante de mim.
SALMOS 5:8

Há momentos na vida em que sentimos que chegamos ao nosso limite. Se você pensar bem, conseguirá se lembrar de uma situação na qual se sentiu assim. O problema é que muitas pessoas vivem sempre no limite. Elas continuam adiante apesar do alerta de baixo combustível. E, para piorar, na maioria das vezes sequer sabem para onde vão. Sem mapa, sem GPS, apenas prosseguem — no limite do combustível, sem rumo.

Jesus nos dá o alívio de que precisamos e a certeza de que jamais estaremos sozinhos.

Não precisamos andar errantes no caminho, nos sentindo fracos, perdidos e esgotados. O Senhor tem o combustível que nos fortalece e, assim como um carro na reserva que se recupera quando o tanque é cheio, nós somos reabastecidos pelo vigor dele.

Em meio ao caos, à dor, ao desespero, às muitas preocupações e à sensação de que não podemos mais suportar, podemos contar com a esperança que Jesus nos oferece. Ele mesmo nos diz em Mateus 11:28-30: "Venham a mim todos os que estão cansados e sobrecarregados, e eu darei descanso a vocês. Tomem sobre vocês o meu jugo e aprendam de mim, porque sou manso e humilde de coração, e vocês encontrarão descanso para a alma. Pois o meu jugo é suave, e o meu fardo é leve".

Com ele, o caminho adiante não é mais obscuro. Ele nos dá o direcionamento e a força de que precisamos. Nos dias de exaustão, podemos clamar: "[...] aplaina o teu caminho diante de mim" (Salmos 5:8). O Senhor nos propõe a deixar o caminho pedregoso para seguir com ele, pois caminhar com Jesus é diferente. Com ele, mesmo em meio às adversidades, há o alívio e a certeza de nunca mais teremos de dar um passo sequer sozinhos, porque ele prometeu: "[...] estarei sempre com vocês [...]" (Mateus 28:20).

"Eu te agradeço, Senhor, por poder caminhar contigo. Longe de ti só há canseira e enfado. Em ti, eu tenho alívio e a companhia de que preciso. Ajuda-me a descansar e a trocar meu fardo pelo teu, que é leve. Amém."

28
FEV

Melhor companhia

Este é o Deus cujo caminho é perfeito; a palavra do Senhor *é genuína. Ele é escudo para todos os que nele se refugiam.*

Salmos 18:30

Deus não erra nunca! Ele nos criou para viver em comunhão com ele e com a família da fé.

Somos seres relacionais. Não fomos feitos para o isolamento. Por mais que algumas pessoas se considerem tímidas ou mais introvertidas, ninguém nasceu para viver só. Como disse o pregador Charles Spurgeon: "Os crentes não são comparados a ursos, leões ou outros animais que vivem sozinhos. Aqueles que pertencem a Cristo são ovelhas [...]. Ovelhas vivem em rebanhos, assim como o povo de Deus".

A sociedade, porém, alimenta cada vez mais a ideia de uma existência individualista, muitas vezes defendida com o argumento de que, quanto menos nos relacionarmos, menos problemas teremos. Isso é mentira. Na realidade, o texto de Eclesiastes 4:9-10 nos diz exatamente o contrário: "É melhor serem dois do que um [...]. Se caírem, um levantará o outro. Mas pobre do homem que cai e não tem quem o levante!".

Pessoas são complicadas? Sim! Tanto os outros quanto nós. Contudo, é muito mais danoso para o homem se esquivar do que foi criado para ser: relacional. Ao encontrar-se só, o homem passa a acreditar em uma solidão absoluta, a qual jamais será real, visto que o Senhor prometeu estar conosco sempre (cf. Mateus 28:20).

Ele é a nossa melhor companhia. Davi declarou que ele é "escudo para todos os que nele se refugiam" (Salmos 18:30). Mais adiante, no salmo 23, diz "Mesmo que eu ande por um vale de densas trevas, não temerei perigo algum, pois tu estás comigo" (4a). Essa é a confissão de um homem que se relacionava com Deus e sabia que nunca estava sozinho. Busque a companhia de pessoas confiáveis e, sobretudo, a do Senhor, pois a companhia dele é a melhor que você pode encontrar.

"Senhor, tu és a minha melhor companhia! Obrigado por nunca me deixar sozinho. Ensina-me a viver conforme a tua vontade, que é de um relacionamento contigo e com meus irmãos. Em nome de Jesus, amém."

“O segredo para frutificar é o lugar onde você está plantado.”

340
20
40
N·W
N·E
60
80
E
100
120
S·E
140
160
180
200
S·W
S

MARÇO

Meu planejamento

Meta

Plano Espiritual

Atividade em família

Leitura bíblica do livro

Plano para um hábito saudável

Um filme/série

Um livro/*podcast*

Passos para aprender algo novo

Meta financeira

Um médico a agendar

Resumo de um aprendizado espiritual

Um lugar para visitar

Um novo caminho

1
MAR

Mantenhamos firme a esperança que professamos,
pois aquele que prometeu é fiel.
HEBREUS 10:23

A cada mês, temos a oportunidade de começar de novo. A graça diária parece mais latente em datas específicas, e o dia primeiro sempre pode significar o início de algo novo. Deus é o único que pode garantir que isso verdadeiramente aconteça; sem ele, nada novo acontece. A cada virada de página no calendário, somos lembrados da misericórdia do Senhor.

Jesus não é apenas nosso guia; ele é o próprio caminho que nos leva ao Pai.

Em nossa jornada, nos depararemos com diferentes caminhos: alguns nos levam à vida; outros, à morte; e existem ainda os atalhos que parecem encurtar o caminho até nosso objetivo, mas, na realidade, nos fazem desviar da rota certa. A escolha do caminho a seguir será sempre nossa, porém Jesus deixou claro em João 14:6 que somente ele é o caminho, a verdade e a vida, de modo que ninguém pode chegar ao Pai senão por ele.

O mundo e os nossos próprios desejos sempre tentarão nos direcionar para outros caminhos. É nesse contexto que a declaração de Jesus se torna a bússola inerrante para a alma. Ele não é apenas um guia, mas a própria rota. Nosso destino é o Pai; do contrário, não faz sentido prosseguir na caminhada. Jesus abriu um caminho novo e vivo ao rasgar o véu que antes nos separava do Lugar Santíssimo.

Portanto, anime-se! Você pode sim fazer deste dia o primeiro de um novo caminho — uma nova maneira de viver, com novos hábitos, ao escolher deixar o que já passou para trás e seguir o Senhor Jesus. Lembre-se de que, na cruz, Jesus não somente nos concedeu perdão dos pecados, como também a reconciliação com o Pai, de modo que "temos plena confiança para entrar no Lugar Santíssimo" por seu sangue (cf. Hebreus 10:19).

"Pai, eu te agradeço pela oportunidade de recomeçar diariamente. Graças ao sacrifício do teu Filho, posso me aproximar de ti e ter uma nova vida. Ajuda-me a andar no caminho que preparaste para mim. Em nome do Senhor Jesus, amém."

2
MAR

Intencionais

Se possível, naquilo que depender de vocês,
vivam em paz com todos os homens.
ROMANOS 12:18

A paz não é algo que simplesmente se espera; é algo que se busca, que se promove, que se constrói em cada interação.

Vida espiritual saudável é fruto de intencionalidade. Se desejamos crescer em Deus, precisamos fazer tudo com propósito. Como nos ensina a Palavra, temos de fazer tudo "de todo o coração, como para o Senhor, não para os homens" (Colossenses 3:23). A fé genuína é jornada construída com decisões conscientes e um coração voltado para a vontade do Pai. O crescimento exige investimento e esforço contínuo.

Devemos ser intencionais tanto com Deus quanto com o próximo. Sabemos como é prejudicial falar e fazer coisas de maneira impulsiva. No entanto, o que o Senhor quer de nós é que preservemos a paz: "Façam todo o esforço para conservar a unidade do Espírito pelo vínculo da paz" (Efésios 4:3). Ou seja, mais que uma ação de Deus em nosso meio, deve haver um esforço de nossa parte em obedecer ao que o Senhor nos propõe: viver em unidade.

Por certo, nem sempre nos daremos bem com todos. As relações humanas são complexas e há diferentes modos de ver e viver a vida. Contudo, ainda recebemos uma ordem de viver em paz com todas as pessoas no que depender de nós. Precisamos ser diligentes, dispostos a ceder, perdoar e construir pontes, mesmo quando as diferenças parecem intransponíveis. A exortação bíblica nos chama à responsabilidade individual.

Nosso crescimento espiritual passa pelo nosso relacionamento com outras pessoas, e é por isso que o Senhor nos incentiva a não caminhar só, mas juntos. A vida em comunhão é plano de Deus e, sabendo que seus planos são maiores e melhores, devemos ser intencionais nisso. Ser intencional na busca por essa comunhão significa investir tempo, perdoar, oferecer apoio e construir uma relação de amor e respeito.

"Senhor, obrigado por me ensinar que a vida em comunhão é teu plano para mim. Ensina-me a promover a paz e a me esforçar diariamente para viver bem com todas as pessoas. Amém."

Filhos de Deus

3 MAR

Bem-aventurados os pacificadores, pois serão chamados filhos de Deus.

Mateus 5:9

Deus enviou seu Filho, Jesus, ao mundo para que, ao crer nele, tivéssemos a vida eterna. Mais que isso, ele nos adotou tornando-nos seus filhos. Somos coerdeiros com Cristo, como está escrito em Romanos 8:17, o primogênito entre muitos irmãos.

Essa é uma verdade incomparável, o presente mais precioso que poderíamos receber. Os filhos de Deus são reconhecidos pelo seu proceder, que difere do comportamento do mundo. Uma dessas características dos filhos de Deus é que serão reconhecidos pela paz. Em um mundo marcado por conflitos, a paz dos filhos de Deus é um farol, um testemunho silencioso, mas poderoso, da transformação que Cristo opera em cada um de nós a partir de um encontro com ele.

A Palavra de Deus nos diz que Jesus já nos deixou essa paz. Em conversa com seus discípulos, ele disse: "Deixo com vocês a paz; a minha paz dou a vocês. Não a dou como o mundo a dá. [...]" (João 14:27).

A paz de Cristo é distinta de qualquer coisa que o mundo possa oferecer, pois ela não depende de circunstâncias externas. É uma paz que guarda o coração e a mente (cf. Filipenses 4:7), que nos permite descansar mesmo em meio ao caos e que nos capacita a amar até aqueles que nos perseguem. A verdadeira paz é legado divino que flui do relacionamento íntimo com o Príncipe da Paz.

Mais do que apenas receber a paz que Jesus nos deixou, podemos ser aqueles que promovem a paz. Seja em casa, no trabalho, na igreja, seja em qualquer outro lugar, temos a oportunidade de manifestar a nossa identidade de filhos de Deus. Com a nossa filiação, temos também a responsabilidade de levar a paz de Cristo por onde quer que passemos.

Como filhos de Deus, temos a responsabilidade e o privilégio de refletir o caráter do Pai em um mundo carente de paz.

"Pai, obrigado pelo presente valioso que é ser teu filho. De fato, o mundo jamais me dará a paz que somente tu podes proporcionar. Ajuda-me a viver como teu filho e a promover a paz em todos os momentos e lugares. Em nome de Jesus, Amém."

4
MAR

Espírito disposto

Vigiem e orem para que não caiam em tentação.
O espírito está pronto, mas a carne é fraca.
MATEUS 26:41

Apresentar um espírito disposto significa uma entrega consciente e voluntária à vontade de Deus.

Nossos erros e decisões jamais podem ser justificados com base em nossas fraquezas. Somos, sim, dependentes da misericórdia de Deus e, se esta não renovasse vidas todas as manhãs, por certo já teríamos sucumbido. No entanto, reconhecer essa fragilidade e dependência não nos isenta da responsabilidade por nossas escolhas.

Apesar das tendências pecaminosas de nossa carne, a Bíblia mostra em Mateus 26:41 que existe um comportamento esperado de nós para resistir quando as tentações vierem sobre nós. Jesus alertou seus discípulos: "Vigiem e orem para que não caiam em tentação. O espírito está pronto, mas a carne é fraca". A vigilância e a oração são estratégias para fortalecer o espírito e capacitá-lo a resistir aos impulsos da carne. Enquanto a nossa inclinação natural sempre conduz ao erro, vigiar e orar pode nos aproximar da vontade de Deus e fortalecer nosso espírito.

Precisamos nos lembrar de que Deus é fiel, e ele não permitirá tentações maiores do que podemos suportar, como Paulo afirmou em 1Coríntios 10:13. Quando formos tentados, ele nos mostrará uma saída para que consigamos resistir. Quanto mais estivermos alimentados da Palavra e em comunhão constante com Deus, mais fortes seremos para resistir às investidas do Inimigo.

Por isso, nos momentos em que sentirmos nossa carne pender em direção ao pecado — e todos passamos por isso —, não consideremos desistir e ceder. Pelo contrário, intensifiquemos a oração e a busca pela Palavra. Sejamos ainda mais diligentes. Estejamos ainda mais atentos e vigilantes. Pela misericórdia do Senhor, ele nos fortalece e nos capacita a resistir a toda e qualquer tentação que nos sobrevier.

"Obrigado, Senhor, por tuas misericórdias, que se renovam a cada manhã. Quero me apresentar a ti com o espírito disposto para resistir a todas as tentações, em nome de Jesus. Amém."

Tentados, mas não desanimados

5
MAR

Ela penetra a ponto de dividir alma e espírito, juntas e medulas, e é apta para julgar os pensamentos e as intenções do coração.

Hebreus 4:12b

Não existe uma receita para evitar as tentações. Todos nós somos tentados. A tentação não escolhe idade, *status* social ou nível de espiritualidade. Ser tentado não é pecado, ceder a elas, por sua vez, sim. Visto que nenhum de nós está livre de ser levado a esse lugar em determinadas fases da vida, a forma como respondemos à tentação é essencial: nos renderemos ao pecado ou nos posicionaremos com fé? É nesse ponto de decisão que nossa fé é testada e nosso caráter é forjado.

A verdade divina é a nossa arma mais potente e o nosso escudo mais resistente contra as investidas do Inimigo.

No capítulo quatro do Evangelho de Mateus, encontramos o relato de quando o próprio Jesus foi conduzido pelo Espírito ao deserto para ser tentado pelo Diabo. Ali, depois de quarenta dias de fome, foi levado ao limite; contudo, a tudo venceu pelo poder que há nas Sagradas Escrituras. O exemplo de Jesus é o modelo supremo para enfrentarmos as tentações. Ele demonstrou que a vitória é possível, não por força própria, mas pela autoridade da Palavra de Deus.

Da mesma forma, ao nos depararmos com uma tentação, não devemos nos desesperar, mas declarar a Palavra de Deus. Ela é poder para os que creem! Conhecer a Palavra de Deus, meditar nela e proclamá-la com convicção são estratégias que desarmam o Inimigo e fortalecem o nosso espírito. É a luz da verdade que dissipa as trevas da mentira e do engano.

Não é preciso temer ou desanimar. O nosso Sumo Sacerdote entende nossas fraquezas, pois enfrentou as mesmas tentações que nós, mas nunca pecou. Assim, aproximemo-nos com toda confiança do trono da graça, onde receberemos misericórdia e encontraremos graça para nos ajudar quando for preciso.

“Deus, obrigado pelo exemplo do teu Filho, que foi tentado, mas jamais pecou; pelo contrário, venceu pela Palavra. Ajuda-me a não desanimar perante as tentações e a me aproximar do trono da graça com confiança. Amém.”

6
MAR

Suportando com paciência

Bem-aventurado o homem que persevera na provação, porque, depois de aprovado, receberá a coroa da vida que o Senhor prometeu aos que o amam.

TIAGO 1:12

Deus usa até mesmo as dificuldades para nos conformar à imagem de Jesus Cristo.

As pessoas sempre confundem tentação com provação. Muitos irmãos em Cristo dizem que estão sendo provados, quando, na verdade, estão sendo tentados, e vice-versa. Precisamos, todavia, discernir a origem e o objetivo de cada situação que enfrentamos.

A provação tem como objetivo levá-lo ao aperfeiçoamento. Já a tentação tem como objetivo levá-lo ao pecado. Ela é gerada pelo Diabo e, segundo Tiago 1:14-15, vem de nossos próprios desejos, que nos seduzem e nos arrastam. O apóstolo explica: "[...] esse desejo, tendo sido concebido, dá à luz o pecado, e o pecado, uma vez consumado, gera a morte". Ou seja, enquanto a tentação visa nos fazer cair, a provação é uma ferramenta que Deus usa para nos refinar.

Deus a ninguém tenta. O que ele faz é nos colocar diante de provas para que sejamos aperfeiçoados, alcançando o crescimento e a maturidade esperada de filhos saudáveis. Dele não provém nenhum mal, apenas o bem. Enquanto a tentação exige resistência, a provação requer paciência. A resposta à tentação é uma batalha ativa de resistência; a resposta à provação é uma postura de fé paciente e submissa, confirmando até mesmo que as dificuldades podem ser usadas por Deus para nos conformar à imagem de Jesus.

Todos passamos tanto por tentações quanto por provações, e feliz é aquele que suporta ambas, porque depois receberá a coroa da vida que Deus prometeu àqueles que o amam (cf. Tiago 1:12). Que possamos, então, buscar discernimento para identificar o que nos atinge e sabedoria para reagir conforme a vontade de Deus em todas as situações. Cultivemos paciência na provação e firmeza na tentação, com o olhar fixo na promessa eterna que nos espera.

"Senhor, dá-me sabedoria para discernir as situações que enfrento e agir conforme a tua vontade. Dá-me paciência para superar as provações e firmeza para resistir às tentações. Em nome de Jesus, amém."

Coisas escondidas

7 MAR

Tudo, porém, está descoberto e exposto diante dos olhos daquele a quem havemos de prestar contas.

HEBREUS 4:13B

Cada um de nós carrega segredos. Coisas que fizemos no passado das quais nos envergonhamos, sentimentos que não seriam bem aceitos se confessados, mágoas escondidas nas profundezas do coração. O fato é que, por mais que escondamos certos aspectos das pessoas, é impossível manter segredos com Deus.

O nosso Criador, melhor que nós mesmos, conhece o nosso coração. Não há nenhum acontecimento, palavra ou sentimento oculto a ele. A Palavra nos traz em Josué 7 o relato de alguém que achou que poderia esconder algo de Deus. No capítulo anterior, a ordem dada ao povo de Israel era de que, ao conquistarem Jericó, não tomassem nada para si, mas oferecessem todos os bens como oferta ao Senhor.

No entanto, no capítulo 7, Deus diz ao líder Josué que Israel pecou ao desobedecer à sua ordem e se apossar do que pertencia a Deus. No versículo 20, Acã confessou: "É verdade que pequei contra o SENHOR", e em seguida detalhou tudo o que fez. Quando um pecado foi encoberto, Deus o trouxe à luz e determinou as consequências. Havia impureza em meio àquele povo e era necessário que a transgressão fosse revelada e tratada para que pudessem prosseguir.

O Senhor nos convida hoje a retirar do nosso coração aquilo que é impuro e que muitas vezes escondemos das pessoas e até de nós mesmos. A purificação do coração começa com o reconhecimento honesto de nossa condição pecaminosa e da nossa incapacidade de nos salvar por conta própria. Que possamos, então, com humildade e coragem, permitir que Deus revele as coisas escondidas em nós, para que, purificados, possamos viver em plena comunhão com ele, livres para experimentar a plena liberdade que é encontrada na verdade.

Somente a luz da Palavra e a ação do Espírito Santo podem expor as profundezas do nosso interior, revelando as áreas que precisam ser rendidas a Deus.

"Senhor, meu coração é desesperadamente corrupto e eu preciso da tua misericórdia. Ajuda-me a retirar todas as coisas escondidas aqui e revela-me o que preciso te entregar. Em nome de Jesus, amém."

8
MAR

O livramento de Deus

Retorne ao seu descanso, ó minha alma, porque o Senhor tem sido bom para você!

SALMOS 116:7

O livramento de Deus pode ser visto nos detalhes da nossa vida — nas lágrimas enxugadas, nas vezes em que ele firmou nossos passos, na sua presença constante.

A cada dia que passa, tenho mais certeza de que, não fosse a forte mão do Senhor, seríamos presas fáceis da maldade que assola este mundo. Estamos constantemente expostos a perigos físicos, emocionais e, principalmente, espirituais.

A Palavra nos mostra que o Senhor sempre demonstrou cuidado para com os seus. Mesmo diante das investidas do mal, ele sempre proveu o livramento. Foi assim, por exemplo, com Davi. A história de Davi é um testemunho da fidelidade de Deus. Desde a juventude, o caçula de Jessé enfrentou a hostilidade dos irmãos mais velhos, a afronta de Golias, a inveja de Saul, a traição de Absalão, seu próprio filho, além de inúmeras batalhas contra inimigos poderosos. No entanto, em cada tribulação, a mão de Deus esteve sobre ele.

No cântico registrado em 2Samuel 22:18-20, Davi reconhece que a boa mão do Senhor sempre esteve presente em sua vida: "Livrou-me do meu inimigo poderoso, dos meus adversários, que eram mais fortes que eu. Eles me atacaram no dia da minha calamidade, mas o SENHOR foi o meu amparo. Deu-me ampla liberdade; livrou-me, porque me quer bem". Essa é a voz de alguém que experimentou o livramento em primeira mão e que testemunhou da bondade de Deus em cada fase de sua vida.

É bem provável que as adversidades que você tem enfrentado não envolvam um gigante violento, perseguições de um rei ou um golpe do próprio filho. Contudo, independentemente de qual seja o nosso cenário, como Davi, certamente podemos dizer: "Retorne ao descanso, ó minha alma, porque o SENHOR tem sido bom para você!" (Salmos 116:7). Olhe para trás e faça o exercício de perceber como a mão de Deus esteve presente em cada passo de sua trajetória. Então, dê graças!

"Obrigado, meu Deus pelo teu cuidado constante para com a minha vida. Ensina-me a descansar em ti e a crer no teu livramento e na tua bondosa mão. Em nome de Jesus, amém."

Antes e depois

Portanto, agora já não há condenação para os que estão em Cristo Jesus [...] a lei do Espírito da vida libertou você da lei do pecado e da morte.

ROMANOS 8:1-2B

Todos os que foram alcançados por Jesus têm uma história de antes e depois. É impossível permanecer do mesmo jeito! O pecado que antes fazia de nossa vida miserável dá lugar à graça do Senhor Jesus, que faz de nós filhos bem-aventurados. A intervenção de Cristo na vida humana é sempre transformadora. Aonde ele chega, há mudança de vida.

Paulo foi de perseguidor dos cristãos a perseguido por amor a Cristo. Aquele que planejava a destruição dos cristãos foi o mesmo que, após um encontro sobrenatural com Jesus, dedicou sua vida a proclamar o evangelho, suportando perseguições e sofrimentos. Ele mesmo relata em 1Timóteo 1:12-13: "Dou graças a Cristo Jesus, o nosso Senhor, que me deu forças e me considerou fiel, designando-me ao ministério, a mim que anteriormente fui blasfemo, perseguidor e insolente. Deus, porém, foi misericordioso comigo [...]".

Assim como Paulo, nós também éramos inimigos de Deus: geríamos nossa vida por conta própria, presos às correntes do pecado. Vivíamos em rebelião, cegos à verdade e à necessidade de um Salvador. No entanto, a graça é capaz de mudar a rota. Um encontro verdadeiro com ele muda tudo! A graça de Jesus não apenas nos encontrou, como também nos redimiu. Esse encontro, quando genuíno, é o divisor de águas, a linha que demarca o antes e o depois em nossa história pessoal com Deus.

Por isso, prossigamos pela certeza de que agora já não há nenhuma condenação para os que estão em Cristo Jesus. Alcançados pela graça, agora temos a chance de testemunhar sobre quem éramos e quem somos hoje. Como o apóstolo Paulo, cada um de nós é chamado a servir ao Deus que foi misericordioso conosco.

Nosso antes e depois não é apenas uma narrativa pessoal, mas uma proclamação do amor e da graça de Deus.

"Senhor, obrigado pela graça que me alcançou. Antes, eu estava preso; contudo, porque fui encontrado por ti, sou livre. Ajuda-me a dar bom testemunho da tua graça e do teu amor, em nome de Jesus. Amém."

10
MAR

Crescimento em Deus

A vereda do justo é como a luz da aurora,
que brilha cada vez mais até ser dia perfeito.
PROVÉRBIOS 4:18

O temor reverente a Deus nos impulsiona a crescer continuamente em graça e conhecimento.

A vida com Deus exige melhora todos os dias. Não existe um ponto no qual alguém possa se considerar tão maduro que não precise mais de crescimento. Quando aceitamos o convite de Cristo, chegamos a ele como estávamos, mas espera-se que, desse momento em diante, comecemos um processo natural de crescimento e amadurecimento. Ele não espera que nos tornemos perfeitos imediatamente, e sim que avancemos constantemente à semelhança de Cristo por meio da santificação.

Somos salvos pela graça de Cristo. Embora não tenhamos mérito para ganhar a salvação, precisamos de um esforço diligente para vivê-la. Conforme lemos em Filipenses 2:12-13, as instruções de Paulo à igreja são: "[...] ponham em prática a salvação de vocês com temor e tremor, pois é Deus quem produz em vocês tanto o querer quanto o realizar, de acordo com a boa vontade dele". Não há nada que possamos fazer para obter a salvação, pois já a recebemos pela graça; o que Paulo fala é que eles devem praticá-la, torná-la evidente em todos os aspectos com temor e tremor.

É assim, conscientes da necessidade de crescimento, longe da pressa ou da cobrança que o mundo nos impõe, que avançamos no serviço, no amor, na obediência e na fé. "A vereda do justo é como a luz da aurora, que brilha *cada vez mais* até ser dia perfeito" (Provérbios 4:18).

Deus espera que em Cristo Jesus haja uma transformação contínua em nossa vida, em cada papel que desempenhamos. Não podemos nos acomodar! Portanto, despertemos e avancemos, trabalhando com temor e tremor diante daquele que tudo já fez por nós.

"Meu Deus, eu te agradeço por me ajudar a crescer e a amadurecer na fé a cada dia. Em ti, sou nova criatura, e meu anseio é ser transformado por teu Espírito continuamente, a fim de agradar ao teu coração. Amém."

Até transbordar

11
MAR

Que o Deus da esperança os encha de toda alegria e paz por crerem nele, para que vocês transbordem na esperança e no poder do Espírito Santo.

ROMANOS 15:13

A condição humana, em sua essência, é como a de um recipiente vazio. Da mesma forma que um vaso precisa ser preenchido por algo para satisfazer plenamente seu propósito, passamos a vida inteira em busca de algo que nos preencha. Muitos buscam preencher esse vazio com bens materiais, relacionamentos, sucessos ou prazeres momentâneos, mas a verdade é que todo espaço que há no nosso coração e na nossa mente deve ser preenchido por Deus.

Deus não apenas nos preenche, mas purifica e transborda, transformando a aridez em abundância.

Somos como vasos de barro, talhas vazias esperando para ser cheias da água viva, a qual somente o Senhor pode nos oferecer. Ele é a nossa fonte; a única capaz de nos lavar e encher até transbordar. O texto de Romanos 15:13 nos diz que Deus é a fonte de esperança que pode nos encher de alegria e paz ao crer nele, de modo que possamos transbordar.

Qualquer recipiente só transborda daquilo que está cheio. Um copo cheio de água não pode transbordar óleo. O que tiver maior quantidade no nosso interior é o que aparece no exterior. Somos marcados por aquilo que carregamos. Uma pessoa cheia de inseguranças e preocupações, por exemplo, jorra negatividade, porque isso é o que prevalece em sua vida.

Isso nos convida a uma autoavaliação sincera: o que nos preenche? Quais são as emoções e os pensamentos que predominam em nosso interior? A vida cristã é um processo de esvaziamento de tudo o que não glorifica a Deus e de preenchimento contínuo com sua Palavra e seu Espírito.

Assim, se desejamos transbordar a alegria e a paz verdadeiras, precisamos ser cheios delas. Que possamos declarar: "[...] a graça do nosso Senhor transbordou sobre mim, com a fé e o amor que estão em Cristo Jesus" (1Timóteo 1:14).

"Senhor, eu te agradeço por ser o Deus da esperança, o único que pode proporcionar alegria e paz. Ajuda-me a me esvaziar do que não te agrada para ser cada vez mais cheio do teu Espírito, em nome de Jesus. Amém."

12
MAR

Filhos da luz

Sejam bondosos e compassivos uns para com os outros, perdoando-se mutuamente, como Deus os perdoou em Cristo.

EFÉSIOS 4:32

Que o nosso falar e o nosso proceder sejam reflexos do caráter do nosso Criador.

Onde há luz não há trevas e onde há trevas não há luz. Parece óbvio, mas cada vez mais é preciso lembrar os filhos de Deus de que a nossa vida não pode ser igual à do mundo. Os costumes vistos pelos outros como normais, se não estiverem de acordo com a Palavra de Deus, não devem ser os nossos.

O Senhor espera que nossos pensamentos e atitudes sejam renovados pelo Espírito, conforme Efésios 4:23-24, e que sejamos revestidos de nossa nova natureza, criada para ser verdadeiramente justa e santa como Deus. Precisamos abrir mão da nossa antiga maneira de viver para dar lugar à transformação que o Espírito Santo conduz em nossa vida, para que possamos refletir a imagem do nosso Criador em cada aspecto da nossa vida.

Assim, espera-se dos filhos da luz que o linguajar sujo e pejorativo seja evitado e que todas as suas palavras sejam boas e úteis, a fim de dar ânimo àqueles que as ouvirem. Não podemos entristecer o Espírito Santo de Deus, o selo que Deus colocou sobre nós para o dia em que nos resgatará como sua propriedade.

A forma como nos comunicamos é um indicador do que nutrimos em nosso coração, pois, como disse o nosso Senhor Jesus, "a boca fala do que está cheio o coração" (Mateus 12:34). Como filhos da luz, somos chamados a ser fontes de bênção e vida, e não de maldição e morte. Isso se estende para a forma como agimos, para as decisões que tomamos e para a maneira como vivemos nesta terra.

O conselho para nós no dia de hoje é que nos livremos de toda amargura, raiva, ira, das palavras ásperas e da calúnia, e de todo tipo de maldade. Em vez disso, sejamos bondosos e tenhamos compaixão uns pelos outros, perdoando o próximo como Deus nos perdoou em Cristo.

"Meu Deus, ajuda-me a refrear a minha língua e a não proferir palavras de maldição. Que saiam dos meus lábios apenas palavras abençoadoras e edificantes. Dá-me um coração como o teu, em nome de Jesus. Amém."

Um novo homem

13
MAR

Hoje houve salvação nesta casa, porque este homem também é filho de Abraão. Pois o Filho do homem veio buscar e salvar o que estava perdido.

LUCAS 19:9-10

A partir do momento que permitimos que Cristo Jesus entre em nossa vida, somos alcançados e transformados. A mudança no modo de agir e falar é inevitável e reconhecida por todos ao nosso redor. Essa é, inclusive, uma evidência do nosso relacionamento com ele. Ninguém é mais o mesmo após se encontrar com Jesus e aceitá-lo como seu Senhor e Salvador.

Paulo escreveu: "O que furtava não furte mais; antes, trabalhe, fazendo o que é bom com as próprias mãos, para que tenha o que repartir com quem estiver em necessidade" (Efésios 4:28). Era como se ele dissesse: "Deixe para trás a vida de pecado e viva como um novo homem, nascido de novo para a glória de Cristo".

Temos muitos exemplos na Bíblia de pessoas que tiveram sua realidade completamente transformada, como o endemoniado de Gadara, Maria Madalena, os discípulos e várias outras. Talvez uma das situações mais conhecidas seja a de Zaqueu, o publicano. Após seu encontro com Jesus, o homem levantou-se e disse: "Olha, Senhor! Darei a metade dos meus bens aos pobres e, se de alguém extorqui alguma coisa, devolverei quatro vezes mais" (Lucas 19:8).

A declaração de Zaqueu foi mais do que uma promessa de restituir àqueles que foram lesados por ele, tratava-se de uma evidência incontestável de transformação no interior. Jesus reconheceu essa mudança: "Hoje houve salvação nesta casa [...]. Pois o Filho do homem veio buscar e salvar o que estava perdido" (v. 9-10).

Um novo homem dá testemunho de sua transformação. Suas ações e palavras deixam claro que você teve um encontro com Cristo e foi transformado?

Que a nossa própria transformação seja um eco da verdade eterna do amor de Deus.

"Senhor, obrigado pela transformação que tu proporcionas aos que se encontram contigo. Ajuda-me a demonstrar todos os dias que nasci de novo e a proclamar a verdade de que vieste ao mundo para salvar os perdidos. Amém."

14
MAR

Obra contínua

Busquem a paz com todos e a santificação, sem a qual ninguém verá o Senhor.

HEBREUS 12:14

Permita-se ser lapidado diariamente pela obra santificadora do Espírito Santo.

A busca pela santidade é um dos pilares da vida cristã, um processo que dura toda a existência. Ser santo não é não pecar. Ser santo é ser separado, viver de modo digno e condizente com os princípios que Deus nos deixou em sua Palavra.

A santificação é uma obra contínua pela qual Deus quer que todos os cristãos passem. Conforme lemos em 1Pedro 1:15-16, o próprio Deus nos exorta à santificação: "[...] assim como é santo aquele que os chamou, sejam também santos em toda a sua conduta, pois está escrito: 'Sejam santos, porque eu sou santo'".

Por conta própria, jamais conseguiríamos viver em santidade neste mundo decaído. É pela obra redentora de Cristo, pelo sangue que nos lava e justifica de todo o pecado, por sua graça que somos capacitados pelo Espírito Santo a viver de modo digno e santificado em tudo o que fizermos. Entretanto, Deus nos dá a decisão de nos submeter ou não à sua vontade e a esse processo contínuo.

Um Evangelho pleno é um evangelho que prega a santificação, um processo diário que apenas terminará no dia do nosso encontro com o nosso Senhor. No livro *Grandes pregadores falam sobre santidade*, encontramos esta preciosa citação do pregador Charles Spurgeon: "[...] minha alma se alegra em saber que está chegando o dia em que Deus terminará a obra por ele iniciada — e apresentará a minha alma, não somente perfeita em Cristo, mas também perfeita no Espírito, sem mancha, defeito ou qualquer coisa assim" (2020, p. 25-26). Que a nossa alma se alegre também com essa certeza e com a expectativa desse dia. Até lá, cabe a nós nos submetermos aos ajustes e procurarmos ter uma vida santa, sem a qual ninguém verá o Senhor.

"Meu Deus, graças te dou por teres enviado teu Espírito a este mundo como meu Conselheiro. Que ele me conduza a viver em santidade até o glorioso dia em que me encontrarei contigo. Amém."

Testemunho

Para que o povo veja e saiba, e todos vejam e saibam, que a mão do Senhor fez isso, que o Santo de Israel o criou.

Isaías 41:20

Antes de subir aos céus, Jesus disse aos seus discípulos que eles seriam suas testemunhas por toda a terra (cf. Atos 1:8). Como discípulos de Jesus, nós também somos chamados a ser testemunhas. Uma testemunha é alguém que relata algo que viu ou ouviu. Seu discurso muitas vezes atesta a veracidade dos fatos. Quando lemos nas Escrituras o chamado para nos posicionarmos como testemunhas de Cristo, é justamente para atestar que ele é muito mais que um homem com valores de bondade que passou por esta terra; ele é o filho de Deus que vive e reina para sempre!

Não somos porta-vozes de uma doutrina, mas testemunhas de um relacionamento transformador com o Senhor.

O testemunho cristão vai além da opinião sobre Jesus ou da crença nos relatos bíblicos; ele se fundamenta na experiência pessoal por meio de um relacionamento com o Senhor. Jesus nos orientou quanto à nossa forma de viver, conforme Mateus 5:16: "[...] brilhe a luz de vocês diante dos homens, para que vejam as suas boas obras e glorifiquem a seu Pai, que está nos céus". Isso é testemunho.

Nossa vida fala. Ainda que sem palavras, o nosso modo de viver deve apontar, atestar e glorificar o Deus a quem servimos. O Senhor está ao alcance de uma oração, e podemos pedir sua ajuda para dar bom testemunho aonde quer que formos. Quanto mais próximos estivermos de Deus, quanto mais íntimo for nosso relacionamento com ele, mais autenticidade terá o nosso testemunho.

Uma vida guiada pelo Espírito se destacará. Dessa forma, quando as pessoas olharem para você, que elas encontrem evidências do amor, da graça, da misericórdia, da fidelidade e do poder de Deus. Dedique-se a evidenciar que foi "a mão do Senhor" (cf. Isaías 41:20) que o trouxe até aqui e que o conduz todos os dias.

"Eu te agradeço, Senhor, porque me chamaste para ser tua testemunha. Quero viver a cada dia um relacionamento mais profundo e íntimo contigo, de modo que a tua presença em minha vida seja perceptível para todos. Em nome de Jesus, amém."

16
MAR

Escape

Não tenham medo. Fiquem firmes e vejam o livramento que o Senhor trará hoje, porque nunca mais vocês verão os egípcios que hoje veem.

ÊXODO 14:13B

Deus não se distancia do nosso sofrimento. Ele não ignora as nossas dificuldades. O Senhor se importa conosco.

Muitas vezes somos atingidos por dias de profundo sofrimento. O luto que não avisa quando chega, tampouco a perda de um bem ou até mesmo um desentendimento com quem amamos. Nesses momentos, com o coração partido, precisamos de um consolo que vai além das nossas capacidades. Somente Deus pode nos ajudar.

Foi assim com o povo de Deus que já sofria escravizado havia quatrocentos e trinta anos. A Palavra de Deus nos diz em Êxodo 3:7-8 que o próprio Deus declarou: "Tenho visto claramente a opressão sobre o meu povo no Egito e escutado o seu clamor por causa dos seus feitores, pois me preocupo com o sofrimento deles. Por isso, desci para livrá-los das mãos dos egípcios e tirá-los daqui para uma terra boa e vasta [...]". O Senhor não estava insensível ao sofrimento do seu povo. Ele via sua dor, ouvia suas súplicas e se importava com a condição deles. Portanto, em sua bondade e misericórdia, providenciou um escape.

Não sei pelo que você tem passado hoje, mas de uma coisa sei: Deus não se distancia do seu sofrimento. Ele não ignora as suas dificuldades. O Senhor se importa com você, está atento às suas orações e conhece cada um dos seus sentimentos e pensamentos. Deus é o mesmo hoje. Ele não mudou. O Senhor ainda ouve quando clamamos a ele em meio ao sofrimento. Assim como naquele tempo, ele ainda tem uma promessa de livramento e paz em uma terra próspera e feliz.

Por isso, não é preciso temer. O que precisamos fazer é clamar ao único que pode nos dar o escape. Não importa a nossa realidade, o nosso plano de ação deve ser nos apresentar ao Senhor em oração e crer que ele tem poder para nos livrar de toda e qualquer situação.

"Senhor, obrigado por ser um Deus presente. Sei que os teus ouvidos estão atentos ao meu clamor. Ajuda-me a permanecer firme para ver o teu resgate todos os dias em minha vida. Em nome de Jesus, amém."

Clame ao Senhor

17
MAR

Pois ele liberta os pobres que pedem socorro, os oprimidos que não têm quem os ajude. Ele se compadece dos fracos e dos pobres e os salva da morte.

SALMOS 72:12-13

O Senhor nunca rejeitará o clamor de alguém em sofrimento. Em toda a Bíblia, encontramos exemplos de como Deus se compadece e atende a um pedido sincero de ajuda. Este é o caráter dele: amor e misericórdia. Ele é o Pai que se inclina para ouvir o grito dos aflitos, o Deus que não ignora a dor de seus filhos.

Em Salmos 9:18, está escrito: "Mas os pobres nunca serão esquecidos, nem perecerá a esperança dos necessitados". Essa é uma garantia de que os oprimidos, os rejeitados, os carentes e todos aqueles que padecem não serão decepcionados pelo Senhor. Em sua vida na terra, Jesus demonstrou atenção especial para com os enfermos e para com aqueles a quem toda a sociedade rejeitara. Em nenhuma interação lemos que Jesus zombou, passou reto ou se afastou dessas pessoas. Pelo contrário, ele olhava para elas com compaixão e atendia às suas súplicas.

Da mesma forma, podemos ter a certeza de que o Senhor olha para nós com compaixão e dá ouvidos às nossas orações. Nenhuma oração é ignorada pelos céus. Quando oramos, vamos além da vã repetição de palavras decoradas ou de um rito; estamos diante do trono daquele que tudo pode e nos vê.

A distância entre a nossa necessidade e o socorro de Deus é medida pelo nosso clamor. Mesmo quando a resposta não é imediata ou visível, a certeza de que nossa voz foi ouvida é um alimento para a fé. Portanto, encha seu coração com esperança e fé nesta promessa: "Pois ele liberta os pobres que pedem socorro, os oprimidos que não têm quem os ajude. Ele se compadece dos fracos e dos pobres e os salva da morte. Ele os resgata da opressão e da violência, pois aos seus olhos a vida deles é preciosa" (Salmos 72:12-14).

O Deus salvador se compadece e age em favor dos que a ele clamam.

"Senhor, obrigado por me ouvir sempre que clamo a ti. Ensina-me a viver uma vida de oração totalmente rendida às tuas promessas. Tem compaixão de mim e me resgata de toda opressão e violência. Em nome de Jesus, amém."

18
MAR

Ele é bom

Os que olham para ele estão radiantes de alegria;
o rosto deles jamais mostrará decepção.
SALMOS 34:5

O Senhor é sempre bom. Em todo tempo, em toda circunstância, ele é bom.

Uma janela de esperança nos é aberta todas as vezes que nos encontramos com a graça de Deus. O Criador de todas as coisas se faz presente a cada amanhecer e, todos os dias, nos prova o quanto seu amor é real. Encontramos evidências de sua bondade em cada detalhe de nossa vida.

Assim como o Senhor conduziu o povo no deserto, ele nos atrai para si e seus propósitos, a fim de que provemos de sua bondade e favor. No salmo 34, encontramos esta exortação de Davi: "Provem e vejam como o SENHOR é bom. Bem-aventurado o homem que nele se refugia!" (v. 8). Precisamos nos lembrar que Davi não viveu uma vida isenta de dificuldades. Na realidade, ele passou por muitos sofrimentos. Ainda assim, diversos salmos nos mostram que sua esperança nunca foi roubada. Ele havia visto e provado da bondade do Senhor e sabia como era bom se refugiar nele.

O problema é que nós muitas vezes rejeitamos esse amor e essa bondade, ou murmuramos e nos queixamos sem perceber como nosso Deus é bom. Nosso desafio hoje é não rejeitar esse amor e confiar na jornada proposta por ele. Ainda que tenhamos de passar por desertos, batalhar contra inimigos ou derrubar muralhas, o Senhor não falha em demonstrar sua bondade para com aqueles que nele confiam.

O mundo persiste em nos mostrar sua maldade, tentando nos convencer de que não há esperança. Entretanto, não podemos deixar que o caos e o desespero nos tirem o foco da bondade de Deus. Ele é fiel e jamais decepciona, falha ou tarda: "Os que olham para ele estão radiantes de alegria; o rosto deles jamais mostrará decepção" (v. 5). Ainda que tudo ao seu redor esteja permeado pela corrupção e pela maldade do homem, basta olhar para ele para ficar radiante de alegria.

"Senhor, eu te agradeço por tua bondade. Enche meu coração de esperança todos os dias. Ensina-me a provar e ver o teu amor infinito e tua graça sem fim. Em nome de Jesus, amém."

Andando com Deus

Pela fé, Abraão, quando chamado, obedeceu e dirigiu-se a um lugar que mais tarde receberia como herança, embora não soubesse para onde estava indo.

HEBREUS 11:8

19 MAR

Nós nunca conseguiremos chegar sozinhos ao lugar que Deus preparou para nós. É impossível! Cada palavra, plano ou sonho recebido parte do pressuposto de caminhar na companhia do mesmo Deus que nos fez a promessa. Não somos autossuficientes. No entanto, que grande privilégio saber que Deus, apesar de autossuficiente, *deseja* que cooperemos com ele.

Prova disso é a vida do nosso pai da fé, Abraão. O Senhor apareceu a ele e lhe fez uma promessa: "Saia da sua terra, do meio dos seus parentes e da casa do seu pai, e vá para a terra que eu lhe mostrarei. Farei de você um grande povo e o abençoarei. Tornarei famoso o seu nome, e você será uma bênção. Abençoarei os que o abençoarem e amaldiçoarei os que o amaldiçoarem; por meio de você, todos os povos da terra serão abençoados" (Gênesis 12:1-3).

Deus tinha uma promessa grandiosa para Abraão, mas alcançá-la só seria possível se ele seguisse o caminho que o Senhor lhe mostraria, dia após dia. Assim como Abraão, somos chamados a um relacionamento diário com Deus para, junto dele, chegarmos ao nosso destino final. A jornada de Abraão foi marcada por dependência, paciência e aprendizado contínuo. Ele não tinha a visão completa, mas tinha fé e obediência suficientes para segui-lo um passo de cada vez.

O segredo de uma vida abençoada é justamente este: andar com Deus. Portanto, como Abraão, sigamos pela fé, obedecendo à voz do Senhor e cumprindo nosso papel. Abraão partiu sem saber para onde ia e não temeu, pois sabia quem andava com ele. Que a nossa vida seja um testemunho de que cada passo, por mais incerto que pareça, nos aproxima do cumprimento dos propósitos do Senhor para nós, para a glória dele.

Andar com Deus significa submeter nossos planos aos dele, confiar em sua sabedoria e descansar em sua fidelidade.

"Obrigado, meu Deus, por tuas promessas e planos para a minha vida. Sei que tu és fiel para cumprir tudo o que prometeste. Desejo ser fiel a ti e caminhar contigo pela fé. Em nome de Jesus, amém."

20
MAR

Triunfo

Não tenham medo nem desanimem. Saiam para enfrentá-los amanhã, e o Senhor estará com vocês.

2CRÔNICAS 20:17B

A dificuldade não é um sinal de fracasso, mas uma oportunidade para experimentarmos o poder de Deus em ação.

Assim como a vitória é consequência de uma batalha, o milagre é a consequência de uma impossibilidade. Entre uma palavra que Deus disse e o cumprimento da promessa, sempre haverá obstáculos. Estes, porém, jamais poderão impedir o agir de Deus. A vitória é garantida, mas, antes, passaremos por grandes tribulações.

O Senhor nos garantiu que, com ele, nada seria impossível, mas nenhuma promessa seria fácil. Andar com Deus não nos traz a certeza de uma vida sem dificuldades, mas nos traz a certeza de que somos vitoriosos: "Mas em todas essas coisas somos mais que vencedores por meio daquele que nos amou" (Romanos 8:37).

Como o apóstolo Paulo, quando enfrentamos uma batalha, podemos declarar: "Graças a Deus, que sempre nos conduz triunfantemente em Cristo [...]" (2Coríntios 2:14). A certeza da vitória não anula a luta; ela a ressignifica. Não batalhamos por uma vitória incerta, mas partimos para o combate já com a garantia do triunfo em Cristo.

O povo que tinha a promessa da Terra Prometida se deparou com o mar Vermelho, mas foi vitorioso porque o Senhor dos Exércitos agiu de maneira sobrenatural em seu favor. Da mesma forma, o Deus que começou uma obra em nossa vida jamais perde o controle.

Por isso, ainda que nos deparemos com desertos, guerras e mares; ainda que nossos inimigos sejam mais numerosos, confiemos que ele é quem nos conduz ao triunfo. Não teremos de lutar com a força dos nossos braços, pois veremos o livramento do Senhor, que está sempre conosco (cf. 2Crônicas 20:17). Que essa certeza nos liberte do medo e do desânimo, e nos impulsione a viver uma vida de constante triunfo em Cristo, para a glória dele.

"Senhor, eu te agradeço porque sei que, em ti, sou vencedor. Ainda que exércitos se levantem ou um mar me impeça de prosseguir, tu és o Deus que me conduz ao triunfo. Ajuda-me a confiar em ti sem temer ou desanimar, amém."

Confiando no Senhor

21
MAR

Saudaremos a sua vitória com gritos de alegria e hastearemos bandeiras em nome do nosso Deus. Que o Senhor atenda a todos os seus pedidos!

SALMOS 20:5

Somos movidos por conquistas. Qualquer pessoa — desde que tenha seu estado de saúde emocional equilibrado — deseja vencer, conquistar e ser feliz. Seja no casamento, seja nas finanças ou na carreira profissional, esforçamo-nos a fim de ir além. Estamos sempre em busca do progresso e de um senso de realização.

Entretanto, por mais que façamos planos, nem tudo sai como uma receita de bolo seguida passo a passo. Vez ou outra nos deparamos com imprevistos e reveses. Nesses momentos, é fácil nos sentirmos abalados e frustrados. Por isso é tão importante termos noção do quanto dependemos do Senhor e de seu favor. A Palavra nos diz em Salmos 125:1: "Os que confiam no SENHOR são como o monte Sião, que não pode ser abalado, mas permanece para sempre".

O nosso erro é achar que Deus precisa da nossa ajuda ou que alcançaremos nossos objetivos exclusivamente por nosso mérito. Engana-se, porém, quem pensa que é capaz de obter êxito em qualquer projeto sem o auxílio de Deus. A tentação de confiar em nossas próprias capacidades é uma armadilha sutil. Atribuímos o sucesso a nosso esforço, inteligência ou recursos, esquecendo-nos de que toda bênção e toda vitória provêm do alto.

Não precisamos abandonar o desejo de conquistar e realizar sonhos, muito pelo contrário. Contudo, é necessário que aprendamos a depositar a nossa confiança em Deus, não em nós mesmos ou em nossos recursos. Enquanto o mundo recorre aos bens materiais, ao poder político ou ao reconhecimento para encontrar segurança, a nossa segurança está no Senhor. A nossa confiança não está em nada passageiro ou suscetível ao erro, mas no Senhor, que jamais se abala e permanece para sempre.

Confiar no Senhor é ancorar a nossa esperança em algo inabalável, em uma rocha eterna que nos garante estabilidade e segurança.

"Senhor, ajuda-me a entender que dependo de ti. Não quero depositar a minha confiança nas coisas deste mundo, em outras pessoas ou em mim mesmo, mas em ti, cujo poder é infalível e eterno. Amém."

22
MAR

Servo bom

O senhor respondeu: "Muito bem, servo bom e fiel! Você foi fiel no pouco; eu o porei sobre o muito. Venha e participe da alegria do seu senhor!".

MATEUS 25:23

Viva cada dia com o coração voltado para a aprovação do Mestre, administrando com diligência o que ele confiou a você.

O nosso Deus é um Deus de detalhes. Grandes são os seus planos para nós, porém, estes são construídos tijolo após tijolo, ação após ação, milagre após milagre. O Senhor é o todo-poderoso, capaz de realizar imediatamente, o que ele de fato faz em muitas ocasiões. Contudo, em outras, ele manifesta seu poder de maneira gradual. A grandeza de Deus não se revela apenas em atos grandiosos e repentinos, mas também nos processos pelos quais ele nos conduz.

Em Zacarias 4:10, o Senhor diz ao profeta: "Quem ousa desprezar o dia das pequenas coisas? Eles ainda verão com grande alegria a pedra principal nas mãos de Zorobabel; estes são os sete olhos do SENHOR que percorrem toda a terra!". É comum sermos tentados a desprezar os "pequenos começos", ou "o dia das pequenas coisas". Entretanto, precisamos aprender a ser gratos pelas oportunidades de ter o Senhor conosco em cada etapa.

Geralmente a primeira etapa de uma obra é a medição. Saiba que, ainda nesse primeiro movimento, o Senhor quer estar conosco. Sem dúvidas, ele tem muito a nos ensinar ao longo dos processos e se agrada com os nossos passos de fé.

Eu o incentivo hoje a analisar seu próprio coração e ver quanta gratidão encontra nele. Avalie se você tem vivido com os olhos em falsas linhas de chegada e negligenciado a dádiva do hoje. O anseio por um futuro grandioso não deve nos cegar para a importância e as possibilidades que ele nos oferece agora.

O nosso objetivo, afinal, não deve ser outro além de, no fim, ouvir o Senhor dizer: "Muito bem, servo bom e fiel! Você foi fiel no pouco; eu o porei sobre o muito. Venha e participe da alegria do seu senhor!" (Mateus 25:23).

"Senhor, eu te agradeço por cada plano e sonho que tu tens para mim. Desejo cultivar a gratidão por tudo o que fazes por mim e aprender a ver tua mão poderosa em cada detalhe da minha vida. Em nome de Jesus, amém."

Do lado de lá

23
MAR

Miriã lhes respondia, cantando: "Cantem ao Senhor, pois triunfou gloriosamente. Lançou ao mar o cavalo e o seu cavaleiro".
Êxodo 15:21

Temos uma visão limitada de tudo; o Senhor vê absolutamente tudo. Como se estivéssemos em um quarto fechado, não vemos além das paredes, enquanto a visão de Deus é como a de quem olha de cima para uma maquete. Tudo está ao alcance dos olhos dele!

Como não temos o panorama geral da vida, em determinadas situações temos a sensação de que nada está acontecendo. O problema, porém, é que isso pode nos levar à murmuração e à ingratidão, como vemos na história do povo israelita. Em Êxodo 14:11, lemos que o povo se voltou contra seu líder, Moisés: "Foi por falta de túmulos no Egito que você nos trouxe para morrermos no deserto? O que você fez conosco, tirando-nos de lá?". A ausência de uma visão clara do outro lado os cegou para a iminência de um milagre.

O Senhor tinha grandes planos para eles, de uma terra boa, ampla e que jorrava leite e mel. Mas, por não verem nada além do deserto e do mar, murmuraram. Ainda assim, o Senhor, em sua misericórdia, os fez atravessar o mar Vermelho a pés enxutos. No final, os inimigos foram vencidos e houve alegria do lado de lá, de modo que todos puderam cantar: "O Senhor é a minha força e a minha canção; ele é a minha salvação [...]" (15:2).

Mesmo quando você não pode ver o que o aguarda do lado de lá, confie em Deus. Tenha a certeza de que o que o assusta e preocupa hoje se tornará o motivo de sua celebração quando você chegar ao outro lado. Que essa certeza o leve a crer sem murmurar, para que, ao atravessar o mar Vermelho das adversidades, você possa entoar com grande alegria, como Miriã: "Cantem ao Senhor, pois ele triunfou gloriosamente [...]" (v. 21).

Aquilo que hoje nos gera medo pode se tornar um testemunho poderoso e uma celebração gloriosa amanhã.

"Senhor, reconheço que minha visão é limitada e que preciso confiar em ti. Tu és aquele que tudo sabes, tudo podes e tudo fazes. Por isso, ajuda-me a confiar sem reclamar para, assim, poder te louvar do lado de lá. Em nome de Jesus, amém."

24
MAR

EL-ROI – O Deus que me vê

Este foi o nome que ela deu ao Senhor, que lhe havia falado: "Tu és o Deus que me vê", pois disse: "Teria eu visto aquele que me vê?".
GÊNESIS 16:13

Deus é um Deus pessoal que conhece nossas dores, nossos medos e esperanças mesmo quando nos sentimos desamparados.

Há situações em nossa vida que podem nos fazer parar ou querer fugir. É o que a psicologia chama de resposta de luta ou fuga. Tamanha dor, desprezo e humilhação, não temos argumentos de defesa ou forças para reagir. A sensação de impotência diante de certas adversidades pode nos levar a um isolamento profundo. É nesses momentos que nos escondemos.

Deus sempre nos encontra. onde tentemos nos esconder. Foi o que aconteceu com Hagar, conforme Gênesis 16:7-8: "O anjo do SENHOR encontrou Hagar perto de uma fonte no deserto, que fica no caminho de Sur, e perguntou-lhe: 'Hagar, serva de Sarai, de onde você vem? Para onde vai?'".

A história de Hagar é um testemunho comovente da onipresença e da compaixão de Deus. Desprezada, grávida e fugindo de uma situação de grande humilhação, Hagar se viu sozinha em um deserto desolador. Deus, porém, não a esqueceu. Ele a encontrou em seu ponto de maior desespero, demonstrando que não há limites para o seu alcance e para o seu cuidado.

Ela não era a herdeira da promessa, não era a esposa nem pertencia à família; era uma serva que agiu mal contra sua senhora. Mas, mesmo assim, o Senhor foi ao seu encontro. Assim como o Senhor foi ao encontro de Hagar em seu sofrimento, podemos crer que ele se importa com cada um de nós. Ele nos vê!

Hagar tentou fugir, se esconder, mas tudo mudou quando teve esse encontro. Ela passou a usar outro nome para se referir ao Senhor; chamou-o de El-Roi. O Senhor quer nos encontrar ainda hoje para que, como ela, possamos dizer: "Tu és o Deus que me vê".

"Meu Deus, obrigado por teu tão grande amor, que me alcança e encontra. Ajuda-me nos momentos em que sinto vontade de me esconder e faz-me entender que nada escapa do alcance do teu olhar amoroso. Em nome de Jesus, amém."

Humilhem-se

25 MAR

Portanto, humilhem-se debaixo da poderosa mão de Deus, para que ele os exalte no devido tempo.

1PEDRO 5:6

O Senhor sempre encontrará os que se submetem e se sujeitam. A dinâmica do reino de Deus inverte a lógica do mundo. Enquanto a sociedade valoriza a exaltação própria, a autoafirmação e a busca por poder, a Escritura nos convoca à humildade e à submissão. Na fila das bênçãos, o orgulhoso fica por último, pois ele honra os humildes.

É conhecida a história de Jonas, o profeta que passou três dias na barriga de um peixe. A Palavra de Deus nos diz em Jonas 1:2 que o Senhor havia lhe dito: "Vá depressa à grande cidade de Nínive e pregue contra ela, porque a sua maldade subiu até a minha presença". Jonas foi depressa, sim, mas para outro lugar!

O orgulho de Jonas o fez ir na direção contrária à dada por Deus. Ele sabia que, se fizesse isso, o povo se arrependeria de suas transgressões. Sabia também que Deus é misericordioso e compassivo, lento para se irar e cheio de amor. Ele queria que o Senhor derramasse sua ira sobre a cidade, não sua misericórdia e graça.

No entanto, assim como faz conosco em nossas crises, o Senhor o encontrou, questionou e direcionou. Não adianta tentar fugir do Senhor. O orgulho nunca nos conduzirá a um caminho melhor do que o que ele tem para nós. Melhor é irmos em sua direção, pois ele é o único que pode nos oferecer realinhamento, propósito e promessa.

Segundo Agostinho de Hipona, há muitos princípios essenciais em nossa caminhada com Cristo: "[...] o primeiro é a humildade, o segundo é a humildade e o terceiro é a humildade". Portanto, vistamo-nos de humildade, cientes de que "Deus se opõe aos orgulhosos, mas concede graça aos humildes" e, no tempo certo, os exalta (cf. 1Pedro 5:5-6).

Fugir de Deus é inútil; a rendição é o caminho para a restauração.

"Senhor Deus, ajuda-me a compreender que o orgulho não me leva a lugar algum e a manter uma vida de humildade e submissão a ti e aos teus caminhos. Eu não quero mais fugir, mas ser realinhado aos teus propósitos e promessas para mim. Amém."

26
MAR

Escolhas

Hoje tomo os céus e a terra como testemunhas contra vocês, de que apresentei diante de vocês a vida e a morte, a bênção e a maldição.
DEUTERONÔMIO 30:19

A obediência a Deus não é um fardo, mas uma resposta de amor.

Deus não nos obriga a nada. Somos completamente livres para tomar decisões, mas nunca de suas consequências. Se desejamos viver segundo a vontade do Senhor, precisamos nos quebrantar diante dele e entender que somente os princípios eternos dele podem nos fazer viver bem. O mundo nos fará muitas ofertas, mas nada de bom pode nos alcançar se não vier das mãos de Deus.

Na tentação de Jesus, descrita em Mateus 4, Satanás disse a Jesus: "Tudo [...] te darei se, prostrado, me adorares" (v. 9). Contudo, Jesus sabia que a ordenança de Deus, conforme Deuteronômio 6:13, era: "Temam ao SENHOR, o seu Deus, e só a ele prestem culto e jurem somente pelo seu nome". Quando o Tentador se colocou diante dele e tentou fazer propostas sedutoras, embora seu corpo estivesse cansado e com fome, Jesus se manteve fiel ao que cria e usou a Palavra como o fundamento de suas escolhas.

Somos chamados a fazer escolhas todos os dias e cabe a nós escolhermos bem. Ainda hoje, assim como foi com o povo de Israel, o Senhor nos diz: "[...] apresentei diante de vocês a vida e a morte, a bênção e a maldição. Agora escolham a vida, para que vocês e os seus descendentes vivam" (Deuteronômio 30:19). Deus, em sua infinita graça, não impõe sua vontade, e, em sua justiça, ele nos apresenta as consequências de cada caminho.

O Senhor quer o nosso bem. Somente ele sabe o que é melhor para nós. Cada um dos seus mandamentos provém de seu amor. Seu desejo é que sejamos obedientes e nos apeguemos fielmente a ele, pois, sem ele, não há vida. Se o amarmos e obedecermos aos seus mandamentos, ele nos abençoará com uma vida longa, próspera e de paz.

"Senhor, eu escolho a vida, não a morte. Escolho tuas bênçãos. Escolho seguir os teus caminhos e viver segundo a tua vontade soberana. Ensina-me os teus princípios e ajuda-me a jamais me desviar deles, em nome de Jesus. Amém."

Águas vivas

27 MAR

No último e mais importante dia da festa, Jesus levantou-se e disse em alta voz: — Se alguém tem sede, venha a mim e beba.

JOÃO 7:37

Havia em Samaria uma mulher que sofria calada. Sua vida era conhecida por todos na cidade, a ponto de ela não poder sequer andar com as outras mulheres. Sua vida amorosa, sua reputação e sua dignidade estavam destruídas. Não sabemos ao certo o que se passou com ela; o que sabemos é que ela tinha sede.

A sede humana é profundamente saciada por Jesus Cristo, a fonte de águas vivas.

Contudo, sua vida mudou quando, em uma de suas visitas diárias ao poço de Jacó, viu um homem sentado à beira do poço. Cansado da viagem, este lhe pediu um pouco de água. Mais tarde, porém, esse mesmo homem lhe ofereceu uma água específica, uma que somente ele poderia proporcionar: "Quem beber desta água terá sede outra vez, mas quem beber da água que eu lhe der nunca mais terá sede. Ao contrário, a água que eu lhe der se tornará nele uma fonte de água a jorrar para a vida eterna" (João 4:13-14).

Naquele poço, essa mulher sedenta encontrou outro tipo de fonte; uma fonte que trouxe alívio para o seu coração, descanso para a sua alma, propósito de vida e paz. Daquele dia em diante, não importaria quem a rejeitou ou o que as outras pessoas pensariam a seu respeito. Ela encontrou tudo de que precisava quando teve um encontro com Jesus, que também declarou: "[...] Se alguém tem sede, venha a mim e beba. Quem crer em mim, como diz a Escritura, do seu interior fluirão rios de água viva" (7:37-38).

Talvez você esteja sofrendo por seus erros ou pagando por um erro que sequer cometeu. Pode ser que seu desejo, seja de se isolar e fugir. No entanto, Jesus está à sua espera, pronto para oferecer-lhe uma fonte inesgotável de águas vivas. Uma vez que você beber, perceberá que nenhuma outra fonte é suficiente para saciar a sua sede.

"Senhor Jesus, eu tenho sede de ti. Dá-me de beber das tuas águas e faz de mim um manancial de água viva. Que eu jamais me volte para outras fontes, pois somente em ti posso ter a minha sede saciada. Amém."

28
MAR

Meu futuro nas mãos de Deus

O Senhor preserva os fiéis, mas aos arrogantes dá o que merecem. Sejam fortes e corajosos, todos vocês que esperam pelo Senhor!

SALMOS 31:23B-24

Deus é o único que tem o controle do nosso futuro. Ele nos capacita a ser fortes e corajosos.

Quanto maior a dificuldade, maior é o exercício da nossa fé. Se o problema diante de nós é grande e desafiador, não devemos permitir que o desespero tome conta, mas aproveitar a ocasião para demonstrar a nossa confiança em Deus. Fazer de conta que dificuldades não existem não é a solução. Não somos chamados a negar a realidade das adversidades, mas a compreender que é nas profundezas da provação que a nossa confiança no Senhor é testada, refinada e fortalecida.

Davi relatou como, em muitos momentos, ele se deparou com situações difíceis. Ele experimentou o isolamento, a zombaria e a profunda angústia de ser abandonado por aqueles em quem confiava. Em Salmos 31:13-15, por exemplo, ele disse: "Ouço muitos cochicharem: 'Pavor por todos os lados!'. Eles conspiram contra mim, tramando tirar-me a vida". No entanto, apesar da dor e das adversidades, o salmista declarou: "Eu, porém, confio em ti, SENHOR, e digo: 'Tu és o meu Deus'. O meu futuro está nas tuas mãos; livra-me das mãos dos meus inimigos e daqueles que me perseguem".

Davi não negou ao terror e a perseguição, mas escolheu confiar no Senhor, pois sabia que a vida dele estava nas mãos de Deus. Essa afirmação de fé ressoa a certeza de que Deus é capaz de operar o livramento mesmo diante dos inimigos mais implacáveis. Aquele que esteve contra o gigante Golias na juventude se viu diante de muitos gigantes ao longo da vida, mas jamais se esqueceu de que cada batalha pertence ao Senhor (cf. 1Samuel 17:47). Como Davi, esta deve ser a nossa postura diante das impossibilidades: confiar e crer que o Senhor protege quem nele confia. "Sejam fortes e corajosos, todos vocês que esperam pelo SENHOR!" (Salmos 31:24).

"Deus todo-poderoso, diante dos problemas, eu escolho confiar na tua justiça e proteção. Ensina-me a olhar para as tribulações como oportunidades de amadurecer e de te glorificar, em nome de Jesus. Amém."

Catalisadores

O meu socorro vem do Senhor, que fez os céus e a terra.

SALMOS 121:2

Todos os dias, temos a oportunidade de viver experiências sobrenaturais com Deus. Milagres não têm data fixa, portanto, a qualquer momento podemos ser surpreendidos pelo agir do Senhor em nosso favor. O segredo é não fugir dos problemas, pois são justamente eles os catalisadores do agir de Deus.

As adversidades nos levam a águas mais profundas em nosso relacionamento com Deus. Quando a nossa esperança no governo, nas pessoas e no dinheiro se prova frágil, entendemos que somos completamente dependentes do Senhor. A única esperança capaz de livrar-nos é a que colocamos no Senhor. A Palavra de Deus nos diz em Salmos 118:8-9: "É melhor buscar refúgio no Senhor do que confiar nos seres humanos. É melhor buscar refúgio no Senhor do que confiar em príncipes".

Ao longo das Escrituras, vemos em diversos momentos o caráter de um Deus protetor que zela pelos seus. Ele não observa o nosso sofrimento com indiferença, mas intervém em nosso favor. Ao fazê-lo, o Senhor espera de nós confiança e descanso. Ele nos convida a cultivar uma atitude de confiança plena e de descanso em sua soberania.

Para escapar das dificuldades tentamos ignorá-lo ou buscar diferentes soluções, recursos e ferramentas. Basta confiar em Deus e ter a certeza de que ele usa até mesmo as adversidades em nosso favor. Ele transforma cada problema em um catalisador para a manifestação de seu poder e fidelidade em nossa vida. Em face dos problemas, assim como o salmista, podemos declarar que o nosso socorro vem do Senhor, que fez os céus e a terra! Ele nos protege de todo o mal, guarda a nossa saída e a nossa chegada, hoje e eternamente.

Não importa a circunstância, o Deus que nos guarda não cochila nem dorme.

"Senhor, eu não fugirei mais dos problemas. Entendo que eles são oportunidades para o teu agir. Eu quero ver e viver os teus milagres. Obrigado por tua proteção e segurança. Em nome de Jesus, amém."

30
MAR

Medida certa

Então, chamando os Doze para junto de si, Jesus os enviou de dois em dois e deu-lhes autoridade para expulsar espíritos imundos.
MARCOS 6:7

Deus é capaz de transformar o nosso pouco em muito, suprindo todas as nossas necessidades com abundância.

Enquanto exercia seu ministério terreno, multidões cada vez maiores acompanhavam Jesus para ouvir suas mensagens e contemplar seus feitos extraordinários. Por onde ele passava, gerava comoção. O Evangelho de Marcos relata no capítulo seis que, certa ocasião, Jesus e seus discípulos foram de barco a um lugar deserto a fim de descansar. Todavia, muitas pessoas os reconheceram e os seguiram. Ao sair do barco, Jesus viu a multidão e "teve compaixão delas [...] Então, começou a ensinar-lhes muitas coisas" (v. 34).

No relato do Evangelho de João a respeito do evento, está escrito que Jesus perguntou aos discípulos onde comprariam alimento para todos os que ali estavam. André, irmão de Simão Pedro, falou: "Aqui está um rapaz com cinco pães de cevada e dois peixinhos, mas o que é isto para tanta gente?" (6:9).

Muitas vezes não damos importância a recursos, pessoas ou oportunidades por julgar insuficientes para a resolução de problemas. Aquilo que julgamos pouco ou pequeno pode ser aquilo que Deus deseja usar para fazer algo grande. Embora os cinco pães e dois peixes parecessem insignificantes diante de uma multidão de milhares, ali estava Jesus, pronto para manifestar seu poder abundante e nos ensinar que o pouco em nossas mãos pode ser transformado em muito se entregue nas mãos do Senhor.

Os cinco pães e dois peixes foram suficientes para que Jesus resolvesse o problema. O que parecia tão pouco alimentou um número estimado de cinco mil homens, fora mulheres e crianças. Dentre tantas coisas que podemos extrair dessa história, uma delas é que Deus tem sempre a medida certa para o nosso milagre.

"Senhor, eu te agradeço por toda dádiva e provisão que tu me concedes. Ensina-me a confiar que tu sempre tens a medida exata para tudo de que preciso e que, contigo, a escassez de torna abundância. Em nome de Jesus, amém."

Levante-se!

Olhe! A escuridão cobre a terra, e densas trevas envolvem os povos, mas sobre você raia o Senhor, e a glória dele se vê sobre você.

Isaías 60:2

A história da maioria dos heróis da Bíblia nos mostra que o que o Senhor espera de nós é iniciativa. A fé genuína não é estática; ela se manifesta em ação e em uma postura proativa diante do chamado divino. Noé, Abraão, Moisés, Davi e tantos outros conhecidos pela coragem e valentia tinham em comum a sua disposição para obedecer aos comandos do Senhor com fé. A passividade não é, nem de longe, o que Deus deseja para os seus filhos.

Que a nossa resposta ao chamado de Deus seja um sim ousado e obediente.

A Palavra de Deus revela o que essa passividade é capaz de fazer na vida de alguém. Em João 5, lemos a respeito de um homem que estava doente havia trinta e oito anos. "Quando o viu deitado e soube que ele vivia naquele estado havia tanto tempo, Jesus lhe perguntou: 'Você quer ser curado?'" (v. 6). Esse homem, em vez de responder: "Sim, Senhor, imediatamente! Restaura-me!", disse: "Senhor, não tenho ninguém que me ajude a entrar no tanque quando a água é agitada. Enquanto estou tentando entrar, outro chega antes de mim" (v. 7).

Sua enfermidade não havia roubado somente sua mobilidade, mas também sua esperança e iniciativa. Em face da murmuração, porém, Jesus olhou para aquele homem e disse: "Levante-se!" (v. 8). Quantas vezes, como ele, focamos nas limitações e nas desculpas, em vez de olhar para as possibilidades. No entanto, Jesus nos chama a nos levantar, romper com a letargia, com o vitimismo e com as correntes da passividade para agir com fé e nos posicionar.

É tempo de você se levantar para que, conforme profetizou Isaías, "sua luz brilhe para que todos a vejam, pois sobre você se levanta e reluz a glória do Senhor. Trevas escuras como a noite cobrem as nações da terra, mas sobre você se levanta e se manifesta a glória do Senhor" (Isaías 60:1-2, NVT).

"Senhor, não me permitas viver em estado de apatia ou passividade. Hoje, eu quero me levantar para que tua luz resplandeça sobre mim. Ajuda-me a estar sempre atento e pronto para o teu agir. Em nome de Jesus, amém."

340
20
40
N·E
60
80
E
100
120
S·E
140
160
180
200
S
S·W
N·W

ABRIL

Meu planejamento

Meta

Atividade em família

Plano para um hábito saudável

Passos para aprender algo novo

Meta financeira

Resumo de um aprendizado espiritual

Plano Espiritual

Leitura bíblica do livro

Um filme/série

Um livro/*podcast*

Um médico a agendar

Um lugar para visitar

Assente-se!

"Parem de lutar e saibam que eu sou Deus! Serei exaltado entre as nações, serei exaltado na terra."
SALMOS 46:10

Somos levados, cada vez mais, pelo movimento de aceleração. A exaustão tornou-se uma medalha, e a tranquilidade, um luxo inacessível. A produtividade é supervalorizada, e descansar parece errado ou, pelo menos, uma perda de tempo. Em meio às cobranças que vêm de todos os lados, você pode questionar qual a vontade de Deus.

O Deus que se apresenta como Senhor dos Exércitos e que movimentou o seu povo em grandes batalhas também disse: "Parem de lutar e saibam que eu sou Deus!" (Salmos 46:10a). Essa ordem divina também nos mostra que existe um momento certo para nos movermos e um momento para desacelerar. Não se trata de passividade, mas de uma ativa rendição e confiança.

Certa vez, foi justamente isso que Jesus pediu antes de realizar um grande milagre. Em João 6:10, antes de alimentar mais de cinco mil pessoas com apenas alguns pães e peixes, Jesus ordenou aos discípulos: "Mandem o povo se sentar". O povo obedeceu, se sentou, se aquietou, esperou e, no momento certo, provou do milagre de Jesus.

Talvez Jesus queira lhe dizer a mesma coisa hoje. Pode ser que a vontade do Senhor para a sua vida envolva, neste momento, aquietar-se e confiar nele. Não se perca na correria da vida. Pare e escute o que ele deseja falar. Não permita que as muitas demandas do cotidiano o impeçam de discernir a voz de Deus.

Muitas vezes, em nossa ânsia por fazer mais e não ficar para trás, deixamos de ouvir a voz do Senhor nos dizendo para nos aquietar, esperar nele e confiar que ele é Deus e sabe todas as coisas. Se podemos desacelerar e descansar nele, é porque temos um Deus incansável que nunca deixa de trabalhar em nosso favor.

Em meio ao excesso de informações, afazeres e distrações, temos de aprender a nos aquietar e ouvir a voz de Deus.

"Eu te agradeço, ó Deus, porque tu cuidas de mim e me permites parar e descansar em ti. Perdoa-me por tantas vezes que corri sem ao menos ouvir tua voz. Hoje meu desejo é de me assentar aos teus pés e aprender a confiar em ti. Amém."

2
ABR

Gratidão

Deem graças ao Senhor, porque ele é bom;
o seu amor leal dura para sempre.
SALMOS 118:29

Um coração grato é um coração aberto para receber mais, não para satisfazer desejos egoístas, mas para transbordar e abençoar outros.

As pessoas muitas vezes não dão a devida atenção, mas reclamar fere profundamente o coração de Deus. Em nossa cultura, a reclamação tende a ser compreendida como um desabafo inofensivo ou até como uma forma legítima de expressar insatisfação. No entanto, a Bíblia mostra a seriedade da murmuração. Em 1Coríntios 10:10, o apóstolo Paulo instruiu: "[...] não murmurem, como alguns [dos israelitas] murmuraram e foram mortos pelo destruidor". A reclamação contínua revela um coração que duvida da bondade, da provisão e do controle soberano de Deus. Ela é um sinal de incredulidade e de ingratidão.

Somos chamados, em várias ocasiões, a nos apresentar ao Senhor com o coração grato. A gratidão é o antídoto da murmuração. "Alegrem-se sempre. Orem constantemente. Deem graças em todas as circunstâncias, pois esta é a vontade de Deus para vocês em Cristo Jesus" (1Tessalonicenses 5:16-18). Talvez você se pergunte como poderia dar graças em todas as circunstâncias se a vida é tantas vezes permeada por dor e sofrimento. Contudo, ainda que passemos por momentos de instabilidade, temos um Deus estável, e ele é bom em todas as circunstâncias. A gratidão é uma escolha de reconhecer e valorizar as bênçãos de Deus independentemente das dificuldades.

Se não aprendemos a ser satisfeitos com o pouco, por que o Senhor nos daria mais? Se não formos gratos a Deus, não importa o quanto tenhamos, jamais estaremos satisfeitos. Mas, quanto mais gratos formos, mais teremos à nossa disposição, para nós e para quem precisa. O coração grato atrai o favor de Deus: aquilo pelo que agradecemos e que usamos para abençoar outras pessoas é multiplicado e, quanto mais compartilhamos, mais recebemos. Por isso, sejamos gratos em todo o tempo.

"Graças te dou, Senhor, por tudo que tens feito. Ensina-me a cultivar a gratidão e a te louvar em toda e qualquer circunstância, em nome de Jesus. Amém."

Infinitamente mais

3
ABR

Àquele que é capaz de fazer infinitamente mais que tudo o que pedimos ou pensamos, [...] a ele seja a glória na igreja em Cristo Jesus, [...] Amém!
EFÉSIOS 3:20,21

Temos a estranha mania de pensar que não temos o suficiente, seja por nos comparar e pensar que "a grama do vizinho é sempre mais verde", seja por desejar coisas que não fazem parte do plano de Deus para a nossa vida, pelo menos naquele momento. Precisamos, porém, entender que o que temos já é mais do que suficiente. Essa mentalidade de carência nos impede de ver as oportunidades e os recursos que Deus já colocou em nossas mãos.

A Bíblia nos conta a história de uma viúva que foi até o profeta Eliseu porque precisava de ajuda. O caso era grave: seu marido havia morrido e deixado uma dívida e, por isso, ela estava a ponto de perder os dois filhos como escravos. Quando o profeta perguntou o que ela tinha em casa, ela iniciou a resposta dizendo: "A tua serva não tem nada [...]" (2Reis 4:2).

Se aquela mulher tivesse parado por aí, com certeza não veria o milagre. O que ela tinha, de fato, não parecia nada diante do problema, mas bastou para Deus. O profeta orientou a viúva a pedir vasilhas emprestadas e derramar sobre elas o que ela tinha — um pequeno jarro de azeite. E assim o fez. Nos versículos 5 e 6, lemos que ela começou a encher todas as vasilhas emprestadas. Quando estavam todas preenchidas, o azeite enfim acabou.

Uma das lições que essa história nos ensina é de que devemos valorizar o que temos. Pela fé, o nosso pouco pode ser usado pelo Senhor e transformado em muito. Deus sempre faz tudo em abundância. Quando aprendemos a viver pela fé, o Senhor vai além da suficiência; ele nos faz transbordar. Deus não é um Deus que faz somente o mínimo; ele vai além, pois é capaz de realizar infinitamente mais do que poderíamos pedir ou imaginar.

"Senhor, dá-me um coração consciente e grato. Creio que tu podes ir além da minha vontade e que teus planos para a minha vida são sempre melhores e maiores. Amém."

Ao colocarmos nossas limitações nas mãos do Senhor, ele é capaz de fazer infinitamente mais do que imaginamos.

4
ABR

Luz no caminho

Falando novamente ao povo, Jesus disse:
— Eu sou a luz do mundo. Quem me segue nunca andará em trevas,
mas terá a luz da vida.
JOÃO 8:12

Com Jesus em nossa vida, não precisamos mais vagar na escuridão, pois ele é a nossa luz.

A luz é essencial para tudo o que fazemos. Sabendo de sua importância, quando Deus resolveu criar o mundo e tudo que nele há, criou primeiramente a luz (cf. Gênesis 1:3). Com a eletricidade, tudo ficou ainda mais fácil, pois, mesmo à noite, se houver uma fonte de luz, conseguimos continuar as nossas tarefas sem dificuldades. A luz nos permite andar em segurança, ver com clareza e trabalhar com eficiência.

A jornada da fé é um caminho muitas vezes sinuoso e cheio de armadilhas. Precisamos de luz para trilhá-la; do contrário, tropeçamos. Em Salmos 119:105, o salmista declara: "A tua palavra é lâmpada para os meus pés e luz para o meu caminho". Sem a Palavra de Deus para nos guiar, não saberemos o caminho e, ao insistir em seguir sem ela, ficaremos vulneráveis aos enganos.

Quando o nosso coração é exposto à Palavra, os nossos olhos são abertos, e a nossa visão é ampliada. Basta um fio de sua luz, e o que estava perdido é encontrado! As Escrituras têm o poder de transformar a nossa percepção e o nosso entendimento. Ela não apenas ilumina o caminho, mas também nos dá clareza a respeito de quem somos e da realidade espiritual que nos cerca.

Jesus é a luz de que tanto precisamos. "O povo que vivia nas trevas viu uma grande luz; sobre os que viviam na terra da sombra da morte raiou uma luz" (Mateus 4:16). Sua presença mudou tudo! Onde outrora existia somente dor, desolação e medo, Cristo veio como o romper da aurora e trouxe consigo esperança e paz. Ele é a luz do mundo. Portanto, não andemos mais no escuro, tateando e procurando pelo caminho, pois ele é a luz do nosso caminho!

"Senhor Jesus, obrigado por me salvar da escuridão e por iluminar os meus dias. Eu te agradeço porque a tua Palavra é luz para o meu caminho e me impede de tropeçar. Ajuda-me a manter os meus olhos em ti por onde eu for, em nome de Jesus. Amém."

Diligência

5 ABR

Seja diligente nessas coisas; dedique-se inteiramente a elas, para que todos vejam o seu progresso.

1TIMÓTEO 4:15

O ser humano é sonhador, desde as maiores coisas — como uma viagem em família, uma grande casa ou o carro do ano — às mais simples. Sonhamos com um número diferente na balança, com a casa organizada e com boas notas.

Não há problema nenhum em sonhar; o problema está em viver na ilusão de achar que todos os sonhos se realizam ainda que não façamos a nossa parte. Se quero emagrecer, preciso cuidar da alimentação e praticar atividades físicas; se quero tirar boas notas, preciso estudar; se quero ter a casa organizada, preciso limpá-la. A passividade e a inação são inimigas dos sonhos e dos objetivos. A ilusão de que as coisas simplesmente acontecem sem nosso empenho nos leva à frustração e à estagnação.

No capítulo quinze do Evangelho de Lucas, uma das parábolas contadas por Jesus tratava de uma mulher que perdeu uma de suas dez dracmas dentro da própria casa. A fim de encontrar o que perdera, acendeu a lamparina, varreu a casa e procurou com empenho, ou seja, ela se esforçou e não parou até encontrar a dracma perdida.

A mulher não se resignou à perda; ela agiu com intencionalidade, fazendo de tudo para reaver o que lhe pertencia. A parábola mostra uma diligência incansável que muitos de nós já não temos. A boa notícia é que, quando fazemos a nossa parte, o Senhor faz a dele. O conselho de Paulo a Timóteo também é válido para nós: "Seja diligente nessas coisas; dedique-se inteiramente a elas, para que todos vejam o seu progresso" (1Timóteo 4:14). Precisamos ser intencionais e diligentes em tudo que fazemos, do contrário, nossos sonhos não se realizarão e permaneceremos estagnados.

Ao agirmos com diligência, Deus honrará o nosso empenho e nos conduzirá a uma vida de propósitos.

"Senhor, eu te agradeço porque tu me permites sonhar e, mais que isso, tens sonhos para a minha vida. Ajudame a ser diligente e a me esforçar naquilo que me compete, para o meu crescimento e para a tua glória. Amém."

6
ABR

Minha parte

Bem-aventurado aquele cujas transgressões são perdoadas e cujos pecados são cobertos! [...]. "Confessarei as minhas transgressões ao Senhor", e tu perdoaste a iniquidade do meu pecado.

SALMOS 32:1,5

Assumir a nossa parte é abrir a porta para a graça redentora de Deus.

Ninguém que se dispõe a ser alvo da ação do Espírito permanece igual. A transformação, a libertação, a cura e a verdadeira vida estão ao alcance daqueles que se rendem a ele. No entanto, essa obra não é imposta; ela requer disposição ativa, rendição voluntária e desejo sincero de ser moldado pelo Espírito Santo em resposta à graça de Deus.

Talvez a parte mais importante desse processo de entrega seja assumir as nossas responsabilidades. Enquanto culpamos pessoas, ambientes e situações, tudo permanece igual. Quando, porém, reconhecemos o nosso papel com humildade e nos submetemos à vontade do Senhor, ele tem liberdade para agir e ressignificar a nossa história.

Em sua primeira epístola, o apóstolo João escreveu: "Se confessarmos os nossos pecados, ele é fiel e justo para perdoar os nossos pecados e nos purificar de toda injustiça" (1:9). A confissão é a manifestação da nossa dependência de Deus e da nossa confiança em sua fidelidade e justiça. Assim, temos nele a promessa de um novo começo, agora limpos e livres. Não podemos, de modo algum, nos esquecer da nossa parte; temos de reconhecer a nossa culpa, assumir a responsabilidade por nossas escolhas e nos render.

No salmo 32, Davi reconheceu como é bom viver um relacionamento de plena sinceridade e vulnerabilidade com Deus. Que possamos, como ele, ser honestos quanto às nossas transgressões e nos render à obra do Senhor em nosso interior. É Deus quem opera em nós a transformação por intermédio de teu Espírito; a nossa parte é apenas ter um coração aberto e humilde, pronto para confessar e para nos submeter à vontade de Deus.

"Senhor, confesso que sou pecador e que, sem ti, não há esperança para mim. Ofereço a ti um coração vulnerável e peço que, por teu Espírito, me transformes a cada dia, conformando-me à semelhança de Cristo. Amém."

A Palavra de Deus

7 ABR

Refleti nos meus caminhos e voltei aos meus passos para os teus testemunhos. Eu me apresso e não hesito em obedecer aos teus mandamentos.

SALMOS 119:59-60

Nosso Deus é poderoso. Ele realiza feitos sobrenaturais que estão muito além da nossa compreensão. No entanto, muitas pessoas condicionam a fé à expectativa dos milagres, como se estes fossem o fim em si mesmos, em vez de buscarem a fonte de todo poder. Mais importante que o milagre é o conhecimento da Palavra de Deus. É ela que nos nutre e dá vida diariamente. Viver uma corrida desenfreada atrás de milagres não é sustentável, pois, na ausência do sobrenatural, como permaneceremos?

A Palavra de Deus é o que nos faz permanecer e prevalecer. Ela é a bússola, a receita, o nosso manual de fé e prática. Ela nos revela o caráter do nosso Deus, bem como sua vontade para cada um de nós. As Escrituras apresentam inúmeros relatos sobre feitos grandiosos do Senhor. Mas, sem dúvidas, o que se torna mais claro é que Deus é um Deus de relacionamento. Ele não é um gênio da lâmpada realizando três desejos ou a fada madrinha. É o Deus todo-poderoso, criador dos céus e da terra, dono de tudo que há e o Deus que escolheu ter um relacionamento com cada um de nós.

De nada adianta irmos de "mover em mover". Temos de firmar o nosso coração nas Sagradas Escrituras. A fé cristã não se baseia em experiências emocionais passageiras, mas em uma fundação sólida: a pessoa de Jesus Cristo, o Verbo que se tornou carne e habitou entre nós. Ele é a encarnação da Palavra de Deus, e a única rocha inabalável sobre a qual podemos construir nossa vida. É tempo de escolher se deseja condicionar a sua fé a eventos ou se deseja fundamentá-la em um relacionamento profundo e íntimo com Deus por meio da Palavra. Uma fé incondicional faz que você veja o extraordinário do Senhor até mesmo nos detalhes do cotidiano.

Que a nossa vida seja uma busca contínua por viver um relacionamento com Deus firmado em sua Palavra inabalável.

"Eu te agradeço, ó Deus, por tua Palavra. Quero assumir um compromisso contigo de honrar a tua vontade e obedecer aos teus mandamentos. Ajuda-me a viver alicerçado em tua verdade, em nome de Jesus. Amém."

8
ABR

Corpo, alma e espírito

Que o próprio Deus da paz os santifique por completo. Que todo o espírito, a alma e o corpo de vocês sejam preservados irrepreensíveis na vinda do nosso Senhor Jesus Cristo.

1Tessalonicenses 5:23

Não há dor, angústia ou escassez que escape ao olhar compassivo de Jesus.

Não sei pelo que você tem passado ou o que tem lhe causado preocupações, inseguranças ou dor, mas disto sei: Jesus sabe do que precisamos. Ele conhece nossas carências ou há quanto tempo esperamos por algo. Sua bondade é inesgotável; não há nada que ele já tenha feito por nós que não possa fazer de novo e de novo. Ele nos conhece em nossa totalidade, desde o íntimo de nosso ser.

Algumas vertentes da teologia defendem a ideia de que o homem é um ser integral composto por três partes: corpo, alma e espírito, e as três áreas precisam da nossa atenção. Muitas vezes negligenciamos uma em detrimento das demais, contudo, é impossível termos saúde, paz e satisfação plenas dessa forma. Jesus, em sua bondade e amor infinitos, se importa com cada aspecto de nossa existência.

Em Marcos 8:1-2 diz que grande multidão se reuniu e o povo ficou sem comida. Jesus chamou os discípulos e disse: "Tenho compaixão desta multidão; já faz três dias que eles estão comigo e nada têm para comer". Enquanto alimentava a alma e o espírito daquelas pessoas, sua necessidade de alimento físico não passou despercebida por Jesus; pelo contrário, ele teve compaixão delas.

As suas necessidades também não passam despercebidas por Jesus. Ele não ignora a dor de ninguém, seja a da alma, seja a do corpo físico, seja a espiritual. Não importa qual aspecto de sua vida esteja carente neste momento, ele pode suprir aquilo de que você precisa. Somente o Senhor é digno de sua plena confiança. Ele é o único que pode curá-lo e purificá-lo em todos os aspectos, para que o seu espírito, a sua alma e o seu corpo permaneçam irrepreensíveis até o retorno de Jesus Cristo. Amém!

"Senhor, obrigado por tua compaixão. Eu te agradeço porque me conheces por completo. Em ti, sei que minha alma, meu corpo e meu espírito estarão nutridos. Peço-te que me preserves assim até tua volta. Em teu nome eu oro, amém."

Boa medida

9 ABR

— Deem, e será dado a vocês: uma boa medida, calcada, sacudida e transbordante será dada a vocês. Pois a medida com que medirem será usada como medida para vocês.
LUCAS 6:38

A matemática de Deus não é como a nossa. A medida dele é sempre abundante, com sobras. Foi assim nas duas vezes em que Jesus multiplicou pães e peixes; em ambas as ocasiões, a Palavra relata que todos se alimentaram e ficaram satisfeitos, e os discípulos recolheram cestos com sobras. Na primeira multiplicação, foram doze cestos cheios (cf. Mateus 14:20); na segunda, foram sete (cf. 15:37).

O nosso Pai sabe do que precisamos e tem prazer em nos conceder suas bênçãos abundantes.

O Senhor é quem melhor conhece nossas necessidades e anseios. Como Pai amoroso, deseja nos dar muito além do que pedimos ou pensamos. Davi relatou em Salmos 23:5: "Unges a minha cabeça com óleo, e o meu cálice transborda". Nosso Pai não oferece apenas o suficiente, o mínimo necessário. Ele se agrada em nos dar coisas boas e em prover com abundância tudo de que precisamos, pois, como disse Jesus: "[...] se vocês, apesar de serem maus, sabem dar boas coisas aos seus filhos, quanto mais o seu Pai, que está nos céus, dará coisas boas aos que lhe pedirem!" (Mateus 7:11).

Não devemos temer quando entregamos anseios, preocupações e necessidades ao Senhor. Temos de viver como filhos daquele que tudo nos dá. Essa sobra não é para que acumulemos tesouros na terra, mas para que possamos também partilhar com quem está ao nosso redor. Porque temos um Deus generoso que nos dá em abundância, podemos ser generosos para com o próximo.

Por isso, confiemos na provisão do Senhor, sabendo que ele cuida de nós. Oremos por mais com a plena certeza de que ele pode e se deleita em suprir amplamente cada uma das nossas necessidades. Quando confiamos, recebemos e doamos generosamente, vemos o agir de Deus para conosco, sempre em medida "calcada, sacudida e transbordante" (cf. Lucas 6:38).

"Senhor, obrigado por tua provisão e por fazer sempre mais do que preciso. Ensina-me a ser generoso para com aqueles que precisam, assim como és generoso para comigo. Em nome de Jesus, amém."

10
ABR

Pão da vida

Então, Jesus declarou:
— Eu sou o pão da vida. Aquele que vem a mim nunca terá fome; aquele que crê em mim nunca terá sede.
João 6:35

Não importa qual seja a sua carência, em Jesus, ela é suprida por completo.

O ser humano pode ficar sem muitas coisas, mas, se ficar sem pão e água, ele morre. O nosso corpo físico depende de alimento e hidratação para sobreviver; do contrário, começa a enfraquecer até a morte.

Como vimos, em seu ministério terreno, Jesus compadeceu-se em ver uma multidão com fome, não uma, mas duas vezes. Os discípulos foram testemunhas oculares dos milagres e, ainda assim, não compreenderam o valioso princípio por trás disso tudo. Pouco depois da segunda multiplicação de pães (cf. Marcos 8:1-10), os discípulos começaram a discutir entre si porque não tinham pão. "Ao perceber a discussão, Jesus lhes perguntou: 'Por que vocês ainda estão discutindo sobre não terem pão? Ainda não compreendem nem entendem? O coração de vocês está endurecido? Vocês têm olhos, mas não veem? Têm ouvidos, mas não ouvem? [...]" (v. 17-18).

Infelizmente, muitos de nós agimos assim também. Presenciamos milagres, contamos a respeito das situações em que fomos socorridos, das vezes em que o pão, a água ou o que quer que precisássemos no momento não faltou, graças a Jesus. Mas os dias passam e voltamos a acreditar que precisamos de algo além de Jesus. A amnésia espiritual nos leva a buscar fontes que não podem verdadeiramente nos suprir. Tudo de que precisamos está em Cristo.

A. W. Tozer explicou que não precisamos da equação "Cristo + alguma coisa", porque Jesus basta. Somos convidados a nos lembrar de suas palavras em João 6:35: "Eu sou o pão da vida. Aquele que vem a mim nunca terá fome; aquele que crê em mim nunca terá sede". Jesus é suficiente! Talvez você já tenha ouvido essa frase, mas, por mais clichê que pareça, essa é a verdade.

"Ó Deus, graças te dou por tantas vezes que me socorreste e cuidaste de mim. Perdoa-me por me esquecer dos teus feitos e por agir com ingratidão. Quero aprender a cada dia que tu és mais do que suficiente. Amém."

Refletindo sobre feitos poderosos

11
ABR

[...] *Graças ao grande amor do Senhor é que não somos consumidos* [...] *grande é a sua fidelidade!* [...] *"A minha porção é o Senhor; portanto, nele porei a minha esperança".*
LAMENTAÇÕES 3:21-24

Muitas vezes, em face de lutas e dores, pensamos: "Deus se esqueceu de mim. Estou só. Deus me abandonou". A tristeza e o abatimento tomam nosso coração e nossa mente, e nos cegam para a realidade de que o Senhor nunca nos abandonou e jamais o fará, como ele tantas vezes prometeu (cf. Deuteronômio 4:31, 31:6,8; Josué 1:5; Salmos 9:10; Mateus 28:20; Hebreus 13:5).

A imutabilidade do caráter de Deus é a nossa maior segurança. Ele é o mesmo ontem, hoje e para sempre.

Não estamos sozinhos nesse engano. Em Salmos 77, por exemplo, vemos Asafe ter pensamentos semelhantes aos nossos: "Então, pensei: 'A razão da minha dor é que a mão direita do Altíssimo não age mais'. Recordarei os feitos do Senhor; recordarei os teus antigos milagres. Meditarei em todas as tuas obras e considerarei todos os teus feitos" (v. 10-12).

Os pensamentos ruins, em determinadas situações, são inevitáveis. Contudo, como o salmista, também devemos nos esforçar para substituí-los pela lembrança das tantas vezes em que o Senhor foi fiel para conosco. O Senhor, nosso Deus, não muda e não se esquece de nenhuma de suas palavras ao nosso respeito. Não importa quanto tempo passe, o Senhor ainda é "o Deus que realiza milagres"; ele ainda mostra seu "poder entre os povos" (v. 14).

Portanto, nos dias maus, precisamos nos recordar de que temos um Deus que nos ama e age em nosso favor. Ele cuida de nós e garante que jamais desamparará aqueles que nele confiam. Como o profeta Jeremias, temos de trazer à memória o que nos enche de esperança: O amor do Senhor não tem fim! Suas misericórdias são inexauríveis; renovam-se todas as manhãs. Ele é a nossa porção, portanto, depositemos nele nossa esperança (cf. Lamentações 3:22-24).

"Senhor, ao olhar para trás, vejo tua fidelidade todos os dias da minha vida. Perdoa-me por pensar que tu me abandonaste. Que o teu Espírito me auxilie a ver tuas misericórdias renovadas a cada manhã, em nome de Jesus. Amém."

12
ABR

Deus é fiel

[...] ele os tirou com mão poderosa e os redimiu da terra da escravidão [...] o Senhor, o seu Deus, é deus; ele é o Deus fiel, que mantém a aliança e a bondade por mil gerações daqueles que o amam [...].

DEUTERONÔMIO 7:8-9

Precisamos reconhecer quem Deus é e responder a ele com amor e obediência aos seus mandamentos.

Deus é fiel. Muito mais do que uma frase de impacto, tal verdade é eterna: Deus é fiel! No entanto, a fidelidade divina, sempre constante, contrasta com a humana. Essa é uma característica que parece cada vez mais rara. Não há fidelidade nos matrimônios, nas amizades, nas relações contratuais e, às vezes, nem mesmo nas promessas.

Contudo, a boa notícia é que a fidelidade de Deus não depende da nossa. O apóstolo Paulo escreveu na segunda carta para Timóteo que: "[...] se somos infiéis, ele permanece fiel, pois não pode negar a si mesmo" (2:13). Agir com infidelidade em resposta à nossa própria infidelidade contradiz a essência de Deus. Se ele trabalhasse com base na meritocracia, certamente estaríamos perdidos, pois, desde a Queda, a natureza do homem o afasta da fidelidade.

É a graça, a bondade e a misericórdia de Deus que sustentam a sua fidelidade. Ele cumpre o que prometeu porque sua palavra é verdadeira, não porque somos dignos de receber suas dádivas. Qual seria, então, o motivo de tamanha fidelidade? Como compreender esse Deus? Entendendo que esse atributo divino está enraizado em seu amor, também constante, imutável e incondicional.

Nosso papel é fazer o que Moisés orientou ao povo de Israel: "Saibam, portanto, que o SENHOR, o seu Deus, é Deus; ele é o Deus fiel, que mantém a aliança e a bondade por mil gerações daqueles que o amam e obedecem aos seus mandamentos. [...] Se vocês obedecerem [...], então o SENHOR, o seu Deus, manterá com vocês a aliança e a bondade que prometeu sob juramento aos seus antepassados" (Deuteronômio 7:9,12). A nossa resposta à fidelidade de Deus deve ser a obediência e o amor aos seus preceitos.

"Deus, sei que tu és fiel em todo o tempo. Sem tua fidelidade, eu nada seria. Tu me escolheste apesar das minhas imperfeições, por amor. Conduz-me por um caminho de obediência fiel a ti, em nome de Jesus. Amém."

Generosidade

13
ABR

Em tudo o que fiz, mostrei a vocês que é preciso trabalhar arduamente para ajudar os que estão em necessidade, [...] "Mais bem-aventurada coisa é dar do que receber".

Atos 20:35

Infelizmente, as pessoas parecem ter se esquecido de princípios como o da generosidade. Vivemos em uma sociedade muito mais focada no acúmulo, no egocentrismo e na realização pessoal do que no altruísmo, no auxílio aos necessitados e no bem-estar do outro.

Somos chamados à generosidade. A Palavra diz em Provérbios 22:9: "Quem é generoso será abençoado, pois reparte o seu pão com o pobre". A generosidade não é apenas um ato de caridade com efeitos para este tempo, mas uma semente que produzirá frutos para a eternidade. As Escrituras apresentam a generosidade de Deus como uma virtude que devemos desenvolver a fim de refletir seu caráter.

Jesus é o nosso maior exemplo de generosidade. O Filho de Deus se esvaziou de sua glória e veio ao mundo como homem, não "para ser servido, mas para servir e dar a sua vida em resgate por muitos" (Mateus 20:28). Se o nosso dever é, como afirmou o apóstolo Paulo, ser imitadores de Cristo (cf. 1Coríntios 11:1, Efésios 5:1), logo, temos de aprender a ser generosos para com todos, seja quem for.

Temos de compartilhar o que recebemos de Deus com quem não tem. O Senhor se alegra do homem cujo coração está inclinado à compaixão e ao serviço ao próximo. Se amamos a Deus e ao próximo, não podemos nos conformar com o padrão atual de egoísmo; o amor nos move a agir com bondade e generosidade. Se obedecermos a esse princípio, como Paulo, poderemos dizer: "Em tudo o que fiz, mostrei a vocês que é preciso trabalhar arduamente para ajudar os que estão em necessidade, lembrando das palavras do próprio Senhor Jesus, que disse: 'Mais bem-aventurada coisa é dar do que receber'" (Atos 20:35).

Em um mundo mesquinho e egoísta, faça a diferença ao demonstrar generosidade e altruísmo.

"Senhor, obrigado por teu coração que dá com tamanha generosidade. Dá-me um coração generoso como o teu e ensina-me a olhar para o próximo com compaixão. Em nome de Jesus, amém."

Em um mundo mesquinho e egoísta, faça a diferença ao demonstrar generosidade e altruísmo.

14
ABR

Vendo com meus próprios olhos

"[...] nenhum dos teus planos pode ser frustrado. [...] Certo é que falei de coisas [...] maravilhosas demais que eu desconhecia. [...] Eu te conhecia de ouvir falar, mas agora os meus olhos te veem."

Jó 42:1-5

Que a fé nos leve a fazer das provações oportunidades de ter experiências pessoais com Deus.

A vida não é feita apenas de momentos tranquilos. Apesar de sermos chamados por Deus, não estamos imunes aos dias maus. É nesses dias, porém, que alguns entram em crise e chegam até mesmo a questionar a existência e o amor de Deus.

Contudo, a Palavra de Deus nos conta a história de um homem que, mesmo diante dos seus bens materiais, dos filhos e até de sua saúde física, não murmurou nem amaldiçoou o nome de Deus. Lemos no livro de Jó que ele era íntegro e correto, temia a Deus e se mantinha afastado do mal e, ainda assim, o Senhor permitiu que fosse provado, afinal, a Bíblia diz: "O SENHOR põe à prova tanto o justo como o perverso [...]" (Salmos 11:5, NVT). Qual deve ser, então, a nossa atitude quando os tempos difíceis nos alcançam? Precisamos continuar confiando e adorando ao Deus que pode fazer todas as coisas.

Em dias bons ou dias maus, Deus é digno de nossa confiança e louvor. Ele sabe transformar o pior cenário em algo ainda melhor do que era antes do caos. No epílogo da história de Jó, está escrito que "o SENHOR abençoou o final da vida de Jó mais do que no início" (42:12). Ele lhe concedeu ainda mais bens do que Jó tivera antes, sete filhos e três filhas, e uma saúde de ferro que lhe permitiu viver mais cento e quarenta anos e ver seus descendentes até a quarta geração.

Portanto, como Jó, que mesmo em meio a questionamentos e tribulações possamos nos manter firmes, a fim de ver, com os nossos próprios olhos, o agir do Senhor. Somente assim, como ele, poderemos dizer: "Sei que podes fazer todas as coisas, nenhum dos teus planos pode ser frustrado. [...] Eu te conhecia de ouvir falar, mas agora os meus olhos te veem" (v. 2,5).

"Senhor, eu te agradeço porque tu ages mesmo quando não entendo. Agradeço também porque nenhum cenário ruim prevalece quando decides agir. Ajuda-me a confiar em ti e a conhecer-te mais e mais. Em nome de Jesus, amém."

Vida que satisfaz

15
ABR

[...] *nisto consiste o amor de Deus: obedecer aos seus mandamentos* [...]. *Quem é aquele que vence o mundo, senão o que crê que Jesus é o Filho de Deus?*
1JOÃO 5:1-5

Diariamente, o Inimigo de nossa alma tenta nos atacar e, não fosse a boa mão do Senhor, já teríamos sucumbido às suas astutas ciladas. O intuito dele é destruir a humanidade, obra-prima de Deus e alvo do seu amor. A nossa própria natureza pecaminosa nos torna vulneráveis às suas investidas, e sem a proteção e a intervenção divinas estaríamos à mercê das obras do Maligno.

Satanás aproveita todas as oportunidades de colocar seus planos em prática na vida de alguém. Jesus nos alertou: "O ladrão vem apenas para roubar, matar e destruir; eu vim para que tenham vida e a tenham plenamente" (João 10:10). Enquanto Satanás busca a ruína e a morte em todas as suas formas — a destruição de relacionamentos, a aniquilação de sonhos, a perda da paz ou a morte espiritual —, Jesus veio para oferecer a vida em abundância.

Enquanto Satanás busca a ruína e a morte em todas as suas formas, Jesus veio para oferecer a vida em abundância.

Nosso foco deve estar na obra do Senhor. O desejo do Pai é que vivamos plenamente como filhos de Deus, pois "Todo aquele que é nascido de Deus vence o mundo. E esta é a vitória que vence o mundo: a nossa fé. Quem é aquele que vence o mundo, senão o que crê que Jesus é o Filho de Deus?" (1João 5:4-5). Se os nosssos olhos estiverem nas tentativas do Maligno de nos atacar, enfraquecer e destruir, perderemos de vista a soberania e o poder de Deus.

Somos filhos do Deus invencível e, perante os ataques do Inimigo, devemos continuar a viver como filhos de Deus: amando-o sobre todas as coisas e obedecendo aos seus mandamentos. Assim, sigamos adiante com os olhos no que importa, com a certeza de que aquele que nos dá a vitória contra o mal é o mesmo que nos presenteia com uma vida plena.

"Senhor, creio que tu tens para mim a vida plena e que, longe de ti, não há morte, luz nem esperança. Fortalece as minhas mãos para as batalhas e o meu coração com fé. Sustenta-me por tua mão poderosa em todas as adversidades. Em nome de Jesus, amém."

16
ABR

Como agir?

Davi, no entanto, respondeu: [...]
— Não façam isso com o que o Senhor nos deu. Ele nos protegeu e nos entregou nas nossas mãos os bandidos que vieram contra nós.
1SAMUEL 30:23

Quando a nossa força se esvai, podemos nos fortalecer no Senhor, o nosso Deus.

É perigoso quando adotamos a perspectiva errada e nos equivocamos ao interpretar um problema. Na ânsia de resolvê-lo, questionamos o porquê, a causa, a solução, porém, muitas vezes, também nos questionamos onde Deus está. Se há algo que jamais devemos fazer na vida é interpretar as lutas como ausência do cuidado e da ação de Deus.

A Bíblia mostra que Davi passou um momento difícil quando retornou com seus homens de uma batalha. Eles haviam deixado as mulheres e crianças em um lugar aparentemente seguro, mas, ao retornarem, encontraram a cidade queimada e descobriram que as famílias foram levadas como prisioneiras do povo inimigo.

Amargurados por terem perdido os filhos e as filhas, os soldados começaram a falar em apedrejar Davi, o que ocasionou profunda angústia. Em meio àquele cenário de desolação e afronta, Davi encontrou forças no Senhor, o seu Deus. Perceba como, em um momento de muita aflição, ele não reagiu com lamento, mas com fé.

Mais adiante, nos versículos 18 e 19, está escrito: "Davi recuperou tudo que os amalequitas tinham tomado [...]. Nada faltou [...]. Davi recuperou tudo". Davi encontrou a solução para os seus problemas porque, em vez de se desesperar, recorreu ao Senhor.

A atitude dele deve ser também a nossa. Há momentos em que, como Davi e os soldados, choramos até não ter mais forças. Passamos por dores inimagináveis e dificuldades que nos devastam. Contudo, quem busca direção e forças no lugar certo prevalece. Por conta própria, não podemos prosseguir, porém temos um Deus cuja força nunca é minada.

"Tu sabes, ó Deus, que nem sempre tenho forças para continuar. Mostra-me tua força nesses momentos e ajuda-me a prosseguir. Dá-me tuas instruções, a fim de que eu prevaleça contra as adversidades, em nome de Jesus. Amém."

Com vocês até o fim!

—[...] *ensinando-os a obedecer a tudo o que eu ordenei a vocês. E eu estarei sempre com vocês, até o fim dos tempos.*
MATEUS 28:20

Quando a luta chega, a nossa fé é revelada! A profundidade da nossa fé não é demonstrada nos momentos de bonança, mas nas tempestades da vida. Cantar louvores em adoração quando tudo vai bem não é difícil, mas e quando as coisas vão mal? Assim como em qualquer relacionamento humano, os dias de dificuldade são os que expõem o estado do nosso relacionamento com Deus.

Muitos são os que se afastam dele. O Senhor, por sua vez, jamais se afasta, pois esse definitivamente não é o caráter do nosso Deus. Em meio à luta, ele continua a nos dizer: "Nunca o deixarei; jamais o abandonarei" (Hebreus 13:5b). Embora as pessoas se voltem contra Deus ou se desviem dos caminhos dele em momentos de adversidade, ele reafirma sua presença constante e incondicional.

O segredo quando sofremos não é buscar entender o motivo por trás da situação, mas o propósito dela. Em vez de perguntar "Por quê?", temos de questionar "Para quê?". Deus, em sua soberania e onisciência, tem um desígnio para toda e qualquer circunstância. Se nos dedicarmos a compreender qual é esse desígnio, com certeza veremos a mão dele em tudo. Ele é capaz de converter até mesmo as situações mais difíceis em instrumentos para o nosso amadurecimento e para a manifestação de seu poder e de sua glória.

A fidelidade do Senhor é a nossa maior garantia. Não à toa, suas últimas palavras no Evangelho de Mateus foram: "[...] E eu estarei sempre com vocês, até o fim dos tempos" (28:20). Aquele que prometeu é fiel para cumprir. Que essa verdade nos fortaleça em cada passo, em cada luta e em cada incerteza, pois o nosso Senhor está conosco, inabalável, até a consumação dos séculos.

A certeza da presença do Senhor conosco é o que sustenta a nossa esperança e nos permite ver além da dor.

"Senhor, obrigado por estar comigo tanto nos momentos bons quanto nos mais difíceis. Ensina-me a me fortalecer na promessa de que tu jamais me abandonas e a crer no cumprimento de cada uma de tuas palavras fiéis. Em nome de Jesus, amém."

18
ABR

Destino glorioso

Tu me diriges com o teu conselho e depois me receberás com honras.
SALMOS 73:24

Precisamos de sabedoria para navegar as ondas emocionais sem permitir que elas determinem o rumo de nossa jornada.

A tristeza, a dor e a raiva nos fazem reagir de maneira inesperada em situações nas quais reagiríamos de outra forma se tivéssemos mais equilíbrio. As emoções não resolvem problemas; elas os intensificam.

Um dos segredos da vida é não ser governado por emoções. O nosso coração não pode ceder ao que sentimos, pois, se o fizer, nos tornaremos reféns de nós mesmos. Quando aprendemos a ser governados por convicções e não por sentimentos, deixamos de ser escravos do nosso temperamento. Precisamos buscar sabedoria, mansidão e domínio próprio para não mais ser reféns da nossa língua desenfreada ou de decisões impulsivas.

No salmo 73, Asafe descreve o tempo em que deixou-se dominar pelas emoções. Sem dúvidas, todos conseguimos pensar em situações nas quais agimos como estúpidos e ignorantes. Contudo, não tem de ser assim. Existe uma saída.

As nossas emoções nos distraem. Por isso, não devemos dar a elas maior atenção do que merecem, antes, precisamos confrontar o que sentimos à luz da Palavra. Se elas contradizem as verdades que professamos e se opõem à vontade de Deus para a nossa vida, temos de fazer o possível para deixá-las para trás, porque elas não têm lugar em nossa caminhada com Cristo.

Por mais que em algum momento ou outro as emoções sobressaiam, temos de nos lembrar de que pertencemos ao Senhor, aquele que segura a nossa mão e nos guia com seu conselho, nos conduzindo a um destino glorioso.

“Senhor, ensina-me a não ser dominado por minhas emoções, mas a ter domínio próprio. Não quero ser governado pelo que sinto, mas direcionado por ti a viver conforme a tua vontade, rumo ao teu destino glorioso para mim. Amém.”

Ouvidos por Deus

[...] se pedimos alguma coisa de acordo com a vontade dele, ele nos ouve. Assim, se sabemos que ele nos ouve em tudo o que pedimos, sabemos que temos dele o que pedimos.

1JOÃO 5:14-15

As pessoas sabem cada vez mais sobre tudo, inclusive a respeito de Deus. Entretanto, falar sobre ele nunca será o mesmo que falar com ele. O Senhor está perto, e ele nos chama a um relacionamento de intimidade. Nosso Deus nos ouve e que se faz presente quando o buscamos: "[...] Vocês me procurarão e me acharão quando me procurarem de todo o coração. Eu me deixarei ser encontrado por vocês [...]" (Jeremias 29:12-14).

A oração é a chave para o discernimento da vontade de Deus.

Ele é, além disso, um Deus que responde orações. "Clame a mim no dia da angústia; eu o livrarei, e você me honrará" (Salmos 50:15). "Peçam, e será dado a vocês; busquem e vocês encontrarão; batam, e a porta será aberta a vocês. Pois todo aquele que pede recebe; o que busca encontra; e, àquele que bate, a porta será aberta" (Mateus 7:7-8). Em todos os momentos, perto ele está.

Por isso, não há desculpas para aqueles que tomam decisões sem antes buscar a vontade de Deus por meio da oração. E como obtê-la longe dos joelhos dobrados e de um espírito contrito em oração? Todo relacionamento precisa de diálogo a fim de preservar e desenvolver a intimidade. Com Deus, não é diferente. Sem oração, não existe relacionamento com Deus. Todavia, diferentemente das relações humanas, nas quais pode haver um afastamento mútuo, Deus nunca se afasta; somos nós quem o fazemos.

De maneira direta ou indireta, se dermos a devida atenção, veremos as respostas de Deus às nossas orações. Como escreveu o apóstolo João no capítulo final de sua primeira epístola: "Esta é a confiança que temos ao nos aproximar de Deus: se pedimos alguma coisa de acordo com a vontade dele, ele nos ouve" (5:14).

"Eu te agradeço, ó Deus, porque tu me ouves e estás sempre por perto. Perdoa-me pelas decisões que tomei sem te consultar. Ajuda-me a viver a tua vontade. Quero viver um relacionamento cada vez mais profundo contigo. Amém."

20
ABR

Direção certa

Mostra-me, Senhor, os teus caminhos, ensina-me as tuas veredas; guia-me na tua verdade e ensina-me, pois tu és Deus, o meu Salvador, e a minha esperança está em ti o tempo todo.

SALMOS 25:4-5

A Palavra nos sustenta na jornada e nos impulsiona em direção aos planos de Deus para a nossa vida.

Não há maneira mais fácil de recebermos a direção de Deus do que por meio da sua Palavra. A Bíblia tem direções claras sobre os mais diversos caminhos e decisões a serem tomadas. Ele pode, sim, falar por meio de outras pessoas e nos dar orientações quando buscamos em orações, mas a maneira mais clara e segura de conhecermos os seus planos é pelas Sagradas Escrituras.

Em cada página da Bíblia há espaço para que o Espírito se revele a nós. A Escritura não é apenas um livro de registros históricos ou relatos extraordinários; ela é "inspirada por Deus e útil para o ensino, para a repreensão, para a correção e para a instrução na justiça" (2Timóteo 3:16). A Palavra é "viva, eficaz e mais afiada que qualquer espada de dois gumes. Ela penetra a ponto de dividir alma e espírito, juntas e medulas, e é apta para julgar os pensamentos e as intenções do coração" (Hebreus 4:12).

Por meio do profeta Isaías, Deus disse: "Eu sou o Senhor, o seu Deus, que ensina o que é melhor para você, que o dirige no caminho em que você deve andar" (Isaías 48:17b). Por isso, antes de pedir qualquer informação a alguém, antes de nos guiarmos pelas previsões ou pelas notícias, precisamos nos deixar ser guiados pela Palavra e por tudo aquilo que Deus tem para nós. Não há outro que tenha a direção certa e a força de que nossos pés precisam para chegar onde ele já nos espera.

Que, assim como o salmista, a nossa oração não seja outra senão: "Mostra-me, Senhor, os teus caminhos, ensina-me as tuas veredas; guia-me na tua verdade e ensina-me, pois tu és Deus, o meu Salvador, e a minha esperança está em ti o tempo todo" (Salmos 25:4-5).

"Senhor, eu te agradeço pela Bíblia e tudo que ela representa. Perdoa-me pelas vezes em que busquei direcionamento em outras fontes. Guia-me segundo a tua vontade por meio da tua Palavra, em nome de Jesus. Amém."

Fala, Senhor, estou te ouvindo!

21
ABR

[...] *Então, Samuel foi deitar-se no seu lugar. Veio o Senhor, colocou-se de pé e o chamou como nas outra vezes.* [...] *Samuel respondeu:*
— Fala, pois o teu servo ouve.
1SAMUEL 3:9,10

É preciso ter coragem para prosseguir em determinada direção apenas por uma palavra. Contudo, uma palavra do Senhor é tudo de que precisamos! Mais que mapas ou instruções humanas, Deus tem o caminho perfeito para o seu povo. Ele não somente indica o caminho, como também instrui como percorrê-lo. E, melhor ainda, não sai do nosso lado em nenhum momento.

Pedro se lançou apenas com um chamado de Jesus. Em Mateus 14, quando os discípulos viram Jesus andar sobre as águas, Pedro gritou: "Senhor, se és tu, manda-me ir ao teu encontro sobre as águas", ao que Jesus respondeu "Venha" (cf. v. 28-29). Bastou uma palavra de Jesus para que o discípulo saísse do barco em sua direção. Assim também deve ser conosco.

A direção que Deus nos dá é segura. O problema é que muitas pessoas não procuram ouvir de Deus o que devem fazer por medo de que ele diga algo contrário à vontade delas. Elas dizem que desejam ser guiadas, mas, na realidade, não querem ser contrariadas. Essa resistência é uma barreira para a verdadeira submissão e nos impede de viver a plenitude da vontade de Deus.

Mas como saber que é ele quem fala? Como reconhecer a sua voz? A resposta é a humildade de coração, como aconteceu com Samuel. Samuel ainda era um menino quando ouviu a voz do Senhor pela primeira vez. Ele ainda não o conhecia, porém, quando Eli o instruiu, o garoto respondeu ao chamado divino desta forma: "Fala, pois o teu servo te ouve" (cf. 1Samuel 3:10). Tenhamos também essa prontidão e disposição. Como ovelhas que ouvem a voz de seu Pastor e o seguem, respondamos ao seu chamado com obediência e humildade (cf. João 10:27).

Que reconheçamos a voz do Pastor em meio ao barulho do mundo e o sigamos com fé e obediência.

"Senhor, dá-me confiança e coragem como Pedro e um coração humilde e disposto como o de Samuel. Permite-me estar sempre atento à tua voz e te seguir com obediência. Em nome de Jesus, amém."

22
ABR

Obedientes à sua voz

— Mestre, trabalhamos muito a noite inteira e não pegamos nada. Mas, porque és tu quem está dizendo isto, vou lançar as redes.

LUCAS 5:5

A nossa obediência cristã não deve ser condicionada a sentimentos ou circunstâncias favoráveis. Ela é um ato de fé.

O apóstolo Pedro ficou conhecido por seu temperamento forte. Ele sempre tinha uma ideia diferente da dos demais e reagia segundo suas convicções. Era um homem considerado por alguns como explosivo, colérico, afobado, enérgico. Sem dúvidas, ele precisou de alguns ajustes — e todos nós precisamos. Entretanto, ninguém pode questionar o quanto ele foi útil para a obra do Senhor.

Desde o início, quando Jesus o chamou, ele usou essa intensidade para obedecer-lhe. Lucas relatou que Simão Pedro e seus companheiros passaram a noite toda pescando, sem sucesso. Já estavam lavando as redes quando o Senhor ordenou que Pedro as jogasse novamente na água, e ele o fez. Sem conhecer Jesus, sem entender a razão, apesar do cansaço e do desânimo, sua intensidade foi canalizada em um ato de rendição e confiança.

Quantos de nós, porém, damos desculpas ao ouvir a voz do Senhor? Tentamos usar o cansaço e a desesperança como justificativas ou até culpamos algo ou alguém quando, na verdade, nos recusamos a sair da zona de conforto. O impetuoso, enérgico e intenso Pedro tem algo a nos ensinar. Ele não fazia nada pela metade, não dava desculpas, não procrastinava.

Nem sempre o chamado de Jesus será fácil. Talvez, no momento, não entendamos. Teremos de obedecer à ordem dele mesmo após uma noite em claro, em meio às frustrações, após as más notícias... Ainda assim, como Pedro, sejamos obedientes à voz do Mestre. Se o fizermos, como ele, veremos o milagre! "[...] pegaram tal quantidade de peixes que as redes começaram a se romper" (v. 6). Quando nos dispomos a ir além de nossas próprias limitações e a confiar plenamente na voz de Cristo, o impossível se torna realidade.

"Senhor, transforma o meu coração. Quero obedecer à tua voz, apesar do cansaço, da tristeza, da frustração. Ajuda-me a crer em ti e a seguir as tuas ordens. Em nome de Jesus, amém."

Vistos por Deus

23
ABR

[...]: *"Eu o tirei das pastagens, onde você cuidava dos rebanhos, para governar sobre Israel [...]. Sempre estive com você por onde você andou e eliminei todos os inimigos do seu caminho."*

2SAMUEL 7:8-9

Além de ser conhecido como um homem segundo o coração de Deus, Davi também é visto como um improvável. Davi, o mais jovem e aparentemente insignificante dos filhos de Jessé, era pastor de ovelhas, uma ocupação que não lhe conferia grande status. Desde que o profeta Samuel o ungiu até a rejeição dos irmãos e a perseguição do rei Saul, nada garantia que os planos de Deus de torná-lo rei se cumpririam.

Em 1Samuel 16:7, o Senhor apontava para um desfecho diferente do esperado: "[...] O SENHOR não vê como o homem: o homem vê a aparência, mas o SENHOR vê o coração". Enquanto as pessoas valorizam o exterior — a beleza, a força, a posição social, as qualificações visíveis —, Deus sonda as profundezas da alma, em busca de um coração íntegro, humilde e disposto.

Deus nos conhece mais do que nós mesmos e, em sua soberania, nos esconde quando precisamos estar escondidos e nos expõe quando precisamos ser expostos. Ele coloca as palavras na nossa boca quando precisamos falar e nos cala quando é tempo de silenciar. Toda e qualquer orientação de que precisamos está em Deus e, com ele, o mais improvável passa a ser rei.

A nossa expectativa está em crer que, assim como o Senhor via o coração de Davi, ele também vê o íntimo do nosso ser. O mesmo Deus que elevou um pastor de ovelhas ao trono nos capacita hoje a viver com propósito, guiados por sua mão e protegidos pelo seu poder. A segurança de que Deus nos vê, conhece o nosso coração e tem um plano soberano para nós nos liberta da necessidade de buscar aprovação ou reconhecimento humano.

Os planos de Deus não dependem da lógica humana, mas da soberania e vontade do Senhor.

"Senhor, obrigado por não me ver como o homem vê. Tu conheces o meu coração. Eu sou um improvável e preciso da tua orientação nos meus dias. Peço-te que me protejas e honres por onde for, como sempre fizeste com os teus servos. Em nome de Jesus, amém."

24 ABR

Hoje

Este é o dia em que o Senhor agiu; alegremo-nos e exultemos neste dia.
SALMOS 118:24

Viva com intencionalidade, pois cada amanhecer é um presente divino e uma nova oportunidade para glorificar a Deus.

O ontem já foi. O amanhã é incerto. Tudo o que temos é o dia de hoje. De tempos em tempos, precisamos relembrar. Não é difícil nos perdermos em devaneios saudosos dos dias que não voltam mais ou ficarmos entristecidos por achar que o "amanhã perfeito" está demorando demais para chegar.

Permanecer preso ao passado e se preocupar excessivamente com o futuro pode ter como resultado a depressão e a ansiedade. No entanto, podemos nos consolar nas sábias palavras de Jesus: "Por isso, digo a vocês que não se preocupem com a própria vida, quanto ao que comer ou beber; nem com o corpo, quanto ao que vestir. [...] Observem as aves do céu: não semeiam, nem colhem, nem armazenam em celeiros. Contudo, o Pai celestial de vocês as alimenta. Vocês não têm muito mais valor do que elas?" (Mateus 6:25-26).

Jesus também nos instruiu a não nos preocupar com o amanhã, antes, temos de buscar o reino de Deus e a sua justiça, e ele nos acrescentará tudo de que precisamos (v. 33-34). Ao seguirmos as instruções do nosso Mestre, podemos descansar e seguir adiante, certos de que toda provisão vem do Senhor. Quando estamos debaixo de sua palavra, ele pode até mesmo criar situações improváveis para que sejamos favorecidos.

Por isso, desfrutemos o dia que temos. Chega de lamentar pelo passado e de ficar preso ao que ficou para trás. Chega de nos demorar demais nos planos e sonhos para o futuro, pois este pertence apenas ao Senhor. Descansemos na certeza de que o Pai cuida de nós. E, assim, valorizemos o nosso hoje, pois "Este é o dia que o Senhor fez; nele nos alegraremos e exultaremos" (Salmos 118:24, NVT).

"Pai, obrigado pelo hoje. Não quero mais me perder em ansiedades, mas confiar que todos os meus dias estão em tuas mãos. Ajuda-me a valorizar o presente e a crer que o Senhor está cuidando de tudo. Em nome de Jesus, amém."

Nada é por acaso

25
ABR

— Esta é a moça moabita que voltou de Moabe com Noemi. Ela me pediu que a deixasse recolher e juntar espigas [...]. *Chegou cedo e está de pé até agora* [...].

RUTE 2:6,7

Não existem acasos para aquele que crê. Tudo é orquestrado pela soberania daquele que tudo sabe, tudo vê e tudo governa. Ele coloca pessoas nos lugares certos, determina caminhos, cria vagas, abre e fecha portas. Tudo é possível para ele, que age segundo a sua boa, agradável e perfeita vontade para com os que o temem. O que para nós parece coincidência sempre esteve em seus desígnios.

A Palavra de Deus nos conta a história de uma jovem viúva chamada Rute. Ela decidiu largar seu povo, sua terra natal e seus parentes para seguir a sogra, Noemi, de volta a Belém. Talvez uma das declarações de lealdade mais belas seja a de Rute para a sogra: "Não insistas comigo para que te abandone e que não mais te acompanhe. Aonde fores, irei; onde repousares, ali repousarei! O teu povo será o meu povo, e o teu Deus será o meu Deus!" (Rute 1:16). Seu voto foi ousado, nem mesmo Noemi a compreendia. Todavia, Deus já conhecia o final daquela história, e aquela mulher improvável entraria para a genealogia de Jesus, de modo que seu nome jamais seria esquecido (cf. Mateus 1:5).

Em Rute 2, lemos que Noemi tinha um parente por parte do marido chamado Boaz, um homem influente. Rute "foi e começou a recolher espigas atrás dos ceifeiros. Entrou *casualmente* justo na parte da plantação que pertencia a Boaz, que era do clã de Elimeleque" (v. 3). O que parecia casualidade era o agir de Deus. A partir da união de Rute e Boaz, viria a linhagem do rei Davi e de Jesus, nosso Salvador. Rute encontrou um resgatador em Boaz e, por meio de seu matrimônio, o Resgatador de toda a humanidade veio ao mundo. Deus quer transformar todo cenário de morte, miséria e abandono em um cenário de vida, honra e legado. Basta crer que, com ele, nada é por acaso!

Nenhuma situação é tão desesperadora que a providência divina não possa transformar.

"Ó Deus, creio que tu sabes todas as coisas e tem o mundo em tuas mãos. Não quero mais lamentar o cenário em que vivo, antes, desejo crer que tu podes transformar toda situação. Ensina-me a esperar pelo teu mover e a confiar em ti. Em nome de Jesus, amém."

26
ABR

Vivo caminho

Por um novo e vivo caminho que ele nos abriu por meio do véu, [...] temos um grande sacerdote sobre a casa de Deus. Assim, aproximemo-nos de Deus com um coração sincero e com plena convicção de fé [...].
HEBREUS 10:20-22

A salvação em Cristo exige uma resposta de vida que reflita o valor inestimável desse dom.

A salvação é uma dádiva. A maior e melhor herança que alguém pode receber pela fé no filho de Deus. “Pois pela graça vocês são salvos, por meio da fé, e isto não vem de vocês, é dom de Deus” (Efésios 2:8). Em contrapartida, ela exige de nós um compromisso com os valores do Reino, a começar pelo coração grato, reverente e cheio de amor por nosso Salvador.

Não existe outro caminho para a salvação. Não podemos comprá-la ou merecê-la. Jesus Cristo é a porta para o céu, como ele mesmo disse em João 10:9: “Eu sou a porta; quem entra por mim será salvo [...]”. Não podemos, portanto, tratar o dom da salvação com irresponsabilidade e irreverência; ela nos foi concedida no Calvário, a preço do precioso sangue de Jesus Cristo.

O acesso ao trono da graça, o perdão dos pecados, a purificação de vida, tudo isso e mais está disponível somente em Jesus. Por sua morte, ele abriu um caminho novo e vivo ao rasgar o véu que leva ao Lugar Santíssimo. Agora não precisamos mais de um sumo sacerdote que intervenha em nosso favor. Podemos entrar no Lugar Santíssimo com o coração sincero e plena confiança de que a nossa consciência culpada foi purificada, e nosso corpo, lavado com água pura, graças a Jesus, o nosso Sumo Sacerdote.

Diante de um benefício tão maravilhoso, é esperado que respondamos com seriedade e intencionalidade, afinal, trata-se da promessa de vida eterna. Esta não é uma licença para a complacência, mas um chamado à perseverança e à fidelidade na fé. Como o escritor de Hebreus nos orienta, “Mantenhamos firme a esperança que professamos, pois aquele que prometeu é fiel” (10:23).

“Senhor Jesus, obrigado por teu sacrifício na cruz do Calvário por mim. Eu te agradeço porque, em ti, tenho um novo e vivo caminho de volta ao Pai. Ensina-me a ter um coração grato e a ser responsável e reverente diante de tua graça, amém.”

Novos cidadãos

27
ABR

Além disso, tínhamos pais humanos que nos disciplinavam, e nós os respeitávamos. [...] Deus, porém, nos disciplina para o nosso bem, para que participemos da sua santidade.

HEBREUS 12:9-10

Quando alguém muda de país e recebe uma nova cidadania, espera-se que venha a aderir aos costumes e à cultura locais, afinal, de que adianta a cidadania se não for para viver como nativo? Uma nova cidadania não se trata apenas de um documento legal ou de um novo status, mas de uma assimilação dos valores, costumes e responsabilidades da nova nação. O mero interesse pelos benefícios, sem a disposição de se integrar plenamente, desvirtua o propósito de ser parte de uma nova comunidade.

Muitas vezes, agimos assim também com relação ao evangelho. Queremos os benefícios do Reino, mas não queremos nos submeter ao Rei. Paulo afirmou em sua carta aos filipenses: "A nossa cidadania, porém, está nos céus, de onde esperamos ansiosamente o Salvador, o Senhor Jesus Cristo" (3:20). A partir do momento que aceitamos Jesus como o nosso Senhor e Salvador, temos de trocar nossos antigos costumes pelos princípios do reino de Deus. A nossa verdadeira identidade não deve mais estar vinculada a este mundo, mas ao céu, de onde esperamos a gloriosa volta de Cristo.

Não vivo mais como os demais, conformado a este mundo; tenho a minha nova pátria. Todos aqueles que se tornam alvos da graça de Jesus precisam assumir um estilo de vida condizente. Assim, pois, sujeitemo-nos ao Senhor, ao seu amor e à sua vontade, pois, ainda que nos discipline, ele o faz para o nosso bem. Assim como a disciplina dos pais terrenos nos ensina e nos molda, a disciplina do Pai celestial nos conduz a um nível mais profundo de intimidade com ele e a participar da sua santidade. Como cidadãos do céu, que nos dediquemos a amar a Deus e a obedecer à vontade dele com alegria, vivendo segundo seus princípios.

Todos os que aceitam Jesus como seu Senhor e Salvador devem viver segundo os princípios divinos.

"Pai, obrigado porque, graças ao teu Filho, posso fazer parte do teu reino de luz e amor. Orienta-me sobre como viver como um cidadão do céu, submisso à tua vontade e aos teus ensinamentos. Em nome de Jesus, amém."

28
ABR

Porta estreita

— Entrem pela porta estreita, pois larga é a porta e amplo é o caminho que leva à perdição, [...] estreita é a porta e apertado é o caminho que leva à vida, e são poucos os que a encontram.

MATEUS 7:13-14

Escolha diariamente a porta estreita — a obediência e a santidade —, que conduz à vida verdadeira.

Ao longo da jornada, nos deparamos com muitas portas. Temos uma série de escolhas a fazer. Contudo, precisamos ter cuidado, pois nem todas elas nos levam ao nosso destino. Assim como o povo de Israel vagou pelo deserto por quarenta anos por não escolher o caminho da obediência a Deus, nós também estamos sujeitos a escolher os caminhos errados e dar voltas desnecessárias.

Em Provérbios 14:12, está escrito: "Há caminho que parece reto ao homem, mas no final conduz à morte". Somente o Senhor conhece todos os caminhos e, como suas ovelhas, devemos confiar que o nosso Bom Pastor direciona o caminho pelo qual devemos seguir e a porta pela qual devemos entrar.

Ao falar a respeito disso no Sermão do Monte, Jesus orientou: "Entrem pela porta estreita, pois larga é a porta e amplo é o caminho que leva à perdição, e são muitos os que entram por ela. Mas estreita é a porta e apertado é o caminho que leva à vida, e são poucos os que a encontram" (Mateus 7:13-14). A porta larga é atraente. É mais simples, mais conveniente, e a maioria a escolhe. A porta estreita, por outro lado, exige renúncia, sacrifício e um compromisso com os princípios de Deus. É um caminho de santidade e obediência que, embora desafiador e percorrido por poucos, conduz à verdadeira vida e à plenitude da presença de Deus.

Portanto, esforcemo-nos para entrar pela porta estreita. Que cada uma das nossas escolhas seja fundamentada no direcionamento do nosso Senhor Jesus. Somente ele pode nos conduzir ao Pai, pois ele é o caminho, a verdade e a vida (cf. João 14:6). Ainda que os outros escolham o caminho mais fácil, a escolha pelo caminho de Jesus é a única que nos leva à eternidade com Deus.

"Senhor, reconheço que certos caminhos parecem bons, mas, na verdade, estão distantes da tua vontade. Quero abrir mão destes e escolher o estreito para encontrar a vida que há somente em ti. Em nome de Jesus, amém."

Relacionamento verdadeiro

29
ABR

Aproximem-se de Deus, e ele se aproximará de vocês! Pecadores, limpem as mãos, e vocês, que têm a mente dividida, purifiquem o coração.
TIAGO 4:8

Ansiamos por conexões genuínas, por relacionamentos com autenticidade e aceitação. A amizade verdadeira é um reflexo do amor de Deus, um bálsamo para a alma. A beleza desses laços nos aponta para a promessa de um relacionamento íntimo e eterno com o Criador. Estar com o Senhor para sempre não é apenas uma esperança futura, mas um convite a uma comunhão íntima que começa aqui e agora.

A verdadeira intimidade se dá por obras, mas por uma comunhão profunda e um coração sincero.

Contudo, Jesus disse: "'Nem todo aquele que me diz: 'Senhor, Senhor' entrará no reino dos céus, mas apenas aquele que faz a vontade do meu Pai, que está nos céus. Muitos me dirão naquele dia: 'Senhor, Senhor, não profetizamos em teu nome? Em teu nome não expulsamos demônios e não realizamos muitos milagres'. Então, eu lhes direi claramente: 'Nunca os conheci. Afastemse de mim, vocês que praticam a iniquidade!'" (Mateus 7:21-23).

Fazer as coisas para Deus não é o mesmo que andar com ele. De nada adianta manter as mãos ocupadas, mas manter longe o coração. Existe uma diferença entre ativismo religioso e um relacionamento vivo com Deus. É possível estar envolvido em muitas atividades, ter uma agenda cheia de compromissos ministeriais e, ainda assim, ter um coração distante do Senhor.

O Senhor espera e anseia por um relacionamento verdadeiro conosco. Se nos aproximarmos de Deus, ele se aproximará de nós (cf. Tiago 4:8). Deus deseja um relacionamento próximo e verdadeiro comigo e com você. A iniciativa de Deus já foi feita em Cristo, mas ele espera a nossa resposta de aproximação, de busca por um relacionamento verdadeiro com o Senhor.

"Pai querido, eu não quero manter as minhas mãos ocupadas a ponto de deixar o coração distante de ti. O meu desejo é um relacionamento profundo e verdadeiro contigo. Quero buscar-te de coração e caminhar contigo até te encontrar. Amém."

30
ABR

Bons frutos

— Nenhuma árvore boa dá fruto ruim, tampouco uma árvore ruim dá fruto bom. Toda árvore é reconhecida pelo fruto que dá. [...] pois a boca fala do que está cheio o coração.

LUCAS 6:43-45

Que a nossa vida produza frutos que exalam o aroma de Cristo.

As informações viajam tão rápido nos nossos dias que, em segundos, é possível saber o que está acontecendo do outro lado do mundo. Com as informações, vêm ideologias que tentam roubar o nosso coração e mente. E é por isso que precisamos estar atentos.

As nossas convicções e os nossos valores devem ter apenas um fundamento: a Palavra de Deus. Ela é o alicerce sólido sobre o qual devemos construir os nossos ideais. Afinal, nada mais é capaz de transformar a nossa história. Como uma semente plantada no solo do nosso coração, a Palavra pode gerar frutos eternos.

No capítulo quinze do Evangelho de João, o Senhor Jesus se referiu a nós como os ramos que permanecem nele, a videira verdadeira. Ao usar a figura da videira e dos ramos, Jesus ilustrou a nossa dependência dele para uma vida frutífera. Se não permanecermos ligados a ele, não poderemos dar frutos. No entanto, ele disse também: "[...] Se alguém permanecer em mim, e eu permanecer nele, esse dará muito fruto, pois sem mim vocês não podem fazer nada" (v. 5).

Mas como permanecer nele? Jesus também explicou: "Se vocês obedecerem aos meus mandamentos, permanecerão no meu amor, assim como tenho obedecido aos mandamentos do meu Pai e permaneço no amor dele" (v. 10).

Segundo Lucas 6:43-45, uma árvore é conhecida pelos seus frutos. A nossa vida, as nossas palavras e as nossas ações refletem as intenções do nosso coração. Sondemos, pois, o nosso coração, a fim de saber que tipo de frutos temos gerado. Questionemos se temos dado frutos para a glória de Deus ou se temos buscado agradar a nós mesmos ou ao mundo.

"Senhor Jesus, como é bom saber que tu és a videira verdadeira e que pertenço a ti. Purifica o meu coração e a minha mente, a fim de que os frutos produzidos em mim sejam bons e agradáveis a ti. Em teu nome eu oro, amém."

“Parem de
lutar e
confiem em
Deus!”

340
20
40
N·W
N·E
60
80
E
100
120
S·W
S·E
140
S
160
180
200

MAIO

Meu planejamento

Meta

Plano Espiritual

Atividade em família

Leitura bíblica do livro

Plano para um hábito saudável

Um filme/série

Um livro/*podcast*

Passos para aprender algo novo

Meta financeira

Um médico a agendar

Resumo de um aprendizado espiritual

Um lugar para visitar

Cuidado com o solo

1
MAIO

Os céus e a terra passarão, mas as minhas palavras jamais passarão.
MATEUS 24:35

Jesus dedicou grande parte do seu ministério ao ensino das verdades do reino de Deus. Todavia, na maioria das vezes, ele falava por meio de parábolas. As parábolas eram histórias com alegorias do cotidiano e da cultura da época, de modo que as pessoas compreendessem melhor os princípios de Deus. Jesus utilizava figuras presentes na vida dos seus ouvintes, como trabalho, agricultura, vida familiar, riqueza e pobreza, entre outras.

Talvez uma das parábolas mais conhecidas seja a Parábola do Semeador (cf. Mateus 13:1-23, Marcos 4:1-20, Lucas 8:1-15). Jesus contou a respeito de um homem que saiu para semear e se deparou com quatro tipos de solo diferentes. A qualidade do solo teve consequências inevitáveis na colheita: a semente que caiu à beira do caminho foi levada por aves; a que caiu em terreno pedregoso secou porque não tinha raízes; a que caiu entre espinhos foi sufocada; somente a que caiu em boa terra deu boa colheita, "de modo que produziu cem, sessenta e trinta vezes mais" (Mateus 13:8).

Ao explicar o significado da parábola, Jesus disse que a semente é a palavra de Deus, e o solo representa o coração dos ouvintes. O que fica evidente é que, independentemente do solo, a semente não muda. E isso respalda as palavras do Senhor ao afirmar que o céu e a terra desaparecerão, mas as suas palavras jamais desaparecerão (cf. 24:35). Portanto, precisamos preparar o nosso coração a fim de torná-lo um solo adequado para receber as mensagens do reino de Deus, para que elas criem raízes, cresçam e deem frutos abundantes. Hoje é um ótimo dia para começarmos a fazer isso. Peça a Deus que revele de que maneira você pode melhor preparar e cuidar do seu solo para torná-lo apropriado para receber as palavras dele.

"Senhor, eu te agradeço por lançar tua boa semente em meu coração. Sensibiliza-o e torna-o terra fértil para receber a tua palavra e produzir bons frutos. Em nome de Jesus, amém."

Remova as pedras, as ervas daninhas e a superficialidade do seu solo para que a boa semente produza boa colheita.

2
MAIO

Entusiasmo

— [...] *você abandonou o seu primeiro amor. Portanto, lembre-se de onde caiu! Arrependa-se e faça as obras que praticava no princípio.*

APOCALIPSE 2:1-7

Não importa quão longa a caminhada, o primeiro amor deve nos inspirar a uma fidelidade duradoura.

O entusiasmo é bem-vindo em novos projetos. É uma emoção que produz ânimo positivo, disposto e alegre, crucial para o início de qualquer jornada. O problema é que, quando esse sentimento se perde no meio do caminho, a empolgação inicial tende a dar lugar à frustração e à desmotivação.

A vida é uma maratona, não uma corrida de 100 metros. É na persistência, na superação dos obstáculos e na manutenção do foco que somos testados. A perda desse vigor inicial pode comprometer não apenas o processo, como também o alcance do objetivo.

Em nossa vida com Deus, precisamos estar atentos e, de tempos em tempos, verificar se a chama do entusiasmo se mantém. Às igrejas da Galácia, o apóstolo Paulo questionou: "Vocês corriam bem. Quem os impediu de obedecer à verdade? Tal persuasão não provém daquele que os chama" (Gálatas 5:7-8). A advertência de Paulo aos gálatas é um alerta para a vigilância. Não podemos permitir que o nosso ânimo seja corrompido por influências externas, pelas armadilhas de Satanás ou pela própria rotina.

O Senhor se alegra com os pequenos começos, os primeiros passos, apesar do medo por aqueles que confiam em seu favor. Contudo, ele espera que apresentemos constância e jamais nos esqueçamos do entusiasmo que nos fez começar: o primeiro amor.

Como o Senhor orientou a igreja de Éfeso, precisamos também nos lembrar de onde caímos, nos arrepender e voltar às obras do início. Não limitemos a nossa corrida ao entusiasmo inicial, mas "corramos com perseverança a corrida proposta para nós, tendo os olhos fitos em Jesus, autor e consumador da nossa fé [...]" (Hebreus 12:1-2).

"Senhor, obrigado pela oportunidade de iniciar um novo dia. Que eu não perca a tua alegria no decorrer da jornada. Ajuda-me a não me esquecer do primeiro amor e a praticar as tuas obras do início até o fim com ânimo e diligência. Em nome de Jesus, amém."

Fé emocional

3
MAIO

Consequentemente, a fé vem pelo ouvir,
e ouvir a palavra de Cristo.
Romanos 10:17

Será que a fé emocional existe? Ora, se a emoção é um reflexo daquilo que vemos, vivemos e sentimos, então ela é exatamente o oposto da fé. A Palavra de Deus nos diz em Hebreus 11:1 que a fé é a confiança daquilo que esperamos; ela nos dá convicção de coisas que não vemos. A verdadeira fé transcende o visível e o palpável. Uma fé baseada em sentimentos, por sua natureza inconstante, torna-se volátil e insustentável diante das adversidades.

A fé emocional não produz frutos. O que garante uma colheita abundante são raízes fortes e profundas, fincadas em uma fé racional e biblicamente embasada. Hoje em dia, não é difícil encontrar pessoas enganadas movidas por emoção, apesar de crerem que são guiadas pela fé.

Para saber a diferença, basta olhar para os resultados, pois a verdadeira fé apresenta transformação de vida. Onde há verdadeira fé, há uma mudança de caráter, de atitudes e de prioridades. O coração do homem não precisa de mais emoção, e sim de uma base sólida para sustentar seus dias. Somente na verdade da Palavra obteremos o que é verdadeiro e inabalável. Nela está o alicerce de que precisamos para nos libertar das flutuações das emoções e nos firmar em um fundamento que não pode ser arrancado, estremecido ou corroído.

Ora, a fé não vem de outra maneira, apenas por ouvir as boas-novas de Cristo. R. C. Sproul compartilhou no livro *O que é fé?*: "Quanto mais eu me exponho à Palavra de Deus, tanto maior será a minha fé" (2013, p. 72). Portanto, deixemos de lado a farsa da fé emocional e foquemos na Palavra de Deus, a fim de crescermos em nossa medida de fé recebida pelo próprio Deus.

A fé não é gerada ou alimentada por sentimentos, mas pela revelação divina por meio da Palavra.

"Ó Deus, eu não quero mais me apresentar a ti com uma fé falsa, baseada em emoções, e sim com uma fé verdadeira fundamentada em tua Palavra. Fortalece a minha fé pelas verdades inabaláveis das Escrituras, em nome de Jesus. Amém."

4
MAIO

Coração puro

Quem poderá subir ao monte do Senhor? [...] Aquele que tem mãos limpas e coração puro, [...]. Este receberá bênçãos do Senhor, e Deus, o seu Salvador, lhe fará justiça.

SALMOS 24:3-5

Permita que Deus entre em seu coração e transforme-o por completo.

O coração do homem é mau por natureza. Diversas passagens bíblicas nos apontam seu egoísmo, ambição, cobiça, engano e maldade. O Senhor, porém, nos incentiva a buscar um coração puro e bom. A Bíblia também apresenta pessoas que viveram uma transformação e se mantiveram firmes, mostrando-nos que, pela graça de Deus, é possível viver em santidade e integridade mesmo em um mundo caído. e nos fala de homens que se mantiveram assim, ainda que vivendo neste mundo.

No início do Sermão do Monte, encontramos a pureza de coração entre as bem-aventuranças apresentadas por Jesus: "Bem-aventurados os puros de coração, pois verão a Deus" (Mateus 5:8). Deus deseja ser visto, encontrado por nós. Para isso, porém, temos de buscar a pureza de coração. O Senhor está à porta, ele bate e aguarda, pois não trabalha em corações fechados. Ele espera a nossa permissão para entrar e operar sua obra transformadora.

O coração do homem é uma porta que se abre somente pelo lado de dentro. Se decidimos abri-lo, Deus tem liberdade para entrar e semear boas sementes. Ele não busca pessoas capazes ou prontas, e sim corações disponíveis e reverentes. A estes, ele deseja revelar sua glória, seu poder e amor.

No salmo 24, Davi questiona: "Quem poderá subir ao monte do SENHOR? Quem poderá permanecer no seu Lugar Santo?" (v. 3). Logo em seguida, ele responde: "Aquele que tem mãos limpas e coração puro, que não recorre aos ídolos nem jura por deuses falsos" (v. 4). Se abrirmos o nosso coração, que seja somente para Deus, e para mais nenhum ídolo. Neste dia, convido você a tornar sua a oração de Davi em Salmos 51:10: "Cria em mim um coração puro, ó Deus [...]".

"Obrigado, Senhor, pela promessa de poder te ver. Dá-me um coração puro e íntegro, livre da iniquidade e da idolatria. Apresento a ti hoje um coração aberto e disponível ao teu agir. Amém."

Coração transformado

5
MAIO

O reino dos céus é como um tesouro escondido em um campo. Certo homem, tendo-o encontrado, escondeu-o de novo e, então, cheio de alegria, foi, vendeu tudo o que tinha e comprou aquele campo.

MATEUS 13:44

O coração do homem, ao ser tocado por Deus, não se mantém igual. A partir da intervenção divina, tudo em nós começa a ser mudado. O nosso caráter é reformado; a nossa essência, redefinida; o nosso propósito, redirecionado. O coração antes obstinado e indomável torna-se sensível para ouvir com atenção as palavras de Deus Pai. Nada tira sua atenção, pois está atento ao Espírito.

A distração é um risco e deve ser combatido, porque rouba de nós o foco nos tesouros eternos. Quando damos mais atenção aos ruídos e às propostas do mundo, valorizamos o que é passageiro em detrimento do que é eterno. No entanto, o salmo 119 nos apresenta a chave para não cair nesse engano: "Guardei no coração a tua palavra para não pecar contra ti" (v. 11).

Quando transformado, apesar de não ser imune à tentação ou aos desejos egoístas, o nosso coração não quer mais viver em pecado, mas anseia por agradar a Deus e estar alinhado às vontades dele. Por mais que nos sintamos atraídos pelos prazeres que o mundo oferece e façamos os nossos próprios planos, sabemos que a resposta certa vem dos lábios do Senhor (cf. Provérbios 16:1).

O coração transformado jamais trata as revelações de Deus como algo comum, antes, as guarda e preserva como seu bem mais precioso. Jesus disse que "onde estiver o seu tesouro, ali também estará o seu coração" (Mateus 6:21). As nossas prioridades e a maneira como vivemos reflete o que amamos e valorizamos. Precisamos desapegar do que é passageiro e nos apegar ao que é eterno. Portanto, que o nosso coração, transformado por Deus, se deleite em guardar e praticar a Palavra, para a glória dele e para o nosso benefício eterno.

Um coração transformado anseia, sobretudo, agradar a Deus e estar alinhado às vontades dele.

"Pai, transforma meu coração e alinha-o às tuas vontades. Substitui as minhas prioridades e os meus planos pelos teus. Ajuda-me a guardar a tua Palavra em meu coração, para não pecar contra ti. Em nome de Jesus, amém."

6
MAIO

Coração paciente

[...] um dia com o Senhor é como mil anos, e mil anos, como um dia. O Senhor não demora em cumprir a sua promessa, como alguns julgam. Ao contrário, ele é paciente com vocês e não quer que ninguém pereça [...].

2PEDRO 3:8-9

Respeitar o tempo de Deus é um ato de fé que reconhece sua soberania e confia em seu planejamento.

A frutificação é um processo, não um evento. Nenhuma semente bem plantada se perde ou esquece de nascer. Ao seu tempo, ela passará por todos os processos: germinará, brotará, florescerá e, por fim, frutificará. Frutificar exige tempo!

Assim como uma semente, para gerar frutos, precisa de um processo gradual de crescimento, a vida espiritual também se desenvolve em etapas. A pressa e a impaciência, porém, muitas vezes nos impedem de apreciar e respeitar o tempo determinado por Deus para cada estágio do nosso amadurecimento.

Nosso coração ansioso, influenciado pela era em que vivemos, parece ter se esquecido de que é preciso respeitar o tempo certo para cada coisa. Uma gestação não pode ser apressada, da mesma forma como não se pode cavar a terra o tempo todo para ver se a semente vingou. Em ambos os casos, a falta de espera resulta na morte.

A Palavra de Deus expressa a fragilidade da vida humana em Jó 14:1-2: "O homem nascido de mulher vive pouco tempo e passa por muitos problemas. Brota como a flor e murcha. Vai-se como a sombra passageira; não dura muito". Precisamos, portanto, aprender a esperar com paciência pela ação do Senhor em nossa vida, descansando em sua providência e na certeza de que o tempo do Senhor é sempre perfeito e de que ele nunca se atrasa.

Confie, pois, nas palavras do apóstolo Pedro: "O Senhor não demora em cumprir a sua promessa, como alguns julgam [...]" (2Pedro 3:9). Creia que, ao longo da espera, Deus trabalha em seu coração, molda o seu caráter e lhe ensina que ele é soberano e infalível. Aproveite os tempos de espera para exercer a paciência e a confiança no Deus que nunca nos decepciona.

"Querido Deus, dá-me um coração paciente. Obrigado pelo dom da vida, que, mesmo tão breve, encontra a paz e a eternidade em ti. Ajuda-me a confiar no teu tempo e que tu jamais te atrasas. Em nome de Jesus, amém."

O livramento do Senhor

7
MAIO

Se você fizer do Altíssimo o seu abrigo [...] nenhum mal o atingirá, desgraça alguma chegará à sua tenda. Porque ele dará ordem aos anjos a seu respeito [...] Porque ele me ama, eu o resgatarei; eu o protegerei [...].

SALMOS 91:9-14

Jamais podemos deixar escapar do nosso coração o fato de que Deus quer agir em nosso favor. Ainda que não percebamos e alguns sequer reconheçam, ele é o Deus que trabalha em todo o tempo, cujos olhos jamais nos perdem de vista: "Os olhos do Senhor estão sobre os justos, e os seus ouvidos estão atentos ao seu grito de socorro" (Salmos 34:15). Por vezes as dificuldades nos levam a pensar que Deus esqueceu de nós, porém temos a garantia de que ele não nos abandona e nos concede o livramento (cf. Salmos 34:19, Hebreus 13:5).

Não estamos imunes à dor ou aos desafios, mas temos no Senhor a garantia da vitória final.

Quão bom é pensar que estamos seguros no saber, no poder e na presença constante do Senhor. O Inimigo continua a agir contra nós a fim de frustrar os planos de Deus para a nossa vida. Ele não poupa esforços e usa tudo o que tem para tentar impedir o agir divino em nós. Ainda assim, temos a esperança e a confiança de que Deus está conosco e luta ao nosso lado. Nada nem ninguém em todo o mundo pode impedir o agir de Deus, e esse é o nosso consolo (cf. Isaías 43:13).

No entanto, temos de fazer a nossa parte, como está escrito em 1Pedro 5:8-9: "Estejam alertas e vigiem. O Diabo, o adversário de vocês, ronda como um leão, rugindo e procurando a quem devorar. Resistam-lhe, permanecendo firmes na fé [...]". Isso não deve causar medo em nosso coração, mas nos despertar para a realidade espiritual e nos mostrar que, em Deus, estamos seguros.

Portanto, refugie-se nele, assim, "nenhum mal o atingirá, desgraça nenhuma chegará à sua tenda" (Salmos 91:9). Ainda que as trevas militem contra nós, o Senhor diz: "Porque ele me ama, eu o resgatarei; eu o protegerei, pois conhece o meu nome" (v. 14).

"Senhor, obrigado pelos livramentos que me dás. Quantas vezes sou protegido e guardado por ti, graças ao teu amor leal. Não temerei o Inimigo, antes, confiarei na tua proteção para com os que te amam. Em nome de Jesus, amém."

8
MAIO

Aquele que tem o controle

Só ele cura os de coração quebrantado e enfaixa as suas feridas. [...] Grande é o nosso Senhor e tremendo é o seu poder; é impossível medir o seu entendimento.

SALMOS 147:3-5

É na nossa limitação que a onipotência de Deus se manifesta.

Deus não perde o controle nunca! Tudo, absolutamente tudo, é útil para o nosso aprendizado, arrependimento e crescimento, bem como para a honra e a glória do seu nome. A vida de Jó é um testemunho dessa verdade. Apesar dos sofrimentos indescritíveis, ao final de tudo, Jó ainda declarou o senhorio de Deus.

Por um momento, esse homem pensou que sabia tudo. Mais tarde, porém, percebeu seu engano e reconheceu, como lemos em Jó 42:2-3: "Sei que podes fazer todas as coisas; nenhum dos teus planos pode ser frustrado. Tu perguntaste: 'Quem é este que obscurece o meu conselho sem conhecimento?'. Certo é que falei de coisas que eu não entendia, coisas maravilhosas demais que eu desconhecia". Antes, sua compreensão do Senhor era limitada pela sua própria experiência e intelecto. No entanto, por meio do sofrimento, ele foi levado a um conhecimento pessoal da soberania de Deus e à rendição completa.

Nosso erro é achar que já aprendemos tudo. A arrogância intelectual e a presunção de conhecimento são armadilhas que nos afastam de Deus. Quando julgamos saber tudo, inclusive a respeito de Deus, caímos na idolatria. Mesmo sem perceber, passamos a adorar ao deus que nossa própria incredulidade criou. Aquele de quem pensamos tudo saber. Essa idolatria nos impede de experimentar a vastidão e a profundidade do verdadeiro Deus, cuja infinidade transcende toda a nossa capacidade de entendimento.

É tempo de deixar o leme nas mãos daquele que de fato tem o controle. É tempo de louvar e amar o Deus que cura os de coração quebrantado e enfaixa suas feridas. Que conta as estrelas e chama cada uma pelo nome. Nosso Senhor é grande! Seu poder é absoluto!

"Senhor, sei que tu tens o controle de todas as coisas. Ensina-me a viver cada um dos meus dias na esperança de que tu tens a minha vida em tuas mãos e me sustentarás em meio às adversidade, em nome de Jesus. Amém."

O poder da oração

9
MAIO

[...] Jesus teve fome. Ao observar uma figueira à beira do caminho, aproximou-se dela, mas nada encontrou, a não ser folhas. Então, Jesus disse à figueira: — Nunca mais dê frutos!

MATEUS 21:18,19

Temos hoje muitas ferramentas à disposição que facilitam a execução de certas tarefas. No entanto, uma coisa é certa: qualquer recurso terreno falhará se a luta for espiritual. A confiança no intelecto, no dinheiro, no poder ou em estratégias humanas para enfrentar batalhas espirituais é o caminho para a frustração e a derrota.

Para lutas espirituais, são necessárias armas espirituais. Deus, em sua infinita sabedoria, nos equipou com armamentos espirituais poderosos, acessíveis a todos os seus filhos. Talvez você apenas não as conheça ou não saiba como usá-las. Precisamos, porém, aprender a manuseá-las com fé para prevalecer sobre as forças espirituais do mal.

Uma dessas armas é a oração. Ela é uma arma poderosa , e esse poder foi exemplificado em Tiago 5:17-18: "Elias era humano como nós. Ele orou fervorosamente para que não chovesse, e não choveu sobre a terra durante três anos e meio. Depois, orou novamente, e os céus enviaram chuva, e a terra produziu os seus frutos". Elias, um homem com as mesmas fraquezas que nós, demonstra que o poder da oração não está na perfeição de quem ora, mas na fidelidade do Deus que ouve e responde. A oração não é um monólogo vazio, mas uma comunicação poderosa que move a mão de Deus.

A oração é mais poderosa do que muitos pensam. Ela é superior ao poder político, social ou financeiro; ela abre e fecha os céus! O Senhor está perto, a uma pequena distância do seu chamado. Certa vez, Jesus nos garantiu que, se tivéssemos fé e não duvidássemos, poderíamos até mesmo ordenar ao monte que se lançasse ao mar, e assim aconteceria. Ele afirmou: "E tudo o que pedirem em oração, se crerem, vocês receberão" (Mateus 21:22).

O Senhor está a apenas uma oração de distância. Basta chamá-lo, e as portas do céu se abrirão!

"Senhor, sou grato porque me equipaste com a arma poderosa da oração. Ajuda-me a lutar as guerras espirituais com as armas certas, não negligenciando, em momento nenhum, o poder da oração. Em nome de Jesus, amém."

10
MAIO

A súplica dos justos

Portanto, confessem os seus pecados uns aos outros e orem uns pelos outros para serem curados. A oração de um justo é poderosa e eficaz.

TIAGO 5:16

Mediante a oração, cenários de impossibilidades se tornam palco da manifestação do poder de Deus.

Deus é onipresente. Essa característica é o que garante que ele esteja em todos os lugares ao mesmo tempo. Não há lugar tão fundo, tão alto, tão feio, tão frio em que ele não possa nos encontrar. Em qualquer circunstância, o Criador está presente, atento e acessível. Podemos confiar em sua capacidade de nos alcançar em qualquer lugar.

O texto de Atos 12 relata que Pedro estava em um lugar no qual era humanamente impossível ser alcançado: no fundo de uma cela, com pés e mãos algemados e com guardas ao seu redor. O apóstolo Tiago havia sido assassinado e Pedro já sabia que era o próximo. O cenário da prisão de Pedro era de desespero e iminência de morte. Encarcerado com correntes, guardado por soldados e sob vigilância constante, sua situação parecia irreversível. A execução de Tiago apenas reforçava a seriedade da ameaça. Humanamente, não havia escape. No entanto, é em momentos de absoluta impossibilidade humana que a soberania divina se eleva e surpreende.

Muitas vezes vivenciamos em situações como essa. De tão contrárias e dolorosas, se resumem a uma palavra: impossível. Contudo, na história de Pedro, vemos uma igreja que não aceitou as notícias e o cenário de impossibilidades, e se pôs a orar fervorosamente. Do ponto de vista humano, não havia escape. E o milagre aconteceu: Pedro foi liberto de modo sobrenatural.

Deus é especialista em impossibilidades. Nada pode nos impedir de orar e suplicar. A oração de um justo tem grande poder e produz grandes resultados (cf. Tiago 5:16). Por isso, persistamos e oremos até que o milagre aconteça e o nome do Senhor seja glorificado em nossa vida e por meio dela.

“Ó Deus, ensina-me a viver uma vida de oração constante que não retrocede diante do impossível, mas crê que, para o Senhor, tudo é possível. Em nome de Jesus, amém.”

Aprendendo a orar

11
MAIO

[...] o Espírito nos ajuda em nossa fraqueza, pois não sabemos como devemos orar, mas o próprio Espírito intercede por nós com gemidos inexprimíveis. [...] de acordo com a vontade de Deus.

ROMANOS 8:26-27

A oração, em sua essência, não é uma formalidade, mas comunicação viva com o Criador. É um perigo que o ato de orar se transforme apenas em um exercício religioso, mera parte da rotina ou mais um item a ser marcado na sua lista de tarefas. Muitos dos que dizem crer no Senhor, na verdade, já oram sem fé. Quando o coração não crê mais na capacidade de Deus de responder, a oração se torna um exercício vazio.

A oração jamais deveria ser vista como uma obrigação, apesar de fazer parte das disciplinas espirituais, pois oração é relacionamento. É uma conversa sincera com alguém que está ali, ouve o que dizemos, pode nos ajudar e, principalmente, nos ama. A oração deve fluir de um coração que reconhece o amor incondicional de Deus e a sua capacidade ilimitada de agir em nosso favor.

Amor e obrigação não andam juntos, tampouco é o que o Senhor espera de nós. Ele deseja ter conosco um relacionamento fundamentado na confiança, na fidelidade e na devoção. Com certeza, Davi proclamou: "Saibam que o SENHOR separa para si aqueles que lhe são fiéis; o SENHOR me ouve quando eu o invoco" (Salmos 4:3). Essa é a afirmação de alguém que se relacionava intimamente com Deus.

Ainda que não tenhamos as palavras certas, temos de nos dedicar a estar com Deus. Ele entende os nossos suspiros e as nossas lágrimas mesmo quando as palavras nos faltam. Somente assim cresceremos em intimidade com Deus dia após dia. Quando não sabemos o que dizer, o Espírito nos ajuda em nossa fraqueza, visto que não sabemos orar segundo a vontade de Deus. Seu Espírito, porém, intercede por nós com gemidos que não podem ser expressos em palavras, como está escrito em Romanos 8:26.

Temos de nos dedicar à oração dia após dia, em um relacionamento de profunda intimidade e total dependência.

"Senhor, obrigado pelo teu amor. Não há quem conheça melhor o meu coração do que o meu Criador. Ensina-me a orar e a me manter nesse lugar de comunicação transparente contigo. Em nome de Jesus, amém."

12
MAIO

Excluindo as dúvidas

Peça, porém, com fé, sem duvidar, pois aquele que duvida é semelhante à onda do mar, levada e agitada pelo vento. [...] tem mente dividida e é instável em tudo o que faz.

TIAGO 1:6-8

Em vez de duvidar do que cremos, temos de duvidar de nossas dúvidas e confrontá-las à luz da Palavra.

Uma estratégia muito usada por nosso Inimigo para tentar nos parar chama-se dúvida. Sabendo que não sairemos dos caminhos do Senhor por vontade própria, tampouco nos deixaremos levar pelo pecado deliberadamente, ele usa a dúvida para tentar nos paralisar. Satanás faz de tudo para minar a nossa confiança nas promessas e no caráter de Deus, bem como na direção do Espírito.

Em contrapartida, recebemos do Senhor um convite constante à fé. Em João 14:1, Jesus nos fez este convite: "Que o coração de vocês não se perturbe. Creiam em Deus; creiam também em mim". Ele não nos pediu para ter forças ou habilidades acima da média, apenas para crermos nele. Ele é digno de confiança e capaz de sustentar-nos em todas as circunstâncias, dissipando a escuridão da dúvida com a luz da sua verdade.

A dúvida é um veneno sutil, que contamina a nossa mente e impede que tenhamos convicção nas verdades da Palavra. Ela pode impedi-lo de viver as respostas de orações feitas por tantos anos. Em vez de duvidar daquilo em que cremos, precisamos começar a duvidar de nossas dúvidas e confrontá-las à luz da Palavra de Deus, que não mente.

Além disso, temos de pedir a Deus que nos auxilie a remover as dúvidas do caminho. O Senhor não nos repreende quando pedimos sua ajuda para obter discernimento e sabedoria, pelo contrário, nos incentiva a fazê-lo com fé. Portanto, mantenhamos uma vida de oração sem nos esquecer de ter fé no Deus a quem oramos. Não podemos permitir que as dúvidas atrapalhem a nossa comunicação com Deus; pelo contrário, um relacionamento com ele nos ajudará a extirpar toda dúvida implantada por Satanás.

"Senhor, tu conheces as minhas preocupações, medos e dúvidas. Abre os meus olhos para a realidade de quem tu és e de que a tua Palavra não falha nem mente. Quando a dúvida surgir, que eu permaneça firmado em ti. Amém."

Na fornalha ardente

13
MAIO

[...] — *Louvado seja o Deus de Sadraque, Mesaque e Abede-Nego, que enviou o seu anjo e livrou os seus servos!* [...].

DANIEL 3:28

Um erro que podemos cometer é o de achar que tudo é instantâneo ou que, por orar e desejar, seremos livres do sofrimento ou da espera. A Bíblia mostra diversas situações nas quais os servos fiéis de Deus não foram poupados do sofrimento a fim de que a glória de Deus se manifestasse e o propósito dele se cumprisse.

A fé que prevalece é a que se mantém firme em meio à certeza e à tribulação.

Quando Sadraque, Mesaque e Abede-Nego se recusaram a prestar culto à estátua de ouro erguida pelo rei, os três demonstraram fé apesar da sentença: "Se formos lançados na fornalha em chamas, o Deus a quem servimos pode livrar-nos [...] Mas, se ele não nos livrar, sabe, ó rei, que não serviremos aos teus deuses nem adoraremos a imagem de ouro que mandaste erguer" (Daniel 3:17-18).

Mais adiante, no versículo 27, lemos que os altos funcionários, os oficiais, os governadores e os conselheiros se juntaram ao redor deles e viram que o fogo não os havia tocado. Nem um fio de cabelo na cabeça deles estava chamuscado, e suas roupas não estavam queimadas. Nem sequer tinham cheiro de fumaça. Eles não foram poupados da fornalha, mas foram preservados dentro dela.

A confiança desses homens prevaleceu mesmo na fornalha! Quando confiamos no tempo do Senhor, temos a chance de ouvir o mesmo que foi dito aos três rapazes: "Louvado seja o Deus de Sadraque, Mesaque e Abede-Nego [...]! Eles confiaram nele, [...] preferindo abrir mão da própria vida a servir e adorar a outro deus que não fosse o seu próprio Deus" (v. 28). Ainda que o cenário seja de grande dificuldade, creia que Deus tem poder para revertê-lo, mas, mesmo que não o faça, continua sendo digno de nossa confiança e de nosso louvor!

"Eu sou grato, ó Deus, porque tu és digno de confiança em toda e qualquer situação. Ainda que tu não removas os sofrimentos, sei que tu operas em meio ao sofrimento. Eu te louvo, porque tu és sempre bom e fiel para comigo! Amém."

14
MAIO

Não abandone o barco

Pouco tempo depois, desencadeou-se da ilha um vento muito forte, chamado Nordeste. O navio foi arrastado pela tempestade [...]. — [...] *tenham coragem, pois nenhum de vocês perderá a vida* [...].
ATOS 27:14,15,22

Tenha um coração que confia na soberania de Deus e se mantém firme mesmo em meio à tempestade.

É natural que, ao passarmos por ventos contrários e tempestades, fiquemos amedrontados. Se a agitação é maior que a que estamos acostumados, nos assustamos, e nossa primeira reação é querer fugir. Contudo, não podemos nos esquecer de que as tribulações têm um propósito. Você já deve ter ouvido alguém dizer que "mar calmo nunca fez bom marinheiro". Da mesma forma, as tempestades da vida provam a fé e forjam o nosso caráter.

A Bíblia menciona diversas tempestades, muitas delas literais. O apóstolo Paulo passou por uma dessas. O texto de Atos 27 relata a situação na qual Paulo, em um navio de prisioneiros, foi atingido por um forte vento chamado Nordeste. "O navio foi arrastado pela tempestade, sem poder resistir ao vento; assim, cessamos as manobras e ficamos à deriva" (v. 15). Paulo, porém, não ficou desanimado, pois tinha uma promessa do Senhor de que nenhum dos que estava no navio perderia a vida.

Talvez seja esse o momento pelo qual você está passando. É possível que já tenha tentado de tudo, mas, agora, deixou de resistir e está apenas se deixando levar pelas ondas. Como Paulo, você vê a tempestade perdurar por muitos dias. No entanto, não perca a esperança. O Senhor vê a sua situação. A poderosa mão de Deus não o abandonou. Deixar o barco não é a solução. Desistir não é a solução.

Assim como o Senhor falou com Paulo por intermédio de um anjo, ele também fala ao seu coração: "Não tenha medo!". Todas as coisas acontecem conforme Deus determina, e é nessa certeza que você deve se ancorar. O Senhor tem um socorro preparado para quem continua a confiar nele mesmo em meio às tempestades.

"Senhor, ajuda-me a permanecer no barco. Vejo as ondas revoltas e sinto medo, mas decido confiar em ti. Sopra um vento diferente e muda a minha história, para que o teu nome seja glorificado, em nome de Jesus. Amém."

Em meio à tormenta

15
MAIO

[...] Jesus insistiu com os discípulos que entrassem no barco e fossem adiante dele para o outro lado, enquanto ele despedia a multidão [...] subiu sozinho a um monte para orar. [...]

MATEUS 14:22-33

Nada surpreende a Deus. O seu melhor ou o seu pior; o que é grande demais ou o que é considerado irrelevante, tudo é conhecido pelo Deus onisciente. Ele não é pego de surpresa pelos nossos desafios, pelas nossas fraquezas ou pelas nossas maiores conquistas. O impossível é a especialidade do Senhor. E, em meio à tormenta, ele não se abala; simplesmente anda sobre as águas.

Jesus pode acalmar toda e qualquer tormenta e trazer sobre nós sua paz.

É o que lemos em Mateus 14:22-33. Jesus, o filho de Deus, foi ao encontro dos seus discípulos em um momento de grande temor. Ele havia insistido que os discípulos entrassem no barco sem ele e foi para um monte orar. O barco já estava a uma distância considerável, açoitado pelas ondas devido ao vento contrário.

Nos versículos 25 e 26, está escrito: "Alta madrugada, Jesus dirigiu-se a eles, andando sobre o lago. Quando o viram andando sobre o lago, ficaram aterrorizados e disseram: 'É um fantasma'. E gritaram de medo". Quando estamos dominados pelo medo, nossa capacidade de discernir a realidade é distorcida. Diferentemente do Senhor, somos pegos de surpresa com facilidade.

Jesus é o mesmo ontem, hoje e o será eternamente. O Senhor que apareceu na tormenta naquela ocasião não nos encontrará, também, em meio às tormentas que acometem nossa vida e nos fazem temer? Ele está aqui, bem próximo. Jesus vem andando sobre as águas, em sua direção. E, como disse aos discípulos, ele nos diz: "Tenham coragem! Sou eu! Não tenham medo!" (v. 27). O Senhor nos convida a ter fé e a confiar que ele tem o controle sobre as águas turbulentas, afinal, ele não é o mesmo a respeito de quem foi dito: "Quem é este que até o vento e o mar lhe obedecem?" (cf. Marcos 4:41b)?

"Senhor Jesus, obrigado pela segurança que trazes ao meu coração ao saber que estás presente em meio à tormenta. Ajuda-me a ter a certeza de que tu és o meu socorro, que podes me ajudar e me dar a paz de que preciso. Amém."

16
MAIO

Ânimo renovado

Por isso, não desanimamos. Embora exteriormente nos desgastemos, interiormente estamos sendo renovados dia após dia.

2CORÍNTIOS 4:16

Temos um Salvador que compreende as nossas dores e nos capacita a superá-las.

O desânimo vai além do cansaço. Enquanto o cansaço é vencido com o descanso, para rebater o desânimo, é necessário ter renovação. Precisamos ser restaurados, revigorados.

O desânimo é abordado algumas vezes na Bíblia. Até mesmo homens de fé, por vezes, deixaram-se levar por ele. Em João 16:33, Jesus disse: "Eu lhes falei tudo isso para que tenham paz em mim. Aqui no mundo vocês terão aflições, mas animem-se, pois eu venci o mundo" (NVT). A Bíblia nunca nos induziu a pensar que não passaríamos por aflições, até porque o próprio Jesus as sofreu. Por saber que o nosso Senhor passou por dores ainda maiores do que as nossas e venceu, podemos nos animar e ser encorajados, pois temos um Salvador que compreende as nossas dores e nos capacita a superá-las.

O nosso ânimo deve ser renovado pela promessa que ele nos fez, não pela nossa própria força. Se Jesus venceu o mundo e estamos com ele, venceremos também, afinal, "em todas [as] coisas somos mais que vencedores por meio daquele que nos amou" (Romanos 8:37). A presença de Jesus deve bastar para nos encorajar e revigorar em todas as circunstâncias.

Como Paulo, quando nos sentirmos desanimados, temos de nos lembrar que, não importa o tamanho ou a duração da aflição deste tempo, temos uma esperança muito maior, e esta é eterna (cf. 2Coríntios 4:16-17). O desânimo, quando confrontado com essa verdade, perde seu poder. Precisamos alimentar o nosso coração e a nossa mente com as verdades da Palavra e com a esperança da eternidade, a fim de transformar a nossa perspectiva e ter nossas forças e ânimos renovados.

"Senhor, eu te agradeço pelo teu renovo. Por vezes sou tentado a sucumbir ao desânimo, mas tu és a minha esperança. Revigora-me e restaura-me, a fim de que eu permaneça confiante mesmo em meio às dificuldades, em nome de Jesus. Amém."

Meu defensor

17
MAIO

O anjo do Senhor acampa ao redor daqueles
que o temem e os livra.
SALMOS 34:7

Toda criança gosta de ter um defensor. Se algo não sai como desejado, elas logo dizem: "Vou contar tudo para a minha mãe!" ou "Vou chamar o meu pai!". Pensar dessa forma faz que se sintam seguras e protegidas. E segurança é algo que desejamos a vida inteira. Na vida adulta, também almejamos nos sentir guardados, acolhidos, cuidados. Não importa a idade, todos precisamos de amparo.

A boa notícia para todos nós é que temos um Pai que se importa, cuida de nós, nos acolhe e nos guarda. Como crianças vulneráveis, podemos nos aproximar dele quando nos sentimos seguros, amedrontados ou desesperados. Isaías afirma que o profeta buscou segurança no Senhor e, por isso, não seria envergonhado, pois aquele que lhes fazia justiça estava perto (cf. Isaías 50:7-9). Isaías afirmava sem duvidar que era guardado pelo Senhor. Tal convicção o mantinha firme como uma pedra, sem titubear, mesmo em face de seus adversários.

Davi também tinha plena certeza de que o Senhor era seu defensor: "Quanto a mim, sou pobre e necessitado, mas o SENHOR preocupa-se comigo. Tu és o meu socorro e o meu libertador; não te demores, ó meu Deus!"; "O nosso socorro está no nome do Senhor, que fez os céus e a terra" (Salmos 40:17, 124:8). Davi enfrentou muitas adversidades, mas, em todos os momentos, ele mantinha a certeza de que tinha um Deus com quem podia contar.

Nós temos a Cristo como nosso advogado, o defensor da nossa alma. Temos um Pai que nos ama, com quem podemos ser sinceros e vulneráveis. Portanto, que jamais nos esqueçamos de que o Senhor nos guarda, nos cerca por todos os lados e defende os que o temem. Ele nos concede proteção e livramento; ele é o meu e o seu defensor!

Vivamos com a plena confiança de que Deus é o nosso defensor e estamos seguros em seus braços.

"Pai, sou grato porque tu és meu protetor. O medo não pode mais me dominar, pois estou seguro em ti. Se tu me guardas, a quem temerei? Dá-me a segurança de que estás ao meu lado sempre. Em nome de Jesus, amém."

18
MAIO

Tudo ou nada

Combati o bom combate, terminei a corrida, guardei a fé. Agora, está reservada para mim a coroa da justiça, que o Senhor, justo juiz, me dará naquele dia; [...].

2TIMÓTEO 4:7-8

De tudo o que você tem, a fé é o que há de mais precioso; portanto, dedique-se a guardá-la.

O ser humano naturalmente não gosta de perder. Preferimos ver algo acabar ou morrer do que se perder. Isso acontece porque a perda deixa o vazio de nunca sabermos ao certo se teremos aquilo de volta. Temos tendência ao extremismo, de modo que é sempre tudo ou nada; focamos nos resultados e nos esquecemos dos meios.

A Palavra de Deus nos diz que a fé é um meio. A fé é o meio pelo qual nos relacionamos com Deus. Ela não é um fim em si mesma, mas o caminho para acessar o Senhor. Em 2Coríntios 5:7, o apóstolo Paulo afirma que "vivemos por fé, não pelo que vemos". Ou seja, a fé é mais importante do que aquilo que temos. Portanto, se você perdeu tudo, mas não perdeu a sua fé, não perdeu nada; se, porém, ganhou tudo e perdeu a sua fé, então, você nada tem! De nada adianta ter riquezas, bens materiais e sucesso perante o mundo se você perdeu o que era mais precioso.

Deus não precisa daquilo que você julga essencial para cumprir os planos dele na sua vida. Com ele, também é tudo ou nada! Com a fé, tudo; sem fé, nada. Sem fé, a intervenção divina é limitada pela nossa própria incredulidade. Foi o que aconteceu em Nazaré. O Evangelho de Marcos nos diz que Jesus não pôde fazer nenhum milagre ali em razão da incredulidade deles (6:5-6). Ai de nós se, em razão de nossa incredulidade, limitarmos o agir de Deus na nossa vida!

Portanto, entenda que nada é mais essencial que guardar a fé e, no final de tudo, como Paulo, poder dizer: "Combati o bom combate, terminei a corrida, guardei a fé. Agora, está reservada para mim a coroa da justiça, que o Senhor, justo juiz, me dará naquele dia; não somente a mim, mas também a todos os que amam a sua vinda" (2Timóteo 4:7-8).

"Eu te agradeço, ó Deus, pelo dom da fé. Ajuda-me a entender que a fé é o que tenho de mais valioso, pois é fonte de vida. Não me permitas viver em incredulidade. Em nome de Jesus, amém."

Tu sabes

19
MAIO

Senhor, tu me sondas e me conheces. [...] Antes mesmo que a palavra me chegue à língua, tu, Senhor, já a conheces inteiramente. [...] Para onde poderia eu escapar do teu Espírito? [...] Se eu subir aos céus, lá estás [...].

SALMOS 139:1,4,7,8

A Bíblia diz que é impossível medir o entendimento do Senhor (cf. Salmos 147:5). Deus tem o conhecimento de tudo. Todos os tempos e eras estão diante dele, que vê passado, presente e futuro na mesma perspectiva. Nada está em oculto àquele que tudo sabe e vê. Deus tem conhecimento pleno de nossos dias, pensamentos e sentimentos. Com isso em mente, o pregador Charles Spurgeon afirmou que o pensamento do homem é um discurso diante de Deus.

No relato de Ezequiel 37 da visão que o Senhor deu ao profeta de um vale de ossos secos, Deus lhe perguntou se aqueles ossos poderiam voltar a viver. O profeta, então, lhe respondeu: "Ó Soberano SENHOR, só tu o sabes". De fato, apenas Deus sabe. O nosso papel é simplesmente confiar. A confiança tem de ser a nossa resposta à onisciência divina.

O jornalista e teólogo holandês Abraham Kuyper disse: "Não há um centímetro quadrado em todo o domínio de nossa existência sobre o qual Cristo, que é soberano de todos, não possa gritar: é meu". Tudo é dele, inclusive o nosso coração. Reconhecer isso nos livra do fardo de tentar controlar o que está além do nosso controle e nos convida a descansar na providência e no amor do Senhor.

Portanto, que, como Davi, a nossa oração seja: "Senhor, tu me sondas e me conheces. Sabes quando me sento e quando me levanto; de longe, percebes os meus pensamentos. Tu conheces a minha jornada e o meu descanso; todos os meus caminhos são bem conhecidos por ti" (Salmos 139:1-3). Temos um Deus que sonda as profundezas do nosso ser, nos guia em cada passo e nos sustenta com sua poderosa mão. Como Ezequiel, podemos dizer: "Tu sabes, ó Soberano Senhor".

Nada no nosso coração ou na nossa mente, por mais íntimo ou oculto, escapa ao olhar do Senhor.

"Senhor, é maravilhoso saber de tua onisciência. Ensina-me a crer que me vês em todo o tempo e me ouves mesmo quando não tenho palavras. Eu me entrego em tuas mãos, pois tu sabes de todas as coisas, ó Deus. Amém."

20
MAIO

Ossos sequíssimos

[...] pelo seu Espírito ele me levou para o meio de um vale cheio de ossos. [...] Profetizei conforme a ordem recebida, e o espírito entrou neles; eles receberam vida [...]. Era um exército enorme!

EZEQUIEL 37:1,10

Deus é especialista em tomar impossibilidades nas mãos e transformá-las em testemunhos de seu poder extraordinário.

Não há história de vida que permaneça igual quando nos movemos pela fé. Deus transforma morte em vida, cenários de guerra em lugares de paz. Para revelar isso, o Senhor levou o profeta Ezequiel a um lugar muito improvável: "A mão do SENHOR estava sobre mim, e pelo seu Espírito ele me levou para o meio de um vale cheio de ossos [...] e pude ver que era enorme o número de ossos no vale e que os ossos estavam muito secos. Ele me perguntou: 'Filho do homem, estes ossos poderão tornar a viver?'. Eu respondi: 'Ó Soberano SENHOR, só tu o sabes'" (Ezequiel 37:1-3).

O profeta se viu diante de um cenário de desesperança, ausência de vida e absoluta impossibilidade. Ao olhar para a nossa vida, talvez nos sintamos assim, em meio a ossos secos, em situações para as quais não parece haver saída ou resposta. O tempo passou, a solução não chegou. A frustração levou as esperanças. A tendência humana é lamentar a situação, focar no problema e se render. No entanto, o Senhor espera que deixemos de falar do problema para falar com ele e profetizar palavras de vida sobre esse cenário de morte.

Em Marcos 9, quando um pai desesperado procurou Jesus para libertar seu filho de um espírito maligno que estava tentado a matar o garoto, Jesus disse àquele homem: "Tudo é possível àquele que crê" (v. 23). Não parecia haver mais vida ali. Contudo, Deus é especialista em tomar impossibilidades nas mãos e transformá-las em testemunhos de seu poder extraordinário.

Creia, portanto, que ele pode fazer o mesmo em sua vida. Onde você não vê nada além de morte, dor e destruição, ele diz que haverá vida, esperança e paz. "Então, vocês saberão que eu, o SENHOR, falei e fiz" (cf. Ezequiel 37:14).

"Senhor, a partir de hoje, deixarei de falar do problema e passarei a declarar a tua Palavra. Creio que virás em meu socorro e que, onde havia apenas ossos secos, soprarás o teu Espírito. Em nome de Jesus, amém."

Declare!

21 MAIO

Está escrito: "Eu cri, por isso falei". Com esse mesmo espírito de fé, nós também cremos e, por isso, falamos.
2CORÍNTIOS 4:13

Declare a soberania do Senhor Deus sobre a realidade deste mundo!

Se há algo que jamais alguém pode tirar de nós é a nossa fé. Ela pode ser abalada, sofrer as consequências de um vento contrário ou ser abandonada por nós mesmos, mas ninguém nunca poderá roubá-la! A nossa identidade, o nosso propósito e o nosso destino estão intrinsecamente ligados àquilo que cremos. Por essa razão, o Senhor nos convida a crer nele.

Quando cremos no Senhor Jesus, toda a nossa vida é transformada pela ação do Espírito Santo em nós, inclusive a maneira como falamos e o que falamos. A nossa boca se enche de declarações acerca do reino de Deus, e não mais pronunciamos palavras de morte, de maldição, mas começamos a anunciar a vida e as boas-novas. Em Romanos 10:10, está escrito: "Porque com o coração se crê para a justiça e com a boca se confessa para a salvação".

A nossa fé deve ser fortalecida com declarações de fé. Muitas vezes as nossas palavras são de lamúria, não de confiança. Dizemos coisas que refletem um coração instável quando deveríamos, com a boca, professar um coração firmado em Jesus Cristo. "A língua tem o poder da vida e da morte", segundo Provérbios 18:21. Quando concordamos com o que Deus diz, as coisas começam a mudar: aquilo que não existia passa a existir; do nada, tudo se faz, pois ele é o Deus criador, que, com o seu falar, trouxe o mundo à existência.

A nossa fé deve ser ousada o suficiente para declararmos abundância onde há escassez, paz onde há guerra, vida sobre a morte! Como Paulo, digamos: "Está escrito: 'Eu cri, por isso falei'. Com esse mesmo espírito de fé, nós também cremos e, por isso, falamos" (2Coríntios 4:13).

"Deus, tu és soberano sobre todas as coisas, sobre todos os cenários de dor, tristeza e morte. Sei que podes tudo fazer, e escolho confiar em teu poder absoluto. Dá-me ousadia para declarar a minha fé em ti, em nome do Senhor Jesus. Amém."

22
MAIO

Vida de fé

[...] peço a vocês que vivam de maneira digna [...], com toda humildade e mansidão; com paciência, suportando uns aos outros com amor. Façam todo o esforço para conservar a unidade do Espírito pelo vínculo da paz.

EFÉSIOS 4:1-3

A vivência prática da fé no Senhor Jesus se manifesta em atitudes que refletem o seu caráter.

Ninguém pode dizer que não tem fé. Todos — não importa de onde sejam, onde vivam ou o que façam — temos fé; a diferença está no que cremos. Decisões diárias, desde as mais corriqueiras, exigem fé. Você se levanta da cama porque crê que tem um chão firme para pisar; abre o chuveiro acreditando que de lá sairá água; dirige seu carro confiando que ele obedecerá aos seus comandos. Tudo na vida é questão de fé!

O apóstolo Paulo afirmou em Romanos 12:3: "Por isso, pela graça que me foi dada, digo a todos vocês: não pensem de vocês mesmos além do que devem pensar, mas pensem moderadamente, segundo a medida de fé que Deus deu a cada um". A medida da fé que recebemos de Deus não é para nos gloriarmos, mas para nos capacitarmos a viver de forma digna o chamado dele para nós.

Apesar de cada um ter uma medida diferente de fé, há formas fixas para demonstrar essa maneira de crer. Quando afirmamos a nossa crença em Jesus, por exemplo, não nos convém mais agir de acordo com o mundo ou viver de qualquer maneira, ao nosso bel-prazer. Crer em Jesus implica uma ruptura com os padrões e valores deste mundo e uma submissão à vontade de Deus. O Senhor espera que os que creem nele sejam "santos e sem culpa diante dele" (cf. Efésios 1:4), afinal, o autor de Hebreus evidencia que sem santidade ninguém verá o Senhor (cf. 12:14). Somente mediante a fé em Jesus podemos nutrir essa expectativa da eternidade com Deus.

Precisamos ser dignos do chamado que recebemos. Paulo orientou a igreja de Éfeso a viver "com toda humildade e mansidão; com paciência, suportando uns aos outros com amor" (Efésios 4:2). Isso, sim, demonstrará a nossa fé em Jesus, o filho de Deus.

"Senhor, perdoa-me pelas vezes em que deixei de viver de modo digno do teu chamado. Ajuda-me a ter humildade, mansidão, paciência e amor, a exemplo de Jesus, a fim de honrar o teu nome. Amém."

Rendidos em obediência

23
MAIO

Quem dera tivessem sempre no coração esta disposição para temer-me e para obedecer a todos os meus mandamentos! Assim, tudo iria bem com eles e com os seus descendentes para sempre!

DEUTERONÔMIO 5:29

A obediência, diferentemente do que muitos pensam, é uma prova de amor. Há quem diga, inclusive, que ela é a linguagem de amor de Deus. Se o amamos, obedecemos a ele; quando obedecemos, agradamos ao seu coração. Todo o nosso relacionamento com Deus deve estar arraigado no amor e, por conseguinte, na obediência. Este não é um fardo, mas um ato de adoração, uma resposta voluntária ao amor incondicional de Deus por nós. É um ciclo: quanto mais amamos, mais desejamos obedecer; e quanto mais obedecemos, mais experimentamos o amor e o favor do Senhor.

O amor a Deus não é apenas um sentimento, mas uma ação que se manifesta em obediência.

A Palavra de Deus nos mostra como o amor e a obediência estão interligados. Jesus disse: "Quem tem os meus mandamentos e lhes obedece é o que me ama. [...] Se alguém me ama, obedecerá à minha palavra. O meu Pai o amará, e nós viremos a ele e faremos nele morada. Aquele que não me ama não obedece às minhas palavras [...]" (João 14:21-24). E questionou: "Por que vocês me chamam 'Senhor, Senhor' e não fazem o que eu digo?" (Lucas 6:46).

Em Deuteronômio 5:29, o Senhor expressou ao seu servo Moisés que tudo seria diferente se o nosso coração não fosse tão duro e se nos rendêssemos a ele em obediência: "Quem dera tivessem sempre no coração esta disposição para temer-me e para obedecer a todos os meus mandamentos! Assim, tudo iria bem com eles e com os seus descendentes para sempre!". O desejo do coração de Deus é ver seu povo viver em obediência e desfrutar das bênçãos que dela fluem.

Portanto, temos uma escolha a fazer. Ao escolher a obediência, temos por parte de Deus a garantia de uma vida próspera e de paz, além de um legado guardado e protegido pelas bênçãos que somente a obediência pode trazer.

"Senhor, eu te agradeço por teu amor. Escolho obedecer à tua vontade. Não quero mais viver segundo a dureza do meu coração, resistindo à tua vontade. Quero me render totalmente a ti. Em nome de Jesus, amém."

24
MAIO

Bênção garantida

No terceiro dia, houve um casamento [...]. Então, Jesus lhes disse:
— Agora, levem um pouco ao encarregado da festa. [...] o encarregado da festa provou a água que fora transformada em vinho [...].

João 2:1,8,9

Quando nos entregamos à presença de Jesus e nos rendemos à sua vontade, experimentamos as suas bênçãos.

A busca por milagres e bênçãos é uma tendência natural, mas a ordem divina inverte a prioridade: o conhecimento da Palavra de Deus precede a manifestação do poder. Muitas vezes ansiamos provar do milagre, mas, sem a fundamentação da Palavra, não há propósito. Nós queremos o resultado, as bênçãos, todavia, sem o abençoador, tudo é vão.

As Escrituras revelam diversas vezes que, antes de Jesus realizar seus sinais, prodígios e maravilhas, ele costumava ensinar. O Mestre passava horas falando à multidão e, apenas mais tarde, operava os milagres. Em Mateus 4:23, no relato do início do seu ministério terreno, lemos: "Jesus percorreu toda a região da Galileia, ensinando nas sinagogas, pregando o evangelho do reino e curando todas as enfermidades e doenças no meio do povo".

Deus tem prazer em nos abençoar. Por ser bom, o Senhor se agrada em agir com bondade e misericórdia na vida do seu povo. Existem, no entanto, dois elementos essenciais para recebermos plenamente as bênçãos de Deus: Jesus precisa estar presente na nossa vida, e temos de obedecer às suas ordens. Ele é o canal por meio do qual toda bênção flui, e a obediência é a chave que destrava essa provisão.

Foi o que aconteceu no Evangelho segundo João quando Jesus realizou o primeiro milagre do seu ministério em um casamento em Caná da Galileia. Se Jesus não estivesse ali, a festa acabaria, visto que a água não seria transformada em vinho. De igual modo, Jesus precisa estar presente em nossa vida, e nós temos de obedecer às suas orientações: "Façam tudo o que ele mandar" (cf. 2:5). É assim que recebemos suas bênçãos, e sua glória é revelada em nós.

"Senhor Deus, eu te agradeço por tuas muitas bênçãos, as quais sequer posso contar. Ajuda-me, porém, a não me perder atrás delas a ponto de me esquecer de que tu és o abençoador. Entrego-me a ti e me rendo à tua vontade. Amém."

Melhor momento

25
MAIO

[...] — Senhor, se estivesses aqui, o meu irmão não teria morrido. Todavia, sei que, mesmo agora, Deus te dará tudo o que pedires. — Eu sou a ressurreição e a vida. [...]

JOÃO 11:21-23

Toda crise é uma oportunidade para Jesus aparecer. A história de Jesus nesta terra é marcada por sua capacidade e compaixão para intervir em momentos de profunda crise e desespero. Se havia mortos, ele os ressuscitava; se havia enfermos, ele os curava; se havia gente faminta, ele provia. Jesus sempre apareceu quando as pessoas mais precisavam, ainda que, para muitas delas, sua chegada parecesse tardia.

Foi o que Marta tentou dizer a ele. Está escrito em João 11 que mandaram chamar Jesus quando Lázaro ficou doente, mas ele chegou apenas quatro dias depois da morte do amigo. Quando Marta se encontrou com Jesus, disse-lhe: "Senhor, se estivesses aqui, o meu irmão não teria morrido" (v. 21).

Muitas vezes fazemos como Marta. Culpamos o Senhor pelo que aconteceu de ruim ou por não intervir para impedir a tragédia "Onde o Senhor estava?". Dizemos: "Se o Senhor estivesse realmente comigo, isso não teria acontecido!". Entretanto, precisamos ter duas certezas, não importa a situação pela qual estejamos passando: a primeira é de que Jesus não tem culpa de nada; a segunda é de que ele em nenhum momento saiu do nosso lado.

No entanto, no ínicio do capítulo, vemos que Jesus já sabia: "Essa doença não acabará em morte; é para a glória de Deus, para que o Filho de Deus seja glorificado por meio dela" (v. 4). Assim como foi com Lázaro, a sua situação não é para a morte, mas para a glória de Deus. No tempo dele, seu propósito se cumprirá. Portanto, creia que ele sabe o melhor momento para agir. Ainda que ele não apareça em tempo para curar, chegará para realizar um milagre ainda maior.

Creia que em todo tempo Deus opera segundo seu propósito e para sua glória, transformando o impossível em testemunho.

"Senhor, obrigado por sempre estar aqui mesmo quando não vejo o teu agir. Eu te agradeço por transformar cada desafio enfrentado em honra e glória ao teu nome. Ajuda-me a crer que as circunstâncias contrárias têm um propósito. Em nome de Jesus, amém."

26
MAIO

Palavra eterna

— Os céus e a terra passarão, mas as minhas palavras jamais passarão.
LUCAS 21:33

Em um mundo passageiro e transitório, imutabilidade da Palavra é a nossa âncora.

A Palavra de Deus é atemporal. Independentemente do tempo que passe, ela não perde o seu valor e mantém sua importância. Segundo Billy Graham, "a Bíblia é mais atual do que o jornal de amanhã". A Bíblia é a voz do próprio Deus revelada à humanidade. Cada história contada é mais que um relato; todas elas carregam princípios e nos instruem quanto ao que devemos fazer. Assim tem sido desde o início de tudo. Suas verdades eternas são aplicáveis a todas as gerações e a todas as culturas.

Em sua segunda carta a Timóteo, Paulo afirma: "Toda a Escritura é inspirada por Deus e útil para o ensino, para a repreensão, para a correção e para a instrução na justiça, a fim de que o homem de Deus seja apto e plenamente preparado para toda boa obra" (3:16-17). A Bíblia é a ferramenta de Deus para a nossa santificação: nos ensina a verdade, nos expõe o erro, nos corrige em nossas falhas e nos capacita para viver de maneira que o glorifique.

Preparados e capacitados pela Palavra, deixamos de viver uma vida superficial e passamos a viver uma vida de propósitos. As notícias dos jornais envelhecem, as histórias vividas e presenciadas ficam na lembrança, mas a Bíblia é mais viva e atual que tudo isso. Ela não se torna obsoleta ou datada; pelo contrário, em todas as épocas e culturas, é o alimento de que a nossa alma precisa.

Portanto, se há algo em que podemos confiar, é na Palavra de Deus. Temos de edificar a nossa vida sobre esse sólido fundamento, de modo que não sejamos abalados. Aconteça o que acontecer, passe o tempo que passar, Jesus nos garantiu: "Os céus e a terra passarão, mas as minhas palavras jamais passarão" (Lucas 21:33).

"Ó Deus, obrigado por tua Palavra. Ajuda-me a dar o valor devido às Escrituras, que são atemporais e inerrantes. Fala comigo por meio dela, orienta-me segundo o teu querer, em nome de Jesus. Amém."

Os movimentos de Deus

27
MAIO

Essas coisas aconteceram a eles como exemplos e foram escritas como advertência para nós, sobre quem tem chegado o fim dos tempos. Assim, aquele que considera estar de pé, cuide-se para que não caia!

1CORÍNTIOS 10:11-12

As evidências de uma vida com Deus não se resumem às bênçãos ou aos milagres, mas dizem respeito ao nosso modo de agir, falar e pensar. O povo que vagou no deserto por quarenta anos é uma prova de que os sinais não bastam; deve haver um relacionamento transformador. Não houve quem visse mais sinais e maravilhas do que o povo de Israel testemunhou no Egito e no caminho para Canaã. Ainda assim, os israelitas permaneceram com o coração endurecido e insensível a Deus.

Em 1Coríntios 10:1-5, o apóstolo Paulo alerta: "Porque não quero, irmãos, que ignorem o fato de que todos os nossos antepassados estiveram sob a nuvem e todos passaram pelo mar. Em Moisés, todos eles foram batizados na nuvem e no mar. Todos comeram do mesmo alimento espiritual e beberam da mesma bebida espiritual, pois bebiam da rocha espiritual que os acompanhava, e essa rocha era Cristo. Contudo, Deus não se agradou da maioria deles [...]". Essa advertência ainda ressoa no presente.

Portanto, fiquemos alertas. Em que movimentos temos nos envolvido? É realmente o caminho de Deus para nós ou apenas temos seguido a maioria? A vigilância espiritual é essencial em tempos de engano e de proliferação de movimentos que podem desviar o foco do verdadeiro Evangelho. Ele anseia por uma caminhada em comunhão, onde a Sua vontade seja a bússola e a Sua presença, o destino. Que a nossa vida seja um testemunho dessa verdade, buscando primeiramente a face de Deus e não apenas as Suas mãos, vivendo em obediência e fidelidade, para a Sua glória e o nosso pleno cumprimento do propósito divino.

Deus não está interessado em rituais ou em espetáculos, mas em um relacionamento íntimo e genuíno conosco.

"Senhor, obrigado por teu direcionamento. Entendo que não preciso me mover com a maioria, pois mais importante é caminhar contigo. Ajuda-me para que cada passo que eu der esteja dentro do teu propósito para mim. Em nome de Jesus, amém."

28
MAIO

Milagres diários

Levanto os meus olhos para os montes e pergunto: "De onde me vem o socorro?". O meu socorro vem do Senhor, que fez os céus e a terra.

SALMOS 121:1-2

A gratidão é a chave para abrirmos nossos olhos para os milagres diários de Deus.

Na Bíblia, há milagres após milagres. Mulheres estéreis dão à luz, rejeitados se tornam reis, doentes são curados, mortos são ressuscitados, além dos livramentos inimagináveis. A Bíblia é realmente fascinante! De milagres espetaculares que mudaram o curso da história a atos de graça que transformaram vidas individuais, o poder de Deus se manifesta de maneira inquestionável em cada página das Escrituras.

No entanto, ao olhar para a nossa vida cotidiana, que parece tão normal e pacata, às vezes nos questionamos: "Por que Deus não faz como fazia antigamente?". Na realidade, Deus nunca deixou de fazer. Ele continua agindo de maneira sobrenatural. Nós é que, por estarmos acostumados com seu cuidado e bondade, deixamos de ver sua mão poderosa. A questão não é a ausência da ação de Deus, mas da nossa capacidade de reconhecê-la.

O ar que respiramos, a água que bebemos, o alimento que comemos e as roupas com as quais nos vestimos — tudo isso que nos é comum é, na verdade, grandioso para quem não tem. No salmo 121, um cântico de peregrinação, encontramos esta declaração de confiança na proteção constante de Deus: "Ele não permitirá que os seus pés tropecem; o seu protetor não cochilará. [...] O SENHOR o protegerá de todo o mal, protegerá a sua vida. O SENHOR protegerá a sua saída e a sua chegada, desde agora e para sempre" (v. 3-8).

Portanto, que tenhamos o coração grato e reconheçamos o amor do Senhor por nós revelado em todas as suas maravilhas diárias. Assim, como o salmista, saberemos que é ele quem guarda a nossa vida; ele nos guarda em tudo que fazemos, agora e para sempre.

"Meu Deus, eu te agradeço pelos teus milagres. Agradeço porque, ainda hoje, o Senhor manifesta maravilhas na minha vida cotidiana. Dá-me um coração grato e que reconhece tua proteção e teu agir em cada detalhe do dia. Amém."

Coração verdadeiro

29
MAIO

[...] os verdadeiros adoradores adorarão o Pai em espírito e em verdade. [...] Deus é espírito, e é necessário que os seus adoradores o adorem em espírito e em verdade.

JOÃO 4:23-24

Ao longo da caminhada, corremos o risco de nos acostumar com as bênçãos de Deus a ponto de ignorar a necessidade de um relacionamento pessoal com ele. Jesus não é um garçom que anota os nossos pedidos; ele é o Senhor! O relacionamento com ele exige um coração intencional e consciente tanto de quem somos e de quem ele é.

É possível estar em uma igreja, envolvido em um ministério, próximo ao mover sobrenatural do Senhor e, ainda assim, estar longe dele. A esse respeito, Jesus advertiu em Mateus 15:8-9, com uma citação do texto de Isaías 29:13: "Este povo me honra com os lábios, mas o coração está longe de mim. Em vão me adoram; os seus ensinamentos não passam de mandamentos ensinados por homens". A adoração que não surge de um coração sincero e submisso é vazia de significado e incapaz de agradar a Deus. Ele não se contenta com a mera observância externa. Deus anseia pela verdade do nosso interior, por um coração que o busca com integridade e amor, não por conveniência ou tradição.

Ritual religioso nunca foi sinônimo de santificação. Vamos à igreja porque foi determinado que o façamos aos domingos, servimos voluntariamente porque todos fazem isso, não por sede de Deus, amor ao próximo ou zelo por sua obra na terra. No entanto, é impossível agradar a Deus com atos e falas que não vêm da intenção de nosso coração.

A verdadeira adoração é um encontro pessoal, uma entrega total que transcende as formas e as aparências, pois, como disse Jesus, "os verdadeiros adoradores adorarão o Pai em espírito e em verdade. Estes são os adoradores que o Pai procura" (João 4:23).

"Senhor, quero me apresentar a ti com o coração sincero. Ajuda-me a sondar meu coração e aniquilar toda intenção egoísta. Anseio oferecer a ti a verdadeira adoração e te servir da maneira que te agrada. Em nome de Jesus, amém."

A verdadeira adoração exige um coração que anseia mais a face do Senhor do que suas mãos.

30
MAIO

Deus zeloso

— Temam ao Senhor, o seu Deus, e só a ele prestem culto e jurem somente pelo seu nome. Não sigam outros deuses, os deuses dos povos ao redor.

DEUTERONÔMIO 6:13-14

Deus não divide o seu trono com nada nem ninguém. Portanto, entregue a ele o lugar de honra do seu coração.

Um dos pecados mais rebatidos por Deus em toda a Sagrada Escritura é o pecado da idolatria. Tal prática, além de o entristecer profundamente, chega a ser comparada à prostituição e ao adultério, tamanho o repúdio do Senhor (cf. Jeremias 3, Oseias 4).

Engana-se, porém, quem pensa que essa prática ficou para trás, restrita aos tempos bíblicos. Muitos cristãos alegam jamais ter praticado idolatria. Argumentam que jamais se prostraram diante de imagem alguma. Contudo, infelizmente, muitos têm se dobrado perante este mundo decaído.

Um ídolo é tudo o que ocupa o lugar de Deus. Assim, até mesmo as bênçãos que um dia o Senhor nos deu podem se tornar um ídolo. Muitas pessoas oraram por coisas que, mais tarde, passaram a idolatrar, como um casamento, emprego ou até os próprios filhos. Se alguma coisa desvia a nossa atenção, o nosso amor e a nossa adoração de Deus, praticamos a idolatria.

Em Deuteronômio 6:13-14, Moisés exortou o povo de Israel à fidelidade exclusiva a Deus a fim de não cometerem infidelidade espiritual, a qual sempre resulta em afastamento e dor. Quando Jesus foi tentado no deserto por Satanás, ele proclamou que jamais prestaria culto a outro senão a Deus ao citar essa passagem (cf. Mateus 4:10).

Deus não divide sua primazia. O primeiro lugar em nossa vida sempre deve pertencer a ele e a ninguém mais. O coração humano é, por natureza, um altar que sempre adora algo ou alguém. A quem temos prestado culto e dado toda a nossa atenção? Quero convidá-lo hoje a entregar o seu coração a Deus por completo e se comprometer a adorar somente a ele.

“Senhor, eu te agradeço porque és Deus zeloso. Afasta-me do pecado da idolatria. Sonda o meu coração e revela se algo tem tomado o lugar que pertence somente a ti. Toma o lugar de honra em minha vida, em nome de Jesus. Amém.”

De Deus não se zomba

31
MAIO

[...] o que o homem semear, isso também colherá. Quem semeia para a sua própria carne, da carne colherá destruição; contudo, quem semeia para o Espírito, do Espírito colherá a vida eterna.
GÁLATAS 6:7-8

Apesar de longânimo, cheio de paciência e amor, Deus também é ira, justiça e fogo consumidor (cf. Hebreus 12:29). Sua santidade não coaduna com o pecado; dessa forma, os que o praticam deliberadamente são afastados de sua presença. Somos chamados, portanto, a nos relacionar com ele com reverência e temor.

O nosso relacionamento com ele é precioso e devemos agir como quem valoriza e o protege, a fim de que não seja contaminado ou corrompido pelo pecado. O apóstolo Tiago advertiu que aqueles que desejam ser amigos do mundo tornam-se inimigos de Deus (cf. Tiago 4:4). Jesus também deixou claro que não podemos servir a dois senhores; a nossa lealdade deve ser indivisível, sem que nada nos afaste do amor e da obediência a Deus (cf. Mateus 6:24).

Se não podemos ser amigos de Deus e do mundo ao mesmo tempo, nem servir a dois senhores, há uma escolha a ser feita. Não há tempo para titubear ora em obediência a Deus, ora em amizade com o mundo. O tempo de indecisão se esgotou. A vida cristã exige uma escolha e um compromisso com o Senhor.

No entanto, como bem sabemos, toda decisão tem consequências: "[...] o que o homem semear, isso também colherá" (Gálatas 6:7). Nenhuma outra decisão terá consequências maiores do que a de quem serviremos. Essa escolha impacta todas as demais áreas da nossa vida, e mais do que isso, alcança a eternidade. Não podemos, porém, proclamar que o serviremos e que seremos fiéis a ele, e manter amizade com o mundo, entregues às práticas pecaminosas. Podemos enganar as outras pessoas, mas jamais seria possível enganar o Senhor.

Escolha viver em obediência e fidelidade a Deus e, assim, colherá os frutos de uma vida plena com Cristo.

"Senhor, de maneira nenhuma quero zombar de ti. Abro mão da amizade com o mundo para me submeter à tua vontade. Ajuda-me a escolher bem as sementes que vou plantar, pois sei que és fiel com relação à colheita. Amém."

340
20
40
N·E
60
80
E
100
120
S·E
140
160
180
200
S
S·W
N·W

JUNHO

Meu planejamento

Meta

Plano Espiritual

Atividade em família

Leitura bíblica do livro

Plano para um hábito saudável

Um filme/série

Um livro/*podcast*

Passos para aprender algo novo

Meta financeira

Um médico a agendar

Resumo de um aprendizado espiritual

Um lugar para visitar

Deixando a queixa

Além disso, não murmurem, como alguns deles murmuraram e foram mortos pelo destruidor.

1Coríntios 10:10

Algumas pessoas têm o hábito da murmuração. Reclamam se está sol, se está chovendo; se está frio, se está quente; reclamam do cônjuge, do trabalho, da igreja. Nada nunca está bom! O que é visto como parte de um costume é um grande pecado contra Deus que mina a gratidão, fomenta a amargura e demonstra incredulidade.

Murmurar é uma forma de dizer que Deus não sabe o que está fazendo. É declarar que você merecia mais e ele não está fazendo o seu trabalho direito. Paulo é um ótimo exemplo de alguém que suportou diversos sofrimentos sem se murmurar ou questionar os planos de Deus; pelo contrário, ele aprendeu a se contentar em todas as situações (cf. Filipenses 4:11). Na carta aos filipenses, ele nos aconselha a fazer tudo sem queixas nem discussões (cf. 2:14).

Entretanto, temos também um grande exemplo na Bíblia de pessoas que murmuraram e foram ingratas quanto às bênçãos, às provisões e aos livramentos do Senhor. Os israelitas se queixaram da água amarga, da fome, do maná, da liderança de Moisés e Arão, e até da terra para onde o Senhor os estava conduzindo. O povo de Israel foi impedido de entrar na Terra Prometida como consequência de suas murmurações (cf. Números 14).

As Escrituras não nos chamam a uma vida de queixas, mas de ações de graças: "Deem graças ao Senhor, porque ele é bom; o seu amor leal dura para sempre" (1Crônicas 16:34); "Deem graças em todas as circunstâncias, pois esta é a vontade de Deus para vocês em Cristo Jesus" (1Tessalonicenses 5:18). Por isso, é tempo de deixar a queixa e, em lugar dela, demonstrar gratidão ao Senhor por quem ele é, bem como pelo que sempre fez, faz e fará.

Não somos chamados a uma vida de murmuração, mas de gratidão ao Senhor em todo tempo.

"Perdoa-me, Senhor, pelas murmurações. De maneira alguma quero me rebelar contra ti e demonstrar ingratidão. Dá-me um coração grato em todas as circunstâncias, segundo a tua vontade. Em nome de Jesus, amém."

2
JUN

Palavras de edificação

Quanto a vocês, amados, edifiquem-se na santíssima fé que vocês têm, orando no Espírito Santo.

JUDAS 1:20

A língua, por menor que seja, tem um poder imenso, capaz de construir ou destruir, de abençoar ou amaldiçoar

A língua, por menor que seja, tem um poder imenso, capaz de construir ou destruir, de abençoar ou amaldiçoar: "Os comentários de algumas pessoas ferem, mas as palavras dos sábios trazem cura" (Provérbios 12:18, NVT). Contudo, nem todos compreendem o poder das palavras ou percebem como utilizá-las para o mal aborrece o Senhor. O capítulo onze de Números relata que o povo de Israel começou a reclamar de sua situação aos ouvidos do Senhor.

Assim como antes, o Senhor ouve tudo o que dizemos e, quando se trata de queixas, a reação dele não é positiva. A Palavra nos diz que a "sua ira se acendeu, e fogo da parte do SENHOR queimou entre eles e consumiu algumas extremidades do acampamento" (v. 1). Apesar da libertação e provisão milagrosas no deserto, o povo continuava a murmurar. Essa passagem evidencia a seriedade com que Deus trata a murmuração e o uso destrutivo das palavras.

As nossas palavras são reflexo do que está em nosso coração. Não devemos usá-las com a intenção de ferir ou amaldiçoar, e sim de curar e abençoar. Enquanto os murmuradores e descontentes com a vida querem apenas satisfazer os próprios desejos, somos advertidos a ser diferentes. As nossas palavras devem ser de amor, encorajamento, edificação, fortalecimento.

Em vez de murmurar, agradeça e engrandeça o Senhor. Em vez de falar precipitadamente, fale com sabedoria, discernimento e compaixão. Em vez de falar com a intenção de magoar, fale com a intenção de exortar em amor, corrigir com paciência e edificar. Que as suas palavras sejam sempre de vida, a fim de abençoar quem está ao seu redor e refletir o caráter de Cristo.

"Senhor, quero ser intencional nas minhas palavras, pronunciando vida e não morte. Ajuda-me a substituir as palavras nocivas e que desagradam ao teu coração por palavras de edificação e encorajamento. Em nome de Jesus, amém."

Mudando a rota

3 JUN

Assim, aproximemo-nos do trono da graça com toda a confiança, a fim de recebermos misericórdia e encontrarmos graça [...].

HEBREUS 4:16

A natureza humana, após a Queda, é propensa a se desviar da retidão e a optar por atalhos que conduzem à destruição. No entanto, a boa notícia para nós é que toda tentação tem uma rota de escape. Por mais enveredados que estejamos ao caminhar cegamente para o matadouro, sempre haverá uma saída disponível para que sejamos livres e salvos.

As nossas tentações não são diferentes daquelas que outros cristãos enfrentaram antes de nós e, com o auxílio do Espírito Santo, resistiram. Temos esta garantia em 1Coríntios 10:13: "Não sobreveio a vocês tentação que não fosse comum aos homens. Mas Deus é fiel; ele não permitirá que vocês sejam tentados além do que podem suportar. Antes, quando forem tentados, ele mesmo providenciará um escape, para que a possam suportar". Deus conhece os nossos limites e jamais permitirá que sejamos tentados além da nossa capacidade de resistir. Ele não apenas nos fortalece em meio à tentação, como também nos mostra a saída, o caminho para a vitória.

Assim como é uma mentira pensar que muitos caminhos levam a Deus, também é engano imaginar que exista mais de uma saída para as tentações. Apenas Jesus é a saída, afinal, ele é o caminho, a verdade e a vida (cf. João 14:6). Não há outra rota. Porque Jesus, o nosso Sumo Sacerdote, conhece as nossas fraquezas e passou por todo tipo de tentação sem pecar, podemos nos aproximar de seu trono com confiança de que dele receberemos misericórdia e graça para também resistir às tentações (Hebreus 4:16). Qualquer rota mal traçada ainda pode ser refeita: más escolhas transformadas em acertos; trevas, em luz; morte, em vida. Basta acessar a saída, Jesus!

Não importa quão distantes estejam ou quão prejudiciais tenham sido nossas escolhas, Jesus é a saída.

“Jesus, eu não quero seguir nenhum caminho além de ti. Em meio às tentações, tenho a garantia de que tu providencias um escape. Mostra-me a rota e ajuda-me a me aproximar de ti com confiança. Em teu nome eu oro, amém.”

4
JUN

Combatendo o orgulho

— [...] *Pois todo aquele que se exalta será humilhado, e todo aquele que se humilha será exaltado.*
LUCAS 18:14

Permita-se ser tão cheio de Deus até não haver mais espaço para o orgulho e o egocentrismo.

A busca pelo poder, a corrida pela fama, a ambição desenfreada e outros males partem de uma mesma raiz: o orgulho. C. S. Lewis afirmou em *Cristianismo puro e simples*, que "o orgulho é um câncer espiritual, tendo em vista que corrói a própria possibilidade do amor, ou do contentamento, ou mesmo do bom senso". É só olhar à nossa volta e veremos o que as pessoas são capazes de fazer para, em sua visão tacanha, serem melhores do que as outras.

Não por acaso, a Bíblia nos alerta em diversas passagens a respeito do orgulho. Em Provérbios 16:18, por exemplo, lemos: "O orgulho vem antes da destruição; o espírito altivo, antes da queda". Orgulho, soberba, arrogância e vaidade, entre outros, caracterizam um sentimento de superioridade. Isso em nada se parece com aquele que ensinou a humildade, o serviço e o amor; afinal, Jesus afirmou acerca de si mesmo: "Sou manso e humilde de coração" (cf. Mateus 11:29).

Jesus espera que, assim como ele, sejamos humildes. A humildade é a única maneira de combater esses sentimentos carnais, porque tira os olhos do eu e volta-os apenas para Cristo. Foi ele quem disse, conforme Lucas 18:14b: "Pois todo aquele que se exalta será humilhado, e todo aquele que se humilha será exaltado".

Portanto, não nos deixemos ser moldados pelo mundo que aceita a podridão do orgulho em seu coração. Não permitamos que o nosso olhar esteja tão voltado para nós mesmos a ponto de não conseguir mais olhar para o próximo e, sobretudo, para Deus. Quanto mais cheios dele nós formos, menos espaço haverá para o orgulho em nossa vida. O nosso exemplo deve ser o do nosso Mestre Jesus, que foi humilde até o fim.

"Senhor, obrigado por me confrontar e alertar a respeito do orgulho. Sendo ele a raiz de todos os males, quero combatê-lo com a humildade. Transforma meu coração a cada dia conforme o exemplo de Jesus. Amém."

Temor do Senhor

"Disse, então, ao homem: 'No temor do Senhor está a sabedoria, e evitar o mal é ter entendimento.' "
Jó 28:28

5 JUN

O temor a Deus é uma postura reverente. Engana-se quem pensa que Deus quer que tenham medo dele; ele deseja ser amado. O verdadeiro amor respeita, acata, obedece. Temer a Deus é reconhecer sua soberania com humildade e respeito. Essa reverência nos impulsiona à obediência e a uma vida de integridade.

O Senhor nos alerta que um coração posicionado em temor é sábio e é este o princípio de todas as coisas: "O temor do SENHOR é o princípio da sabedoria, e o conhecimento do Santo é entendimento" (Provérbios 9:10). Portanto, se há algo que devemos buscar, é o temor do Senhor, que é "fonte de vida" (14:27). Ele é digno de que reconheçamos sua soberania e confiemos em sua sabedoria.

Um homem que entendeu o que significa temer ao Senhor foi Jó. Ele era um homem íntegro que, mesmo diante da dor, das duras perdas e dos mais inquietantes questionamentos, se manteve firme, temente e declarando que somente Deus conhece o caminho para a sabedoria e sabe onde encontrá-la. Mesmo em meio à profunda aflição, ele continuou a proclamar o senhorio e a soberania de Deus, tamanho temor ao Eterno.

Em seu livro *O temor do Senhor*, John Bevere questionou: "Você acha que o Rei do reis e Senhor dos senhores virá se manifestar em um lugar onde não lhe é dada a devida honra e reverência?". Esse questionamento nos leva a refletir: temos honrado e temido a Deus, de modo que ele venha a se manifestar na nossa vida e que alcancemos a sabedoria? O exemplo de Jó é um convite para temermos a Deus e reconhecermos que ele é Senhor sobre a nossa vida e sobre toda a criação.

Que, em todas as coisas, demonstremos temor e reverência ao Senhor.

"Senhor, transforma meu coração para eu me apresentar a ti com temor e reverência. Sei que não preciso ter medo, pois tu és rico em amor e compaixão. Ajuda-me a obter a verdadeira sabedoria e a me afastar do mal. Em nome de Jesus, amém."

6
JUN

Vamos resolver

"Se vocês estiverem dispostos a obedecer, comerão os melhores frutos desta terra."
ISAÍAS 1:19

Não existe coração tão endurecido que Deus não possa sensibilizar e transformar totalmente.

Um coração temente a Deus é logo reconhecido por meio de suas ações, visto que quem o teme evita o mal, desvia-se do caminho tortuoso e busca agradar ao Senhor em tudo que faz. Visto que o temor e o amor ao Senhor estão intrinsicamente relacionados com a obediência, um coração temente não é movido mais por anseios egoístas ou por influência de outras pessoas, e sim pelo desejo de cumprir a vontade divina e de refletir seu caráter.

Em diversas ocasiões, o Senhor abordou o comportamento rebelde do seu povo. Em uma dessas situações questionou: "Acaso vocês não me temem? [...] Não tremem diante da minha presença? Porque fui eu que fiz da areia um limite para o mar, um decreto eterno que ele não pode ultrapassar. As ondas podem quebrar, mas não podem prevalecer; podem bramir, mas não podem ultrapassá-lo. Mas este povo tem um coração obstinado e rebelde; eles se afastaram e foram embora" (Jeremias 5:22-23). Você consegue imaginar a grandeza desse Deus que controla os mares e se incomoda com o nosso afastamento e coração endurecido?

O Senhor nos convida a fazer o caminho de volta; a converter-nos dos nossos maus caminhos para os seus braços de amor. Ele é o Deus que pode tomar o coração mais endurecido e sensibilizá-lo; o Senhor pode tirar o nosso coração de pedra e nos dar um de carne (cf. Ezequiel 36:26). Ele quer que você tenha temor e amor genuínos por ele. Ele quer você! E, ainda hoje, diz: "Venha, vamos resolver este assunto". O Senhor o assegura: "Embora os seus pecados sejam vermelhos como o escarlate, eles se tornarão brancos como a neve" (cf. Isaías 1:18). Essa promessa encontra seu cumprimento em Jesus, cujo sangue precioso nos purifica e nos transforma por completo.

"Senhor Deus, não quero mais andar nos meus próprios caminhos, com um coração obstinado e sem temor por ti. O meu anseio é viver em obediência a ti, em resposta ao teu imenso amor. Amém."

Viva como ele viveu

7
JUN

[...] quem afirma que permanece nele deve andar como ele andou.

1JOÃO 2:6

As Sagradas Escrituras são um presente de Deus ao homem. Hoje, infelizmente, o devido valor não lhe é dado. Se, porém, as pessoas estivessem atentas, descobririam que ali estão todas as instruções necessárias para uma vida de paz. A Bíblia revela tesouros inesgotáveis de sabedoria, do amor, do poder e da glória de Deus.

Do início ao fim, encontramos aprendizados preciosos. Nos evangelhos, lemos a respeito da vinda do nosso Salvador ao mundo, de seu ministério terreno e as palavras do próprio Jesus. Na sequência, no livro de Atos, descobrimos a respeito do nascimento da igreja de Cristo. Depois, as epístolas dos apóstolos, com orientações a respeito de como viver uma vida segundo as expectativas de Deus. E, por fim, Apocalipse, o livro da grande esperança: a revelação do fim dos tempos.

João, o apóstolo amado, foi quem escreveu as últimas palavras desse livro, bem como a primeira, segunda e terceira epístolas que levam o seu nome. Em 1João 1:5-6, ele deixou claro que transmitiu a nós o que ouviu de Cristo: "Deus é luz e nele não há treva alguma. Se afirmarmos que temos comunhão com ele, mas andarmos nas trevas, mentimos e não praticamos a verdade". Essa passagem ressalta a importância da integridade, pois a luz de Deus não coexiste com as trevas do pecado. Se estamos nele, devemos viver como quem está na luz, não nas trevas.

Não podemos jamais nos esquecer de que quem afirma que permanece nele deve viver como ele viveu. Ou seja, uma vida em conformidade com os ensinamentos do Mestre Jesus, buscando diariamente o caminho da santificação, até a vinda do nosso Senhor.

Permanecer em Cristo envolve viver em conformidade com os seus ensinamentos e o seu exemplo.

"Senhor, as tuas palavras são um presente para mim. O que seria de mim sem elas? Perdoa-me pelas vezes em que não a valorizo como devo e deixo de andar conforme as tuas ordenanças. Quero, todos os dias, viver segundo o exemplo de Jesus. Amém."

8
JUN

Exemplo maior

[...] pois não temos um sumo sacerdote que não possa compadecer-se das nossas fraquezas, mas sim alguém que, como nós, passou por todo tipo de tentação, ainda que sem pecado.

HEBREUS 4:15

A vida terrena de Jesus foi uma demonstração prática do caminho da santidade e da vida abundante.

A identidade humana é definida por diferentes aspectos. Em grande parte, somos o reflexo daquilo que vivemos, vimos ou entendemos da vida. Desde a infância, absorvemos padrões de comportamento, valores e crenças daqueles que nos cercam. Internalizamos e incorporamos ensinamentos, traumas e interações. Isso pode ser tanto positivo quanto negativo. O fato é que todos, em algum momento e em algum nível, seguiram o exemplo de alguém.

Quando Jesus deixou a sua glória e veio ao mundo, ele veio não apenas para nos salvar e libertar, como também para estabelecer a maneira como devemos viver. Sua vida terrena é o nosso maior exemplo. Como está escrito em Filipenses 2:6-8, "apesar de ser Deus, não considerou que a sua igualdade com Deus era algo que deveria ser usado como vantagem; antes, esvaziou a si mesmo, assumindo a forma de servo, tornando-se semelhante aos homens. Sendo encontrado em figura humana, humilhou-se e foi obediente até a morte, e morte de cruz!".

Jesus, o Filho de Deus, se fez homem, caminhou sobre esta terra e nos ensinou como viver; então, podemos ter a plena certeza de que Jesus não vê os sofrimentos e as experiências humanas como espectador. Ele os vê como alguém que viveu a humanidade em plenitude — alegria, tristeza, traição, dor, tentação, compaixão, cansaço, fome, sede — e nunca pecou. O Senhor não é o tipo de autoridade que nos diz "Faça o que eu digo, mas não faça o que eu faço"; ele viveu o que pregava para nos mostrar que, por sua graça e pelo seu Espírito, podemos fazer o que ele disse e o que fez. Façamos dele o nosso exemplo, pois ele viveu, padeceu e morreu por isso.

"Senhor Jesus, agradeço porque deixaste a tua glória para viver, padecer e morrer para que eu tivesse vida plena em ti. Quero fazer de ti o meu exemplo maior e, em cada atitude, seguir os teus passos e agir como tu agirias. Amém."

Justos

Pois foi por nossa causa que Deus tratou como pecador aquele que não tinha pecado, para que nele nos tornássemos justiça de Deus.

2CORÍNTIOS 5:21

9 JUN

Todos pecamos e carecemos da misericórdia de Deus. É isso que a Palavra nos diz em Romanos 3:23. Todos os que creem em Jesus e foram alcançados pelo arrependimento sabem que, sem Jesus, somos maus, tendemos ao pecado e nada há de bom em nós. Sem sua intervenção, a nossa condição seria de total desesperança, perdidos em nossas próprias transgressões e incapazes de fazer qualquer bem duradouro ou significativo aos olhos de um Deus santo.

Como, então, viver uma vida plena, livre e de paz? Lemos em 2Coríntios 5:15 que Jesus morreu por todos, para que os que recebem a nova vida não vivam mais para si mesmos, mas para Cristo, que morreu e ressuscitou por eles.

Não precisamos mais andar cabisbaixos; a culpa pode ser jogada fora. Um coração sincero e arrependido de seus pecados diante de Deus é justificado por Jesus. Não precisamos mais viver sob o jugo do pecado, pois o sacrifício de Jesus nos purificou e nos declarou justos diante de Deus. A partir da justificação, nos tornamos embaixadores de Cristo e passamos a viver para proclamar as boas-novas e a anunciar que é tempo de buscar a reconciliação com Deus.

Deus fez de Cristo, aquele que nunca pecou, a oferta por nosso pecado, para que por meio dele fôssemos declarados justos diante de Deus. Jesus foi "traspassado por causa das nossas transgressões e esmagado por causa das nossas iniquidades; o castigo que nos trouxe a paz estava sobre ele, e pelas suas feridas fomos curados" (Isaías 53:5). O preço pelo pecado foi pago; a ira do Pai, aplacada. Somos, portanto, justificados pela fé no Filho, nosso Salvador.

Jesus pagou as dívidas de toda a humanidade com o preço do seu precioso sangue.

"Ah, Pai! Que grande graça é ser chamado filho. Eu, outrora teu inimigo, fui justificado por Cristo e reconciliado contigo. Ajuda-me a compreender que sou embaixador aqui nesta terra. Usa-me para proclamar teu convite de graça e amor aos perdidos. Em nome de Jesus, amém."

10
JUN

Somente Cristo

Agora, porém, se manifestou uma justiça que provém de Deus, [...] *mediante a fé em Jesus Cristo para todos os que creem* [...].
ROMANOS 3:21-22

Seus dias, tanto os bons quanto os maus, não podem definir o seu futuro, apenas Cristo pode.

Desde crianças, somos ensinados a fazer o bem, a ser gentis, generosos e compassivos. Alguns aprendem isso e praticam ao longo de toda a vida. Outros, por inúmeros motivos, como a exposição a ambientes tóxicos e abusivos, perdem a noção do bem e, ao tentar se proteger, machucam os demais.

O fato é que ninguém jamais conseguirá apresentar-se justo diante de Deus, visto que a salvação não vem pelas obras. Não existe histórico ou currículo que possa de alguma forma conquistar mérito aos olhos do Senhor. Como nos diz a Palavra em Romanos 3:23-24, "todos pecaram e estão destituídos da glória de Deus, sendo justificados gratuitamente por sua graça, por meio da redenção que há em Cristo Jesus". Porque era impossível providenciar sacrifícios em propiciação pelo pecado de toda humanidade, Deus apresentou Jesus como sacrifício supremo e definitivo. Pelo sangue derramado no Calvário, Cristo trouxe a sua justiça em favor dos que creem.

Devemos, sim, nos dedicar a praticar o bem em todos os momentos, todavia, o bem sem Cristo jamais será suficiente. Nada que fizéssemos poderia nos tornar merecedores da graça e da misericórdia de Deus. Se recebemos o dom gratuito da salvação e da justificação, foi somente por ter um Deus amoroso cuja graça nos alcançou por meio de Jesus Cristo, não por algo que tenhamos feito. Não há em nós justiça alguma senão a que provém de Deus "mediante a fé em Cristo", e isso se aplica a todos que creem, sem nenhuma distinção.

Todos, independentemente de onde tenham nascido e crescido, a despeito do passado, têm acesso a esse benefício concedido por Deus e seu amor infinito. É tempo de deixar o passado para trás.

"Deus, obrigado por não considerar meu passado. Entendo que minhas obras, boas ou más, não me salvam, apenas o sacrifício do teu Filho. Ajuda-me a crer e viver por esse amor. Em nome de Jesus, amém."

Iluminando a escuridão

Tu, Senhor, manténs acesa a minha lâmpada; o meu Deus transforma em luz as minhas trevas.
SALMOS 18:28

Para uma vida cristã saudável, há um padrão preestabelecido. Uma de suas características é a luz. No capítulo de abertura de sua primeira epístola, o apóstolo João aborda a importância de uma vida vivida na luz: "Se, porém, andarmos na luz, como ele está na luz, temos comunhão uns com os outros, e o sangue de Jesus, o seu Filho, nos purifica de todo pecado" (v. 7). Ou seja, ao viver na luz, temos comunhão com Deus e com o próximo.

A luz de Deus é capaz de dissipar as trevas da ignorância, do medo, do pecado e do desespero.

Uma vida na luz consiste em integridade e retidão no modo de falar, agir e de pensar. Em sua carta aos efésios, o apóstolo Paulo escreveu: "Porque antes vocês eram trevas, mas agora são luz no Senhor. Vivam como filhos da luz — pois o fruto da luz consiste em toda bondade, justiça e verdade — e aprendam a discernir o que é agradável ao Senhor" (Efésios 5:8-10). A recomendação de Paulo aos cristãos em Éfeso permanece para nós neste tempo: outrora estávamos mergulhados na escuridão, mas agora temos a luz no Senhor. E, por isso, devemos viver como filhos da luz!

Como afirmou o apóstolo, o fruto da luz não é outra coisa senão coisas boas, justas e verdadeiras, visto que Deus é luz e nele não há treva alguma. Nada de negativo pode proceder de um Deus cuja essência é pura e imaculada. Se estamos com ele, somos iluminados e purificados de todo o nosso pecado; se, porém, nos afastamos, seguiremos tateando e tropeçando pelo caminho.

Se alguma área da nossa vida está escura, precisamos chamar pelo Pai das luzes. A sua luz brilha mais que o sol e, conforme declarou o salmista no salmo 128, é ele quem mantém acesa a nossa lâmpada. Podemos confiar que o Senhor ilumina a nossa escuridão.

"Pai, preciso que tua luz ilumine o meu caminho. Eu te agradeço porque tu resplandeces a tua luz sobre mim e me tiras da escuridão. Permite-me brilhar como filho da luz, em nome do Senhor Jesus, amém."

12
JUN

Sem tropeçar

Sendo assim, não corro como quem corre sem alvo e não luto como quem esmurra o ar.
1CORÍNTIOS 9:26

A disciplina é essencial em todas as áreas da vida — física, mental, emocional e espiritual.

A palavra "pecado" origina do latim *peccatum*, cujo significado seria "falta, ação má, crime"; já o verbo "pecar", do latim *peccare*, tem sentido de "tropeçar, dar um passo em falso, enganar-se". Se você já deu um passo em falso, sabe bem que a falta de atenção e o descuido costumam ser as principais causas. Contudo, a Palavra nos incentiva a ser intencionais em nossa caminhada, deixando de lado a distração, a negligência, a desatenção.

Em 1Coríntios 9:24-26, está escrito: "Vocês não sabem que, de todos os que correm em uma competição, apenas um ganha o prêmio? Corram de tal modo que alcancem o prêmio. Todos os que competem nos jogos se submetem a um treinamento rigoroso para obter uma coroa que logo perece, mas nós o fazemos para ganhar uma coroa imperecível. Sendo assim, não corro como quem corre sem alvo e não luto como quem esmurra o ar". Nesse trecho, o apóstolo Paulo afirma que é esperado que valorizemos o prêmio eterno da salvação e, em nome de tal recompensa, não corramos sem objetivo, antes, disciplinemos o nosso corpo como um atleta treina para fazer o que deve.

Somos humanos e, por isso, imperfeitos. Em certas ocasiões, pisaremos em falso. Contudo, temos de nos esforçar para não desviar do nosso propósito nem ser negligentes quanto à disciplina. Em nossa fraqueza, precisamos nos lembrar de que somos inteiramente dependentes do Espírito Santo de Deus. Quando tropeçamos, ele nos dá forças para nos levantarmos, corrige a nossa postura e nos indica o caminho em que devemos seguir, para que, como atletas aprovados e fiéis, não sejamos desqualificados por Deus. Prossigamos com persistência, a fim de alcançar o prêmio.

"Senhor, perdoa-me pela negligência e pela distração. Ajuda-me a manter o foco no meu propósito e a ser disciplinado, a fim de apresentar-me a ti como um atleta aprovado. Em nome de Jesus, amém."

O final da corrida

13
JUN

[...] prossigo para o alvo, a fim de ganhar o prêmio do chamado celestial de Deus em Cristo Jesus.

FILIPENSES 3:14

Não sabemos como será o amanhã. A imprevisibilidade da vida muitas vezes nos causa frustração, insegurança e preocupação. Loucura é o homem pensar que pode determinar o seu futuro ou saber quantos dias de vida ainda lhe restam. Foi isso que o apóstolo Tiago escreveu no quarto capítulo de sua epístola, ao confrontar aqueles que fazem planos para o futuro sem submetê-los à vontade de Deus: "Vocês nem sabem o que acontecerá amanhã! Que é a sua vida? Vocês são como a neblina que aparece por um pouco e depois se dissipa" (v. 14). É possível que tudo o que tenhamos seja o dia de hoje, portanto, felizes os que procuram vivê-lo da melhor maneira.

Em tempo de tantas informações, temos a sensação de que estamos correndo contra o tempo. Como em uma corrida de 100 metros, pensamos que é preciso ir cada vez mais rápido. Contudo, o Senhor Deus não nos dá prazos; ele espera qualidade, não quantidade. Devemos nos esforçar não para chegar mais rápido, e sim para cumprir a jornada da melhor forma, a fim de que o Senhor se deleite em nós.

Paulo tinha essa consciência e, em Filipenses 3:12-14, testemunhou: "Não que eu já tenha obtido tudo isso ou tenha sido aperfeiçoado, mas prossigo para alcançá-lo, pois para isso também fui alcançado por Cristo Jesus. Irmãos, não penso que eu mesmo já o tenha alcançado, mas uma coisa faço: esquecendo-me das coisas que ficaram para trás e avançando para as que estão adiante, prossigo para o alvo, a fim de ganhar o prêmio do chamado celestial de Deus em Cristo Jesus". Como Paulo, temos de prosseguir a fim de receber o prêmio celestial, e podemos fazê-lo com a certeza de que, embora não saibamos sobre o futuro, o Criador sabe, e ele faz tudo cooperar para o bem daqueles que o amam (cf. Romanos 8:28).

Certifique-se de cumprir a jornada de maneira agradável ao Senhor, com os olhos no alvo.

“Senhor, sou grato porque em ti eu posso descansar. O mundo corre desenfreado rumo a um destino que não é eterno. Eu, porém, anseio por chegar ao final da corrida a fim de ser aprovado por ti. Amém.”

14
JUN

Vença o mundo

Sabemos também que o Filho de Deus veio e nos deu entendimento para que conheçamos aquele que é o Verdadeiro [...].

1João 5:20

A comunhão com Deus, graças a Cristo, nos dá a esperança de que, com ele, vencemos o mundo.

A corrupção e a degradação moral no mundo são inegáveis. Cada vez mais, as influências malignas têm tragado a humanidade e atacado os cristãos. O que antes era rejeitado agora já não escandaliza mais.

Normalizaram o que é mau pela desculpa de que somos humanos e, por isso, imperfeitos. Contudo, em nossa imperfeição, a qual é incontestável, somos chamados a seguir o exemplo daquele que é perfeito, pois "quem afirma que permanece nele deve andar como ele andou" (1João 2:6). A Palavra de Deus afirma que o mundo de fato milita contra os planos de Deus, todavia, é possível vencê-lo, não por nossas forças ou recursos, mas por quem somos em Cristo: "Todo aquele que é nascido de Deus vence o mundo. Quem é aquele que vence o mundo, senão o que crê que Jesus é o Filho de Deus?" (5:4-5).

Na batalha contra o pecado e o Inimigo, é essencial sabermos quem somos em Jesus Cristo. Sabemos que somos filhos de Deus e que o mundo inteiro está sob o controle do Maligno, mas Jesus nos deu entendimento para que conheçamos o Deus verdadeiro. A consciência de que somos filhos de Deus nos confere uma nova identidade e uma nova autoridade, e ele nos concede os recursos de que precisamos para viver livres do pecado.

Apesar de o mundo estar preso nas garras de Satanás, nós vivemos separados do mundo, pois temos comunhão com o Deus verdadeiro, por intermédio de Jesus Cristo. Essa comunhão nos liberta do medo do mundo e de suas adversidades, capacitando-nos a enfrentar cada novo dia com confiança e esperança de que, com ele, vencemos o mundo dia após dia, fortalecidos e guiados pelo Espírito Santo.

"Ajuda-me, ó Deus, a viver separado deste mundo caído como teu filho e a prosseguir com confiança. Que eu viva como filho da luz, distante das trevas, e cresça no entendimento da tua verdade, em nome do teu Filho, Jesus. Amém."

Pureza

Purifica-me com hissopo, e ficarei puro; lava-me, e mais branco do que a neve serei. [...] Cria em mim um coração puro, ó Deus [...].

SALMOS 51:7,10

O dicionário Michaelis define a palavra "pureza" como: "Qualidade do que é puro, sem mistura; atributo do que não apresenta maldade; condição de quem não se entrega à vida libertina; característica de quem ou do que é íntegro". Costumamos associar o puro ao que é imaculado, sem manchas, limpo. Sendo assim, apenas um pode declarar-se puro: o próprio Deus. Entretanto, ao escolhermos nos desviar do mal, você e eu também seguimos rumo à pureza para a qual fomos criados.

O Espírito de Deus nos capacita a viver em santidade, livres do peso da culpa e da condenação.

Somos chamados a nos tornar "irrepreensíveis e puros, filhos de Deus inculpáveis no meio de uma geração perversa e depravada" (cf. Filipenses 2:15). A boa notícia é que as nossas impurezas são todas lavadas pelo sangue de Jesus e, então, podemos ser santificados em um processo contínuo pelo Espírito de Deus, que nos capacita a viver uma nova vida em santidade, livres do peso da culpa e da condenação.

Não podemos nos purificar ou santificar por conta própria. Ao mesmo tempo, tanto a purificação quanto a santificação partem da nossa escolha de nos submeter ou não à vontade de Deus. A santificação, porém, não é uma opção para aqueles que desejam viver nos caminhos do Senhor, redimidos por Cristo. Somos templo do Santo Espírito (cf. 1Coríntios 6:19), e, se ele vive em nós, também devemos andar e viver como ele: em santidade.

Sabendo que esse é desejo do coração do nosso Pai, como Davi, podemos clamar a Deus que nos purifique das nossas impurezas e crie em nós um coração puro, íntegro, sem manchas. Busquemos incessantemente pela pureza, entregando-nos à purificação pelo sangue de Jesus e ao direcionamento do Espírito Santo a uma vida de santidade.

"Senhor, ajuda-me a viver uma vida de pureza. Lava-me com o sangue de Jesus e cria em mim um coração puro, para que o meu espírito se mantenha firme mesmo em face da sujeira do pecado. Em nome de Jesus, amém."

16
JUN

Nosso Advogado

Meus filhinhos, escrevo a vocês estas coisas para que não pequem. Se, porém, alguém pecar, temos um intercessor junto ao Pai, Jesus Cristo, o Justo.

1JOÃO 2:1

Jesus é o nosso advogado. Entregue a ele a sua causa e confie plenamente que ele é a sua defesa.

A Constituição garante que todo cidadão, independentemente da origem, renda ou da acusação, tem direito a um advogado. Por pior que seja o crime cometido, o acusado terá um profissional da lei ao seu lado a fim de garantir que, ainda que seja culpado, sua pena seja aplicada da forma mais justa cabível e que todo processo penal aconteça dentro dos limites constitucionais.

Isso não se aplica somente à justiça terrena. O mundo espiritual também é assim. A Palavra nos apresenta Deus como justo juiz, e Jesus como advogado. O desejo do Senhor é que não pequemos. Ainda assim, se o fizermos, temos um advogado de defesa.

Ao nos apresentar diante de Deus, o juiz, Jesus afirma que somos culpados e argumenta que ele mesmo já foi condenado em nosso lugar. Ele mesmo é o sacrifício para o perdão dos nossos pecados, e não apenas dos nossos, mas dos pecados de todo o mundo. Ou seja, qualquer pessoa pode ser defendida por Jesus. O Advogado apresenta ao Pai o escrito de dívida posto sobre ele na cruz, onde pagou por nossa iniquidade para todo o sempre. Não há acusação que possa prevalecer contra a eficácia do seu sacrifício.

Deus não é injusto; pelo contrário, sua justiça é perfeita e sua misericórdia é infinita. Apesar de conhecer as nossas fraquezas e a nossa culpa, ele nos justifica pelo Filho, que jamais pecou e se apresentou como sacrifício perfeito em nosso lugar, e continua a defender a nossa causa. Cristo é a ponte que nos permite comparecer diante de Deus. Ele é a porta de reconciliação e o livramento da morte eterna em nosso favor. Ou seja, a causa já está ganha, basta que façamos dele o nosso advogado.

“Senhor Jesus, meu advogado, se tu não te apresentasses em meu lugar, eu jamais seria salvo. Eu te agradeço porque, por teu sangue, me concedeste a justiça divina. Quero a cada dia confiar e me render à tua vontade. Amém.”

Justo juiz

17
JUN

Pois o Senhor é o nosso juiz, o Senhor é o nosso legislador,
o Senhor é o nosso rei; ele nos salvará.
ISAÍAS 33:22

Deus é: onipotente, onisciente, onipresente, imutável e eterno. Ou seja, ele é todo-poderoso, sabe todas as coisas, está presente em todos os lugares, não muda e não tem princípio ou fim. Ele é o único capaz de julgar com absoluta justiça e discernimento, pois tem uma visão completa de todas as circunstâncias, pensamentos e intenções, sem que nada lhe escape. Sua capacidade de estar presente em todo o tempo e lugar garante que nenhuma situação passe despercebida aos olhos dele.

Nada passa despercebido aos olhos do Senhor. Ele vê a sua situação e agirá em seu favor.

Davi proclama no salmo 9 que "o SENHOR reina para sempre; estabeleceu o seu trono para julgar. Ele mesmo julga o mundo com justiça; governa os povos com retidão" (v. 7-8). Por isso, podemos apresentar todas as nossas causas a ele e confiar em sua decisão soberana, justa e reta.

A Bíblia aborda em diversas passagens a justiça e a retidão do Senhor, e nos garante que os seus olhos estão sempre atentos. Porque ele vê todas as coisas, sabe tudo o que temos semeado. Portanto, em sua lei irrevogável de plantio e colheita, ele garantirá que o homem colha tudo o que plantar. Nenhuma ação fica impune ou sem recompensa; tudo será julgado de acordo com a retidão divina, para que a justiça dele prevaleça.

Nada, absolutamente nada, "passa batido" aos olhos do Senhor. E, se por acaso, você tem sofrido algum tipo de injustiça, não pense que ele se esqueceu de você ou que está insensível à sua situação. Ele não apenas vê, mas intervém em nosso favor, trazendo livramento e retribuição. Basta crer nesta verdade: o Senhor é o nosso juiz, nosso comandante e nosso rei; ele nos livrará. Confie em sua soberania, em seu poder e em sua justiça.

"Senhor, eu quero entregar em tuas mãos todas as injustiças sofridas. Tua Palavra garante que existe uma recompensa para todos os atos. Por isso, ajuda-me a esperar por tua justiça. Em nome de Jesus, amém."

18
JUN

O poder das Escrituras

Eu te busco de todo o coração; não permitas que eu me desvie dos teus mandamentos. Guardei no coração a tua palavra para não pecar contra ti.

SALMOS 119:10-11

A Palavra é uma fonte de sabedoria e discernimento que nos capacita a agir conforme a vontade de Deus.

As Sagradas Escrituras são o manual de fé e prática de todo cristão. É por ela que os crentes se guiam e é nela que baseiam seus princípios. Quanto mais a lermos, mais vivos ficarão os seus ensinamentos e, em um momento de decisão, nos lembraremos da orientação que ela nos dá. A Palavra de Deus é uma fonte de sabedoria e discernimento que nos capacita a agir conforme os princípios divinos e a permanecer firmes em nossa jornada de fé.

Não podemos negligenciá-la ou resumi-la a um livro, ou aplicativo de celular, que abrimos aos domingos para acompanhar a pregação. A Bíblia tem de fazer parte do nosso cotidiano como o que é para nós: alimento espiritual, imprescindível para o nosso crescimento. O objetivo de lermos as Escrituras é que ela esteja tão inculcada em nós, tão gravada no nosso coração e na nossa mente, a ponto de ganhar forma e nos tornarmos um com ela. Jesus é a Palavra, como lemos no início do Evangelho de João: “No princípio era a Palavra, e a Palavra estava com Deus e a Palavra era Deus. Aquele que é a Palavra estava com Deus no princípio” (1:1-2).

A nossa leitura diária não deve ter como fim apenas decorar versículos, aprender nomes de pessoas e lugares ou estudar sequências de fatos. A Bíblia tem de se tornar parte de nós, e nós, parte de Cristo. Por meio do conhecimento dela, somos capacitados a viver uma vida que agrada a Deus e a andar nos seus caminhos, livres do pecado e da morte.

Por isso, a cada dia, declaremos, como Davi, o nosso amor pelas Escrituras e tenhamos consciência do papel que elas exercem na nossa vida. Que a nossa súplica diária seja: “Ensina-me os teus estatutos” (Salmos 119:12b).

“Eu te agradeço, ó Deus, por tua Palavra. O meu desejo é de que, a cada dia, ela ganhe forma em mim, para que eu não peque contra ti. Ensina-me os teus estatutos. Em nome de Jesus, amém.”

Olhe para o alto

19
JUN

Pensem nas coisas do alto, não nas coisas da terra. Pois vocês morreram, e a vida de vocês está escondida com Cristo em Deus.
COLOSSENSES 3:2-3

Quem gosta de estudar a Bíblia costuma gostar de debater questões teológicas e descobrir curiosidades a respeito das Escrituras, como o maior e o menor livro, o versículo mais curto e o mais longo, entre outros. Um dos versículos que me intriga, não apenas por ser breve, mas principalmente pelo pedido feito nele, está em Lucas 17. Ensinando aos discípulos, Jesus lhes disse: "Lembrem-se da mulher de Ló!" (v. 32).

Viver com Cristo significa desapegar das coisas terrenas e focar nas realidades celestiais.

Encontramos na Bíblia histórias de mulheres de grande relevância, como Eva, Sara, Débora, Ester, Maria e muitas outras. São muitas as figuras femininas de fé, amor, transformação, coragem, devoção e até mesmo as que exemplificam como *não* devemos agir. No entanto, Jesus pede que nos lembremos especialmente de uma: a mulher de Ló. Por quê?

Uma mulher cujo nome não é mencionado, citada apenas na destruição de Sodoma e Gomorra. Não há nada que a torne memorável senão o fato de que foi lembrada por Jesus durante uma exposição a respeito do final dos tempos. Essa menção deve chamar a nossa atenção para o que a mulher fez. Voltando-nos para Gênesis 19, encontramos a razão pela qual foi citada por Jesus: ela olhou para trás. Ló recebera a ordem: "Fuja por amor à sua vida! Não olhe para trás nem pare em lugar nenhum da planície [...]" (v. 17). E, no versículo 26 "A mulher de Ló, porém, olhou para trás e se transformou em uma coluna de sal".

No dia de hoje, assim como os discípulos, somos lembrados a olhar para frente, esquecendo-nos do passado. A mulher de Ló olhou para trás porque valorizou mais as coisas desta terra; contudo, somos convidados a fazer diferente: pensar nas coisas do alto; olhar para o alto, não para trás.

"Senhor, obrigado por me lembrar que o que de fato importa não ficou para trás, e sim adiante de mim, em Cristo. Ajuda-me a não mais olhar para trás, mas pensar nas coisas do alto. Em nome de Jesus, amém."

20
JUN

Abençoados por Deus

— Vá! Percorra esta terra de alto a baixo, de um lado a outro, porque eu a darei a você.

GÊNESIS 13:17

Com Deus presente, qualquer lugar se torna um lugar de bênção e de provisão.

Por mais que a Bíblia esteja repleta de história sobre locais onde o Senhor Deus se manifestou, é importante ressaltar que a sua bênção não está restrita a lugares. Ela recai sobre pessoas, seus servos e filhos fiéis. Na história de Abraão, isso fica evidente para nós, pois não era o destino dele que importava, e sim quem o guiava.

Um exemplo disso está na narrativa de Gênesis 13, quando Abraão, na época ainda chamado Abrão, precisou se separar de seu sobrinho Ló em razão de uma desavença. Abrão deu ao sobrinho a chance de escolher para onde iria: "Não está a terra toda diante de você? Vamos separar-nos. Se você for para a esquerda, irei para a direita; se for para a direita, irei para a esquerda" (v. 9).

Ao olhar para a planície do Jordão, Ló fez sua escolha, enquanto o tio continuou na terra de Canaã. Após a separação, porém, Deus apareceu a Abrão e lhe disse: "[...] toda a terra que você está vendo darei a você e à sua descendência para sempre. [...] Vá! Percorra esta terra de alto a baixo, de um lado a outro, porque eu a darei a você" (v. 15,17). Embora Ló tenha escolhido o lugar que aparentava mais próspero, a promessa do Senhor não estava presa a um lugar, e sim sobre Abrão.

Por isso, não precisamos temer o contexto ou o lugar em que estamos, pois somos abençoados por Deus. Ele nos abençoará onde quer que estejamos, e suas promessas nos acompanharão por onde passarmos. A nossa segurança e as dádivas do Senhor não dependem de condições externas, mas da presença dele em nossa vida. Ainda que o tio parecesse ter sido desfavorecido com a escolha de Ló, quem está com Deus nunca perde. O menor com Deus é maioria, e o pouco com ele é muito!

"Obrigado, meu Deus, por tuas bênçãos. Não quero mais temer o cenário contrário, pois tu és quem me abençoa, por onde quer que eu vá. Amém."

Por onde você andar

— Todo lugar onde puserem os pés será de vocês. O seu território se estenderá do deserto do Líbano e do rio Eufrates ao mar Ocidental.

DEUTERONÔMIO 11:24

São muitas as promessas de Deus para aqueles que o temem. Uma delas é a de abençoar todo lugar onde colocarmos a planta dos nossos pés. O que o Senhor diz com isso é que, onde quer que estejamos, ele estará conosco e, assim, seremos abençoados.

Foi assim com Abraão, Isaque, Jacó, José, Daniel e tantos outros que, mesmo no deserto, na prisão ou até na cova dos leões, estiveram na companhia de Deus e, por isso, foram abençoados. A Bíblia nos diz, por exemplo, que "o Senhor estava com José e [...] o fazia prosperar em tudo o que ele realizava" (Gênesis 39:3). Embora tivesse sido levado ao Egito quando escravo, o rapaz jamais esteve sozinho, porque o Senhor não apenas estava com ele como também derramava suas bênçãos.

Mais tarde, quando o povo israelita já não era mais escravo no Egito e vivia sob a liderança de Moisés, Deus fez sua promessa, conforme Deuteronômio 11:24-25: "Todo lugar onde puserem os pés será de vocês. [...] Ninguém conseguirá resistir-lhes. O SENHOR, o seu Deus, conforme lhes prometeu, fará que todos os povos da terra, aonde quer que vocês forem, tenham pavor e medo de vocês". Existe, porém, uma condição para essa bênção, e isso é válido até os dias de hoje.

Antes de ser abençoados por onde andarmos, temos um papel a cumprir: "Se vocês obedecerem a todos os mandamentos que lhes ordeno que cumpram, amando ao SENHOR, o seu Deus, andando em todos os seus caminhos e apegando-se a ele, então o Senhor expulsará todas essas nações da presença de vocês, e vocês despojarão nações maiores e mais fortes do que vocês" (v. 22-23). Obedecer aos mandamentos, amar o Senhor de todo o coração e apegar-nos firmemente a ele são os pilares para uma vida abençoada.

A obediência nos permite desfrutar da plenitude da bênção e das promessas de Deus.

"Senhor, a tua Palavra me diz que, por onde eu for, tu estarás comigo e me abençoarás. Ajuda-me a obedecer aos teus mandamentos, me apegando firmemente a ti, minha única segurança e garantia. Em nome de Jesus, amém."

22
JUN

Troque o medo pela coragem

— Não fui eu que ordenei a você? Seja forte e corajoso! Não se apavore nem desanime, pois o Senhor, o seu Deus, estará com você por onde você andar.

JOSUÉ 1:9

Troque o medo pela coragem, pois o Senhor, o seu Deus, está com você a cada passo.

Às vezes somos confrontados com situações impossíveis aos nossos olhos. Em face de situações que fogem ao nosso controle, a sensação de impotência pode ser avassaladora. Quando o desespero quer tomar conta e as lágrimas inundam o nosso ser, precisamos ter a quem recorrer. Um amigo pode consolar; a família pode permanecer ao nosso lado; no entanto, há somente um que pode resolver.

O Senhor sabia que passaríamos por momentos assim. Por essa razão, deixou registrado em diversas passagens o seu consolo e a promessa de que jamais nos abandonaria. Em Isaías 41:10, uma passagem de encorajamento e muito conhecida, lemos: "Por isso, não tema, pois estou com você; não tenha medo, pois sou o seu Deus. Eu o fortalecerei e o ajudarei; eu o segurarei com a destra da minha justiça".

Deus, na alegria e na dor, está conosco. É tempo de trocar o medo pela coragem. O Senhor nos garante que dele virá a força, o auxílio e o sustento de que precisamos. Muitos personagens bíblicos experimentaram isso de maneira pessoal. Josué, por exemplo, estava abatido e temeroso após a morte de Moisés. Todavia, algo mudou quando ele obedeceu ao que o Senhor lhe disse. Com uma promessa de Deus e com a certeza de sua presença constante, Josué realizou grandes feitos como sucessor de Moisés.

Da mesma forma como encorajou Josué e tantos outros diante de desafios, dificuldades e do medo, o Senhor ordena que sejamos fortes e corajosos. Por isso, respire fundo e ouça ele lhe dizer: "Não se apavore nem desanime, pois o SENHOR, o seu Deus, estará com você por onde você andar".

"Obrigado pela garantia da tua presença, Senhor Deus. Que o medo jamais volte a me dominar. Mostra-me que tu estás sempre comigo e jamais me abandonarás, em nome de Jesus. Amém."

O poder de mudar

23
JUN

Portanto, se alguém está em Cristo, é uma nova criação. As coisas antigas já passaram; eis que se fizeram novas!
2CORÍNTIOS 5:17

O ser humano é avesso a mudanças. É muito cômodo permanecer em um lugar conhecido do que se lançar ao desconhecido. É por isso que, cada vez mais, vemos pessoas permanecerem em lugares que não lhes fazem bem e repetirem hábitos que apenas as destroem. Muitos já se sentem confortáveis na dor.

A plenitude da vida que Deus tem para nós muitas vezes reside no desconhecido.

Talvez tenha sido esse o sentimento da mulher de Ló quando olhou para trás em meio à fuga de Sodoma e Gomorra. Apesar de ser um lugar caótico e reprovado por Deus, prestes a ser destruído, era o que ela chamava de lar. Sua insegurança e falta de confiança em Deus custaram-lhe a vida. A Bíblia conta, porém, a respeito de uma outra mulher que deixou tudo que considerava seguro e decidiu confiar em um Deus a quem sequer conhecia direito.

Rute se recusou a abandonar a sogra, Noemi, após as perdas sofridas pela família: "Não insistas comigo para que te abandone e que não mais te acompanhe. Aonde fores, irei; onde repousares, ali repousarei! O teu povo será o meu povo, e o teu Deus será o meu Deus! Onde morreres, morrerei e ali serei sepultada. Que o Senhor me castigue com todo o rigor se outra coisa que não a morte me separar de ti!" (Rute 1:16-17). Rute não tinha garantias do futuro, mas aceitou a mudança para a terra natal da sogra, onde uma nova vida começou.

Como Rute, podemos ter coragem e fé para aceitar uma transformação que nos tira da zona de conforto e, em Cristo, nos tornar nova criação, deixando para trás as coisas antigas. Ainda que não saibamos o que nos acontecerá, podemos crer que o novo de Deus para a nossa vida é sempre melhor do que a nossa zona de conforto. Prossiga adiante, sem olhar para trás, e creia!

"Senhor, eu não quero mais ficar preso à minha zona de conforto, mas recebo a mudança que vem de ti. Tu és o meu porto seguro e me fizeste nova criação em Cristo. Ajuda-me a ter a coragem de Rute e a jamais olhar para trás. Amém."

24
JUN

Coisas novas

Aquele que estava assentado no trono disse:
— Vejam, eu farei novas todas as coisas! [...].
APOCALIPSE 21:5

A dinâmica do Reino funciona desta forma: para o novo entrar, o velho tem de sair.

A vida é um processo contínuo de desapego e de renovação. Enquanto não abrirmos mão do velho, jamais desfrutaremos do novo. Desde o princípio, Deus tem promessas de vida, prosperidade e paz aos seus filhos. Essas promessas, porém, exigem um despojamento do que já passou.

Quando lemos a história do povo de Israel após a escravidão, algo fica muito claro: o povo saiu do Egito, mas o Egito não saiu dele. Como consequência, os israelitas caminharam livres por quarenta anos, porém nunca deixaram de carregar a escravidão dentro de si. O capítulo onze de Números relata: "O bando de desocupados que havia no meio deles encheu-se de gula por outro tipo de comida. Também os israelitas voltaram a chorar e disseram: 'Ah, se tivéssemos carne para comer! Nós nos lembramos dos peixes que comíamos de graça no Egito; também dos pepinos, das melancias, dos alhos-porós, das cebolas e dos alhos. Agora, porém, a nossa garganta está seca! Nunca vemos nada, a não ser este maná!'" (v. 4-6).

Quando lemos a respeito de tal comportamento, é óbvio para nós que os israelitas agiram mal. Julgamos aquele povo como insensato, sem nos lembrar de quantas vezes fazemos as mesmas coisas. O Senhor nos mostra um novo e vivo caminho por meio do seu Filho, Jesus, e nós continuamos presos à antiga vida e aos velhos hábitos. Também ignoramos sua provisão e agimos com ingratidão, esquecendo-nos de que Deus nos enviou o Pão vivo que desceu dos céus. No entanto, o Senhor nos chama a largar o velho ainda hoje e a seguir rumo às coisas novas que ele tem para a nossa vida. Desapeguemos, portanto, do passado e abracemos o novo que Deus tem para nós.

"Meu Deus, ajuda-me a não focar no passado nem lamentar o que ficou para trás. Quero abrir mão do velho e abraçar o novo do Senhor para mim. Obrigado pela promessa de fazer novas todas as coisas. Em nome de Jesus, amém."

Como é no céu

"Venha o teu reino; seja feita a tua vontade na terra como no céu".
MATEUS 6:10

Enquanto amarmos mais as coisas deste mundo do que as promessas de Deus, viveremos sem avanços, sem desfrute, sem vitória. Quando o coração se apega mais às coisas transitórias e materiais do que às promessas eternas de Deus, a nossa existência se torna uma sombra do que ele planejou. Deus é movimento, novidade de vida, criatividade e ação.

A Palavra de Deus nos mostra que tudo que há neste plano é pequeno se comparado ao que ele tem para nós. Em 1Coríntios 15:19, o apóstolo Paulo afirmou: "Se é somente para esta vida que temos esperança em Cristo, somos os mais miseráveis de todos os homens". A perspectiva eterna é o que dá verdadeiro sentido à nossa jornada aqui na terra. Se a nossa fé em Cristo se limita aos benefícios terrenos e temporais, a nossa existência não tem propósito duradouro. A promessa de Deus para nós transcende o aqui e agora; ela aponta para uma glória futura, a eternidade em sua presença.

Assim, precisamos ir além e romper com qualquer conformidade aos padrões deste mundo, a fim de sermos moldados segundo os princípios da nossa verdadeira pátria: o céu. Jesus, ao ensinar a oração do Pai-Nosso, demonstrou a importância de que a nossa vida terrena reflita a realidade celestial. O Mestre nos mostra que temos de priorizar a soberania de Deus e desejar que os valores, a justiça e a ordem do céu se manifestem aqui na terra.

Jesus queria que soubéssemos que, em meio a tantas possibilidades, a única vida verdadeira é aquela vivida com os olhos fixos nele, caminhando em fé e orando como ele nos ensinou: "Venha o teu reino; seja feita a tua vontade na terra como no céu".

A verdadeira vida é encontrada na comunhão com Cristo e na busca incessante pela sua vontade.

"Senhor, não quero que minha esperança em ti se resuma às coisas desta terra. Ajuda-me a crer em um plano maior e melhor, a fim de que venha o teu reino e seja feita sempre a tua vontade, assim na terra como no céu. Em nome de Jesus, amém."

26
JUN

Aquele que nos vê

Quando Jesus chegou àquele lugar, olhou para cima e disse:
— Zaqueu, desça depressa, porque hoje preciso ficar na sua casa.
LUCAS 19:5

Não importa onde estejamos ou qual seja a nossa condição, Jesus nos vê e deseja se relacionar conosco.

Quando lemos a respeito da vida e do ministério terreno de Jesus, algo se torna evidente: ele gastava tempo com as pessoas. Encontramos diversos relatos dos sinais e maravilhas que realizou, assim como de seus ricos ensinamentos. Em Lucas 4:32 lemos que o povo ficou admirado com o seu ensino, tamanha autoridade.

No entanto, muito além de alguém que ensinava as Escrituras, realizava feitos milagrosos e falava de Deus, ele se dedicava às pessoas e era intencional nisso. Mesmo com as muitas críticas acerca de seu ministério, ele se mantinha firme no propósito de reconciliar a humanidade com Deus, porque, diferentemente do que muitos criam, o Senhor Jesus se importava com cada um de maneira íntima e pessoal.

Um grande exemplo da intencionalidade de Jesus em alcançar as pessoas é o de seu encontro com Zaqueu. Em um tempo no qual os publicanos, coletores de impostos, eram desprezados pelo povo, Zaqueu não era somente um publicano, e sim o chefe deles, como lemos em Lucas 19:2. Apesar de rico, Zaqueu estava em busca de algo mais. Jesus, embora cercado por uma multidão, olhou para ele, parou o que estava fazendo e conversou com o homem.

Assim como olhou para Zaqueu, o Senhor também olha para nós. Talvez, como Zaqueu, você tenha se sentido rejeitado ou excluído. Pode ser que você também se sinta vazio. Ou, então, pensa que já fez tantas coisas erradas que jamais poderia receber misericórdia e graça para recomeçar. Contudo, esteja você no fundo do poço ou escondido entre os galhos de uma árvore, ele para e repete o mesmo convite: "[...] desça depressa, porque hoje preciso ficar na sua casa". Qual é a sua resposta para Jesus? Você o deixará entrar?

"Senhor Jesus, eu te agradeço, pois tu me vês onde quer que eu esteja. Quero que entres em minha casa e estejas comigo a cada dia, transformando a minha realidade. Amém."

Deus é amor

27
JUN

[...] *Deus é amor. Todo aquele que permanece no amor permanece em Deus, e Deus, nele.*
1JOÃO 4:16

Ainda hoje, muitas pessoas têm uma visão equivocada de quem Deus é. Algumas o veem como um ser que impõe uma série de regras, pronto para castigar quem não as cumprir; outras o veem como um tirano que não se importa com o que acontece nesta terra, como se estivéssemos esquecidos e abandonados à própria sorte. A percepção de um Deus meramente punitivo, distante ou indiferente à dor humana é uma barreira para a fé e para a intimidade.

O amor não é somente uma das características de Deus, é sua essência.

A boa notícia é que ambas as percepções acerca do caráter de Deus estão erradas! Uma prova disso é que a maioria das pessoas concorda — até mesmo quem não se diz cristão — que Jesus foi um homem bom e de paz. Como Jesus poderia ser amor e Deus não?

Se Jesus é amor, Deus é amor. Jesus explicou a sua unidade com o Pai, conforme João 14:9-11: "[...] Quem vê a mim vê o Pai. Como você pode dizer: 'Mostra-nos o Pai'? Você não crê que eu estou no Pai e que o Pai está em mim? As palavras que eu digo a vocês não são apenas minhas. Ao contrário, o Pai, que permanece em mim, é quem realiza a sua obra. Creiam em mim quando digo que estou no Pai e que o Pai está em mim; creiam ao menos por causa das mesmas obras". Quando vemos o amor e a bondade de Jesus, vemos o amor e a bondade do Pai.

Deus nos convida neste dia a ajustar a forma como olhamos para ele e a entender, enfim, que Deus é amor, como João escreveu em sua primeira epístola: "Assim, conhecemos o amor que Deus tem por nós e confiamos nesse amor. Deus é amor. Todo aquele que permanece no amor permanece em Deus, e Deus, nele. Desta forma o amor está aperfeiçoado entre nós, para que, no dia do juízo, tenhamos confiança, porque neste mundo somos como Jesus" (4:16-17).

"Meu Deus, obrigado por teu imenso amor. Perdoa-me se em algum momento te enxerguei de maneira equivocada. Jamais quero duvidar do teu amor. Ajuda-me a permanecer em teu amor e a amar verdadeiramente, em nome de Jesus. Amém."

28
JUN

A agenda de Deus prevalece

Certo dia, Jesus entrou no barco com os seus discípulos e disse:
— Vamos para o outro lado do lago. Então, partiram.
Lucas 8:22

Mesmo em meio ao caos e à adversidade, a agenda de Deus é infalível e inabalável.

Quantas vezes nos pegamos fazendo planos. Planejamos o próximo projeto, a próxima compra, a próxima viagem e até mesmo os próximos anos sem nos dar conta de que nada temos em mãos além do segundo presente. Repentinamente, tudo pode mudar. Essa realidade não deve causar alarde, mas consciência e humildade. Devemos, sim, fazer planos, mas tudo deve estar dentro da agenda de Deus.

No quarto capítulo do Evangelho de João, vemos como Jesus cumpria sua agenda independentemente de qualquer circunstância. No versículo 4, está escrito que "era necessário que ele passasse por Samaria". Pode ser que essa informação passe batido para o leitor, contudo, ela não está ali por acaso. Podemos pensar que não havia outro caminho, mas havia. O caminho de Samaria era o mais curto para ir de Jerusalém até a Galileia, porém os judeus o evitavam devido aos conflitos entre judeus e samaritanos. Era esperado, portanto, que Jesus escolhesse outra rota, mas não é isso que vemos em João 4.

"Era necessário que ele passasse por Samaria" porque um encontro já estava marcado, e não havia nada que pudesse impedi-lo. Jesus tinha um compromisso com a mulher samaritana, desposada e desprezada, com sede da água que somente ele poderia dar.

Outro relato que mostra isso é o de Lucas 8:22, em que Jesus disse aos seus discípulos: "Vamos para o outro lado do lago". No meio do caminho, surgiu uma grande tempestade, contudo, na agenda de Deus havia um gadareno que precisava ser liberto. Esses relatos e ainda outros nos ensinam a confiar na soberania do Senhor. Ele enfrenta o cenário contrário, acalma o vento e o mar, mas a sua agenda permanece para sempre.

"Senhor, como é bom saber que é a tua agenda, e não a deste mundo falido, que prevalece. Ajuda-me a confiar, mesmo diante do cenário contrário e da tempestade, que comigo sempre estás e tua agenda prevalecerá! Em nome de Jesus, amém."

Fora da caixa

Então, Jesus declarou:
— Eu sou o Messias! Eu, que estou falando com você.
JOÃO 4:26

O ser humano é adaptável, por isso, tem facilidade de se encaixar em cronogramas e rotinas. Por esse motivo, a maioria das pessoas gosta da previsibilidade. Por um lado, essa capacidade de adaptação é positiva, porém também pode ser negativa se resultar no engano de que a vida com Deus também é previsível.

A Bíblia nos conta em João 4 que Jesus, cansado da longa caminhada, sentou-se junto ao poço por volta do meio-dia. Pouco depois, uma mulher samaritana veio tirar água. Ora, meio-dia não era o horário mais apropriado para se buscar água! O que faria essa mulher agir tão fora do esperado?

Na sequência, algo ainda mais inesperado aconteceu. Jesus pediu à mulher que lhe desse um pouco de água. Naquela época, interações entre homens e mulheres que não fossem da mesma família era incomum. Havia um fator adicional: aquela mulher era samaritana, e Jesus, judeu. Os judeus se recusavam a ter qualquer contato com os samaritanos; surpresa, ela questionou: "Como o senhor, sendo judeu, pede a mim, uma samaritana, água para beber?" (v. 9). O que ela não sabia era que estava diante de alguém que não se limitava por convenções ou normas, mas pensava e agia "fora da caixa".

Depois de tantos anos, Jesus continua a agir de maneira não convencional. Ele continua a nos surpreender com seu amor e nos convida para trocar a religiosidade por uma vida de liberdade nele. Precisamos deixar de lado as limitações e os moldes nos quais o mundo insiste em nos encaixar, bem como as nossas tentativas de colocar o agir do Senhor em uma caixinha, e assim experimentaremos de forma pessoal que ele é o Messias, como aconteceu com aquela mulher.

Jesus é grande e poderoso demais para se encaixar em nossos moldes ou em nossas expectativas.

"Senhor, eu não quero mais me esforçar para me encaixar neste mundo; antes, desejo viver a verdadeira liberdade em ti. Dá-me coragem para seguir os teus caminhos até que eu possa te ver e conhecer mais e mais. Revela-te a mim, em nome de Jesus. Amém."

30
JUN

Medo do novo

Então, todo o povo da região dos gerasenos suplicou a Jesus que se retirasse, porque estavam dominados pelo medo. Ele entrou no barco e regressou.
LUCAS 8:37

A intervenção de Jesus sempre gera mudança, desafiando hábitos, crenças e a nossa zona de conforto.

Por onde Jesus passava, os milagres aconteciam. As pessoas se admiravam com tudo o que acontecia, mas nem todas viam o agir do Senhor e os seus ensinamentos com bons olhos. De certo modo, também somos assim. Temos a tendência de considerar aquilo que é novo, que foge do nosso entendimento, como ameaça, quando, na verdade, é apenas desconhecido.

No texto de Lucas 8:26-39, vemos que algo semelhante aconteceu nas terras de Gadara. Jesus tinha um firme propósito de chegar até ali, e nenhuma tempestade foi capaz de impedir seus planos. Ele manifestou seu poder ao libertar um homem de muitos demônios. Conforme a notícia se espalhou, uma multidão se reuniu ao redor de Jesus e do homem, que estava "sentado aos pés de Jesus, vestido e em perfeito juízo" (v. 35). No entanto, a multidão não ficou maravilhada ou desejosa por ver mais curas e libertações; ficou amedrontada.

Então, assustados, os gadarenos suplicaram que Jesus fosse embora, e ele o fez. Jesus entrou no barco e os deixou. Como alguém pode mandar Jesus embora? Como puderam rejeitá-lo depois de algo tão grandioso? A incredulidade e o medo da multidão de Gadara são um alerta para nós. Ao ler a história, julgamos. Questionamos o que aquelas pessoas tinham na cabeça ao ver algo tão grandioso e maravilhoso e reagir de maneira tão hostil. Precisamos, porém, refletir se não fazemos o mesmo quando Jesus entra na nossa vida e muda tudo aquilo com que já estávamos habituados. Não podemos permitir que o medo nos domine a ponto de nos fazer desprezar a transformação que Jesus pode e deseja operar em nós. Diante disso, convido você a pensar se resistirá ao novo por medo ou aceitará o desconhecido confiando naquele que o fez?

"Senhor, obrigado pelos teus milagres! Não permitas que o medo me domine nem me impeça de te louvar, agradecer e engrandecer. Em nome de Jesus, amém."

"Troque o medo
pela coragem,
pois o Senhor,
o seu Deus,
está com você
a cada passo."

JULHO

Meu planejamento

Meta

Plano Espiritual

Atividade em família

Leitura bíblica do livro

Plano para um hábito saudável

Um filme/série

Um livro/*podcast*

Passos para aprender algo novo

Meta financeira

Um médico a agendar

Resumo de um aprendizado espiritual

Um lugar para visitar

As grandes coisas que o Senhor faz

1
JUL

Sim, coisas grandiosas fez o SENHOR *por nós;*
por isso, estamos alegres.
SALMOS 126:3

Desde os tempos bíblicos e, mesmo antes, quando nada havia e tudo então se fez, o Senhor realiza grandes coisas. Tudo o que ele faz é perfeito. Não há nada que ele não possa criar, realizar, mudar ou trazer à vida. Como está escrito em Neemias 9:5, a grandeza do Criador "está acima de toda expressão de louvor". Deus é grande e eterno, e isso está muito além da nossa compreensão.

Apesar da nossa capacidade de entendimento limitada, mesmo em nossa vida, tão pequena se comparada a ele, temos vestígios de sua graça. Não há ninguém, nem mesmo aqueles que lhe resistem, que não tenha sido agraciado com suas bênçãos. O ar que respiramos, o sol que nos aquece, a bela natureza e a luz que ilumina os nossos olhos, tudo — absolutamente tudo — é obra das suas mãos. A bondade, o poder e o amor incondicional se derramam sobre toda a humanidade e são evidenciados em toda a criação.

No salmo 77, Asafe declara: "Recordarei os feitos do SENHOR; recordarei os teus antigos milagres. Meditarei em todas as tuas obras e considerarei todos os teus feitos" (v. 11-12). Como o salmista, temos de trazer à memória os feitos do Criador com ações de graças e adoração. Um coração grato e humilde atrai o Senhor. Ele se alegra em receber dos seus filhos a glória e a honra que lhe são devidas.

Hoje, em mais um mês que se inicia, temos a oportunidade de louvar ao Senhor e de render graças àquele que tem feito grandes coisas em nossa vida e por meio dela. Como está escrito no salmo 126, proclamemos: "Então, a nossa boca se encheu de riso; a nossa língua, de cantos de alegria. Até nas outras nações se dizia: 'O SENHOR fez coisas grandiosas por este povo'. Sim, coisas grandiosas fez o SENHOR por nós; por isso, estamos alegres" (v. 2-3).

"Ah, Senhor, como tu és bom! Muitas são as tuas bênçãos em minha vida! Ajuda-me a ter um coração contente até que outros vejam os teus maravilhosos feitos em mim. Em nome de Jesus, amém."

Transforme cada novo começo em uma oportunidade para celebrar e proclamar a grandeza de Deus.

2 JUL

Conte!

— Tudo o que pertence ao Pai é meu. Por isso, eu disse que o Espírito receberá do que é meu e o anunciará a vocês.

JOÃO 16:15

Você foi chamado para ser instrumento para que outros também experimentem a graça e o poder do Senhor.

É natural que desejemos contar aos outros a respeito das coisas que nos acontecem. O fato é que compartilhamos certos aspectos da nossa vida, e isso é parte do nosso convívio social como seres intrinsicamente relacionais.

Em tempos de redes sociais, não é preciso ser famoso ou ter muita influência para compartilhar sobre a vida. Pessoas comuns, como eu e você, mostram situações cotidianas ou inesperadas diariamente, e isso não é de todo mal. O próprio Senhor Jesus incentivou esse hábito de anunciar o que acontece na nossa vida, embora de uma maneira bem diferente.

Na já conhecida passagem do gadareno liberto por Jesus, lemos que, quando Jesus entrou no barco, o homem suplicou-lhe que o deixasse ir com ele. O Senhor, porém, lhe disse: "Vá para casa, para a sua família, e anuncie-lhes tudo quanto o Senhor fez a você e como teve misericórdia de você" (Marcos 5:19). E assim ele fez. "Então, aquele homem foi e começou a anunciar em Decápolis quanto Jesus tinha feito por ele. Todos ficavam admirados" (v. 20).

Veja, foi o próprio Jesus quem ordenou que o homem testemunhasse o que havia vivido! O Senhor conta conosco para que, assim como aquele homem, digamos ao mundo quem ele é, o que fez e faz por nós, além de proclamar tudo o que ainda fará. Não fosse assim, estas não seriam algumas das últimas palavras de Jesus antes de subir ao céu: "Vão pelo mundo todo e preguem o evangelho a todas as pessoas" (Marcos 16:15). Fomos comissionados pelo Senhor Jesus. Por isso, conte! Anuncie! Testemunhe! Proclame com intencionalidade a verdade de quem Jesus é.

"Senhor, eu te agradeço pelo que fizeste e fazes por mim. Não quero ficar calado, antes, desejo anunciar as boas-novas e fazer teu nome e teus feitos conhecidos pelo maior número de pessoas. Em teu nome eu oro, amém."

O médico dos doentes

3 JUL

[...] — Não são os que têm saúde que precisam de médico, mas sim os doentes. Eu não vim chamar justos, mas pecadores.
MARCOS 2:17

Como é difícil para o homem se alegrar ao presenciar uma transformação. Diferentemente de Deus, que afirma se esquecer dos nossos pecados e deles não se lembrar mais, os seres humanos costumam sustentar na mente a imagem do velho homem, mesmo depois de este ser transformado pela graça divina.

Não é justo fazer que as pessoas carreguem estigmas ou permaneçam presas a rótulos e estereótipos a vida toda. Se afirmamos crer em Deus, devemos também crer na mudança de qualquer indivíduo que, mediante a fé em Jesus, passou da velha para a nova vida, uma vez que, "se alguém está em Cristo, é uma nova criação. As coisas antigas já passaram; eis que se fizeram novas! Tudo isso provém de Deus [...]" (2Coríntios 5:17-18). Ignorar a transformação realizada por um encontro com Jesus contradiz a essência da nossa fé.

Jesus viu e ouviu as pessoas questionarem por que ele aceitava estar perto de pecadores. Em Marcos 2:16, por exemplo, está escrito: "Quando os mestres da lei, que eram fariseus, o viram comendo com pecadores e publicanos, perguntaram aos discípulos de Jesus: 'Por que ele come com publicanos e pecadores?'". Sua recusa em se isolar daqueles que eram considerados impuros e pecadores era malvista na época. Sabemos que essa atitude revelava um coração compassivo e uma missão redentora que desafiava as convenções da época.

A resposta não tardou e serve até hoje para nós: pessoas saudáveis não precisam de médico; são as doentes que precisam. Ele é o médico dos doentes, dos quais você e eu somos parte. Essa verdade deve nos levar a reconhecer que a mesma graça que alcançou o outro também nos alcançou.

Somos todos igualmente indignos da cura. Ainda assim, por sua graça, Jesus veio nos curar.

"Pai, obrigado por enviar o teu Filho como o médico dos doentes. Ajuda-me a olhar para o próximo com o teu olhar de amor e a não agir com base na justiça própria ou na hipocrisia. Em nome de Jesus, amém."

4
JUL

Ele é a cura

[...] e Jesus curou muitos doentes com vários tipos de enfermidades. Também expulsou muitos demônios [...].
MARCOS 1:34

Nunca houve problema insignificante aos olhos de Jesus.

O ministério de Jesus foi marcado por muitas curas, milagres e por seu agir sobrenatural. Por mais que quem olhasse para ele não visse qualquer beleza ou formosura dignas de um rei ou do libertador político pelo qual os judeus aguardavam, Jesus se distinguia por sua autoridade e poder ímpares. A Bíblia mostra diversos relatos de situações em que as pessoas ficavam admiradas com a forma como Jesus ensinava ou com o poder com que realizava curas. "O que é isto? Um novo ensino, e com autoridade! Até aos espíritos imundos dá ordens, e eles lhe obedecem" (Marcos 1:27b).

As notícias a respeito de Jesus se espalhavam rapidamente, tamanha a admiração do povo. Ele atraía multidões. Em Marcos 1:32-34, está escrito: Ao anoitecer, depois do pôr do sol, trouxeram a Jesus todos os doentes e os endemoniados. Toda a cidade se reuniu à porta da casa, e Jesus curou muitos doentes com vários tipos de enfermidades. Também expulsou muitos demônios [...]". O que me chama a atenção, porém, foi o que aconteceu pouco antes disso: uma mulher, a sogra de Simão, estava acamada com febre.

Será que aquele que transforma água em vinho, multiplica pães e peixes, ressuscita mortos, cura leprosos e expulsa demônios se importaria com uma febre? Claro que sim! Ele se importou o bastante para tomar sua mão e ajudá-la a se levantar. "A febre a deixou, e ela começou a servi-los" (v. 31). Nunca houve problema insignificante aos olhos de Jesus. Ele não despreza as nossas dores.

O nosso Deus é um Deus que se importa conosco. Não importa se as outras pessoas e até você mesmo julgam as suas causas como pequenas; ele não o faz. Para qualquer mal, a nossa certeza deve ser esta: ele é a cura!

"Senhor, obrigado por se importar comigo. Como é bom saber que nada passa despercebido por teus olhos. Ajuda-me a sempre confiar em ti e em teu amor, que me cura todos os dias. Em nome de Jesus, amém."

Exponha sua vergonha

[...] — *Estenda a mão.*
Ele a estendeu, e a mão foi restaurada.
MARCOS 3:5

Na cultura brasileira, é comum, ao cumprimentar alguém, perguntar se está tudo bem. Essa pergunta, porém, não necessariamente espera uma resposta, muito menos uma resposta verdadeira. Quantas vezes escondemos nosso verdadeiro estado e colocamos uma máscara, ou apenas respondemos que estamos bem no modo automático, sem de fato pensar no que sentimos. Até podemos ocultar a verdade de outras pessoas, mas nunca de Deus.

A cura acontece quando abandonamos as fachadas e nos lançamos na graça de Jesus.

O Senhor sabe exatamente qual é o nosso estado. Essa verdade está retratada em João 4. Em um diálogo com a mulher samaritana, pediu a ela que buscasse o seu marido. A mulher respondeu: "Não tenho marido". Já sabendo disso, Jesus falou: "Você falou corretamente ao dizer que não tem marido. O fato é que você já teve cinco, e o homem com quem agora vive não é seu marido. O que acabou de dizer é verdade" (v. 17-18).

É preciso se expor para receber a cura. Foi assim também com o homem da mão ressequida, cuja história está descrita em Marcos 3:1-5. Na ocasião, Jesus entrou na sinagoga e notou que havia ali um homem com uma das mãos atrofiada. Jesus o chamou e disse: "Levante-se e venha para o meio" (v. 3). Mais uma vez, o intuito de Jesus não era a exposição para a vergonha, mas para a cura. Jesus ordenou ao homem que estendesse a mão, e ela foi restaurada.

Jesus tem poder para curar e restaurar tudo o que nos causa vergonha. Nada o surpreende, espanta ou repele, nem o nosso passado, nem as nossas fraquezas, nem a nossa culpa, nem as nossas feridas. Ele não se assusta com nossas mazelas; apenas quer que tenhamos um coração humilde para expô-las diante dele com fé de que ele pode trazer a cura.

"Senhor, eu não quero mais esconder minhas vergonhas. Acredito em teu amor e em teu desejo de me curar. Por isso, me apresento a ti, sem reservas, com todas as minhas dores e peço-te: cura-me! Amém."

6
JUL

Ele conhece os meus segredos

*"Revela coisas profundas e ocultas; conhece o que jaz nas trevas,
e a luz habita com ele."*
DANIEL 2:22

Deus conhece cada um dos nossos segredos e, ainda assim, nos ama incondicionalmente.

Todos guardamos segredos. Pensamentos que não verbalizamos, atitudes das quais nos envergonhamos, ou nos arrependemos. Podemos não falar e até não nos lembrar com frequência, mas é ingênuo pensar que ninguém além de você sabe o que está se passando.

Um dos atributos de Deus é a sua onisciência, isto é, ele sabe e conhece absolutamente tudo. Em Salmos 139, Davi reconhece: "SENHOR, tu me sondas e me conheces. Sabes quando me sento e quando me levanto; de longe, percebes os meus pensamentos. Tu conheces a minha jornada e o meu descanso; todos os meus caminhos são bem conhecidos por ti. Antes mesmo que a palavra me chegue à língua, tu, SENHOR, já a conheces inteiramente" (v. 1-4).

Os nossos segredos e sonhos, planos e dores estão todos diante dele. Isso não é motivo de lamento. Na realidade, que grande consolo saber que ele conhece tudo a nosso respeito e ainda nos ama tanto! Em vez de correr dele, temos de correr para os braços dele. Deus não nos chantageia ou usa as nossas fraquezas como ferramenta para nos manipular. Ele não é como o homem, que tem más intenções. O Senhor tem planos de fazer o bem, de nos dar esperança e um futuro (cf. Jeremias 29:11) e, justamente por saber de tudo, é quem melhor pode aconselhar e ajudar.

Como o profeta Daniel, podemos louvar "o nome de Deus para todo o sempre; a sabedoria e o poder a ele pertencem. [...] Revela coisas profundas e ocultas; conhece o que jaz nas trevas, e a luz habita com ele" (Daniel 2:20,22). Ele conhece todos os meus segredos e, ainda assim, me ama!

"Querido Deus, quanta segurança sinto em saber que não estou só. Ajuda-me a construir um relacionamento cada vez mais íntimo contigo, que conheces os meus segredos e, ainda assim, me amas. Em nome de Jesus, amém."

Não entre no povoado

7
JUL

[...] para serem renovados no modo de pensar e se vestirem do novo homem, criado para ser semelhante a Deus em justiça e santidade provenientes da verdade.

EFÉSIOS 4:23-24

Quem encontra Jesus encontra um novo sentido na vida. A palavra "conversão", usada para designar o momento em que alguém aceita Jesus como seu Senhor e Salvador, significa mudar de forma; alterar o caminho, a direção. Uma pessoa que se converte já não anda da mesma forma e, às vezes, nem com as mesmas pessoas. Se trata de uma mudança de caminho, valores, prioridades e ideais.

O importante não é o conforto do caminho, mas a presença de Jesus ao nosso lado.

O Evangelho de Marcos apresenta uma situação em que um homem ouviu de Jesus exatamente essa instrução. No capítulo 8, lemos que, em Betsaida, algumas pessoas levaram um cego até Jesus. O Senhor o "levou para fora do povoado" (v. 23), pôs as mãos sobre os olhos dele e sua visão foi restaurada, de modo que ele passou a ver tudo com nitidez. Em seguida, Jesus o mandou para casa e disse: "Não entre no povoado!" (v. 25-26).

O que teria levado Jesus a ordenar isso? Não sabemos bem a razão pela qual o homem não deveria entrar no povoado, mas Jesus com certeza sabia. Por mais que não compreendamos essa instrução, o fato é que os direcionamentos que Jesus nos dá são sempre para o nosso bem e para o nosso crescimento espiritual. Por certo, ele esperava a obediência condizente com a nova vida de fé que aquele homem viveria dali em diante.

Portanto, acolhamos as palavras de Deus por meio do apóstolo Paulo em Efésios 4:22-24 e deixemos para trás a antiga forma de viver, a fim de que o nosso modo de pensar e agir seja renovado pelo Espírito Santo e que possamos viver como novas criaturas, conformados à justiça e à santidade de Deus. Isso exigirá de nós uma nova rota, e está tudo bem, desde que estejamos com Jesus.

"Senhor, eu confio em ti. Se quiseres mudar a minha rota, a minha resposta será sim! Ajuda-me a revestir meus pensamentos com a tua Palavra e a viver de acordo com a nova natureza que me deste. Em nome de Jesus, amém."

8
JUL

Abra os olhos e veja os campos

— A minha comida — disse Jesus — é fazer a vontade daquele que me enviou e concluir a sua obra.

JOÃO 4:31-38

É tempo de agir, de se levantar e de se engajar ativamente na missão de Deus.

Vivemos em um mundo caído e, por mais que saibamos que os tempos do fim não seriam fáceis, é impossível não nos alarmar com cada nova onda de maldade e pecado que invade a terra. Nunca houve nem jamais haverá outra solução senão Cristo e o seu evangelho. Nós, os que cremos, precisamos reconhecer essa verdade e nos ancorar nela.

Em João 4, lemos que, certa ocasião, os discípulos insistiram com Jesus: "'Rabi, come alguma coisa'. Ele, porém, lhes disse: 'Tenho algo para comer que vocês não conhecem'. Então, os seus discípulos disseram uns aos outros: 'Será que alguém lhe trouxe comida?'" (v. 31b-33). Contudo, Jesus se referia a algo que ia além de saciar somente as suas necessidades físicas: "A minha comida [...] é fazer a vontade daquele que me enviou e concluir a sua obra" (v. 34). Nada poderia satisfazê-lo de fato até que cumprisse a vontade do Pai e concluísse o seu propósito nesta terra.

O propósito de Jesus, de fazer a vontade do Pai, era a sua prioridade de tal modo que valia mais do que a própria comida de que ele, sendo também homem, precisava. Da mesma forma, a nossa satisfação deve estar em viver a vontade de Deus. Muitas vezes pensamos que não é o tempo certo, que não estamos preparados ou que muitos outros já têm cumprido o chamado divino por aí e, assim, nos acomodamos, embora o chamado seja para todos.

Jesus nos diz o que disse aos discípulos naquele tempo: "[...] abram os olhos e vejam os campos! Eles estão maduros para a colheita. [...] Eu os enviei para colher o que vocês não cultivaram. Outros realizaram o trabalho árduo, e vocês vieram usufruir do trabalho deles" (v. 35,38). É tempo de abrir os olhos!

"Senhor, quero obedecer à tua vontade, abrir os olhos e ficar atento. Que a tua vontade tenha mais valor para mim do que o alimento. Dá-me sabedoria e coragem para adentrar a grande seara. Em nome de Jesus, amém."

O Deus que muda a nossa sorte

9
JUL

Então, o Senhor, o seu Deus, abençoará tudo o que as suas mãos fizerem [...] se vocês obedecerem ao Senhor, [...] e se vocês se voltarem para o Senhor, o seu Deus, de todo o coração e de toda a alma.
Deuteronômio 30:9-10

Sabemos bem que o tempo de Deus não é o nosso. Quando os dias de tormenta chegam, confiamos e esperamos no único que pode nos salvar, mas esperamos o tempo dele ou o nosso? E quanto tempo leva o tempo dele?

O salmista Davi não afirma em Salmos 40:1-3 "Depositei toda a minha esperança no Senhor; ele se inclinou para mim e ouviu o meu grito de socorro. Ele me tirou de um poço de destruição, de um atoleiro de lama; pôs os meus pés sobre uma rocha e firmou-me em um local seguro. Pôs um novo cântico na minha boca, um hino de louvor ao nosso Deus. Muitos verão isso, temerão e confiarão no Senhor". A questão não é até quando, mas como esperamos. Como Davi, temos de depositar toda a nossa esperança em Deus, o único capaz de nos salvar e de operar a mudança que almejamos.

Quando desejamos assumir o controle, falhamos em confiar na soberania da vontade de Deus e em sua capacidade de fazer com que todas as coisas cooperem para o nosso bem. Passe o tempo que passar, ele é fiel para fazer o que promete.

Podemos confiar no que a Palavra nos diz "Então, o Senhor, o seu Deus, abençoará tudo o que as suas mãos fizerem, os filhos do seu ventre, a cria dos seus animais e as colheitas da sua terra. O Senhor se alegrará novamente em vocês e os tornará prósperos, como se alegrou nos seus antepassados, se vocês obedecerem ao Senhor, o seu Deus, e guardarem os seus mandamentos e estatutos que estão escritos neste livro da lei e se vocês se voltarem para o Senhor, o seu Deus, de todo o coração e de toda a alma" (Deuteronômio 30:9-10).

A espera em Deus não é passividade, mas uma atitude ativa de confiança e perseverança.

"Ó Deus, neste dia, te peço: muda a minha sorte! Ajuda-me a confiar no teu tempo e a esperar firmemente por tuas promessas enquanto, de todo o coração, obedeço à tua vontade. Em nome de Jesus, amém."

10
JUL

Lembrem-se do que ele disse

[...] — *Por que vocês estão procurando entre os mortos aquele que vive? Ele não está aqui! Ressuscitou! Lembrem-se do que ele disse* [...].

LUCAS 24:5-6

O foco não deve estar no que o mundo prega, mas nas palavras de Jesus, que são espírito e vida.

Com o avanço da tecnologia e o surgimento das ferramentas de inteligência artificial, a busca por informações tem sido cada vez mais fácil, rápida e acessível. O que você quer saber? Está na internet, com certeza! Contudo, nós, os que cremos em Deus e em seu Filho, Jesus Cristo, não podemos de maneira alguma creditar às tecnologias toda a verdade de que precisamos.

Quando se trata das coisas eternas e daquilo que verdadeiramente rege a nossa vida, a busca deve ser feita em outro lugar e de outra forma. A Bíblia Sagrada é o manual de fé e prática que nos revela a palavra de Deus, e é dessas palavras que devemos sempre nos lembrar. Pautar a nossa vida nas Escrituras molda o nosso caráter, direciona as nossas escolhas e nos capacita a glorificar a Deus em todas as esferas.

No relato do Evangelho de Lucas sobre a ressurreição de Jesus, no capítulo 24, está escrito que mulheres foram até o túmulo, viram que a pedra fora removida e não encontraram o corpo do Senhor Jesus, e sim dois homens com roupas resplandecentes. Estes questionaram: "Por que vocês estão procurando entre os mortos aquele que vive? Ele não está aqui! Ressuscitou! Lembrem-se do que ele disse, quando ainda estava com vocês na Galileia" (v. 5-6). As mulheres então se lembraram das palavras de Jesus e, voltando do túmulo, foram contar aos onze discípulos e a todos os outros o que havia acontecido.

Ainda hoje, somos convidados a nos recordar das palavras de Jesus. Em vez de dar tanto crédito às palavras do mundo, precisamos nos lembrar do que Cristo nos disse. Somente assim encontraremos a verdadeira direção, o propósito para a nossa existência e a paz que excede todo o entendimento.

"Senhor, as tuas palavras são tudo o que eu preciso. Ajuda-me a me lembrar de tuas palavras, pois somente assim encontrarei a verdade, a vida e a paz. Em nome de Jesus, amém."

Graça imediata

[...] ele nos salvou pelo lavar regenerador e renovador do Espírito Santo [...] a fim de que, justificados pela sua graça, nos tornemos os seus herdeiros, tendo a esperança da vida eterna.

TITO 3:5,7

Quase tudo em nossa vida é gradual. Por mais que quase sempre queiramos apressar algum processo, existe um tempo determinado para todas as coisas. A semente plantada hoje, por exemplo, não frutificará amanhã; um tratamento médico costuma levar dias para que a medicação tenha efeito completo; geralmente trabalhamos o mês completo para obter o pagamento.

Contudo, existe algo pelo que não precisamos esperar. Embora a transformação produzida por um encontro com Jesus na nossa vida seja gradativa, a bênção da salvação é uma graça imediata. O Senhor nos alcança e, instantaneamente, passamos da morte para a vida. A Palavra nos diz em Romanos 3:23-24 que todos pecaram e não alcançam o padrão da glória de Deus, mas ele, em sua graça, nos declara justos por meio de Cristo Jesus, que nos resgatou do castigo por nossos pecados.

A salvação não é fruto do nosso mérito ou de qualquer obra de justiça que tenhamos feito, mas da misericórdia de Deus. Ele nos lavou para remover os nossos pecados, nos fez nascer de novo e nos deu nova vida por meio do Espírito Santo. Generosamente, derramou o Espírito sobre nós por intermédio de Jesus Cristo, o nosso Salvador.

No livro *Graça* (2012), o autor Max Lucado afirma: "A graça de Deus é abundante. Superabundante. [...] A graça é a voz que nos chama a mudar e, assim, dá-nos o poder de sermos bem-sucedidos. Quando a graça acontece, não recebemos um elogio de Deus, mas um novo coração. Dê seu coração a Cristo e ele retornará o favor". Pela graça, fomos declarados justos e podemos seguir com a esperança de que herdaremos a vida eterna. Essa é uma afirmação digna de confiança e pela qual viveremos até o dia da vinda do nosso Senhor.

Pela graça, Deus nos declara justos por meio de Cristo Jesus, que nos resgatou do castigo por nossos pecados.

"Meu Deus, obrigado por tua graça imediata. Obrigado por teu amor e favor que me alcançou e salvou por meio de Cristo. Ajuda-me a viver com essa confiança e a buscar mais do teu Espírito Santo. Em nome de Jesus, amém."

12
JUL

Um estilo de vida

[...] *Assim, nos gloriamos na esperança da glória de Deus.*
ROMANOS 5:2

A graça nos capacita a viver com alegria, propósito e em plena comunhão com o Pai.

A graça dada por Jesus vai além da salvação que ele nos oferece. Ela nos leva a um novo estilo de vida, uma vez que temos consciência do preço de sangue que Jesus pagou no Calvário pelos nossos pecados. Juntamente com a ação do Espírito Santo, essa graça é o que nos ensina e nos faz crescer todos os dias. Pela graça, podemos buscar uma vida de santidade, em constante crescimento e em plena comunhão com Deus.

Deus jamais nos deixaria viver sem direção. Como um bom Pai, seu desejo não é de que vaguemos perdidos por aí. Como Paulo explica em Tito 3:2-5, em outros tempos, éramos insensatos e desobedientes. Vivíamos no engano, escravizados por muitas paixões e prazeres. Éramos cheios de maldade, inveja e ódio uns pelos outros. Quando Deus revelou a sua bondade e o seu amor, ele nos fez nascer de novo e nos deu nova vida por meio do Espírito Santo. Se éramos conduzidos por desejos egoístas e carnais como consequência do pecado e da corrupção humana, a partir de um encontro com Jesus e da regeneração, passamos a ser conduzidos pelo Espírito de Deus a uma vida de santidade.

É por isso que nesta nova vida precisamos adotar um estilo de vida condizente com a salvação que recebemos pela graça. O pecado causou inimizade entre Deus e a humanidade, porém o sacrifício de Jesus trouxe reconciliação. Como está escrito em Romanos 5:1-2: "Tendo sido, pois, justificados pela fé, temos paz com Deus, pelo nosso Senhor Jesus Cristo, por meio de quem obtivemos acesso pela fé a esta graça na qual estamos firmes. Assim, nos gloriamos na esperança da glória de Deus". O nosso estilo de vida deve ser um reflexo de um relacionamento pessoal com Deus, pela esperança da glória.

"Pai, eu te agradeço pelo sacrifício do teu Filho, que me trouxe a vida, a salvação e a reconciliação contigo. Por teu Espírito, capacita-me a viver em conformidade com a tua vontade, em nome de Jesus. Amém."

Cidadãos do céu

13
JUL

Ele se entregou por nós a fim de nos remir de toda iniquidade e purificar para si mesmo um povo particularmente seu, dedicado à prática do que é bom.

TITO 2:14

O novo nascimento em Cristo é o marco inicial de uma jornada que transcende a existência terrena. Deixamos de ser apenas habitantes deste mundo e passamos a ser cidadãos do céu, com uma nova identidade e uma nova pátria, o que deve produzir uma nova mentalidade. Até que Jesus venha, não viveremos mais segundo expectativas ou anseios terrenos e temporais, mas com a mentalidade do reino dos céus.

Paulo escreveu aos filipenses: "A nossa cidadania, porém, está nos céus, de onde esperamos ansiosamente o Salvador, o Senhor Jesus Cristo, que, pelo poder que o capacita a sujeitar todas as coisas a si, transformará o nosso corpo humilhado, tornando-o semelhante ao seu corpo glorioso" (3:20-21). O céu é a nossa verdadeira casa, e a volta de Jesus é a nossa maior expectativa.

O céu é a nossa verdadeira casa, e a volta de Jesus é a nossa maior expectativa.

A vivência da realidade celestial não é apenas uma promessa futura; ela se inicia no momento em que Jesus nos alcança. Pertencemos ao céu e já somos cidadãos do seu reino aqui na terra. Por essa razão, devemos mostrar ao mundo um comportamento diferente do das demais pessoas, capacitados pelo Espírito Santo, que habita em nós, pela obediência à vontade de Deus e da comunhão genuína com ele.

Somos instruídos a abandonar o estilo de vida ímpio e os prazeres pecaminosos, a fim de "viver de maneira santa, sensata, justa e piedosa nesta era presente, enquanto aguardamos a bendita esperança: a gloriosa manifestação do nosso grande Deus e Salvador, Jesus Cristo" (Tito 2:12-13). Não vivemos mais segundo os padrões do mundo perverso, mas em conformidade com os valores celestiais, que glorificam a Deus e atraem outros para a sua luz e para o Reino.

"Senhor, sou grato por minha cidadania do céu. Quero viver a eternidade contigo desde já e mostrar ao mundo quem tu és. Ajuda-me a aguardar o dia de glória da vinda do meu Senhor e Salvador, Jesus Cristo. Amém."

14
JUL

Perfume que dá vida

Porque, para Deus, somos o aroma de Cristo entre os que estão sendo salvos e entre os que estão perecendo.
2Coríntios 2:15

Que exalemos o aroma de Cristo, para que ele seja glorificado por meio do nosso testemunho.

Ao longo das Escrituras, é perceptível que os servos tementes a Deus eram pessoas que se distinguiam das demais. Tanto no Antigo quanto no Novo Testamentos, os grandes heróis da fé eram perseguidos por agirem de maneira diferente da maioria. Eles compreendiam que não mais pertenciam a si mesmos, mas ao Senhor, e essa consciência os impulsionava a uma vida de obediência e de dedicação.

No segundo capítulo da carta aos gálatas, o apóstolo Paulo declara sua entrega total: "Estou crucificado com Cristo. Assim, já não sou eu quem vive, mas Cristo vive em mim. A vida que agora vivo no corpo, vivo-a pela fé no Filho de Deus, que me amou e se entregou por mim" (v. 20). O amor sacrificial de Cristo, que se entregou por nós, é a motivação para essa nova vida manifesta em obediência, em serviço e em um testemunho que glorifica a Deus.

Quando morremos para o mundo e para nós mesmos, a fim de viver para Cristo, temos o privilégio de participar do seu plano de fazê-lo conhecido a todos os povos. Deixamos de desejar ser vistos e reconhecidos por quem somos e passamos a exalar o perfume de Cristo por onde vamos, para que ele seja reconhecido e glorificado. Agostinho de Hipona retratou essa verdade em *A cidade de Deus*: "Dois amores fundaram duas cidades. São elas: a cidade terrena, fundada pelo amor-próprio e o desprezo de Deus; a celeste, pelo amor a Deus e o desprezo de si próprio. A primeira gloria-se a si mesma e a segunda rende glórias a Deus [...]".

Somos o aroma de Cristo, mas este é percebido de diferentes formas por aqueles que estão sendo salvos e por aqueles que estão perecendo, conforme 2Coríntios 2:15-16. "Para estes, somos cheiro de morte; para aqueles, fragrância de vida [...]".

"Meu Deus, não quero mais viver mais para mim mesmo, mas para Cristo, que se entregou por mim. Quero me entregar e fazê-lo conhecido. Que eu exale perfume de vida por onde passar. Em nome de Jesus, amém."

Como ele viveu

Desta forma sabemos que o conhecemos: se obedecemos aos seus mandamentos.

1JOÃO 2:3

O que mais se vê nos últimos dias são pessoas que se dizem cristãs sem o mínimo de compromisso com Cristo. Isso, além de mantê-las no engano e comprometer o seu testemunho, entristece o coração de Deus. Essas pessoas vivem uma contradição não somente de princípios, como também do significado da própria palavra "cristão": "seguidor de Cristo", segundo o *Dicionário Bíblico Baker*.

A Palavra é clara em dizer que os seguidores de Cristo carregam em si a marca da sua fé. Em 1João 2:3, o apóstolo João explica que a obediência aos seus mandamentos é a evidência de que o conhecemos. Em outras palavras, a nossa fé está, inevitavelmente, condicionada à nossa obediência a ele. Uma fé que não produz obediência é estéril, vazia e incapaz de agradar a Deus.

Na sequência, o apóstolo João ainda afirma: "Aquele que diz: 'Eu o conheço', mas não obedece aos seus mandamentos, é mentiroso, e a verdade não está nele. Mas, se alguém obedece à sua palavra, nele verdadeiramente o amor de Deus está aperfeiçoado. Desta forma sabemos que estamos nele: quem afirma que permanece nele deve andar como ele andou" (v. 4-6). A verdadeira fé nos leva a obedecer aos mandamentos divinos com o objetivo de seguir os passos de Cristo, o nosso referencial, afinal, temos de ser seus imitadores, como afirmou Paulo (cf. Efésios 5:1).

Não há meio-termo! A afirmação de fé deve ser acompanhada da submissão total. Não podemos seguir os passos de Jesus e nos conformar com o mundo, ou oscilar entre os princípios do céu e da terra. Se afirmamos estar nele, precisamos nos dedicar a viver como ele viveu.

A obediência à vontade de Deus é a evidência da nossa fé.

"Pai, o meu desejo é agradar ao teu coração, e sei que não há outra forma de fazê-lo senão ao seguir os passos de Jesus. Aperfeiçoa-me a cada dia e torna-me mais parecido com ele, andando em obediência e amor. Amém."

16 JUL

Padrão original

Pois dele, por ele e para ele são todas as coisas. A ele seja a glória pelos séculos! Amém.

ROMANOS 11:36

Busquemos sempre a vontade de Deus e o padrão do céu, para a glória dele e o cumprimento do nosso propósito.

A graça com a qual Jesus nos alcançou não é estática; ela se movimenta e, diariamente, completa sua obra em nós até a vinda de Cristo Jesus. Não é possível afirmar que fomos alcançados se não estivermos acompanhados da transformação que o Espírito Santo opera em nós da partir do momento em que aceitamos Jesus como nosso Senhor e Salvador.

Esse movimento, no entanto, sempre será com relação a nós, pois a Palavra e o caráter de Deus são imutáveis e inerrantes. Os tempos podem ser outros, mas o que era pecado no passado continua a ser pecado; da mesma maneira, o que é certo hoje já era certo desde o princípio de todas as coisas. Os princípios morais, éticos e espirituais estabelecidos nas Escrituras não se adaptam ao tempo e às culturas; eles são eternos.

Jesus, certa vez, disse: "Os céus e a terra passarão, mas as minhas palavras jamais passarão" (Mateus 24:35). Ou seja, tudo pode mudar, com exceção da palavra que sai da boca de Deus, porque ele mesmo é imutável. Nossa conduta não deve ser ditada por tendências culturais ou por conveniências pessoais, mas pela Palavra de Deus. Assim, o meu padrão moral deve ser definido por Deus; a forma como me relaciono com a minha família deve ser definida por Deus; a maneira como me visto deve ser definida por Deus.

Submeter cada aspecto da nossa existência à autoridade da Escritura nos alinha ao caráter de Deus e nos capacita a viver uma vida que o glorifica, visto que somos instruídos a fazer todas as coisas para a glória de Deus (cf. 1Coríntios 10:31). Tudo em nós deve ser conformado à vontade de Deus; afinal, todas as coisas vêm dele, por meio dele e para ele. A ele seja a glória para sempre! Amém.

"Senhor, eu quero agir conforme a tua Palavra, que jamais passará. Instrui-me a andar conforme a tua vontade e alinha o meu coração ao teu, em nome de Jesus. Amém."

Provisão sobrenatural

O meu Deus suprirá todas as necessidades de vocês, de acordo com as suas gloriosas riquezas em Cristo Jesus.

FILIPENSES 4:19

É triste pensar que algumas pessoas que dizem crer em Deus o veem como uma divindade distante e severa. Em muitas culturas e religiões, a divindade é temida por sua ira e por sua disposição em castigar. No entanto, a revelação bíblica nos apresenta um Deus amoroso, fiel e zeloso. O nosso Deus não é insensível e frio, mas está sempre pronto para cuidar de nós e ir de encontro às nossas necessidades.

O texto de Mateus 17:24-27 é uma das muitas passagens das Escrituras que ressaltam como Jesus está atento às nossas necessidades, não importa quais sejam. O evangelista relata que os coletores de impostos abordaram Pedro e questionaram se seu mestre não pagava o imposto do templo. Embora o autor não se aprofunde em detalhes quanto ao que Pedro sentiu naquele momento, ao ser confrontado, está escrito que ele respondeu que sim. Contudo, ao entrar na casa, antes que tivesse oportunidade de falar, Jesus lhe deu um ensinamento e uma solução para o embate com os coletores do templo. O Mestre ordenou que Pedro fosse pescar, pois, ao abrir a boca do primeiro peixe que fisgasse, encontraria uma moeda com o valor exato para pagar tanto o próprio imposto quanto o de Jesus.

O Senhor continua a fazê-lo ainda hoje. Talvez não mais com uma moeda na boca do peixe, mas faz assim como fez com Paulo, que, apesar de ter passado por tantas dificuldades, declarou que as suas necessidades foram amplamente supridas e que tinha mais do que suficiente. O apóstolo nos assegura de que o mesmo Deus que lhe deu a provisão também o faria por nós. Podemos, portanto, nos regozijar na certeza de que o Senhor cuida de nós em cada aspecto da nossa vida, em sua riqueza, amor e poder infinitos.

Deus supre todas as suas necessidades, sejam elas material, física, emocional ou espiritual.

“Senhor, obrigado por suprir todas as minhas necessidades. Ensina-me a descansar em ti e a confiar que tu sabes tudo de que preciso e te importas comigo em todos os aspectos. Em nome de Jesus, amém.”

18
JUL

Do seu amanhã, Deus cuida

Todo ser humano é como um sopro; os seus dias são como sombra passageira.
SALMOS 144:4

Descanse na certeza de que o seu amanhã está seguro nas mãos do Deus que tudo sabe e tudo pode.

O Senhor nunca chega atrasado. Nós somos surpreendidos e muitas vezes encontrados desprevenidos, mas ele nunca é pego de surpresa. O Criador, em sua onisciência, conhece todas as coisas, inclusive o nosso coração e os nossos pensamentos, como o salmista observa no salmo 139. Davi afirma que Deus sabe até mesmo quantos serão os nossos dias; nada escapa do seu conhecimento: "[...] todos os dias determinados para mim foram escritos no teu livro antes de qualquer um deles existir" (v. 16).

O ser humano tem a estranha mania de achar que conhece tudo sobre sua vida quando, na verdade, de nada sabe. As pessoas acreditam ter algum tipo de controle sobre a vida, os planos e o futuro. No entanto, não é raro sermos confrontados com a realidade da brevidade da vida e da incerteza dos tempos. Quando isso acontece, temos a tendência de nos desesperar. Deveríamos, porém, aprender a descansar naquele que de fato conhece tudo e está no controle.

O apóstolo Tiago confrontou em sua epístola aqueles que viviam no engano do falso controle sobre o futuro e nos deixa este ensinamento: em vez de falar "Amanhã farei isto ou aquilo", temos de dizer: "Se o Senhor quiser, viveremos e faremos isto ou aquilo" (cf. 4:13-15). Somos convidados todos os dias a entregar tudo nas mãos do Senhor. O nosso trabalho, a nossa família, a nossa saúde e a nossa própria vida não se mantêm senão pela mão do Senhor.

Se a nossa vida está nas mãos do Senhor, a correria não faz sentido algum, pois ele não tarda. Em tempos nos quais todos querem saber de tudo e se movem freneticamente em uma corrida sem fim, ele nos diz: "Descanse! Do seu amanhã, cuido eu".

“Eu te agradeço, Deus querido, porque tu cuidas de mim a cada dia. Ensina-me a descansar em ti por saber que tu és detentor do meu tempo e da minha vida. Em nome de Jesus, amém.”

Frutos da graça

19
JUL

[...] entretanto, onde foi ressaltado o pecado, transbordou a graça, para que, como o pecado reinou na morte, assim a graça reine pela justiça para conceder vida eterna, por meio de Jesus Cristo, o nosso Senhor.

ROMANOS 5:20-21

A graça de Deus tem um papel fundamental em nossa vida espiritual. Tudo o que temos e somos é fruto da graça de Deus. Ela transcende qualquer mérito, qualquer obra, qualquer esforço humano. É um favor, um presente que nos foi dado apesar de não merecermos, pela infinita bondade de Deus e por seu grandioso amor por nós.

Ninguém é tão mau que não possa ser alcançado pela graça nem tão bom que não precise dela.

Em sua complexidade, a graça se manifesta de diversas formas. Toda a nossa vida está permeada pela graça. A nossa própria vida é fruto da graça de Deus. Não existe neste mundo ninguém tão pecador, tão perdido, que não possa ser alcançado pela graça. Da mesma forma, não existe ninguém tão bom que não precise da graça.

O apóstolo Paulo tinha consciência dessa verdade. Ele se considerava o mais insignificante dos apóstolos; aliás, nem se achava digno de ser chamado apóstolo, pois havia perseguido a igreja de Deus. Ao olhar para o seu histórico, porém, Paulo entendia que nada que havia feito seria capaz de impedir que fosse encontrado pela graça. Por esse motivo, relatou em 1Coríntios 15:10: "Mas, pela graça de Deus, sou o que sou, e a sua graça para comigo não foi inútil; antes, trabalhei mais do que todos eles; contudo, não eu, mas a graça de Deus comigo". Pela graça, aquele que outrora perseguia cristãos produziu frutos abundantes para a eternidade.

Dessa forma, onde o pecado reinava, trazendo morte e condenação, a graça de Deus se manifestou em abundância. Pela graça, fomos justificados e recebemos a vida eterna por meio de Jesus Cristo. Essa verdade é a base da nossa esperança e da nossa segurança. Somos filhos da graça, redimidos pelo sangue de Cristo. Como Paulo, somos chamados a viver essa graça e a realizar boas obras a serviço do Reino.

“Senhor, como é maravilhoso saber que a tua graça me alcançou. Ensina-me a reconhecer o papel fundamental dela em minha vida e a viver na justiça dada a mim por Cristo. Amém.”

20
JUL

Corações aperfeiçoados

O coração do sábio está na casa onde há luto, mas o do tolo, na casa da alegria.
ECLESIASTES 7:4

As circunstâncias dolorosas são oportunidades para sermos aperfeiçoados por Deus.

Existe um poder nas fraquezas que o homem desconhece. Às vezes, fugimos dos problemas, das dores e do sofrimento, mas são as experiências vividas nessas situações que nos fazem crescer e sermos melhores.

Por mais que Deus não queira o nosso sofrimento, também sabe que, quando nos sentimos quebrados e incapazes, é quando mais estamos abertos a ouvi-lo e a depender dele. Infelizmente há quem sequer se lembre dele nos dias bons, mas, ao se ver ameaçado por situações paralisadoras, recorre ao Deus todo-poderoso.

Está escrito em Eclesiastes 7:2-4 que é melhor ir a funerais do que ir a festas. O que será que esse texto quer dizer? Que, na busca por sabedoria, é melhor ser confrontado com a realidade da morte, afinal, todos morrem. Então, é bom que os vivos se lembrem disso. Ela abre os nossos olhos para a necessidade de humildade e dependência de Deus. Da mesma forma, o texto diz que a frustração é melhor que o riso, pois aperfeiçoa o coração. A busca incessante por diversão e prazer, sem a consciência da finitude, é característica do tolo, enquanto o sábio abraça a realidade da vida em todas as suas facetas, buscando a sabedoria que vem do Senhor.

Portanto, permita que o seu coração seja aperfeiçoado, ainda que pela dor, para que você possa se apresentar como filho maduro, fiel e leal ao Senhor, independentemente das circunstâncias. Não se permita ser alguém que vira as costas para Deus na bonança e se volta para ele na tribulação; antes, dedique-se a compreender que, não importa a situação, ele sempre será Deus, sempre digno da sua devoção, adoração e rendição.

“Senhor, eu não compreendo todas as coisas, mas confio em ti. Aperfeiçoa o meu coração e faz-me sábio para que eu me mantenha fiel em todo tempo, na alegria e na dor. Em nome de Jesus, amém.”

Tudo é dele!

21
JUL

Ó profundidade da riqueza da sabedoria e do conhecimento de Deus! Quão insondáveis são os seus juízos e inescrutáveis os seus caminhos!

ROMANOS 11:33

Todas as coisas estão acessíveis a Deus. Nada está fora do seu alcance: nem os tesouros deste mundo, a cura para enfermidades, a resolução de um problema emocional, nem mesmo um coração endurecido. Não há nada que esteja escondido ou que ele não seja capaz de tocar, porque "são grandes os seus sinais" e "são poderosas as suas maravilhas. O seu reino é um reino eterno; o seu domínio dura de geração a geração" (cf. Daniel 4:3).

O Deus a quem servimos é digno de todo louvor e toda honra. Ninguém é como ele nos céus e na terra.

Quando falamos da supremacia de Deus, devemos fazê-lo de maneira consciente. Precisamos entender — por mais desafiador que seja — que, sim, há alguém que sabe todas as coisas, está em todos os lugares e tudo pode. Em Romanos 11:33-36, o apóstolo Paulo proclamou: "Ó profundidade da riqueza da sabedoria e do conhecimento de Deus! Quão insondáveis são os seus juízos e inescrutáveis os seus caminhos! 'Quem conheceu a mente do Senhor? Ou quem tem sido o seu conselheiro?' 'Quem primeiro lhe deu para que ele o recompense?' Pois dele, por ele e para ele são todas as coisas. A ele seja a glória pelos séculos! Amém".

Todas as coisas vêm dele, existem por meio dele e são para ele. Essa é a síntese da soberania divina e do propósito de toda a criação. Ele é a fonte, o sustentador e o destino de tudo o que existe. Da mesma forma, foi ele quem nos criou, é ele quem tem nos sustentado e é para ele que vivemos. Por essa razão, o nosso coração deve estar consciente do Deus a quem servimos, digno de todo louvor e toda honra, visto que ninguém é como ele nos céus e na terra. Todas as coisas estão sob seu domínio. Tudo lhe é acessível, inclusive a nossa vida, que, ainda hoje, pode ser tocada e transformada por ele. Você crê?

"Senhor, tu és tão grandioso! Gua sabedoria e poder estão além da minha compreensão. Ainda assim, decido me render a ti e crer que não há outro tão grande e poderoso como tu. Louvado seja o teu nome! Amém."

22
JUL

Único Deus

Mas o Senhor é o Deus verdadeiro; ele é o Deus vivo, o Rei eterno. Quando ele se ira, a terra treme; as nações não podem suportar o seu furor.

Jeremias 10:10

Não há outro Deus além do Senhor, e o caminho para ele é um só: Jesus Cristo.

Em um mundo onde a busca por aceitação e a relativização da verdade são cada vez mais comuns, a proliferação de falácias se torna um risco para a fé. Duas afirmações comuns, por exemplo, são: "A voz do povo é a voz e Deus" e "Todos os caminhos levam a Deus". Contudo, não é isso que a Palavra de nos diz. Todas as vezes em que uma crença se levanta, temos de confrontá-la à luz da Palavra e verificar se é verídica, a fim de que não sejamos levados por enganos.

Lemos em Jeremias 10:10-12: "Mas o Senhor é o Deus verdadeiro; ele é o Deus vivo, o Rei eterno. Quando ele se ira, a terra treme; as nações não podem suportar o seu furor. 'Digam-lhes isto: "Estes deuses, que não fizeram nem os céus nem a terra, desaparecerão da terra e de debaixo dos céus".' Mas foi Deus quem fez a terra com o seu poder; ele firmou o mundo com a sua sabedoria e estendeu os céus com o seu entendimento". Já em João 14:6, Jesus afirma a seu respeito: "Eu sou o caminho, a verdade e a vida. Ninguém vem ao Pai, a não ser por mim".

Em outras palavras, o povo muitas vezes erra e adora o que não é para ser adorado. O povo toma decisões equivocadas, age contra a vontade de Deus e é facilmente influenciado. As pessoas vivem em seus próprios caminhos por acreditarem que estes o levarão a Deus, mas estão completamente enganadas, porque somente Jesus é o caminho que nos leva ao Pai.

Neste dia, somos chamados a reconhecer e a declarar que não há outro Deus além do Senhor. O Deus eterno é soberano. Ele é o único que deve ser adorado e exaltado. E existe apenas uma maneira pela qual podemos nos achegar a ele: Jesus Cristo, o caminho, a verdade e a vida; ele é a ponte que nos leva a Deus.

"Senhor, perdoa-me pelas vezes em que me deixei levar por falácias. Reconheço que não há outro Deus além de ti e quero declarar ao mundo que somente Cristo é o caminho, a verdade e a vida. Amém."

Aquele que se importa

23
JUL

[...] O Senhor é o Deus eterno, o Criador de toda a terra. Ele não se cansa nem fica exausto; a sua sabedoria é insondável.

Isaías 40:28

Nesta vida de vales e montes, de momentos altos e baixos, quem nunca se sentiu sozinho e pensou que até mesmo o Senhor o abandonou? Esse questionamento, quando levado a Deus com sinceridade, nos conduz a uma compreensão mais profunda do seu caráter e da sua fidelidade, que é inabalável.

Sim, os homens podem nos deixar, mas o Senhor jamais o faria. Em Isaías 49:15, ele declara: "Haverá mãe que possa esquecer-se do seu bebê que ainda mama e não ter compaixão do filho que gerou? Embora ela possa se esquecer dele, eu não me esquecerei de você!". Deus jamais iria contra a sua própria palavra. A essência dele é o amor, então, o abandono vai totalmente contra a pessoa de Deus.

Encontramos ao longo das Escrituras muitas outras confirmações de que Deus se importa conosco. Está escrito em Isaías 40:11 "Como pastor, ele cuida do seu rebanho, com o braço ajunta os cordeiros e os carrega no colo; conduz com cuidado as ovelhas que amamentam as suas crias". Mais adiante, lemos: "Por que você reclama, ó Jacó, e por que se queixa, ó Israel: 'O Senhor não se interessa pela minha situação; o meu Deus não considera a minha causa'? Será que você não sabe? Nunca ouviu falar? O Senhor é o Deus eterno, o Criador de toda a terra. Ele não se cansa nem fica exausto; a sua sabedoria é insondável" (v. 27-28).

Podemos notar quanto amor o Senhor tem por cada um de nós, como se a ideia de que ele seja indiferente aos seus filhos trouxesse dor ao seu coração. Somos convidados a confiar plenamente em um Deus que tem todo o universo em suas mãos e que cuida de nós com amor inabalável.

Podemos confiar em um Deus que é bom, nos vê, se importa e sempre age em nosso favor.

"Senhor, quantas vezes me senti sozinho e julguei que tiveste me abandonado. Perdoa-me! Eu te agradeço porque tu te importas comigo e me amas. Mostra-me que jamais te cansas e que tua força não tem fim. Amém."

24
JUL

Alto como as águias

Ele fortalece o cansado e dá grande vigor ao que está sem forças. [...] aqueles que esperam no SENHOR renovam as suas forças, voam alto como as águias, correm e não ficam exaustos, andam e não se cansam.

ISAÍAS 40:29,31

Pratique a plena confiança no Deus que renova as suas forças e o capacita a prosseguir.

Confiar é depender. Quando dizemos que confiamos em Deus, devemos entender que somos como aquela criança pequena que se lança no ar na certeza de que seu pai não vai deixá-la cair. Se não confiamos nele de tal maneira, então não o fazemos verdadeiramente. Sem essa entrega total, o que chamamos de confiança não passa de uma crença superficial, incapaz de nos sustentar em tempos de adversidade.

É natural que ao longo da caminhada haja momentos de cansaço, fraqueza e quase exaustão. Nessas situações, o desejo de desistir é quase inevitável, pois cruzar a linha de chegada parece impossível. O desgaste, físico e emocional, pode nos cegar para a esperança e nos fazer duvidar da nossa capacidade de prosseguir. É em tempos como esses que devemos nos lembrar de que tudo pode ser diferente se confiarmos no Senhor, como nos assegura a sua Palavra infalível.

A Palavra de Deus nos diz em Isaías 40:29-31 que é ele quem dá forças aos cansados e vigor aos fracos. Até os jovens perdem as forças e se cansam, e os rapazes tropeçam de tão exaustos. No entanto, os que confiam no Senhor renovam as forças; eles voam alto, como águias. Correm e não se cansam, caminham e não desfalecem.

Talvez você tenha se sentido exausto, prestes a jogar a toalha, como se tivesse chegado ao seu limite. Contudo, o Senhor quer que você se lembre de que, quando há entrega total e uma segurança inabalável nele, em todos os sentidos, de todo o coração e entendimento, haverá também a força necessária para não somente prosseguir adiante na jornada de fé, como também correer e voar alto como as águias.

“Senhor, tu és tudo o que eu preciso. Nos meus dias de cansaço e exaustão, escolho confiar em ti. Ensina-me a depender somente de ti. Quero ter as forças renovadas e voar alto como as águias. Em nome de Jesus, amém.”

Sempre comigo

25 JUL

Sempre tenho o SENHOR *diante de mim. Com ele à minha direita, não serei abalado.*

SALMOS 16:8

Nada transmite mais segurança do que saber que Deus está conosco. O Deus criador de todas as coisas, aquele que rege o universo e tudo o que nele há, o Senhor dos Exércitos, que jamais perdeu uma batalha, está comigo! Ele escolheu estar conosco e nos acompanhar em cada passo da jornada.

Em Romanos 8:31-33, o apóstolo Paulo afirma "Que diremos, pois, diante dessas coisas? Se Deus é por nós, quem será contra nós? Aquele que não poupou o seu próprio Filho, mas o entregou por todos nós, como não nos dará graciosamente com ele todas as coisas? Quem fará alguma acusação contra os escolhidos de Deus? É Deus quem os justifica". Nenhuma acusação, nenhuma condenação, nenhuma força contrária pode prevalecer contra aqueles que foram escolhidos e justificados pelo próprio Deus. Somos justificados pelo sangue de Cristo, e a nossa posição em Deus não pode ser tirada por nada nem ninguém.

Tais afirmações não devem gerar em nós orgulho e soberba. Antes, essa segurança incontestável tem de produzir em nós confiança, leveza e paz. No dia de hoje, ao nos lembrarmos de tão grandiosas verdades, o nosso sentimento deve ser de gratidão e alegria. Como o salmista, devemos proclamar: "Protege-me, ó Deus, pois em ti me refúgio. Ao SENHOR declaro: 'Tu és o meu Senhor; não tenho nenhum bem além de ti'". [...] Bendirei ao SENHOR, que me aconselha; até mesmo de noite o meu coração me ensina! Sempre tenho o SENHOR diante de mim. Com ele à minha direita, não serei abalado. Por isso, o meu coração se alegra e no íntimo exulto; o meu corpo também repousará seguro, porque tu não me abandonarás [...]" (Salmos 16:1-2,7-10).

A presença do Senhor é a garantia de que não seremos abalados por nenhuma circunstância.

"Quão grandioso é pensar que o Deus criador de todas as coisas está ao meu lado! Sou grato por tamanho cuidado e amor. Ajuda-me a ter um coração humilde e grato, sempre disposto a louvar-te alegremente. Em nome de Jesus, amém."

26
JUL

Não tema

Ninguém conseguirá resistir a você todos os dias da sua vida. Como estive com Moisés, assim estarei com você; nunca o deixarei nem o abandonarei.

JOSUÉ 1:5

Podemos viver sem medo, confiando plenamente no Deus que nos guarda e nos sustenta em todo o tempo.

Muitos cristãos afirmam que a frase "Não tema" é dita 366 vezes no decorrer das Escrituras, ou seja, uma para cada dia do ano, inclusive em anos bissextos. Nunca parei para contar, mas, independentemente do número de vezes em que a frase aparece na Bíblia, o fato é que o Senhor nos dá a segurança de que precisamos para não ter medo, e a sua Palavra é uma das maneiras pelas quais ele nos assegura isso. Todos os dias, o Senhor está conosco; sendo assim, o que temer?

Em Marcos 5, encontramos o milagre conhecido da cura da filha de Jairo, um dos líderes da sinagoga. No entanto, a caminho da casa do homem, Jesus estava cercado por uma multidão e parou de andar quando sentiu que dele havia saído poder. Ao questionar quem havia tocado em seu manto, uma mulher se pronunciou; nós a conhecemos como a mulher do fluxo de sangue. Enquanto Jesus ainda falava com a mulher, chegaram mensageiros da casa de Jairo e lhe disseram: "A tua filha morreu. Por que ainda incomodas o mestre?" (v. 35). Em seguida, lemos: "Jesus, porém, ignorou essa notícia e disse ao líder da sinagoga: 'Não tenha medo; apenas creia'" (v. 36).

Jesus não deu a mínima atenção para a notícia; não se perturbou. Ora, se, mesmo em face da morte, Jesus ignorou o cenário e orientou aquele pai a crer sem temer, o que mais poderia abalar a nossa fé? Não se engane: Jesus não estava insensível à situação, ele apenas sabia que aquela história não terminaria ali.

Hoje mesmo ele lhe diz: "Não tenha medo; apenas creia!". Qualquer que seja o cenário, o Senhor convida você a ter fé. Você não precisa temer as circunstâncias, pois tem ao seu lado aquele que não se abate com as adversidades.

"Senhor, obrigado por Palavra, minha fonte de consolo e incentivo diários. Obrigado por me dar garantias de que, por pior o cenário, posso continuar crendo. Sei que estás comigo todos os dias, enquanto eu viver. Amém."

A lei do Senhor é perfeita

27
JUL

Os preceitos do Senhor *são justos e dão alegria ao coração. Os mandamentos do* Senhor *são límpidos e trazem luz aos olhos.*

Salmos 19:8

Não é possível termos um relacionamento íntimo e pessoal com Deus sem o contato com as Escrituras. É por meio delas que o conhecemos. Então, cientes do seu caráter, dos seus princípios e da sua forma de agir, aprendemos, dia após dia, a honrá-lo e agradá-lo. Sem a Bíblia, o nosso conhecimento de Deus seria limitado, fragmentado e sujeito a especulações. Ela é o manual de fé e prática que nos guia e nos capacita a viver em plena comunhão com o Pai.

Em Deuteronômio 31:12-13, Moisés instrui o povo de Israel desta maneira: "Reúnam o povo — homens, mulheres, crianças e os estrangeiros que morarem nas suas cidades — para que ouçam e aprendam a temer ao Senhor, o seu Deus, e obedeçam fielmente a todas as palavras desta lei. Os seus filhos, que não conhecem esta lei, terão que ouvi-la e aprender a temer ao Senhor, o seu Deus [...]". Essa transmissão da verdade divina, de geração em geração, é crucial para a preservação da fé e para a continuidade da aliança com Deus.

Ou seja, desde os tempos de peregrinação do povo de Deus pelo deserto até hoje, a necessidade é a mesma. De geração em geração, é preciso aprender a temer o Senhor e isso só é possível se conhecermos as suas leis e nos dedicarmos diariamente a obedecer-lhe.

Portanto, não sejamos negligentes quanto ao conhecimento de Deus e reconheçamos que a "lei do Senhor é perfeita e revigora a alma. Os testemunhos do Senhor são dignos de confiança e tornam sábios os ingênuos. Os preceitos do Senhor são justos e dão alegria ao coração. Os mandamentos do Senhor são límpidos e trazem luz aos olhos" (Salmos 19:7-8). Vivamos em obediência à Palavra de Deus, guardando os seus mandamentos e buscando sabedoria em todas as coisas.

É um compromisso contínuo com a Palavra que nos capacita a viver um relacionamento com Deus.

"Senhor, obrigado pelos teus decretos, que são vida e revigoram a minha alma. Direciona-me conforme a tua vontade. Ajuda-me a obedecer à tua Palavra, em nome de Jesus. Amém."

28
JUL

Cultura de excelência

Todos os que competem nos jogos se submetem a um treinamento rigoroso para obter uma coroa que logo perece, mas nós o fazemos para ganhar uma coroa imperecível.
1CORÍNTIOS 9:25

Busquemos uma cultura de excelência, na qual a disciplina não é um fardo, mas um caminho para a vitória.

A disciplina é uma exigência para quem deseja alcançar um grande prêmio. Em um mundo que muitas vezes valoriza o imediatismo e a gratificação instantânea, a persistência e a dedicação contínua são qualidades raras, mas essenciais. São muitas as pessoas que deixam de cumprir o seu propósito e de viver uma vida vitoriosa simplesmente pelo fato de não darem a devida atenção à disciplina. Elas se tornam procrastinadoras, meras espectadoras daquelas que se esforçam e alcançam.

Paulo ressaltou a importância de se esforçar também pelas coisas eternas em 1Coríntios 9:24-25: "Vocês não sabem que, de todos os que correm em uma competição, apenas um ganha o prêmio? Corram de tal modo que alcancem o prêmio. Todos os que competem nos jogos se submetem a um treinamento rigoroso para obter uma coroa que logo perece, mas nós o fazemos para ganhar uma coroa imperecível". Ou seja, cabe a nós — não a outros nem a Deus — praticar a disciplina, tendo em vista o valor do prêmio que está em jogo. Precisamos desenvolver uma cultura de excelência e a disposição para romper com velhos hábitos que nos impedem de avançar e criar novos hábitos que nos aproximam do nosso objetivo.

Somente assim, como o apóstolo Paulo, poderemos dizer: "[...] não corro como quem corre sem alvo e não luto como quem esmurra o ar. Contudo, esmurro o meu corpo e faço dele meu escravo, para que, depois de ter pregado aos outros, eu mesmo não venha a ser desqualificado" (v. 26-27). Se desejamos alcançar a recompensa, não podemos vagar sem rumo ou lutar sem propósito. Pelo contrário, é com foco, intencionalidade e disciplina que alcançaremos o prêmio sem sermos desqualificados.

"Senhor, ajuda-me a ser mais disciplinado. Ajuda-me a desenvolver uma cultura de excelência e disciplina. Dá-me clareza do objetivo desta corrida, a fim de que eu me dedique e seja intencional. Em nome de Jesus, amém."

Prosperidade verdadeira

29 JUL

— Busquem, pois, em primeiro lugar o reino de Deus e a sua justiça, e todas essas coisas serão acrescentadas a vocês.

MATEUS 6:33

A palavra "prosperidade" é citada muitas vezes nas Escrituras. Essa é, inclusive, uma promessa de Deus ao seu povo. O problema é que muitas vezes essa palavra é interpretada de maneira errada. Para o mundo, a prosperidade se trata de dinheiro, bens materiais. Biblicamente, porém, não é isso que ela significa.

A verdadeira prosperidade não reside em bens, mas na abundância que flui de um relacionamento com Deus.

A prosperidade bíblica tem a ver com cumprimento de propósito. Na cultura do reino de Deus, ela está relacionada a uma vida abençoada e alinhada à vontade divina. Essa perspectiva nos liberta do peso da busca incessante por riqueza material e nos convida a uma vida de propósito e de verdadeira plenitude, que flui da obediência à vontade de Deus e da comunhão com ele. O pastor Hernandes Dias Lopes escreveu em seu livro *Riqueza, a prosperidade que vem de Deus* (2024): "Nosso coração deve estar em Deus e não no dinheiro. Nossa confiança deve estar no provedor e não na provisão. Nosso deleite deve estar nas coisas lá do alto e não nas coisas que o dinheiro nos proporciona".

Em Mateus 6:31-34, o Senhor Jesus nos orienta a não nos preocuparmos com o que vamos comer, beber ou vestir, pois essas coisas ocupam os pensamentos dos gentios, mas o Pai celestial já sabe do que cada um de nós precisa. Ele nos instrui a buscar o reino de Deus e a sua justiça em primeiro lugar, e todas essas coisas nos serão dadas. Ou seja, a nossa prioridade não deve ser essas coisas para as quais o dinheiro é necessário, mas o reino de Deus e a sua justiça.

Viver uma vida de acordo com os preceitos do Senhor com certeza nos fará prósperos, não segundo a perspectiva terrena, que é passageira, mas com a perspectiva eterna dos céus. Teremos abundância de alegria, amor, sabedoria, paz e, principalmente, de uma vida sem fim com o nosso Deus!

"Obrigado, ó Deus, porque a verdadeira prosperidade está somente em ti. Ajuda-me a não me apegar às riquezas do mundo, que em nada se comparam à abundância que apenas tu podes dar. Em nome de Jesus, amém."

30
JUL

A vida do justo

Bem-aventurado aquele que não anda segundo o conselho dos ímpios, não se detém no caminho dos pecadores nem se assenta na companhia dos zombadores.

SALMOS 1:1

Somos chamados a viver na contramão do mundo a fim de viver a cultura do céu.

O sistema do mundo busca gerar alguma influência sobre a vida das pessoas, ainda que elas não tenham consciência disso. É um processo sagaz e os nossos valores e nossa mentalidade precisam ser sondados a cada dia para sabermos se temos sido ou não influenciados pelos valores do mundo, os quais são contrários aos princípios de Deus.

Na corrida do mundo, as pessoas correm e se cansam em busca de coisas sem valor para Deus, deixando de lado o que importa. O salmo 1 nos faz refletir a respeito de qual caminho temos seguido ao elucidar a diferença entre justos e ímpios, e ao mostrar que aqueles receberão bênçãos, enquanto estes receberão maldições.

O primeiro versículo afirma que bem-aventurado é aquele que não segue o conselho dos perversos, ou seja, não devemos viver e andar segundo a expectativa de validação dos outros ou de acordo com princípios que não condizem com a vontade de Deus. Deter-se no caminho dos pecadores é concordar e se conformar com este século, mas nós fomos chamados a não nos conformar aos padrões deste mundo, e sim a sermos renovados em nosso modo de pensar a fim de experimentar a boa, agradável e perfeita vontade de Deus (cf. Romanos 12:2). Por fim, assentar-se à roda dos escarnecedores até mostra um senso de pertencimento, todavia, "a amizade com o mundo é inimizade com Deus" (Tiago 4:4).

Uma das premissas de viver em santidade é aprovar o que o céu aprova e desaprovar o que o céu desaprova. A ausência desse alinhamento gera desequilíbrio espiritual e nos impede de experimentar a plenitude das bênçãos prometidas aos justos.

"Senhor, eu não quero mais andar de acordo com os valores deste mundo. Ajuda-me a não me amoldar a este século, tampouco me sentir à vontade com aquilo que não é teu. Ensina-me a viver uma vida santa e separada. Em nome de Jesus, amém."

Tesouro pessoal

31
JUL

— No dia em que eu agir [...], eles serão o meu tesouro pessoal. Eu terei compaixão deles como um pai tem compaixão do filho que lhe serve.
MALAQUIAS 3:17

Deus sempre prometeu fazer distinção entre o seu povo e os que se sujeitam ao reinado das trevas. Ele jamais colocou no mesmo nível os que decidiam obedecer-lhe e os rebeldes; antes, prometeu fazer diferença entre quem o serve e quem não o faz.

A voz do mundo, com sua lógica distorcida, muitas vezes tenta descreditar a importância da obediência a Deus, afirmando que ela é um desperdício de tempo ou que os justos sofrem mais. Contudo, se não foi Deus quem disse, essa não é a palavra final.

O texto de Deuteronômio 28 mostra que a obediência traz consigo muitas bênçãos, assim como a desobediência traz maldições. No primeiro versículo, lemos: "Se vocês obedecerem fielmente ao SENHOR, o seu Deus, e seguirem cuidadosamente todos os seus mandamentos que hoje dou a vocês, o SENHOR, o seu Deus, os porá acima de todas as nações da terra".

Nossa fonte de verdade e de sabedoria não é o que o mundo diz, mas o que Deus revela a nós por meio das Escrituras. Ele é a autoridade final, e sua Palavra é a bússola que nos guia em todos os caminhos. A verdade da Palavra é clara: os justos serão abençoados por Deus, da mesma forma que os ímpios receberão a recompensa pelo mal que fizeram.

Apeguemo-nos, pois, à promessa do Senhor em Malaquias 3:17-18: "'No dia em que eu agir' diz o SENHOR dos Exércitos, 'eles serão o meu tesouro pessoal. Eu terei compaixão deles como um pai tem compaixão do filho que lhe serve. Então, vocês verão novamente a diferença entre o justo e o ímpio, entre os que servem a Deus e os que não lhe servem'". Ainda que você seja criticado por sua escolha, o caminho da obediência e do temor a Deus é sempre melhor.

"Senhor, obrigado pelas bênçãos garantidas àqueles que são tementes a ti. O meu coração se enche de alegria em ser parte do teu povo e é isso que me faz permanecer firme no caminho da obediência. Amém."

A obediência não é em vão. O Senhor tem promessas de bênçãos para aqueles que o temem e permanecem fiéis.

340
20
40
N·E
60
80
E
100
120
S·E
140
160
180
S
200
220
S·W
N·W
320

AGOSTO

Meu planejamento

Meta

Plano Espiritual

Atividade em família

Leitura bíblica do livro

Plano para um hábito saudável

Um filme/série

Um livro/*podcast*

Passos para aprender algo novo

Meta financeira

Um médico a agendar

Resumo de um aprendizado espiritual

Um lugar para visitar

Sem Deus, tudo é inútil

1
AGO

Se o Senhor *não for o construtor da casa, inútil será o trabalho dos construtores. Se o* Senhor *não vigiar a cidade, inútil será a vigília da sentinela.*

Salmos 127:1

O mundo cobra força, agilidade e resultados. Poucos são os que ainda preservam a essência e valorizam mais o *ser* do que o *fazer*. A Palavra de Deus, nos mostra que o que fazemos é mero reflexo de quem somos. Muitos pensam que podem alcançar o favor de Deus pelas muitas obras quando, na verdade, o amor dele por nós independe do que fazemos.

Sem Deus, todo o nosso esforço é em vão e a nossa vida é desprovida de real sentido.

Em Lucas 12:24, encontramos uma orientação "[...] não semeiam nem colhem, não têm armazéns nem celeiros; contudo, Deus os alimenta. Vocês têm muito mais valor do que as aves". Jesus nos convida a um descanso na soberania de Deus, que conhece as nossas necessidades antes de as expressarmos e provê para cada uma delas. O nosso valor não está na nossa autossuficiência, mas na nossa dependência dele, o nosso provedor.

Não encontraremos a verdadeira paz na conformidade com o ritmo frenético do mundo, mas na submissão ao tempo perfeito de Deus. O mundo não pode mais ditar o ritmo da nossa vida, pois andamos e vivemos no tempo daquele que é perfeito.

Jamais nos esqueçamos de entregar nas mãos do Senhor o controle da nossa vida, dos nossos projetos e dos nossos anseios, porque, como Salomão observou: "Se o Senhor não for o construtor da casa, inútil será o trabalho dos construtores. Se o Senhor não vigiar a cidade, inútil será a vigília da sentinela. Inútil será para vocês levantar cedo e dormir tarde, trabalhando arduamente por alimento. Pois ele concede o sono a quem ama" (Salmos 127:1).

Há descanso neste dia e uma promessa de provisão para este novo mês que se inicia. Confie nele e saiba que nenhuma obra tem valor sem o Senhor!

"Senhor, é maravilhoso saber que tu te importas comigo e cuidas de mim. Perdoa-me pelas vezes em que tentei agir pela minha força. O meu desejo é confiar e usufruir do descanso que tu tens para aqueles que te amam. Amém."

2
AGO

Tementes a Deus

Não temerá más notícias; o seu coração está firme, confiante no SENHOR. *O seu coração está seguro e nada temerá* [...].

SALMOS 112:7-8

Viva em temor e reverência a Deus a cada passo da sua jornada de peregrinação.

Por muito tempo, a palavra "temor" foi considerada sinônimo de medo. Existe, porém, uma distinção entre os termos, e precisamos aprender a discerni-los. O dicionário Michaelis apresenta as seguintes definições para a palavra: "medo; sensação de ameaça; susto". Entretanto, também fornece estes significados: "sentimento de profundo respeito ou de reverência". No contexto bíblico, o temor do Senhor não se trata de medo, e sim dessa reverência profunda, de admiração por sua santidade, poder e majestade de tal maneira que somos movidos à adoração e à obediência.

O temor pode se manifestar de formas bem diferentes. Alguém que confia em Deus e tem um coração disposto a aprender, por exemplo, não foge da correção por medo, porque o temor genuíno leva ao arrependimento e a uma nova maneira de agir. Da mesma forma, uma pessoa temente a Deus não tem medo das circunstâncias, pois sabe que a sua confiança e a sua segurança estão no Senhor.

São muitas as bênçãos prometidas àqueles que temem a Deus. Em Salmos 128:1-2, lemos: "Bem-aventurado todo aquele que teme ao SENHOR, aquele que anda nos seus caminhos! Você comerá do fruto do seu trabalho, será bem-aventurado e próspero". Essas palavras enchem o nosso coração de esperança e fé, pois, assim como os peregrinos a caminho de Jerusalém — a quem esse salmo foi dirigido —, também somos peregrinos nesta terra estrangeira.

Peregrinamos rumo à nova Jerusalém, prometida por nosso Senhor Jesus. Que neste dia o nosso coração se encha de temor e tremor diante do nosso Deus, pois aquele que assim vive não teme más notícias; pelo contrário confia plenamente no cuidado do Senhor.

"Dá-me um coração temente a ti, Senhor. Ajuda-me a confiar plenamente no teu cuidado até o dia da vinda de Jesus Cristo. Permite-me desfrutar da prosperidade e alegria prometidas àqueles que te temem. Em nome de Jesus, amém."

Receita de vida

[...] encorajem e edifiquem uns aos outros, como de fato vocês estão fazendo.

1TESSALONICENSES 5:11

O desejo do coração de todo crente em Jesus deve ser o de se tornar cada vez mais parecido com ele. Ao lermos os Evangelhos, aprendemos como o nosso Mestre falava e agia. Como poderíamos nós, seus seguidores, em nada nos parecer com ele? O apóstolo Paulo tinha essa consciência e, ao escrever suas cartas às igrejas, dava o máximo possível de instruções práticas acerca da vida cristã.

No capítulo final de sua primeira carta à igreja em Tessalônica, ele dá um verdadeiro manual de como se portar e se relacionar neste mundo: "[...] Vivam em paz uns com os outros. Exortamos vocês, irmãos, a que admoestem os ociosos, confortem os desanimados, auxiliem os fracos, sejam pacientes para com todos. Tenham cuidado para que ninguém pague o mal com o mal, mas sempre procurem ser bons uns para com os outros e para com todos" (v. 13-15). Ora, não era assim que Jesus agia durante a sua vida na terra?

O apóstolo continua: "Alegrem-se sempre. Orem constantemente. Deem graças em todas as circunstâncias, pois esta é a vontade de Deus para vocês em Cristo Jesus. Não apaguem o Espírito. Não tratem com desprezo as profecias, mas ponham à prova todas as coisas e retenham o que é bom. Afastem-se de todo tipo de mal" (v. 15-22). Essas orientações revelam a vontade de Deus para nós: uma vida de intimidade com ele, de amor ao próximo e de contentamento em todas as estações. Não há desculpas para a ignorância da vontade divina, pois ela está descrita com clareza nas Escrituras.

Portanto, que nos apeguemos ao bem que ele espera de nós. Além disso, sejamos prudentes o suficiente para fugir e nos manter afastados de todo o mal, pois essa é a vontade de Deus para nós.

Busque comunhão com o Senhor para resistir ao pecado e viver em santidade.

"Ó Deus, eu te agradeço por todas as dádivas que me concedes. O meu desejo é viver a tua vontade e me tornar a cada dia mais parecido com o teu Filho, Jesus. Ajuda-me a caminhar segundo a tua Palavra e a me afastar do mal, amém."

4
AGO

Prestação de contas

[...] Ande pelos caminhos do seu coração, e conforme tudo o que agradar aos seus olhos, mas saiba que por todas essas coisas Deus o trará a julgamento.

ECLESIASTES 11:9

Que, no dia da prestação de contas, possamos apresentar uma vida de retidão e comunhão com o Criador.

Sabemos que o curso deste mundo não nos levará a Deus. O caminho de Deus e o deste mundo são contrários, completamente opostos. Em João 17, na oração de Jesus, ele pediu ao Pai que protegesse seus discípulos do mal e disse: "Eles não são do mundo, como eu também não sou" (v. 16). Costumamos dizer que nós, cristãos, estamos no mundo, mas não somos do mundo. Ou seja, ainda que estejamos nesta terra, devemos viver como cidadãos do céu.

A Palavra de Deus nos diz em 1João 2:16-17: "Pois tudo o que há no mundo — o desejo da carne, o desejo dos olhos e a arrogância da vida — não provém do Pai, mas do mundo. O mundo e os seus maus desejos passam, mas aquele que faz a vontade de Deus permanece para sempre". Jesus espera que, assim como ele, cumpramos a nossa missão aqui em obediência ao Pai. Ele deseja que vivamos e amemos sem nunca nos esquecer de que nossa pátria é a celestial, uma vez que, como nascidos de Deus, pertencemos ao céu. Dessa forma, a vida terrena deve ser vivida com uma perspectiva eterna.

Como disse Salomão, o mais sábio dos homens, após ter provado de tudo que este mundo pode oferecer: "Alegre-se, jovem, na sua mocidade! Seja feliz o seu coração nos dias da sua juventude! Ande pelos caminhos do seu coração, e conforme tudo o que agradar aos seus olhos, mas saiba que por todas essas coisas Deus o trará a julgamento" (Eclesiastes 11:9). Isso não é uma ameaça, apenas um conselho prudente para melhor viver a vida. Podemos desfrutar de prazeres, aproveitar a vida e nos alegrar, mas jamais devemos nos esquecer de que tudo o que fazemos tem uma perspectiva eterna, e com certeza teremos de prestar contas pela forma como vivemos.

"Senhor, não quero mais andar segundo o curso deste mundo. Ensina-me a viver de maneira eu não tenha do que me envergonhar quando chegar o momento de prestar contas diante de ti. Em nome de Jesus, amém."

Dia e noite

5
AGO

Coloquei sentinelas sobre os seus muros, ó Jerusalém;
jamais descansarão, dia e noite [...].
ISAÍAS 62:6

O nosso Deus é aquele que não dorme. Em todo o tempo, dia e noite, lá está ele, trabalhando e movendo todas as coisas conforme o seu querer, fiel a cada uma de suas promessas e operando para o cumprimento de sua palavra. O nosso Deus é íntegro em tudo o que faz, e assim devemos ser. Ser íntegro quer dizer ser completo, inteiro, apresentado na totalidade.

Enquanto o mundo divide a vida em compartimentos, somos chamados a viver integralmente para ele. Isso significa que, das vinte e quatro horas do nosso dia, temos de dedicar todas as vinte e quatro a ele! Salmos 1:2 nos ensina que é bem-aventurado aquele cuja satisfação está na lei do Senhor e nela medita dia e noite. Essa dedicação integral é o que nos diferencia e nos permite experimentar a plenitude de uma vida em constante comunhão com Deus.

Ou seja, em qualquer tempo, lugar ou hora, o nosso pensamento deve estar nele e no que podemos fazer para honrá-lo e agradá-lo. Estes são aqueles com quem ele conta: atalaias, isto é, vigias, sentinelas, como o Senhor falou por intermédio do seu profeta Isaías. Por isso, tomemos a nossa posição e vigiemos continuamente, dia e noite. "[...] Vocês que clamam pelo Senhor, não se entreguem ao repouso nem lhe concedam descanso até que ele estabeleça Jerusalém e faça dela o louvor da terra" (Isaías 62:6-7).

Não descansemos até o Senhor completar a sua obra. Continuemos posicionados e vigilantes, dia e noite, noite e dia! Que aprendamos a cada dia, por meio da devoção à Palavra e à vida de oração, a viver com integridade, zelo e dedicação. Não nos entreguemos apenas parcialmente, mas por completo, em constante vigilância, em oração ininterrupta e em serviço ao Reino.

Em qualquer tempo, lugar ou hora, o nosso pensamento deve estar no Senhor.

"Senhor, tu tens toda a minha vida em tuas mãos. Todos os meus dias já foram contados e estão diante de ti. Ajuda-me a estar atento e disposto em todo o tempo. Em nome de Jesus, amém."

6
AGO

Aceitos por causa dele

Concluímos, pois, que o homem é justificado pela fé, independentemente das obras da lei.
ROMANOS 3:28

Somos aceitos por Deus não por quem somos ou pelo que fazemos, mas por causa de Cristo.

O cumprimento de normas e regras, a responsabilidade nas relações e a busca pela retidão em cada papel que desempenhamos são fundamentais para a coexistência harmoniosa. Como pai, tenho de me dedicar a ser um bom pai; se faço uma compra, preciso pagá-la corretamente; se sou um empregador, devo me esforçar para ser um bom patrão, e assim por diante.

No entanto, a Bíblia nos revela que a moralidade humana, por mais louvável que seja, é insuficiente para nos justificar diante de um Deus santo. Ainda que um indivíduo não infrinja as normas estabelecidas e seja considerado um cidadão exemplar, nada disso pode conquistar para ele a salvação. A realidade para todos nós é que a salvação vem somente pela graça de Deus, mediante a fé em Jesus (cf. Efésios 2:8). A nossa dívida pelo pecado, cuja sentença é a morte eterna, foi paga pelo Senhor Jesus no Calvário.

Se não tivermos fé no nome de Jesus e uma vida rendida aos seus ensinamentos, de nada valerá a nossa conduta impecável diante da sociedade. A salvação não é resultado de méritos, nem mesmo de caridade. Em Romanos 3:27-28, Paulo nos explica que não podemos nos vangloriar de ter feito algo para ser aceitos por Deus, pois nossa absolvição não vem pela obediência à lei, mas pela fé. Isso não significa que as boas obras são dispensáveis, mas que elas são o resultado, e não a causa, da nossa salvação.

Dediquemo-nos a continuar agindo corretamente, é o que se espera daqueles que foram alcançados por Cristo. A nossa esperança e confiança não devem estar em nossas próprias obras, mas em Jesus Cristo.

“Jesus, eu te agradeço por teu sacrifício em meu favor. Eu jamais seria capaz de justificar a mim mesmo ou de alcançar a salvação da morte eterna. Ajuda-me em minha fé e produz em mim um bom testemunho. Em teu nome eu oro, amém.”

Enraizados

Antes, seguindo a verdade em amor, cresçamos em todas as coisas naquele que é a cabeça, Cristo.

Efésios 4:15

A natureza é uma rica fonte de analogias para a vida espiritual. A Bíblia cita, por exemplo, diversas árvores: a parreira, a oliveira, o cedro, a palmeira, a figueira e muitas outras. O que todas elas têm em comum é a necessidade de raízes bem fincadas; do contrário, perecerão. Assim como uma árvore sem raízes perece diante das intempéries, precisamos estar profundamente arraigados em Jesus para resistir às tempestades da vida.

No salmo 1, versículo 3, lemos que o justo é como a árvore plantada à margem do rio: dá fruto no tempo certo e as suas folhas nunca murcham, de modo que tudo o que ele faz prospera. Isso não acontece com os perversos, visto que são como palha levada pelo vento (v. 4). Essa distinção nos leva a escolher onde desejamos nos enraizar.

As árvores também precisam estar plantadas nos lugares certos. Aquela que estiver junto ao rio não sofrerá com o calor ou a seca. Quando vierem os ventos, não se abalará e, mesmo em meio à tempestade, permanecerá.

Nós somos árvores que precisam estar bem fincadas na verdade. Esse é o solo fértil onde temos de criar raízes, a fim de não ser abalados por doutrinas estranhas ou por ventos de falsos ensinamentos. Essa firmeza na verdade é que nos permite resistir às pressões do mundo e crescer em sabedoria e em discernimento.

Se assim fizermos, não seremos mais "como crianças, levados de um lado para outro pelas ondas ou jogados para cá e para lá por todo vento de doutrina, pela astúcia e pela esperteza de homens que induzem ao erro. Antes, seguindo a verdade em amor, [cresceremos] em todas as coisas naquele que é a cabeça, Cristo" (Efésios 4:14-15).

Vivamos enraizados em Cristo, produzindo frutos que o glorificam e impactam o mundo.

"Senhor, quero ser como uma árvore plantada junto ao rio, pois só tu, Jesus, és a verdadeira fonte da vida. Ajuda-me a amadurecer e a não ser levado pelo vento de outra doutrina, mas permanecer firme na tua verdade e no teu amor. Amém."

8
AGO

Se buscarem, encontrarão

[...] — O Senhor está com vocês quando vocês estão com ele. Se o buscarem, ele deixará que o encontrem, mas, se o abandonarem, ele os abandonará.

2Crônicas 15:2

Deus não é inacessível ou indiferente; pelo contrário, ele deseja que o busquemos de todo o coração.

A vida de Jesus foi um testemunho do amor incondicional de Deus pela humanidade. Seu ministério não foi centrado em lugares ou em rituais, mas em pessoas. Jesus era acessível tanto às grandes multidões quanto aos indivíduos, e seu olhar compassivo sempre enxergava os oprimidos, rejeitados e enfermos. Jesus não apenas falava sobre o amor, mas o demonstrava em cada interação, em cada toque, em cada palavra. Ele se importava com pessoas!

Hoje em dia, infelizmente, não é o que vemos. A religiosidade humana tem a tendência de criar barreiras, de complicar o que Deus simplificou. Foram colocados diversos impedimentos para que as pessoas tenham contato com o evangelho: padrões, critérios, normas que dificultam cada vez mais que outros se acheguem a Jesus. Temos o desafio de romper com essas barreiras impostas por homens e apresentar Jesus como ele realmente é: alguém acessível, que acolhe a todos, sem distinção de mérito ou de condição.

Precisamos apresentar ao mundo o Senhor que nos é apresentado na Palavra: "O Senhor está perto de todos os que o invocam, de todos os que o invocam em verdade" (Salmos 145:18). Por meio do profeta Jeremias, ele declarou: "Vocês me procurarão e me acharão quando me procurarem de todo o coração. Eu me deixarei ser encontrado por vocês [...]" (Jeremias 39:13-14).

Ele não é um Deus ausente; muito pelo contrário, é um Deus que tem prazer em estar perto de nós e de ser buscado. É o Deus que se fez carne e veio habitar este mundo, o Emanuel, Deus conosco. Portanto, ainda que contrariedades tentem nos afastar dele, sejamos insistentes em querer estar com ele, pois ele quer estar conosco.

"Meu Deus, obrigado por estar por perto e por me permitir te encontrar. Ensina-me a invocá-lo com sinceridade, de todo o meu coração, e a viver em comunhão contigo todos os dias. Em nome do Senhor Jesus, amém."

Boa troca

9 AGO

Grandes multidões dirigiram-se a ele, levando-lhe aleijados, cegos, mancos, mudos e muitos outros, e os colocaram aos seus pés; e ele os curou.

MATEUS 15:30

Você já deve ter ouvido o ditado: "A grama do vizinho é sempre mais verde". De fato, temos a tendência de pensar que os outros estão sempre melhores do que nós. A comparação com o próximo, porém, nos gera insatisfação, rouba a nossa alegria e nos aprisiona em um ciclo de inveja e cobiça. A verdade, porém, é que existe alguém disposto a trocar esse fardo por um muito mais leve.

Podemos entregar a Jesus as nossas cargas pesadas e receber em troca o seu fardo leve.

A Palavra de Deus nos mostra como o coração de Jesus estava empenhado em retirar a carga daqueles que vinham sofrendo. Em Mateus 15:29-31, lemos que, certa vez, uma grande multidão se dirigiu a Jesus e colocou diante dele aleijados, cegos, mancos, mudos e muitos outros, e ele curou a todos. As pessoas ficavam admiradas e louvavam ao Deus de Israel, pois os que eram mudos começaram a falar, os cegos começaram a ver, os mancos foram curados, os aleijados começaram a andar.

Ainda hoje, arde no coração do Senhor o anseio de arrancar nosso sofrimento e nos trazer alívio. Como fez a multidão que foi até ele, basta que nos apresentemos a Jesus e entreguemos a ele todas as áreas da nossa vida que carecem de sua intervenção — seja a nossa saúde física, mental ou espiritual, sejam os nossos relacionamentos, sejam os sonhos frustrados. Ele está sempre pronto para nos acolher, para nos curar e para nos libertar, desde que nos aproximemos com fé e com um desejo sincero de sua ajuda.

O próprio Jesus nos deu a liberdade de nos achegar a ele. Em Mateus 11:28-30, ele disse: "Venham a mim todos os que estão cansados e sobrecarregados, e eu darei descanso a vocês. Tomem sobre vocês o meu jugo [...] e vocês encontrarão descanso para a alma. Pois o meu jugo é suave, e o meu fardo é leve". Parece uma boa troca, não é mesmo?

"Querido Jesus, quão grande é o teu favor! Aceitas as minhas cargas e me dás teu fardo, que é leve e suave. Ajuda-me a ir até o Senhor sempre que eu me sentir sobrecarregado. Amém."

10
AGO

O melhor professor

— Tomem sobre vocês o meu jugo e aprendam de mim, porque sou manso e humilde de coração, e vocês encontrarão descanso para a alma.

MATEUS 11:29

A disposição de Jesus em nos ensinar é um testemunho do seu amor e da sua paciência.

Desde criança, Jesus foi orientado acerca das Escrituras, de modo que passou a conhecê-la profundamente. Ainda menino, foi encontrado por seus pais no templo, entre os mestres da lei (cf. Lucas 2:46-47). A Palavra nos diz que ele "crescia em sabedoria, estatura e graça diante de Deus e dos homens" (v. 52). Em Mateus 7:28-29, lemos que a multidão ficava maravilhada com o ensino de Jesus, pois ele ensinava com verdadeira autoridade, diferentemente dos mestres da lei.

Jesus deve ser o nosso maior exemplo. Se somos seus seguidores, devemos, assim como ele, nos debruçar nas Escrituras. A leitura, a meditação e o estudo bíblico são essenciais para o nosso crescimento espiritual e para a nossa capacitação para ensinar outros. Mas, se nos faltar entendimento, quem nos ajudará? Bom é saber que temos um Mestre, Jesus Cristo, e que seu Espírito nos ajuda a compreender a Palavra, a fim de nos guiar a toda a verdade (cf. João 16:13).

Até mesmo os discípulos tinham dificuldade de compreender as mensagens de Jesus em alguns momentos, apesar de andarem com ele. Quando isso acontecia, em particular, eles lhe pediam que explicasse o significado de seus ensinamentos. Ainda hoje, nós, seus discípulos, podemos fazer o mesmo. Ele está pronto para nos ensinar e para nos guiar no entendimento da Palavra.

A oração por discernimento e por revelação é a chave para aprofundarmos o nosso conhecimento de Deus por meio das Escrituras. Ao nosso pedido, ele certamente responderá, pois é do seu interesse nos ajudar e nos instruir. Neste dia, ele lhe diz: "Aprenda de mim, porque sou manso e humilde de coração" (cf. Mateus 11:29).

"Senhor, ensina-me! Quero aprender contigo e crescer em graça e conhecimento. Ensina-me a verdade da tua Palavra. O meu coração anseia pelo melhor professor, aquele que é manso e humilde de coração. Amém."

Louvado seja o Senhor!

11
AGO

Senhor, tu és o meu Deus; eu te exaltarei e louvarei o teu nome, pois com grande perfeição tens feito maravilhas, coisas há muito planejadas com fidelidade e firmeza.

Isaías 25:1

O louvor vai muito além de palavras ou acordes em uma canção. Ele é a expressão de um coração que compreende sua total dependência daquele que o criou. No verdadeiro louvor, os atributos de Deus são apresentados e o foco está em seu poder, sua bondade e santidade.

O salmo 150 é um convite para louvar a Deus em toda a terra por seus grandes feitos. O último versículo invoca: "Todo ser que respira louve ao Senhor!" (v. 6). O louvor, em síntese, consiste em derramar o nosso coração em gratidão e admiração pela beleza e majestade do Senhor, o nosso Deus. Por ele, somos levados a exaltá-lo por quem ele é e pelo que faz. A orientação de Moisés ao povo de Israel ainda se aplica a cada um de nós: "Seja ele o motivo do louvor de vocês, pois ele é o Deus de vocês, que em seu favor fez aquelas grandes e temíveis maravilhas que vocês viram com os próprios olhos" (Deuteronômio 10:21).

A adoração é um sacrifício vivo e agradável a Deus. Ela não se resume a ofertas materiais, mas a uma entrega total do nosso ser. O louvor genuíno é como aroma suave para ele. Aquele que é digno de receber a honra e a glória então se aproxima, fortalece a nossa fé e nos transforma; tudo isso se dá em razão de um coração adorador.

Portanto, que não somente hoje, mas todos os dias, declaremos que o nosso Deus faz coisas maravilhosas e é digno de ser louvado e exaltado. Que não ofereçamos a ele somente palavras bonitas, tampouco nos importemos com afinação ou habilidades musicais; o que o Senhor de fato deseja é adoradores que o adorem em espírito e em verdade (cf. João 4:23-24). Tiremos o foco de nós mesmos e o direcionemos ao único que é digno do nosso louvor, agora e para todo o sempre!

"Bendiga ao Senhor, ó minha alma! Eu te louvo por teus feitos maravilhosos e por quem tu és. Eu te louvo com todo o meu ser, com tudo o que sou. Que eu nunca me esqueça dos teus feitos. Aleluia!"

Mais do que palavras bonitas e uma voz agradável, o que o Senhor deseja é o louvor de um coração sincero.

12
AGO

Meu lugar seguro

Em paz me deito e logo adormeço, pois só tu, Senhor, me fazes viver em segurança.
Salmos 4:8

A confiança no Senhor nos permite descansar em seu cuidado constante e perfeito.

Em um mundo cada vez mais hostil, cheio de violência, conflitos e incertezas, a segurança tem se tornado algo relativo. Antes era comum nos sentirmos seguros no bairro onde vivíamos, na casa em que crescemos, no curso que escolhemos para a vida, nos relacionamentos, e assim por diante. Hoje em dia, porém, tudo o que outrora considerávamos sólido pode ser abalado ou corrompido de uma hora para a outra. Quantos casais se separam depois de tanto tempo de união, quantos não conseguem manter um emprego por muito tempo, por inúmeras razões?

A insegurança passou a fazer parte do cotidiano. A instabilidade nos relacionamentos, nas carreiras e nas próprias estruturas sociais tem um impacto direto na saúde emocional, gerando desequilíbrio, ansiedade e até pânico. Muitos se perguntam se um dia encontrarão um refúgio, um lugar seguro. A boa notícia é que a Palavra nos mostra onde podemos nos abrigar.

No salmo 121, o salmista se questiona "Levanto os meus olhos para os montes e pergunto: 'De onde me vem o socorro?'" (v. 1). E, logo na sequência, ele revela "O meu socorro vem do Senhor, que fez os céus e a terra. Ele não permitirá que os seus pés tropecem; o seu protetor não cochilará. [...] O Senhor o protegerá de todo o mal, protegerá a sua vida. O Senhor protegerá a sua saída e a sua chegada, desde agora e para sempre" (v. 2-8).

Não adianta buscar segurança em outro lugar senão em Deus, o nosso Salvador. Não a encontraremos em relacionamentos, na estabilidade financeira, na profissão dos sonhos ou em um condomínio fechado. Se nos abrigarmos nele, então, poderemos nos deitar em paz, pois somente o Senhor nos faz viver em segurança.

"Senhor, obrigado porque, mesmo em um mundo tão instável, tu tens sido o meu lugar seguro. Confiarei em ti, pois somente tu, Senhor, me guardas e me proteges. Em nome de Jesus, amém."

Nosso refúgio

O Senhor me livrará de toda obra maligna e me levará a salvo para o seu reino celestial. A ele seja a glória pelos séculos dos séculos. Amém.
2TIMÓTEO 4:18

O medo talvez seja o sentimento mais predominante no coração dos seres humanos atualmente. São inúmeros os casos nos quais ele se manifesta com tamanha intensidade a ponto de levar à depressão, ansiedade, procrastinação, ao pânico e outros males tão comuns em nossa sociedade. Essa epidemia de medo é alimentada por incertezas, pressões e pela sensação de perda de controle em um mundo em constante mudança.

Contudo, a Palavra de Deus reitera que não temos o que temer. Em Salmos 46:1-2, lemos que Deus é o nosso refúgio e a nossa força, sempre pronto a nos socorrer em tempos de aflição. Não temos por que temer. Podemos confiar na presença constante e no poder soberano de Deus, pois ele é o nosso socorro bem presente.

A realidade das aflições e das dificuldades no mundo é inegável, e Jesus mesmo nos alertou sobre elas, como está escrito em João 16:33. Todavia, o medo não pode nos paralisar. Devemos seguir com Jesus, avançando e vencendo todos os males que nos sobrevierem até o dia da sua vinda. Como proclamou Martinho Lutero no hino "Castelo forte": "Castelo forte é o nosso Deus, espada e bom escudo. Com seu poder defende os seus, em todo transe agudo". Não há situação da qual o Senhor não possa nos defender, e essa é a nossa certeza.

Aquele que nunca falhou em proteger os seus agirá mais uma vez. Sim, o Senhor nos livrará de todo ataque maligno e nos levará em segurança para o seu reino (cf. 2Timóteo 4:18). Quando o medo se aproximar, lembre-se de que o seu refúgio é o Senhor, cujo amor e poder infalíveis jamais nos deixarão.

Deus é o nosso refúgio, a nossa força e o nosso protetor. Ele nos livra do mal.

"Senhor, ajuda-me a vencer o medo. Quero avançar pela força e que somente tu podes dar. Obrigado por me livrar diariamente dos ataques do Inimigo e por ser a minha segurança em dias tão difíceis. Em nome de Jesus, amém."

14
AGO

Abalados jamais!

Os que confiam no SENHOR são como o monte Sião,
que não pode ser abalado, mas permanece para sempre.
Como os montes cercam Jerusalém, assim o SENHOR protege
o seu povo, desde agora e para sempre.
SALMOS 125:1-2

A fé genuína exige uma convicção inabalável na autoridade e na veracidade da Bíblia.

Mais que uma coletânea de poemas e histórias, a Bíblia Sagrada é a voz do próprio Deus. Por meio dela, ele fala, direciona e ensina o homem. Suas palavras são vivas e eternas. As Escrituras não se tornam obsoletas nunca, para nenhum cristão — ainda que convertido há muito tempo, ainda que as tenha lido dezenas de vezes. Da mesma forma, ninguém é tão novo na fé que não possa ser tocado pela Palavra. Abraham Lincoln certa vez declarou: "Creio que a Bíblia é o melhor presente que Deus já deu ao homem. Todo o bem, da parte do Salvador do mundo, nos é transmitido mediante este livro".

Em Salmos 125:1, encontramos a promessa infalível de que quem confia no Senhor é como o monte Sião, que jamais se abalará e permanecerá para sempre. É preciso estar atento a cada palavra, pois não ser abalado é diferente de passar por situações de abalo. Lutas, crises, processos, dificuldades, todos esses são ou podem se tornar uma situação estremecedora, mas aqueles que confiam no Senhor permanecerão!

A comparação com o monte Sião nos ensina dois princípios importantes. Primeiro, a nossa confiança jamais deve estar em coisas transitórias, e sim ancorada em um fundamento inabalável, como o monte. Segundo, assim como os montes estavam em volta da cidade, o Senhor está em volta do seu povo para protegê-lo (v. 2).

A fé genuína exige uma convicção inabalável na autoridade e na veracidade da Bíblia. Precisamos sondar o nosso coração e refletir sobre a forma como a vemos: se como a Palavra do Deus vivo ou como um livro qualquer. Se confiamos em sua veracidade e autoridade como a voz do próprio Senhor, jamais seremos abalados!

"Obrigado, ó Deus, por tua Palavra. Ainda que as situações tentem me abalar, decido me firmar em tua promessa. Ajuda-me na minha fé, pois somente assim permanecerei firme para sempre. Em nome de Jesus, amém."

Deus de aliança

15 AGO

Abrão prostrou-se com o rosto em terra, e Deus lhe disse:
— Da minha parte, esta é a minha aliança com você. Você será o pai de uma multidão de nações.
GÊNESIS 17:3-4

Uma vez que uma promessa é feita, esta deve ser cumprida. Muitos relacionamentos entre cônjuges, familiares e amigos são rompidos como consequência de promessas quebradas. Esse princípio não é somente humano; é, principalmente, parte de quem Deus é. A fidelidade é um dos atributos do Senhor. Embora nós, seres humanos, sejamos falhos e sujeitos à infidelidade, Deus é, em essência, fiel, e jamais poderia ser o contrário.

O Senhor é um Deus de aliança. Ele cumpre as suas promessas de geração em geração.

Por essa razão, o Senhor é um Deus de alianças eternas. Desde Abraão, o pai da fé, até Moisés, o libertador, e Davi, o rei segundo o coração de Deus, a fidelidade do Senhor em suas promessas é inquestionável. Essas alianças se mantêm até hoje, e nós somos fruto delas.

Em Gênesis 17:3-6, encontramos uma promessa do Senhor ao seu servo Abrão: "Da minha parte, esta é a minha aliança com você. Você será o pai de uma multidão de nações. Já não será chamado Abrão; agora, o seu nome será Abraão, porque eu o constituí pai de uma multidão de nações. Eu o tornarei extremamente fértil; de você farei nações e de você procederão reis".

A aliança de Deus não tinha Abraão como seu único beneficiário, tampouco se estendia somente aos seus descendentes de primeiro, segundo ou terceiro grau. Essa promessa transcende o tempo e as gerações. Ao fazer essa promessa a Abraão, o Senhor já falava de nós. Portanto, ele fez uma aliança conosco também, como vemos na sequência: "Estabelecerei a minha aliança como aliança eterna entre mim e você e a sua futura descendência, por todas as gerações, para ser o seu Deus e o Deus da sua descendência" (v. 7). Essa aliança eterna nos garante que Deus será sempre o nosso Deus, e nós, o seu povo.

"Senhor, obrigado por tua fidelidade. Tu cumpres as tuas promessas e tens a Palavra como garantia da tua lealdade. Quero ser parte do povo que, de geração em geração, prova do teu poder. Amém."

16 AGO

Propriedade de Deus

Vocês, porém, são geração eleita, reino de sacerdotes, nação santa, povo que pertence a Deus, para anunciar as grandezas daquele que os chamou das trevas para a sua maravilhosa luz.

1PEDRO 2:9

Fomos criados por Deus e a ele pentencemos, a fim de cumprir o propósito para o qual ele nos designou.

Ao Senhor Deus pertencem os céus, a terra e tudo o que neles há. Ele também é o dono da minha e da sua vida. Não há nada em que o Senhor não possa interferir, afinal, todas as coisas pertencem a ele e lhe foram concedidas como recompensa de seu duro trabalho, que tinha como objetivo nos tornar novamente povo de Deus.

O texto de Êxodo 19 deixa claro quais eram as intenções do Senhor desde o princípio ao escolher o povo de Israel como seu tesouro entre as nações. Deus orientou Moisés a dizer isto: "Vocês viram o que fiz ao Egito e como transportei vocês sobre asas de águias e os trouxe para junto de mim. Agora, se me obedecerem fielmente e guardarem a minha aliança, vocês serão o meu tesouro especial entre todas as nações. Embora toda a terra seja minha, vocês serão para mim um reino de sacerdotes e uma nação santa [...]" (v. 4-6). Pelo sangue de Jesus, nós também podemos fazer parte do povo escolhido de Deus.

Por mais que sejamos pecadores e cheios de falhas, o Senhor, desde o princípio, nos amou. O seu coração não ansiava outro bem senão nos ver voltar para casa. Dessa maneira, o Pai enviou o seu Filho ao mundo para nos resgatar do pecado e nos reconciliar consigo, dando-nos uma nova cidadania e uma nova identidade. Por isso, devemos ter a consciência de quem somos nele e de qual é o nosso propósito.

O apóstolo Pedro sintetizou a nossa nova identidade e o nosso propósito em sua primeira epístola: "Vocês, porém, são geração eleita, reino de sacerdotes, nação santa, povo que pertence a Deus, para anunciar as grandezas daquele que os chamou das trevas para a sua maravilhosa luz" (1Pedro 2:9). Como propriedade de Deus, somos chamados a mostrar ao mundo a luz que nos resgatou das trevas.

"Pai, é maravilhoso saber que pertenço a ti! Ser tua propriedade é a melhor herança que eu poderia receber. Ajuda-me, a cada dia, a conhecer a minha identidade em ti e a viver na luz. Em nome de Jesus, amém."

Selo no coração

17
AGO

[Cristo] nos selou como sua propriedade e pôs o seu Espírito no nosso coração como garantia do que está por vir.
2CORÍNTIOS 1:22

O coração do homem é enganoso e desesperadamente corrupto, como afirma a Palavra em Jeremias 17:9. Toda a humanidade está, por natureza, inclinada ao mal. Ainda que a intenção do nosso coração seja de nos afastar do mal e nos aproximar de Deus, por conta própria, tendemos ao pecado, pois essa é a herança adâmica desde a Queda.

Contudo, a vinda e a morte do Senhor Jesus permitiram que fôssemos justificados e aceitos por Deus. O sacrifício de Jesus na cruz não apenas nos justificou e nos reconciliou com o Pai, mas também abriu o caminho para uma nova vida, transformada e separada para Deus. Essa nova vida não é vivida por nossos próprios esforços, mas pela capacitação do Espírito Santo, que habita em nós.

O profeta Jeremias já havia predito que assim seria. Por intermédio dele, o Senhor prometeu fazer uma nova aliança com seu o povo. Esta, porém, não seria como a que fizera com os nossos antepassados quando os conduziu para fora da terra do Egito. Na nova aliança, Deus prometeu por as suas leis no nosso íntimo e escrevê-las no nosso coração. Então, ele seria o nosso Deus, e nós, o seu povo. Diferentemente da antiga aliança, que era escrita em tábuas de pedra e tinha manifestações externas, a nova aliança é interna, escrita na mente e no coração pelo Espírito Santo. A nova aliança também nos permite viver um novo relacionamento pessoal com Deus.

Portanto, ainda que o nosso coração seja desesperadamente mau por natureza, podemos nos lembrar de que o Senhor nos ungiu e nos identificou como sua propriedade. Ele colocou no nosso coração o selo do Espírito como garantia de tudo o que ele nos prometeu.

O Espírito Santo nos santifica e nos capacita a viver uma nova vida em retidão.

“Senhor, eu te agradeço por teu maravilhoso cuidado comigo. Obrigado por enviar o teu Santo Espírito para habitar em mim. Afasta-me do caminho mau e ajuda-me a andar segundo a tua vontade. Amém.”

18
AGO

Impossível

Jesus respondeu:
— O que é impossível para o homem é possível para Deus.
LUCAS 18:27

Não existe cenário impossível que o poder do Criador e Sustentador do universo não possa reverter.

Deus sempre terá poder sobre aquilo que os seres humanos consideram impossível. Ilimitado em seu agir, o Todo-poderoso criou e cria possibilidades infinitas na vida daqueles que por ele esperam. As Sagradas Escrituras estão repletas de milagres que aconteceram com ou sem a cooperação do homem, evidenciando a onipotência divina.

O profeta Jeremia conhecia bem o braço forte do Senhor e declarou: "Ah, Soberano SENHOR, tu fizeste os céus e a terra pelo teu grande poder e pelo teu braço estendido. Nada é difícil demais para ti. [...] Ó grande e poderoso Deus, cujo nome é o SENHOR dos Exércitos, grandes são os teus propósitos, e poderosos são os teus feitos [...]" (32:17-19). Se ele é capaz de criar e sustentar o universo, nada em nossa vida lhe é difícil demais.

Deus é o Senhor da vida e da morte, e todo o bem vem de suas mãos. Ainda que você se encontre em um cenário adverso para o qual não parece haver solução ou escapatória, basta chamar por aquele que tem o milagre como uma de suas especialidades. Ele não se limita às nossas limitações, mas opera de maneira sobrenatural, transformando o que é impossível aos olhos humanos em realidade.

Se existe algo que pode e deve nos manter de pé todos os dias, é a confiança na Palavra de Deus. Ela nos assegura que o poder do Senhor é capaz de superar toda e qualquer adversidade ou impossibilidade: "[...] Para o homem é impossível, mas para Deus todas as coisas são possíveis" (Mateus 19:26). Temos a garantia de que o que é impossível para as pessoas é possível para Deus.

"Deus todo-poderoso, como é bom saber que tu podes todas as coisas e que não há nada difícil demais para ti. Entrego a minha vida em tuas mãos com a confiança de que podes transformar todas as situações para a tua glória. Amém."

Primeiro passo

19
AGO

Ora, a fé é a confiança daquilo que esperamos e a certeza das coisas que não vemos.

HEBREUS 11:1

Em alguns momentos da nossa caminhada com Deus, é comum ficarmos paralisados enquanto aguardamos uma ordem para agir. Em alguns casos, o fazemos por temor a Deus ou em obediência a um pedido de espera ou de permanência. Contudo, na maioria das vezes, simplesmente não temos iniciativa devido à falta de fé.

Precisamos de coragem para dar o primeiro passo, ainda que não vejamos o chão.

O reino de Deus está sempre em movimento. Abraão não esperou saber qual era a terra que o Senhor lhe havia prometido para dar o primeiro passo. Pedro não esperou o mar se tornar firme para, então, pisar nas águas. Da mesma forma, nós precisamos de coragem para dar o primeiro passo ainda que não vejamos o chão. Não se trata de uma fé cega, mas de uma fé que confia no poder de Deus para sustentar os nossos passos.

A Palavra de Deus nos conta a respeito da travessia do povo de Israel pelo Jordão sob a liderança de Josué. Em Josué 3:15-16, está escrito: "[...] Assim que os sacerdotes que carregavam a arca da aliança chegaram ao Jordão e os seus pés tocaram nas águas, a correnteza que descia parou de correr e formou uma parede a grande distância [...] as águas que desciam para o mar da Arabá, o mar Salgado, escoaram totalmente. Então, o povo atravessou o rio em frente de Jericó". A travessia do rio Jordão é um testemunho do princípio da fé em movimento. Os sacerdotes não esperaram que o rio secasse para pisar nas águas; eles deram o primeiro passo na fé, e então o Jordão se abriu.

Essa narrativa nos ensina que, muitas vezes, Deus espera por nossa iniciativa, por nosso ato de fé, para operar o milagre. O poder para os milagres pertence ao Senhor, contudo, muitas vezes, só provaremos do agir sobrenatural de Deus quando tivermos a coragem de dar o primeiro passo.

"Senhor, tu és o único capaz de realizar grandes milagres. Eu agradeço por poder participar do movimento do seu reino. Concede-me a coragem para dar o primeiro passo quando necessário, em nome de Jesus. Amém."

20
AGO

Tudo o que ele lhes prometeu

Portanto, vocês precisam perseverar, de modo que, depois de terem cumprido a vontade de Deus, recebam o que ele prometeu.
HEBREUS 10:36

A vida cristã é uma jornada que exige paciência, resistência e fidelidade.

O que determina a vida humana não são as circunstâncias. O seu histórico familiar, a sua condição financeira, o lugar onde vive e outros fatores podem até moldar a sua experiência, contudo, nenhuma dessas métricas é capaz de capturar a verdadeira essência da existência. A compreensão de que a nossa vida é determinada por algo muito maior do que as circunstâncias que vivemos é essencial na nossa caminhada de fé.

Na primeira carta de Paulo à igreja de Corinto, o apóstolo escreveu que o homem natural não aceita as verdades do Espírito de Deus. Estas lhe parecem loucura, de maneira que ele não consegue compreendê-las, pois apenas quem é espiritual consegue avaliar corretamente o que diz o Espírito (cf. 2:14). A sabedoria humana não consegue compreender as verdades espirituais que emanam de Deus. Precisamos da orientação do Espírito Santo a fim de entender essas verdades, inclusive as que dizem respeito a quem somos.

O que de fato define um indivíduo é o que a Palavra de Deus diz a seu respeito. Nada, absolutamente nada, pode ir contra uma palavra dita por Deus. Por essa razão, conscientes daquilo que o Criador diz ao nosso respeito, devemos prosseguir mesmo em meio a cenários contrários. Quando temos convicção da nossa identidade, somos capacitados a viver pela fé e a caminhar em direção ao destino que Deus preparou para nós.

Como o autor de Hebreus nos exortou, não abra mão da sua firme confiança. Antes, lembre-se da grande recompensa que ela trará. É necessário perseverar, a fim de que, depois de ter feito a vontade de Deus, você receba tudo o que ele lhe prometeu (cf. 10:35-36).

“Senhor, reconheço que não posso ser moldado por outra coisa senão pelas palavras que dizes sobre mim. Obrigado por traçar o meu futuro com promessas de cuidado e paz. Amém.”

Medida de fé

— [...] se podes fazer alguma coisa, tem compaixão de nós e ajuda-nos.
— Se podes? — disse Jesus. — Tudo é possível àquele que crê.
MARCOS 9:22-23

A fé genuína, aquela que move montanhas e opera milagres, não é um mero assentimento intelectual ou uma emoção passageira. Ela é fruto da revelação divina, de um conhecimento íntimo e pessoal de Deus. É por isso que muitos não conseguem alcançá-la. Somos instruídos em Romanos 12:3 a ser honestos em nossa autoavaliação, segundo a medida de fé que Deus deu a cada um.

A fé genuína é fruto da revelação divina, de um conhecimento íntimo e pessoal de Deus.

Cada um recebe uma medida individual de fé; por essa razão, não devemos nos comparar com outras pessoas ou usar a jornada de fé de alguém como parâmetro para a nossa. Podemos encontrar encorajamento na certeza de que o Senhor sempre sustentará aqueles que caminham firmados em uma revelação dada por ele. O caminho de fé é pessoal, e a nossa dependência deve estar unicamente em Deus, que nos guia e nos sustenta de maneira única e particular.

Os Evangelhos trazem o relato da cura de um menino possuído por um demônio cujo pai, desesperado, buscou a ajuda de Jesus. Ao encontrar-se com ele, clamou: "Muitas vezes esse espírito o tem lançado no fogo e na água para matá-lo. Mas, se podes fazer alguma coisa, tem compaixão de nós e ajuda-nos" (Marcos 9:22). Na sequência, Jesus disse: "Se podes? [...] Tudo é possível àquele que crê" (v. 23). E, com humildade, o pai do garoto exclamou: "Eu creio; ajuda-me a vencer a minha incredulidade!" (v. 24).

Essa história nos ensina que a dúvida não é o fim da fé, mas uma oportunidade para buscar a ajuda de Deus, que nos fortalece em nossas fraquezas. Podemos pedir ao Senhor que nos ajude em nossa incredulidade, a fim de que apresentemos a ele uma fé verdadeira e genuína que opera milagres, pelo nome de Jesus.

"Senhor, não quero mais agir na incredulidade, tampouco comparar a minha medida de fé à do meu irmão. Ensina-me a compreender a tua revelação para mim, a fim de que eu apresente uma fé genuína. Em nome de Jesus, amém."

Estratégia e ação

"Pois eu sou o Senhor, o seu Deus, que o segura pela mão direita e diz a você: 'Não tema; eu o ajudarei.'"

Isaías 41:13

Deus nos guia, supre e capacita a viver uma vida de propósito, para a sua glória.

Todo objetivo exige uma estratégia. Para chegar a um determinado destino, é necessário traçar um plano e segui-lo. No que diz respeito à nossa jornada com Deus, é o Senhor quem nos dá um direcionamento e, com ele, as condições necessárias e as orientações necessárias. Ele não nos envia sem nos equipar; a sua direção é sempre acompanhada de capacitação.

Deus nunca nos envia sozinhos. Ele tampouco nos dá uma ordem e fica sentado, à espera dos resultados. Por intermédio do profeta Isaías, o Senhor nos assegura de que ele nos segura pela mão direita e nos diz: "Não tema; eu o ajudarei" (cf. Isaías 41:13). Assim, é inconcebível pensar que o Senhor nos abandona à própria sorte ou nos desampara. Ele nos guia, nos fortalece e nos sustenta em cada passo do caminho.

A ajuda do Senhor está garantida aos que creem nele e se movem na direção dada por ele. Como Pai amoroso, ele ampara os seus filhos. Como Bom Pastor, ele guia, protege e alimenta o seu rebanho. O Bom Pastor conduz as suas ovelhas a um lugar seguro, de paz, tranquilidade, de águas frescas e pastos verdejantes (cf. Salmos 23). Para onde quer que o Senhor nos guie, as nossas necessidades serão supridas, e ele fornecerá as orientações e os recursos necessários para que cumpramos o chamado dele para nós.

É por isso que, como ovelhas do seu pasto e filhos amados, podemos crer que nada, absolutamente nada, nos faltará. Por isso, eu convido você neste dia a alinhar a revelação dada por ele a uma estratégia de ação. Dessa maneira, você testemunhará que a vontade de Deus para os seus filhos é sempre boa, agradável e perfeita, como o apóstolo Paulo afirma em Romanos 12:2.

"Ó Deus, lembra-me de que tu és o meu amparo, o meu Pai amoroso e Bom Pastor. Ajuda-me a unir o teu direcionamento com a ação, a fim de provar da tua vontade. Em nome do Senhor Jesus, amém."

Corações alinhados

23
AGO

Entregue o seu caminho ao Senhor; confie nele, e ele agirá.

Salmos 37:5

A natureza humana é movida por desejos e vontades. No entanto, são poucos que consultam a Deus com relação aos seus planos e projetos. Precisamos perguntar se o que queremos é, também, a vontade do Senhor para a nossa vida. Conhecer a vontade de Deus faz toda a diferença; é o que determina, por exemplo, qual será a resposta da nossa oração: "Esta é a confiança que temos ao nos aproximar de Deus: se pedimos alguma coisa de acordo com a vontade dele, ele nos ouve" (1João 5:14).

A passagem de Salmos 37:3-5 nos mostra que buscar e confiar no Senhor traz como resultado bênçãos, segurança e a realização de desejos. Contudo, muitos fazem dessa palavra um amuleto e quase instrumento de barganha para dizer que Deus tem a obrigação de realizar os desejos do seu coração. O que está escrito, porém, é: "Confie no Senhor e faça o bem; habite na terra e desfrute a fidelidade. Deleite-se no Senhor, e ele atenderá aos desejos do seu coração. Entregue o seu caminho ao Senhor; confie nele, e ele agirá".

Ele concederá os desejos do nosso coração se nos deleitarmos nele. Isso significa que o nosso maior desejo não será o de satisfazer as nossas próprias vontades, mas o de agradar a Deus antes de tudo, colocando a vontade dele em primeiro lugar. Se o nosso coração estiver alinhado ao dele, certamente ele atenderá aos nossos pedidos.

Que, neste dia, possamos tomar a decisão de confiar no Senhor e de nos deleitar nele, crendo, inclusive, que os planos dele para a nossa vida são muito maiores e melhores. Entreguemos o nosso caminho a ele e oremos para que a vontade dele se torne a nossa, assim, teremos as nossas orações respondidas.

Quando você se deleita no Senhor, alegra-se no cumprimento da vontade dele na sua vida.

"Senhor, alinha o meu coração ao teu. Quero que os teus desejos sejam os meus. Muda a minha forma de pensar e ajuda-me a olhar para além de mim, a fim de que as minhas orações sejam respondidas. Em nome de Jesus, amém."

24
AGO

A batalha é do Senhor

— [...] *não é por espada nem por lança que o* SENHOR *concede vitória. A batalha é do* SENHOR, *e ele entregará todos vocês nas nossas mãos.*
1SAMUEL 17:47

Não somos chamados a lutar por nossas próprias forças, mas a nos manter firmes na fé.

A história do povo de Deus sempre foi marcada por batalhas. As Escrituras são repletas de relatos de disputas territoriais. Neste tempo, embora não vejamos tantas batalhas territoriais e confrontos físicos quanto naquele tempo, sobretudo no Ocidente, os conflitos não acabaram, de maneira alguma.

O Deus a quem servimos é conhecido também como o Senhor dos Exércitos, o Rei dos reis, o invencível em todas as batalhas. Por meio de homens e mulheres ele estabelece as suas guerras e sai vencedor de todas elas. Um dos homens usados por Deus para conquistar a vitória foi Davi.

Ainda jovem, antes de ser coroado rei, Davi já sabia quem era o Senhor e o que ele podia fazer. Quando um inimigo aparentemente imbatível afrontou o povo de Israel, o garoto se levantou com coragem e afirmou: "[...] O Senhor que me livrou das garras do leão e das garras do urso me livrará das mãos desse filisteu" (1Samuel 17:37).

Apesar de Golias ser um gigante impassível e cruel, Davi o desafiou: "Você vem contra mim com espada, com lança e com dardos, mas eu vou contra você em nome do SENHOR dos Exércitos, o Deus dos exércitos de Israel, a quem você desafiou. [...] Todos os que estão aqui reunidos saberão que não é por espada nem por lança que o SENHOR concede vitória. A batalha é do SENHOR, e ele entregará todos vocês nas nossas mãos" (v. 45-47).

Ainda hoje, ao nos depararmos com lutas, devemos nos lembrar de que o Senhor dos Exércitos luta por nós. A batalha pertence a ele, e, sem dúvidas, seu nome será glorificado por nosso intermédio se confiarmos que ele está conosco e nos fará vitoriosos.

"Senhor, é maravilhoso saber que não estou sozinho nas batalhas! Ajuda-me a encarar os desafios e, pelo teu nome, não recuar. A minha fé está firmada na garantia que tu sempre salvas o teu povo. Amém."

Preparados para a batalha

Prepara-se o cavalo para o dia da batalha,
mas a vitória depende do Senhor.

Provérbios 21:31

Algumas tribulações parecem estar além da nossa capacidade de resistir e superar. A história do rei Josafá é um testemunho de como Deus intervém em nosso favor e revela a sua força em nossa fraqueza.

Em 2Crônicas 20:2, lemos que o rei foi informado de que um enorme exército viria contra ele. Do ponto de vista humano, o exército inimigo era muito maior do que ele e seu povo conseguiriam enfrentar. Embora alarmado, o rei não deixou de buscar a solução no lugar certo: em Deus! Os versículos 3 e 4 nos dizem que "Josafá decidiu consultar o Senhor e proclamou um jejum em todo o reino de Judá. Reuniu-se, pois, o povo que vinha de todas as cidades de Judá para buscar a ajuda do Senhor". Diante da assembleia de Judá e Jerusalém, Josafá clamou a Deus por auxílio.

É assim que devemos agir quando nos deparamos com problemas aparentemente maiores do que conseguimos suportar. Temos de buscar o Senhor e aguardar que ele nos dê um direcionamento. Na ocasião, o Senhor respondeu a Josafá por intermédio de Jaaziel: "[...] Não tenham medo nem fiquem desanimados por causa desse exército enorme, pois a batalha não é de vocês, mas de Deus. [...] Vocês não precisarão lutar nesta batalha. Tomem posições, permaneçam firmes e vejam o livramento que o Senhor dará [...]" (v. 15,17).

Ainda que o Senhor garanta que a batalha é dele, não somos isentos do preparo. O próprio Josafá foi para o vale da batalha e tomou posição para, então, ver a vitória que o Senhor lhes preparou. Essa história reafirma o que a Palavra nos ensina: o cavalo precisa ser preparado para a batalha, porém a vitória depende de Deus.

Reflita: apesar de saber que a vitória é do Senhor, você tem se preparado?

"Senhor, em meio às muitas dificuldades, eu confio em ti. Ajuda-me a me preparar para as batalhas, a ficar pronto e posicionado para ver o grande livramento que tu concederás. Em nome de Jesus, amém."

26
AGO

Rua sem saída

— Em verdade lhes digo que quem ouve a minha palavra e crê naquele que me enviou tem a vida eterna e não será condenado, mas já passou da morte para a vida.

JOÃO 5:24

Nenhuma outra rota pode nos levar ao destino para o qual fomos criados; Jesus é o caminho.

Sem Deus, o ser humano é como um motorista desatento dirigindo para uma rua sem saída. Ele pensa que aquele caminho o levará ao seu destino, mas a verdade é que, caso não dê meia-volta e tome outra direção, não chegará a lugar nenhum. Separados de Deus, acreditamos ser autossuficientes. Cremos que estamos no caminho certo quando, na realidade, estamos rumo a um beco escuro e sem saída. Em suas *Confissões*, Agostinho de Hipona questiona: "Pois o que sou eu sem ti, além de um guia de minha própria queda?".

As Escrituras nos alertam de que não há perspectiva, esperança ou futuro se estivermos separados de Deus. Em Efésios 1:1-2, o apóstolo Paulo explicou que a condição humana, quando distante do Senhor, é de morte espiritual: "Vocês estavam mortos nas suas transgressões e nos seus pecados, nos quais costumavam viver, quando seguiam os padrões deste mundo e o príncipe do poder do ar, o espírito que agora atua nos filhos da desobediência".

É somente pela graça e pelo poder de Deus em Cristo Jesus que nós podemos, finalmente, sair desse estado de morte para uma nova vida. Ele mesmo disse: "[...] quem ouve a minha palavra e crê naquele que me enviou tem a vida eterna e não será condenado, mas já passou da morte para a vida" (João 5:24). Não é por nossos próprios méritos ou esforços, mas pela fé em Jesus. Nenhuma das vias alternativas, dos atalhos ou das outras rotas podem nos levar à verdadeira vida, pois Jesus é o único caminho (cf. 14:6).

Portanto, que hoje a nossa escolha seja a da conversão. Vivamos a mudança total de rota, a fim de sairmos da rua sem saída da morte para seguir o único que é o caminho, a verdade e a vida.

"Deus querido, eu te agradeço porque me permites estar contigo e saber que a vida sem ti é, na verdade, uma rua sem saída. Conduz-me pelo caminho que leva à vida eterna, o teu Filho. Em nome dele eu oro, amém."

Novo nascimento

27 AGO

Em resposta, Jesus declarou:
— Em verdade lhe digo que ninguém pode ver o reino de Deus se não nascer de novo.
João 3:3

O novo nascimento é o ponto de partida da vida cristã. Nós, que antes andávamos mortos em nossos delitos e pecados, recebemos a nova vida em Cristo. Esse recomeço é uma oportunidade de começar de novo, mas lavados e purificados para a verdadeira vida.

Desse momento em diante, tudo aquilo que fizemos no passado fica para trás. Os nossos pecados e falhas são perdoados e esquecidos, para que possamos viver em novidade de vida, sem o peso da culpa e da condenação. Não se trata de uma opção, mas de uma condição. Sem passar por esse processo fundamental, não veremos o reino de Deus, como Jesus disse a Nicodemos quando em João 3:3.

Nicodemos, um homem culto e respeitado em sua época, não conseguiu compreender. Perplexo, questionou: "Como alguém pode nascer quando já é velho? É claro que não pode entrar pela segunda vez no ventre da mãe e renascer!" (v. 4). Jesus respondeu: "Em verdade lhe digo que ninguém pode entrar no reino de Deus se não nascer da água e do Espírito. O que nasce da carne é carne, mas o que nasce do Espírito é espírito" (v. 5-6).

Quando viemos ao mundo, passamos pelo nascimento natural. Nessa condição, éramos incapazes de viver uma vida que agrada a Deus. O novo nascimento, por sua vez, é uma obra sobrenatural do Espírito Santo e nos permite viver em santidade.

Se o nosso desejo é estar com Deus, precisamos passar pelo novo nascimento. Os seres humanos podem gerar apenas vida humana, mas o Espírito dá à luz vida espiritual. Precisamos desesperadamente da nova vida pelo Espírito Santo.

A necessidade do novo nascimento é universal para todos os que desejam estar em comunhão com Deus.

"Senhor, obrigado pelo presente do novo nascimento. Graças ao sacrifício de Jesus, eu posso viver uma nova vida em ti. Ajuda-me a morrer para mim mesmo e nascer espiritualmente por teu Espírito. Amém."

28
AGO

Herança imperecível

[...] ele nos regenerou para uma esperança viva, [...] para uma herança que jamais poderá perecer, macular-se ou desvanecer. Essa herança está guardada nos céus para vocês.

1PEDRO 1:3-4

Os tesouros desta terra são passageiros; a nossa herança no céu é eterna e incorruptível.

Não há nada mais valioso do que a vida eterna. Os seres humanos buscam constantemente algo que possa os preencher e lhes dar senso de propósito. Nessa busca, muitas vezes comprometem sua integridade e se entregam a práticas pecaminosas. As pessoas pensam que precisam conquistar mais, acumular riquezas e chegar até a brigar e a cometer crimes por coisas desta terra. Elas se esquecem de quão passageiro e transitório isso tudo é. O Senhor Jesus, em diversas ocasiões, falou sobre o reino de Deus e os tesouros reservados àqueles que o amam.

No capítulo treze do Evangelho de Mateus, Jesus conta a Parábola do Tesouro Escondido. Ele compara o reino dos céus a um tesouro escondido que um homem descobriu em um campo. Entusiasmado, ele o escondeu novamente, vendeu tudo o que tinha e, com o dinheiro da venda, comprou aquele campo.

Trazendo essa mensagem para o nosso contexto, precisamos nos questionar: Será que a vida eterna nos traz tanta alegria quanto aquele homem sentiu ao encontrar o tesouro? Estaríamos dispostos a abrir mão de tudo o que temos por essa herança, que não pode ser destruída, ou vivemos apenas para os tesouros desta terra, que a traça e a ferrugem consomem?

O nosso apreço pela vida eterna deve ser maior do que a paixão por qualquer bem terreno. Estar disposto a abrir mão de tudo o que temos em favor dessa herança imperecível é a marca de um coração transformado. Que jamais nos esqueçamos de que, pela grande misericórdia de Deus e por meio de Jesus Cristo, agora temos uma viva esperança e uma herança imperecível, pura e imaculada no céu. Não encontraremos nesta terra tesouro mais precioso do que esse!

“Senhor, obrigado pelo presente do novo nascimento. Graças ao sacrifício de Jesus, eu posso viver uma nova vida em ti. Ajuda-me a morrer para mim mesmo e nascer espiritualmente por teu Espírito. Amém.”

Nova natureza

[...] vocês já se despiram do velho homem com as suas práticas e se vestiram do novo, o qual está sendo renovado em conhecimento à imagem do seu Criador.

COLOSSENSES 3:9-14

Não há como seguir Jesus sem uma nova natureza. A velha natureza, inclinada ao pecado e aos desejos egoístas, precisa morrer para dar lugar à nova natureza. É impossível que elas coexistam, visto que "estão em conflito um com o outro" (cf. Gálatas 5:17). É nesse processo que os nossos pensamentos e hábitos são transformados pela ação do Espírito Santo em nós, nos dando uma nova vida.

A nova natureza se manifesta em atitudes e virtudes que refletem o caráter de Cristo.

Em Colossenses 3:9-10, o apóstolo Paulo explica que, uma vez despidos da nossa antiga natureza e de todas as suas práticas perversas, devemos nos revestir da nova natureza e ser renovados à medida que conhecemos o nosso Criador e somos conformados à sua imagem. Trata-se de abandonar as práticas pecaminosas e abraçar um estilo de vida que reflita o caráter de Cristo. Quanto mais conhecemos a Deus e nos permitidos ser transformados pelo Espírito, mais semelhantes a ele nos tornamos.

Conhecer a Deus vai além de memorizar alguns versículos ou manter uma Bíblia aberta na sala de casa. O verdadeiro conhecimento de Deus é um relacionamento íntimo com ele, um estilo de vida. Quando nos dedicamos a conhecê-lo cada vez mais, o desejo genuíno do nosso coração é o de ser cada vez mais parecidos com ele, a fim de viver da maneira que o agrada, glorifica e reflete seu caráter.

Assim, devemos procurar, dia após dia, nos despir do antigo modo de viver. Esse é o caminho para viver conforme a nova natureza. Para isso, temos de nos dedicar a não mentir uns aos outros, a exercer compaixão, bondade, humildade, mansidão, paciência e, acima de tudo, a nos revestir do amor que une todos nós em perfeita harmonia.

"Senhor, ajuda-me a deixar para trás o antigo modo de viver, que em nada parecia contigo. Renova-me à medida que busco te conhecer, a fim de que eu seja bondoso, humilde, paciente e amoroso, um reflexo de quem tu és. Amém."

30
AGO

Boas obras

Porque fomos feitos por Deus, criados em Cristo Jesus, para boas obras, as quais Deus preparou previamente para que andássemos nelas.

Efésios 2:10

Em um mundo de trevas, somos chamados a resplandecer a luz do Senhor Jesus.

Em um mundo de trevas, somos chamados a ser luz. Quanto mais caminhamos para os dias do fim, mais vemos as pessoas se perderem nas trevas. Buscam em desespero por uma saída, uma solução para o sofrimento, a morte e a dor. Apesar das muitas aflições, nós sabemos que existe uma esperança, que é Jesus, a Luz do mundo. Como seus discípulos, somos chamados a brilhar na escuridão.

Em Mateus 5:14-16, Jesus nos lembra que não faz sentido acender uma lâmpada e depois colocá-la sob um cesto. Ela deve ser colocada no lugar apropriado, a fim de iluminar todos os que estão na casa. A luz de Cristo em nós não deve ser oculta, mas manifestada para que todos a vejam. As nossas boas obras devem brilhar diante de todos, para que as pessoas que as vejam louvem ao Pai, que está no céu.

A timidez e o medo da exposição podem nos impedir de cumprir o nosso propósito como filhos da luz. Enquanto nos escondemos no disfarce, o mundo continua a perecer na escuridão, sem conhecer a esperança e a salvação em Cristo. Precisamos ter ousadia na fé e uma vida que impacta o mundo ao nosso redor. Como afirmou Martin Luther King Jr.: "A escuridão não pode excluir a escuridão, só a luz é capaz de fazer isso. O ódio não pode expulsar o ódio, só o amor é capaz de fazer isso".

Temos um chamado, uma convocação. As pessoas estão carentes de ver a luz do Senhor manifesta por meio de nossas ações. Em um mundo tomado pelas trevas, precisamos ser luz. Em um mundo repleto de ódio, precisamos amar e demonstrar o amor do Pai. E é por isso que o Senhor nos lembra que fomos criados em Cristo Jesus a fim de realizar as boas obras que ele de antemão planejou para nós.

"Ó Deus, tu me criaste para realizar boas obras, e esse é o meu desejo. Não quero mais me esconder. Ajuda-me, portanto, a manifestar o teu amor e a esperança que vem de ti diante de todos, em nome de Jesus. Amém."

Tempo de brilhar

31 AGO

— Vocês são a luz do mundo. Não se pode esconder uma cidade construída sobre um monte.

MATEUS 5:14

Ao longo das Escrituras, vemos claras distinções entre os que servem a Deus e os que não servem. O amor de Deus, que se manifesta na dádiva da salvação por intermédio de Jesus Cristo, é universal e acessível a todos. No entanto, a aceitação dessa salvação exige uma rendição voluntária. Aqueles que rejeitam a luz de Cristo são chamados filhos das trevas, enquanto nós, os que cremos, fomos transportados para a sua maravilhosa luz.

Em 1Tessalonicenses 5:5-6, o apóstolo Paulo nos instrui: "Vocês todos são filhos da luz e filhos do dia. Não somos da noite nem das trevas. Portanto, não durmamos como os demais, mas estejamos alerta e sejamos sóbrios". A nossa nova identidade como filhos da luz e do dia implica em uma responsabilidade de viver atentos e despertos, ainda que os outros estejam em um estado de letargia e cegueira espiritual.

Quando o Senhor nos transportou para o seu reino de luz, ele também nos comissionou a um propósito. Jesus disse: "Vocês são a luz do mundo. Não se pode esconder uma cidade construída sobre um monte" (Mateus 5:14). Em meio à escuridão que tenta confundir e desviar até mesmo os eleitos, a vigilância e a atenção são essenciais para permanecermos firmes na verdade. A nossa vida, quando vivida em santidade e em comunhão com Cristo, se torna um farol de esperança, um testemunho visível do poder transformador do evangelho.

Ao brilharmos, seremos vistos tanto pelos que buscam a verdade quanto pelos que se opõem a ela. Por isso, é fundamental estarmos vigilantes para discernir o que acontece ao nosso redor e para não nos esquecermos de que, neste período tão sombrio, chegou o tempo de brilhar!

Precisamos estar atentos e vigiar a fim de permanecer firmes na luz de Cristo.

"Senhor, obrigado por me tirar da escuridão. Graças a Cristo Jesus, eu não pertenço mais às trevas, e sim à sua maravilhosa luz. Ajuda-me a estar sempre sóbrio e vigilante. Amém."

340
20
40
N·W
N·E
60
80
E
100
120
S·W
S·E
140
160
S
180
200

SETEMBRO

Meu planejamento

Meta

Atividade em família

Plano para um hábito saudável

Plano Espiritual

Leitura bíblica do livro

Um filme/série

Um livro/*podcast*

Passos para aprender algo novo

Meta financeira

Resumo de um aprendizado espiritual

Um médico a agendar

Um lugar para visitar

Vulnerabilidade que salva

1 SET

"[...] não tema, pois estou com você; não tenha medo, pois sou o seu Deus. Eu o fortalecerei e o ajudarei; eu o segurarei com a destra da minha justiça"

ISAÍAS 41:10

Quando fugia de Saul, Davi precisou fingir-se de louco para salvar a própria vida, porque ficou com muito medo de Aquis, o rei de Gate, conforme lemos em 1Samuel 21. Sua astuta estratégia tinha como objetivo principal ser desprezado e considerado inofensivo por seus inimigos e, assim, escapar do perigo iminente.

Está escrito em Salmos 34:4 que, após a ocasião em que estava diante de Abimeleque e usou a estratégia da loucura, Davi declarou: "Busquei o SENHOR, e ele me respondeu; livrou-me de todos os meus temores". Ou seja, ao se mostrar inofensivo aos seus inimigos, arriscando ser uma presa fácil, Davi permitiu que o Senhor agisse em seu favor. Davi não confiou na sua própria destreza militar ou na sua força física, mas na capacidade de Deus de intervir.

Muitas vezes tememos a vulnerabilidade e tentamos manter uma aparência de força e autossuficiência. Contudo, o que o Senhor nos ensina é que ele é o nosso salvador e a verdadeira força de que precisamos. Seus meios para nos livrar do mal, por mais estranhos que pareçam, são inquestionáveis e infalíveis!

Hoje o convite do Senhor para nós é de que nos lembremos do que ele disse por intermédio do profeta Isaías: "[...] não tema, pois estou com você; não tenhamedo, pois sou o seu Deus. Eu o fortalecerei e o ajudarei; eu o segurarei com a destra da minha justiça" (Isaías 41:10). Essa promessa é um lembrete de que a nossa vulnerabilidade, quando vivida sob a luz da fé, não nos diminui, mas nos conecta à fonte inesgotável de poder e amparo que é Deus. Ele não apenas nos sustenta, como também nos capacita a enfrentar qualquer adversidade, transformando nossa fraqueza em um palco para a sua glória.

Em nossa fraqueza, Deus sempre encontra espaço para manifestar seu poder.

"Meu Deus, ensina-me a confiar nos teus métodos e a aprender que a tua glória se manifesta em minha vulnerabilidade. Eu creio que tu tens poder para me resgatar de toda e qualquer situação. Amém."

Estou com você

[...] *Deus mesmo disse:*
"Nunca o deixarei; jamais o abandonarei"
HEBREUS 13:5

A presença de Deus não está condicionada às nossas circunstâncias ou sentimentos.

A solidão tem sido uma queixa cada vez mais comum em nossos dias. A rotina apertada, as interações quase todas virtuais e o medo de se expor à decepção têm feito que as pessoas se sintam cada vez mais sozinhas.

É comum as pessoas se sentirem abandonadas e, nesse sofrimento, pensarem que até mesmo Deus as deixou. Contudo, em Hebreus 13:5, temos um lembrete do que ele mesmo nos diz: "Nunca o deixarei; jamais o abandonarei". Essa é uma promessa de fidelidade inabalável. Mesmo quando a escuridão da solidão parece nos envolver, a Palavra do Senhor permanece como uma luz, garantindo que ele está e sempre estará ao nosso lado, não importa a situação por que passemos.

Ainda que todos nos rejeitem, que fiquemos sozinhos, abandonados até mesmo por aqueles que mais amamos, o Senhor permanece ao nosso lado em toda e qualquer circunstância. Por isso, podemos dizer com toda a confiança: "O Senhor é o meu ajudador; não temerei. O que me podem fazer os homens?" (v. 6; cf. Salmos 118:6). Com ele, nenhuma adversidade é insuperável e nenhum temor pode nos paralisar.

Saber que Deus está ao nosso lado e é um grande motivo para agradecermos e nos sentir seguros. E este é o desejo do coração dele para você hoje: "Não se sinta só, pois estou com você"! Descanse na certeza do amor e do cuidado do Senhor para com a sua vida. Cultive diariamente a consciência dessa companhia que jamais o acompanha, afastando toda sensação de isolamento e permitindo-se ser preenchido com a paz verdadeira que somente a presença dele pode proporcionar para você. Você não precisa mais se sentir sozinho, meu irmão, pois o Senhor garante que nunca, jamais, o abandonará.

"Perdoa-me, Senhor, pelas vezes em que me queixei de estar só e não me dei conta de que tu sempre estás comigo. Tu és o meu ajudador, portanto, não temerei, em nome de Jesus. Amém."

Ele sabe o que sofremos

3
SET

Entregue as suas preocupações ao Senhor, *e ele o susterá; jamais permitirá que o justo venha a cair*

Salmos 55:22

São inúmeras as histórias em que vemos Jesus intervir no sofrimento humano. Seja para pregar uma mensagem de arrependimento e esperança, seja para curar, seja para libertar ou até mesmo para ressuscitar, Jesus jamais se esquivou ou se mostrou indiferente aos nossos sofrimentos. Sua compaixão transcende qualquer barreira, alcançando as profundezas da dor humana.

No Evangelho de João vemos a história de Maria, irmã de Lázaro: "Quando Maria chegou ao lugar onde Jesus estava e o viu, prostrou-se aos seus pés e disse: 'Senhor, se estivesses aqui, o meu irmão não teria morrido'. Quando Jesus viu que Maria chorava, bem como os judeus que a acompanhavam, ficou profundamente comovido e perturbou-se" (11:32-33). Ele não apenas observou o sofrimento, mas o sentiu em sua própria alma.

Maria não ostentou uma aparência forte, antes, lançou suas aflições aos pés de Jesus, em um ato de vulnerabilidade e entrega total. Aprendemos com essa história que podemos rasgar nosso coração diante daquele que sente o que sentimos e se compadece com o que sofremos. Ele não se afasta da nossa dor, mas se aproxima, pois seu coração transborda de misericórdia. Como expressa a canção "Tu és soberano", de Asaph Borba: "Tudo que existe e acontece, tu o sabes muito bem; tu és tremendo. E, apesar dessa glória que tens, tu te importas comigo também".

É por não ser insensível que ele nos diz hoje: "Entregue as suas preocupações ao Senhor, e ele o susterá; jamais permitirá que o justo venha a cair" (Salmos 55:22). Jesus sabe o que sofremos e se compadece.

"Senhor, não há consolo melhor que o teu. É maravilhoso saber que tu, apesar de tão grande, sabes o que sinto e te importas comigo. Ajuda-me a quebrar as barreiras que me impedem de me aproximar de ti com o coração aberto, em nome de Jesus. Amém."

Jesus não nos convida a uma exibição de força aparente, mas a uma entrega sincera de nossas fraquezas e aflições.

4 SET

Caráter forjado

[...] nos gloriamos nas tribulações, porque sabemos que a tribulação produz perseverança; a perseverança, um caráter aprovado; o caráter aprovado, esperança

ROMANOS 5:3-4

Deus trabalha em nós por meio das circunstâncias, por mais dolorosas que sejam.

Ninguém nunca poderá se queixar de ter sido enganado quanto aos sofrimentos. A Bíblia é clara quanto às dores e as dificuldades desta vida. O próprio Jesus disse que passaríamos por aflições neste mundo (cf. João 6:33). No entanto, apesar da dura realidade, a nossa esperança está na garantia de que ele está sempre conosco e jamais nos abandonará.

Na Bíblia encontramos um verdadeiro paradoxo. A realidade das aflições se manifesta de maneira tão incontestável que somos aconselhados a nos gloriar quando elas chegam. Sim, devemos nos gloriar nas tribulações! Foi isso que o apóstolo Paulo aconselhou aos cristãos em Roma, conforme Romanos 5:3-5: "[...] nos gloriamos nas tribulações, porque sabemos que a tribulação produz perseverança; a perseverança, um caráter aprovado; o caráter aprovado, esperança. Essa esperança não nos decepciona, porque o amor de Deus foi derramado no nosso coração por meio do Espírito Santo, que ele nos deu". As aflições não vêm para nos destruir, mas para nos aprimorar, tornando-nos mais perseverantes e firmes em nosso propósito.

Ser um seguidor de Cristo não significa imunidade aos problemas. Muito pelo contrário, temos de fazer deles oportunidades de firmar a nossa fé em Deus e aprender o que ele quer nos ensinar em cada situação. A atitude correta faz florescer a fé e a esperança de que precisamos para desenvolver, enfim, a tão esperada maturidade para tomar atitudes corretamente.

Quando enfrentamos batalhas e perseveramos, o nosso caráter é forjado, ou seja, moldado e aperfeiçoado pelo próprio Deus. Afinal, expostos à pressão e ao calor, somos transformados para a glória do Senhor.

"Senhor, obrigado por me permitir me achegar a ti por meio da oração. O tesouro mais valioso é poder me relacionar contigo. Ajuda-me a fazer dessa prática o meu estilo de vida. Em nome de Jesus, amém."

Permanecendo até o fim

5 SET

Saibam que consideramos felizes aqueles que perseveraram. Vocês ouviram falar sobre a perseverança de Jó e viram o fim que o Senhor lhe proporcionou. Pois o Senhor é cheio de compaixão e de misericórdia

TIAGO 5:11

A história de Jó é muito conhecida, até mesmo por não cristãos e pessoas que não têm tanto entendimento bíblico. Você já deve ter ouvido alguém dizer que determinada situação exige "a paciência de Jó", referindo-se a um processo difícil, doloroso ou demorado. No entanto, a história de Jó é muito mais do que um exemplo de paciência; é um testemunho de perseverança e de uma fé que resiste às provações.

O Senhor tem um propósito e uma recompensa aos que perseverarem até o fim.

Embora seja lembrado pela paciência, a Bíblia nos mostra outras características de Jó. Em Jó 1:1, somos apresentados a ele desta forma: "Na terra de Uz, vivia um homem chamado Jó. Era homem íntegro e justo; temia a Deus e evitava fazer o mal". Ele tinha um caráter irrepreensível; era um homem de Deus. Foi o Senhor quem declarou: "[...] Não há ninguém na terra como ele: um homem íntegro e justo, que teme a Deus e evita fazer o mal" (v. 8).

Ou seja, antes que ele sofresse tantas perdas, a sua fé e temor a Deus foram evidenciados pelo próprio Deus. Sua inteireza de caráter foi o segredo para que permanecesse de pé mesmo em face das maiores dores e perdas. Por isso, conforme orientou Tiago, consideremos bem-aventurados os que perseveram em meio às provações, pois o Senhor, rico em compaixão e misericórdia, tem um propósito e uma recompensa aos que perseverarem até o fim.

Eu não sei o que você tem vivido, mas o Senhor sabe. Ele conhece o seu caráter e deseja que você viva em integridade, justiça, obediência e fidelidade em toda e qualquer circunstância. Lembre-se de que existe uma recompensa para todo aquele que permanece firme e não se rende mesmo em face das lutas. Dedique-se, pois, a perseverar e permanecer fiel até o fim!

"Senhor, ajuda-me a ser como o teu servo Jó, paciente, íntegro e separado do mal. Sei que, pela fidelidade a ti, terei forças para suportar as tempestades da vida e para perseverar até o fim. Em nome de Jesus, amém."

6 SET

Servos de qual Senhor?

— Quem me serve deve me seguir; onde eu estou, ali o meu servo também deve estar. O meu Pai honrará aquele que me serve

João 12:26

Se somos servos de Cristo, somos parecidos com ele.

Quando Cristo se torna o Senhor da nossa vida, precisamos conformar o nosso estilo de vida, o modo de falar, pensar e agir à vontade dele. E a vontade do Pai para nós é que sejamos seguidores e imitadores do Filho. A partir do momento da nossa conversão, temos de tomar a decisão intencional de nos submeter ao senhorio divino; do contrário outras pessoas, ou nós mesmos, estarão no controle, e quem tem o controle é o senhor. Esta é uma questão fundamental para a vida cristã: quem, de fato, governa as nossas escolhas, os nossos pensamentos e as nossas prioridades?

Jesus, conforme está escrito João 15:19-20, disse: "Se vocês pertencessem ao mundo, ele os amaria como se fossem dele. No entanto, vocês não são do mundo, mas eu os escolhi dentre o mundo; por isso, o mundo os odeia. Lembrem-se das palavras que eu disse: 'Nenhum escravo é maior do que o seu senhor'. Se me perseguiram, também perseguirão vocês. Se obedeceram à minha palavra, também obedecerão à de vocês". Escolhidos por Cristo, estamos separados do mundo e devemos, portanto, seguir seus passos. Se somos servos de Cristo, somos parecidos com ele. A nossa semelhança com Jesus no pensar, agir e falar é o que evidenciará se ele tem, de fato, o senhorio da nossa vida.

Ser um servo de Cristo vai além de uma mera declaração; exige uma vida que transformada pelos seus ensinamentos e conformada ao seu caráter. A nossa escolha de servir Jesus se manifesta também no amor, serviço e cuidado com o próximo. Hoje, somos chamados a refletir sobre quem de fato temos servido. Quem tem o controle da nossa vida, dos nossos planos e das nossas ações? Somente assim, saberemos o que o futuro nos reserva.

"Eu entrego, ó Senhor, o controle da minha vida em tuas mãos. Não quero que nenhum outro governe sobre mim, nem eu mesmo. Faz-me semelhante a ti, como teu servo e seguidor. Amém."

Dono da vida

7
SET

"O Senhor tira a vida e a preserva; ele faz descer à sepultura e dela faz subir"
1Samuel 2:6

Deus é o dono da vida. Todo ser que respira e toda espécie viva no universo pertence ao Senhor. Na terra e nos céus, tudo é dele! Não há nada no mundo a que ele não tenha acesso. Sendo assim, ele pode dar ou retirar de quem quiser, como e quando quiser. Foi o que aconteceu com Jó.

Depois de ter perdido todos os seus animais, empregados e filhos, Jó ainda assim não se voltou contra Deus. Em meio à dor da tragédia, declarou: "'e disse: "Nu saí do ventre da minha mãe e nu partirei. O Senhor o deu, o Senhor o levou; louvado seja o nome do Senhor" (Jó 1:21). A maioria de nós tem facilidade para bendizer a Deus no tempo da bonança, das conquistas e vitórias. Difícil, porém, é continuar a reconhecer a soberina do Senhor em meio ao sofrimento. Jó compreendia que tudo o que tinha pertencia, na realidade, a Deus.

A história desse homem temente a Deus é um dos mais comoventes exemplos de reconhecimento da soberania. Ela nos como devemos nos portar diante de tudo o que temos e somos. Precisamos ter a noção de que tudo o que conquistamos nesta terra é transitório. Nada é nosso; as coisas vêm e vão. Deus é o dono, e nós, os mordomos do que ele nos confia. Se algo nos é tirado, ele continua a ser Deus, e sua vontade continua boa, perfeita e agradável (cf. Romanos 12:2).

Ana também que tudo pertence ao Senhor. Ao ser agraciada com um filho após anos de esterilidade, proclamou: "O Senhor tira a vida e a preserva; ele faz descer à sepultura e dela faz subir". Assim como Jó e Ana, nós somos convidados a reconhecer que tudo, absolutamente tudo o que existe, pertence ao Senhor. A nossa vida tem um único dono: Deus!

Ao Senhor pertence a vida; ele a criou e a sustenta com amor incondicional.

"Meu Deus, eu te agradeço pela vida, pelo ar que respiro e pelas dádivas que me concedes. Tu és o meu Senhor e a ti pertenço. Ajuda-me a crer que também posso provar da tua bondade e fidelidade. Em nome de Jesus, amém."

Ouvintes e praticantes

Sejam praticantes da palavra, não apenas ouvintes, enganando a vocês mesmos

TIAGO 1:22

É na prática que a nossa fé amadurece e se torna um testemunho vivo de Cristo.

As Escrituras afirmam que não existe ninguém justo, nem um sequer. Todos estávamos perdidos, destituídos da graça de Deus, que, por seu amor incondicional, nos alcançou e reconciliou (cf. Romanos 3). Por meio do sacrifício de Jesus Cristo, recebemos a graça do perdão de pecados e a esperança da vida eterna. Sem uma ação divina, jamais conseguiríamos a vida plena que ele nos oferece. Nada disso é obra nossa, mas dele.

Por mais que não sejamos salvos por boas obras, estas são evidências da nossa salvação em Cristo Jesus. Assim que o aceitamos como o nosso Senhor e Salvador, somos transformados pelo Espírito Santo e conformados ao exemplo de Jesus, passamos a andar por seus caminhos e a agir como ele agia. As boas obras são a manifestação da nossa fé.

Segundo Tito 3:3: "Vivíamos enganados e escravizados por toda espécie de paixões e prazeres. Vivíamos na maldade e na inveja, sendo detestáveis e odiando uns aos outros". Outrora, as nossas obras refletiam o que éramos: insensatos, obedientes e escravos do pecado. Hoje, porém, não mais vivemos algemados ao pecado, e sim sob o senhorio de Jesus, cujos ensinamentos são o nosso firme alicerce.

Portanto, sejamos mais do que meros ouvintes dos ensinamentos do Senhor e nos tornemos também praticantes. Deixemos para trás os tempos passados, quando éramos oprimidos pelo jugo do pecado, e aceitemos humildemente a palavra do Senhor, pois ela tem poder para nos salvar. Por onde passarmos, anunciemos a bondade e a graça de Jesus por meio de palavras, mas, principalmente, por meio das nossas ações, com uma fé manifesta na prática.

"Senhor, obrigado por me resgatar do domínio do pecado. Entendo que a salvação provém da tua graça, não das minhas obras, mas que estas são um testemunho da minha fé. Por isso, ajuda-me a praticar a tua verdade. Amém."

Vivos ou mortos?

9 SET

Portanto, fomos sepultados com ele na morte por meio do batismo, a fim de que, como Cristo foi ressuscitado dentre os mortos pela glória do Pai, assim também vivamos uma vida nova

ROMANOS 6:4

Enquanto caminharmos aqui nesta terra, carregaremos duas naturezas: a da vida e a da morte. Essa consciência nos dá uma nova perspectiva, bem como a oportunidade para avaliarmos se estamos no equilíbrio apresentado pela Palavra de Deus. Essa dualidade é uma realidade constante para todo cristão. Ao mesmo tempo em que morremos para nós mesmos, isto é, para o antigo modo de viver, no momento da conversão, também recebemos uma nova vida em Cristo.

Precisamos estar mortos para o pecado e vivos para Deus.

Por essa razão, o apóstolo Paulo afirma que, se morremos para o pecado, de modo algum devemos continuar a viver nele (cf. Romanos 6:2). Paulo continua: "Ou vocês não sabem que todos os que fomos batizados em Cristo Jesus fomos batizados na sua morte? Portanto, fomos sepultados com ele na morte por meio do batismo, a fim de que, como Cristo foi ressuscitado dentre os mortos pela glória do Pai, assim também vivamos uma vida nova" (v. 3-4). Uma vez que nossa união com ele se assemelhou à sua morte, assim também nossa ressurreição será semelhante à dele. "Pois sabemos que o nosso velho homem foi crucificado com ele, para que o corpo pecaminoso seja destruído, de modo que deixemos de ser escravos do pecado" (v. 6).

Precisamos, portanto, estar mortos e, ao mesmo tempo, vivos: mortos para o pecado e vivos para Deus. Como afirmou J. I. Packer em *Tudo para ele* (2020, p. 292): "Ao nascer de novo, a pessoa salva enfrenta um período em que seu pensamento ou raciocínio segue em outra direção, diferente da anterior. Devemos aprender a expressar esta nova vida dentro de nós, o que acontece quando desenvolvemos a mente de Cristo". Se morremos com Cristo, aprendamos a viver com ele também.

"Ó Deus, graças te dou pela vida. Ensina-me a morrer para o pecado a cada dia e a viver para ti, seguindo os passos do meu Senhor Jesus. Transforma-me pela ação do teu Espírito, amém."

10
SET

Saudáveis espiritualmente

— Eu sou o pão vivo que desceu do céu. Se alguém comer deste pão, viverá para sempre. Este pão é a minha carne, que eu darei pela vida do mundo

João 6:51

Jesus é o alimento de que o nosso espírito precisa; ele é o Pão que desceu do céu.

De acordo com a Organização Mundial de Saúde (OMS), a expectativa de vida mundial aumentou nos últimos anos. Em 2000, a média global era de 67 anos; em 2020, a média era de 72 anos. Um dos motivos para esse aumento é o avanço da medicina. Hoje temos acesso a muitos medicamentos e procedimentos inovadores, bem como a diversos estudos que nos mostram a importância da prevenção de doenças com um estilo de vida saudável, com exercícios físicos, higiene do sono e uma alimentação saudável e equilibrada.

Como cuidamos da saúde física, devemos cuidar da saúde espiritual. Visto que somos seres espirituais, precisamos nos alimentar de coisas espirituais, do contrário, pereceremos. Em 1Coríntios 11:30, o apóstolo Paulo afirma: "Por isso, há entre vocês muitos fracos e doentes, e vários já dormiram". Esse alerta também serve para nós. Temos de atentar para a saúde espiritual, porque, assim como a falta de nutrientes leva à debilidade física, a ausência de alimento espiritual nos enfraquece, nos adoece e pode nos levar à inatividade ou até à morte espiritual.

Para sermos espiritualmente saudáveis, é necessário que façamos uma mudança de rota e optemos por mudar o estilo de vida. É hora de deixar de lado o que não nos nutre e acrescentar à nossa "mesa" o verdadeiro alimento, o único que pode nos fortalecer e dar vigor. Mas que alimento é esse? Jesus responde a nossa pergunta: "Eu sou o pão da vida. Os seus antepassados comeram o maná no deserto, mas morreram. Todavia, aqui está o pão que desceu do céu, para que não morra quem dele comer. Eu sou o pão vivo que desceu do céu. Se alguém comer deste pão, viverá para sempre. Este pão é a minha carne, que eu darei pela vida do mundo" (João 6:48-51).

"Jesus, eu preciso ser nutrido por ti. Tu és o pão da vida. És tudo de que preciso. Tu és o meu alimento, a fonte de onde vêm a força, o vigor e a vitalidade. Nutre o meu espírito e fortalece-me. Em teu nome eu oro, amém."

Sedentos e famintos

Ó Deus, tu és o meu Deus, eu te busco intensamente; a minha alma tem sede de ti! Todo o meu ser anseia por ti como em uma terra seca, exausta e sem água

SALMOS 63:1

Quando estamos doentes, é natural sentirmos falta de apetite. A comida é o que nutre o corpo humano e querer comer é um indicativo de boa saúde. Na vida espiritual, a fome também mostra que estamos saudáveis, enquanto a falta de apetite pelas coisas de Deus deve ser um sinal de alerta. Se não temos um desejo ardente por mais de Deus e de sua Palavra, esse é um sintoma de que algo não vai bem na nossa alma.

A fome e a sede de Deus nos levam a buscar mais intimidade com ele.

A Palavra de Deus nos diz em Salmos 107:9 que o Senhor "sacia o sedento e satisfaz plenamente o faminto". A fome é um bom sinal! Deus anseia por satisfazê-la, mas é preciso que a nossa fome exista. Um coração faminto por Deus é um coração vivo que reconhece a sua dependência dele e busca a fonte inesgotável de provisão.

Neste dia, lhe convido a sondar o seu coração para ver se há nele fome e sede de Deus para que, como Davi, você possa dizer: "Ó Deus, tu és o meu Deus, eu te busco intensamente; a minha alma tem sede de ti! Todo o meu ser anseia por ti como em uma terra seca, exausta e sem água. Certamente, eu te contemplei no santuário e vi o teu poder e a tua glória. O teu amor leal é melhor do que a vida! Por isso, os meus lábios te exaltarão. [...] A minha alma ficará satisfeita como quando tem rico banquete; com lábios jubilosos a minha boca te louvará" (63:1-3,5).

A fome e a sede da nossa alma não podem ser saciadas por nada senão pelo Senhor. De nada adianta tentar buscar outras soluções. Se, por alguma razão, você não tem sentido fome ou sede de Deus, está na hora de consultar o Médico. Peça ao Senhor que sonde o seu coração e revele o que tem afetado a sua saúde espiritual e te impedido de desfrutar do pleno sustento que ele oferece.

"Senhor, tu és a minha fonte de vida. Enche-me de desejo por cada vez mais de ti, por mais conhecimento da tua Palavra e de quem tu és. Ensina-me a amar-te mais do que tudo, mais do que a vida. Em nome de Jesus, amém."

12
SET

Alimento diário

Como são doces ao meu paladar as tuas palavras!
Mais que o mel à minha boca!
SALMOS 119:103

A meditação bíblica diária nos renova a mente, fortalece a fé e alinha com a vontade de Deus.

A vida com Deus costuma ser comparada a uma caminhada percorrida diariamente. Passo a passo, somos transformados e moldados à semelhança de Cristo. É um processo gradual; um passo de cada vez. Toda caminhada, principalmente as mais longas, exige energia. Atividades de longa duração exigem um preparo maior, por isso, é necessário cuidar da alimentação. Em nossa jornada espiritual, não é diferente. Precisamos de energia, de alimento para o espírito. E, por se tratar de uma caminhada diária, o sustento também deve ser diário.

À medida que nos relacionamos com Deus, a sua Palavra se torna o nosso prazer. Foi exatamente isso que aconteceu com o profeta Jeremias. Em Jeremias 15:16, ele relatou: "Quando as tuas palavras foram encontradas, eu as comi; elas foram o meu júbilo e a alegria do meu coração, pois levo o teu nome, ó SENHOR, Deus dos Exércitos!". As palavras de Deus não eram apenas o sustento de Jeremias, como também o seu prazer. Da mesma forma, a Palavra não deve ser apenas uma fonte de informações, e sim fonte de vida!

A Bíblia Sagrada deve ser o nosso alimento diário. São os ensinamentos do Senhor que nos trazem sabedoria, direcionamento, sustento e satisfação. Que, como o salmista, busquemos a Palavra todos os dias da nossa vida: "Ensina-me, SENHOR, o caminho dos teus estatutos, e a eles obedecerei até o fim. Dá-me entendimento, para que eu guarde a tua lei e a ela obedeça de todo o coração. Dirige-me pelo caminho dos teus mandamentos, pois nele encontro satisfação" (Salmos 119:33-35). Quando a Palavra se torna um deleite e uma alegria para a alma, nós a queremos cada vez mais, pois são mais doces do que o mel.

"Senhor, que a tua Palavra seja o meu alimento diário e o meu deleite. Ajuda-me a compreender os teus preceitos e a obedecer aos teus mandamentos com grande alegria por toda a vida, em nome de Jesus. Amém."

Fé fortalecida

13
SET

Portanto, como vocês receberam Cristo Jesus, o Senhor, continuem a viver nele, enraizados e edificados nele, firmados na fé, como foram ensinados, transbordando de gratidão

COLOSSENSES 2:6-7

O ingrediente principal no nosso relacionamento com Deus é a fé. Alguns pensariam que o amor é o que sustenta tudo; de certa forma, isso é verdade, visto que tudo é vão se não houver sem amor. Contudo, a Palavra também nos diz que sem fé é impossível agradar a Deus e que tudo que se faz sem fé é pecado (cf. Hebreus 11:1; Romanos 14:23).

Na carta de Paulo aos colossenses, o apóstolo orienta: "Portanto, como vocês receberam Cristo Jesus, o Senhor, continuem a viver nele" (2:6) O verbo "continuem" indica que é necessário um processo constante, visto que a vida com Jesus não consiste em um evento único. A conversão é o ponto de partida, mas a jornada de fé é um caminho de crescimento e desenvolvimento contínuos, de aprofundamento na intimidade com Cristo e de conformação à sua imagem.

A jornada de fé é um caminho de crescimento e desenvolvimento contínuos.

Na sequência, Paulo aborda a importância de aprofundar esse relacionamento: "[...] enraizados e edificados nele, firmados na fé, como foram ensinados, transbordando de gratidão" (v. 7). A mensagem de Paulo é: estabeleçam-se em Jesus e continuem a crescer na fé. Uma fé arraigada e firmada na verdade nos capacita a discernir o certo do errado em um mundo que tenta constantemente atacar e enfraquecer a nossa fé com filosofias vazias.

Diante de tantas vozes e ideologias que buscam desviar-nos da verdade, é vital que a nossa fé esteja fundamentada em Jesus e que nos dediquemos a crescer cada vez mais. Devemos fazê-lo pela meditação diária na Palavra, por uma vida de intimidade com Deus por meio da oração e pela obediência ao direcionamento do Espírito Santo. Que possamos, então, viver com a convicção de que a nossa segurança e propósito estão firmados exclusivamente em Cristo.

"Senhor, fortalece a minha fé e não me permitas ser levado por filosofias vãs e ideologias enganosas. Sustenta-me ao longo da caminhada e ajuda-me a buscar-te cada vez mais. Em nome de Jesus, amém."

14
SET

Frutos que glorificam o Pai

— Eu sou a videira, e vocês, os ramos. Se alguém permanecer em mim, e eu permanecer nele, esse dará muito fruto, pois sem mim vocês não podem fazer nada.

João 15:5

A frutificação é o testemunho visível da nossa união com Jesus.

O Senhor Jesus comparou-se a si a uma videira. Na Bíblia, a videira é muito mais que uma árvore, também significa fonte de vida e frutificação. No capítulo quinze do Evangelho de João, encontramos estas palavras de Jesus: "Eu sou a videira verdadeira, e o meu Pai é o agricultor. Ele corta todo ramo que, estando em mim, não der fruto. E poda todo aquele que der fruto, para que dê mais fruto ainda" (v. 1-2). Essa analogia ilustra a nossa dependência de Cristo para uma vida frutífera e o que Deus espera de nós.

Nós somos os ramos que, se enxertados nele, produzem fruto. Sua orientação é de que permaneçamos nele, uma vez que já fomos limpos pela sua mensagem. Se permanecermos nele, ele permanecerá em nós, porque, da mesma forma como um ramo não gera fruto se não estiver ligado à videira, tampouco podemos gerar fruto se não estivermos ligados a Jesus.

O texto revela com clareza a chave da frutificação: permanecer em Jesus. Sem ele, não podemos fazer coisa alguma. Portanto, precisamos estar nele e ele em nós, em todo o tempo. Do contrário, secaremos e seremos lançados fora porque não apresentamos fruto algum. A esterilidade espiritual deve ser levada a sério. A ausência de frutos não é apenas uma falha, como também um indicativo de uma ruptura no relacionamento com a Videira.

Quando, porém, produzimos muitos frutos, o Pai é glorificado. A nossa frutificação é a manifestação exterior de que somos verdadeiros discípulos de Cristo. Então, permaneçamos no Senhor Jesus, fiéis e obedientes aos seus mandamentos e seguindo os seus passos sem nos desviar. Assim, frutificaremos, para a honra e glória do Pai.

"Senhor Jesus, eu quero ser enxertado em ti e jamais lançado fora. Tu és a videira verdadeira, e em ti desejo permanecer todos os dias da minha vida, a fim de produzir muitos frutos, para a glória do Pai. Amém."

Resistentes

15
SET

Finalmente, sejam fortalecidos no Senhor e na força do seu poder. Vistam-se de toda a armadura de Deus para poderem ficar firmes contra as ciladas do Diabo.

EFÉSIOS 6:10-11

Antes da paz completa, é necessário, antes, vencer uma guerra. Na realidade espiritual, lutamos constantemente, não contra os seres humanos, contra as dificuldades deste tempo, contra enfermidades, mas contra as forças do mal. Embora tenhamos o Senhor ao nosso lado na batalha em todos os momentos, precisamos estar preparados para resistir aos ataques e guerrear.

A força de que precisamos para vencer não vem de nós mesmos, mas do poder do Senhor.

Por essa razão, o apóstolo Paulo aconselhou os cristãos de Éfeso no capítulo final de sua carta e os instruiu a se fortalecerem no Senhor e em seu poder, bem como a se revestirem da armadura de Deus. Da mesma forma como a nossa batalha não é humana, as nossas armas também não são; precisamos de armas espirituais que nos ajudem a prevalecer. "Por isso, vistam-se de toda a armadura de Deus, para que possam resistir no dia mau e permanecer inabaláveis depois de terem feito tudo" (6:13).

Nos versículos 14-17, Paulo apresentou as ferramentas de que precisamos para permanecer firmes: o cinto da verdade, a couraça da justiça, os calçados da prontidão do evangelho da paz, o escudo da fé, o capacete da salvação e a espada do Espírito. Mais do que uma lista de itens a serem memorizados, o apóstolo nos mostra que Deus nos dá todos os recursos de que precisamos a fim de assumir uma conduta ativa frente às ameaças que enfrentamos diariamente.

Fomos chamados para resistir. As tropas do Maligno não cedem e não cessam fogo, portanto, se não estivermos atentos e preparados, seremos facilmente abalados. Podemos avançar dia após dia pela certeza de que Deus está conosco e nos dá todos os recursos de que precisamos para prosseguir em direção ao nosso destino glorioso, no qual desfrutaremos de perfeita paz.

"Ó Senhor dos Exércitos, eu nada sou sem ti. Preciso ser fortalecido pelo teu poder. Ensina-me a resistir e a permanecer sempre preparado, vigilante e disposto a lutar com as armas que me deste. Amém."

16
SET

Tatuagens invisíveis

"Esqueçam o que se foi; não vivam no passado"
ISAÍAS 43:18

O sangue de Cristo substitui as velhas feridas por uma nova história de redenção e esperança.

Todos nós carregamos algum tipo de marca. Talvez nem todos tenham tatuagens, cicatrizes, sinais de nascença, que podem ser vistos exteriormente. Mas temos tatuagens invisíveis no nosso coração, decorrentes do que vivemos. Carregamos marcas espirituais, seja pela vida pregressa sem Cristo, seja pela vida com ele.

Em Gálatas 6:17, Paulo afirmou levar no corpo as marcas de Jesus. Sabemos que o ministério do apóstolo foi marcado por perseguições, ataques e sofrimentos por amor a Cristo. É provável que ele tivesse cicatrizes visíveis do que enfrentara, mas as marcas interiores eram também evidências de sua identidade de servo fiel.

Ao aceitarmos o Senhor Jesus como o nosso Senhor, receberemos marcas eternas, pois seu sangue dará provas de que por ele fomos comprados e, por isso, somos dele. É esse sangue que nos lava, purifica, salva e protege de todo o mal. A marca de Cristo em nós apaga as marcas da vergonha e do pecado, e nos concede nova identidade e propósito.

Por mais que você carregue no coração marcas do passado causadas por traumas, injustiças, arrependimentos e dores das quais você se envergonha, o sangue de Jesus pode apagá-las. Desse momento em diante, as suas marcas não passam ser as de Cristo. Se você ainda se sente preso às feridas do passado, o Senhor lhe convida hoje a esquecer o que se foi, pois ele fará coisas novas (cf. Isaías 43:18-19). Oro para que consiga soltar o passado e abraçar com fé o que o Senhor está prestes a fazer, vivendo plenamente a nova identidade que ele lhe concede, marcado para sempre por seu amor e poder.

"Senhor Jesus, obrigado por colocar as tuas marcas em mim e me dar uma nova identidade. O teu sangue me cobre, me lava, me livra e me sara. Dá-me a convicção de que o que tens para mim não se compara ao que já vivi. Amém."

Nada está escondido

17 SET

Nada, em toda a criação, está oculto aos olhos de Deus. Tudo, porém, está descoberto e exposto diante dos olhos daquele a quem havemos de prestar contas

HEBREUS 4:13

Deus é onipresente, onisciente e onipotente. Não há nenhum lugar em que ele não esteja, nada que ele não saiba ou que não possa fazer. Desde o princípio, o homem se engana ao pensar que pode esconder algo dele. Foi assim que aconteceu no Éden, quando Adão e Eva se esconderam da presença do Senhor Deus após pecarem contra ele (cf. Gênesis 3). Jonas também o fez ao fugir para Társis depois de desobedecer à ordem de ir para Nínive (cf. Jonas 1). Cada um tentou escapar da presença ou do conhecimento de Deus, mas a onisciência divina sempre prevaleceu, porque nada escapa dos olhos do Senhor.

Em Atos 5:1-11, encontramos o relato sobre Ananias e Safira. O casal vendeu uma propriedade e Ananias "reteve parte do dinheiro para si, mas levou o restante e o depositou aos pés dos apóstolos" (v. 2). Ao confrontá-lo, Pedro deixou claro que o erro do casal não estava relacionado ao dinheiro, e sim à mentira. A propriedade pertencia a eles o dinheiro poderia ser usado como bem entendessem, mas preferiram mentir para Deus.

Essa história e muitas outras comprovam que nada está oculto aos olhos de Deus e que teremos de prestar contas a ele. Não devemos manter fachadas ou viver sob o fardo de segredos. Podemos nos apresentar diante de Deus com total transparência, confiantes em seu amor e misericórdia. Somos chamados a viver uma vida de integridade. O Senhor conhece as nossas fraquezas, os nossos defeitos e, mesmo assim, nos ama, está pronto para nos curar, restaurar e conduzir por um caminho de arrependimento, transformação e retidão. Basta sermos sinceros diante dele e nos entregarmos por completo.

O Senhor nos conhece por completo e, mesmo assim, nos ama incondicionalmente.

"Meu Deus, sinto-me seguro por saber que nada está escondido de ti. Apresento-me neste dia com o coração exposto e peço que me cures por completo, a fim de que eu seja transformado diariamente. Em nome de Jesus, amém."

18
SET

O presente da dor

Se a tua lei não fosse o meu prazer, o sofrimento já me teria destruído. Jamais me esquecerei dos teus preceitos, pois me preservas a vida por meio deles.

SALMOS 119:92-93

A Palavra de Deus é fonte de vida e consolo, capaz de nos preservar em meio à dor.

Alguns dos questionamentos mais persistentes do ser humano são: Por que sofremos? Qual é a origem do sofrimento? Se Deus é bom, por que os seus filhos sofrem? Por que o mundo é tão mau e cheio de sofrimento? Talvez não tenhamos respostas para todas essas perguntas, mas temos o consolo de saber que Deus continua sendo bom.

Há dores que nós mesmos produzimos como consequência de escolhas insensatas; outras foram infligidas contra nós e somos apenas vítimas. As dores são fruto da corrupção da humanidade. Elas resultam da desobediência do homem. Contudo, Deus, em sua infinita bondade e misericórdia não desperdiça nada; ele as usa como ferramentas de lapidação, moldando o nosso caráter e aprofundando a nossa dependência dele. A dor é o caminho para o crescimento e o amadurecimento.

Diante da dor inevitável, precisamos ajustar a nossa perspectiva. Em Romanos 8:18, Paulo relata: "Considero, pois, que os sofrimentos do tempo presente não podem ser comparados com a glória que em nós será revelada". A perspectiva eterna é a chave para suportar o presente. Ela nos lembra de que a dor que experimentamos nesta terra é temporária e insignificante em comparação com a recompensa gloriosa que nos espera. Essa é a razão pela qual podemos cantar: "Oh, certo eu estou, apesar de aflições, que feliz eu serei com Jesus!".

Em vez de murmurar ou nos vitimizar, nos apegaremos ainda mais a Deus e à sua Palavra, pois, como expressou o salmista: "Se a tua lei não fosse o meu prazer, o sofrimento já me teria destruído. Jamais me esquecerei dos teus preceitos, pois me preservas a vida por meio deles" (Salmos 119:92-93).

"Obrigado, Senhor, por usar até mesmo as situações mais difíceis e dolorosas para o meu crescimento. Ajuda-me a me apegar à tua Palavra e a aguardar com esperança a glória que será revelada. Em nome de Jesus, amém."

A fragilidade do homem

19
SET

"Os dias do homem estão determinados; o número dos meses dele estão no teu controle e estabeleceste limites que ele não pode ultrapassar"
Jó 14:5

As pessoas têm a tendência de evitar pensar no fim. A brevidade e a imprevisibilidade da vida causam dor em muitos, de maneira que preferem não refletir a respeito disso. Outros, perdidos em muitos afazeres e projetos, sequer se dão conta de que seus dias foram contados e estão fora do seu controle. Sonhos e planos são muito importantes, porém não podemos ficar tão iludidos com o amanhã a ponto de nos esquecermos de que a única coisa que temos é o hoje.

Somos chamados a viver cada dia da nossa vida com propósito, dependência e gratidão.

Na oração de Moisés registrada no salmo 90, ele constata: "Como uma correnteza, tu arrastas os humanos; estes se vão como um sonho; são como a relva que brota ao amanhecer; pela manhã, germina e brota; à tarde, murcha e seca" (v. 5-6). Como Moisés, precisamos reconhecer a brevidade da nossa existência e a impermanência de tudo o que é terreno.

Muitas pessoas, por estarem cegas para a nossa real condição, se tornam orgulhosas. Elas pensam que sabem de tudo e que são independentes. Tomam decisões sem consultar a vontade de Deus e constroem a vida sobre pilares terrenos. Contudo, chegará o momento quando serão confrontadas com a realidade e, de repente, verão que seus olhos deveriam estar no que é eterno. Os humildes, porém, reconhecem que são completamente dependentes do Criador, que conhece o início e o fim de todas as coisas.

É ele quem estabelece a extensão da nossa vida. Os nossos dias foram previamente determinados por ele. Portanto, nada melhor do que nos entregar a ele e cumprir o propósito que ele designou para cada um de nós, a fim de viver bem o tempo que teremos nesta terra, reconhecendo sua soberania em todas as coisas.

"Senhor, reconheço que esta vida é breve e que a melhor maneira de aproveitar cada um dos meus dias é ao viver para ti. Ensina-me a ter um coração humilde e a depender de ti. Em nome de Jesus, amém."

20
SET

Amigo querido

Ninguém tem maior amor do que aquele que dá a própria vida pelos seus amigos.
JOÃO 15:13

Que cultivemos diariamente o desejo de estar mais perto do nosso melhor amigo, Jesus.

Durante a história do povo de Deus narrada no Antigo Testamento, o Senhor se apresentou de diversas formas: Senhor dos Exércitos, Eu Sou, Deus todo-poderoso, Deus provedor e outras mais. No entanto, ele também se apresentou como amigo a Moisés e Abraão. Esses homens, tiveram o privilégio de contemplá-lo de maneira pessoal.

Jesus também teve amizades durante o seu ministério terreno. Além dos Doze, com quem conviveu de perto, ele tinha um relacionamento íntimo com os irmãos de Betânia — Marta, Maria e Lázaro. Quando este morreu, o recado enviado foi: "Senhor, seu amigo querido está muito doente" (João 11:3, NVT).

Amizades envolvem proximidade, confiança e amor. O privilégio de ser amigo do Senhor não se limitou aos que conviveram com Jesus ao longo de sua vida na terra; nós também temos esse privilégio. Jesus disse aos seus discípulos em João 15:13-15: "Ninguém tem maior amor do que aquele que dá a própria vida pelos seus amigos. Vocês são meus amigos se fizerem o que eu ordeno. Já não os chamo servos, porque o servo não sabe o que faz o senhor. Em vez disso, eu os tenho chamado amigos, porque tudo o que ouvi do meu Pai tornei conhecido a vocês". A amizade com Deus é a maior dádiva que temos.

Não existe amor maior do que dar a vida por seus amigos, e foi isso que Jesus fez por nós. Ele é o nosso maior e melhor amigo. O Senhor não está distante; ele está sempre pronto para nos ouvir e cheio de amor por nós.

"Senhor, eu te agradeço pelo privilégio de te chamar de amigo. Perdoa-me pelas vezes em que pensei que estivesses longe ou te afastei. Quero desenvolver um relacionamento cada vez mais íntimo e verdadeiro contigo. Amém."

Relógio de Deus

21
SET

Para tudo há uma ocasião certa; há um tempo certo para cada propósito debaixo do céu
ECLESIASTES 3:1

Desde a Antiguidade, a forma de medir o tempo evoluiu: relógio de sol, ampulheta, relógio mecânico, de bolso, de pulso, digital e, por fim, os *smartwatches*. Hoje podemos conferir a hora no celular, no micro-ondas, no painel do carro ou em um acessório de pulso.

Os meios mudaram, mas a necessidade do ser humano de saber o tempo é a mesma de sempre. Não há nada de errado nisso; pelo contrário, os relógios nos ajudam a manter compromissos e a cumprir horários. Contudo, no sentido mais amplo da vida, deveríamos nos satisfazer com o que a Bíblia nos diz sobre o tempo.

Em Eclesiastes, cuja autoria é tradicionalmente atribuída a Salomão, o homem mais sábio, está escrito que existe uma ocasião certa para todas as coisas (cf. 3:1). Há um tempo certo para cada estação da nossa vida. Viveremos tempos de alegria, de conquistas, vitórias, crescimento e colheita. No entanto, não podemos escapar dos tempos de tristeza, de perdas, de derrotas, de sofrimento e de plantio. A nossa esperança não deve estar nas circunstâncias ou no tempo, e sim no Senhor do tempo, pois não há evento que escape do seu controle e do seu propósito.

O convite para nós no dia de hoje é de confiar no relógio de Deus. Podemos os render nossos planos e anseios à sua perfeita vontade, pois ele sabe o melhor momento para cada coisa na nossa vida. Ao submeter a nossa agenda à dele, somos libertos da ansiedade de tentar controlar o incontrolável e recebemos a oportunidade a viver cada fase com gratidão e discernimento, sabendo que, mesmo para os tempos de dor ou incerteza, há um propósito maior.

A nossa esperança não deve estar nas circunstâncias ou no tempo, e sim no Senhor do tempo.

“Senhor, por muito tempo quis gerir o meu tempo sozinho, esquecendo-me de que tu conheces e reges todas as coisas. Neste dia, peço por sabedoria para viver cada momento com gratidão e discernimento. Em nome de Jesus, amém.”

22
SET

Quanto tempo?

— Eu digo a vocês que ele lhes fará justiça e depressa. Contudo, quando o Filho do homem vier, encontrará fé na terra?

LUCAS 18:8

O canal de oração está aberto vinte e quatro horas por dia, sete dias por semana.

É natural ficarmos apreensivos quando aguardamos por uma resposta. Sabemos que esperar é preciso, mas questionamos: Quanto tempo terei de esperar? A resposta mais certa sempre será: "Aguarde o tempo de Deus!". A impaciência é uma marca da natureza humana, mas a fé nos ensina a confiar no cronograma divino, que é sempre perfeito.

No tempo de Deus, o relógio gira diferente. O controle do Senhor sobre o tempo transcende a nossa compreensão. Suas respostas, mesmo que não venham no nosso prazo, são sempre as melhores e chegam no momento apropriado. O que determina o momento da resposta não são as nossas vontades, os nossos planos ou a nossa impaciência. Por meio da Parábola da Viúva Persistente, em Lucas 18:1-8, Jesus ensinou que o tempo não cabe a nós; a nossa parte é orar e confiar em sua resposta.

Jesus contou que havia em uma cidade um juiz impiedoso e uma viúva que suplicava constantemente que ele lhe fizesse justiça contra o adversário. Por um tempo, o homem se recusou a atendê-la, porém, por fim, decidiu fazer-lhe justiça para que a viúva não mais o importunasse. Como a viúva, somos chamados a perseverar com fé, pois Deus intervém em favor dos seus.

Esperar nem sempre se trata de ficar parado. A espera é, na verdade, um convite à perseverança por meio da oração e da confiança de que, se ele disse que fará justiça depressa, ele o fará! Não temos um juiz insensível, austero ou injusto, mas um juiz amoroso, bom, gracioso, misericordioso, justo e que nos conhece. O nosso acesso a ele é ilimitado; podemos apresentar a nossa súplica a ele a qualquer momento, confiantes de que ele nos ouve.

"Senhor, perdoa-me pelas vezes em que o medo e a ansiedade me fizeram duvidar de ti ou desejar fazer tudo no meu tempo. Ajuda-me a ser persistente em oração e a confiar em ti, em nome de Jesus. Amém."

Sofrer pelo Senhor é bom

O Senhor é bom para com aqueles cuja esperança está nele, para com aqueles que o buscam. Bom é esperar em silêncio pela salvação do Senhor
Lamentações 3:25-26

Não foram poucos os personagens bíblicos que passaram por uma vida de sofrimento e dor. Davi, Jó, Jeremias, Isaías, Paulo e os demais apóstolos martirizados — todos eles, mesmo em meio à dor, permaneceram confiantes na fidelidade de Deus e, assim, perseveraram. Essa atitude contraria a lógica humana de revolta e desespero diante da dor. Enquanto muitos se voltam contra Deus mediante o sofrimento, esses homens de fé se aproximaram dele por meio do sofrimento.

O sofrimento nos permite demonstrar vulnerabilidade e total confiança em Deus.

Davi, autor da maioria dos salmos, expressou sua angústia e dor em muitos deles, o que se destaca é a sua esperança naquele que jamais o desamparou. Mesmo em tempos de aflição, confiava que veria a bondade do Senhor enquanto estivesse na terra dos viventes (cf. 27:13).

Um grande exemplo de perseverança é a história de uma família holandesa de relojoeiros que abrigou centenas de refugiados judeus na própria casa durante a Segunda Guerra Mundial. A família ten Boom perseverou naquele tempo de grande dificuldade por sua fé em Deus. Corrie ten Boom, sobrevivente do campo de concentração nazista, testemunhou: “Não há poço tão profundo que o amor de Deus, ainda mais profundo, não consiga alcançar” (*O refúgio secreto*, 2022).

Quando os dias maus nos encontram, temos a oportunidade perfeita para demonstrar a nossa vulnerabilidade e total confiança em Deus. Os sofrimentos desta vida servirão para um propósito maior se decidirmos nos aproximar do Senhor e crescer em intimidade com ele nesses momentos. Talvez pareça um paradoxo, mas a verdade é que sofrer pelo Senhor é bom! Que jamais nos esqueçamos de que o Senhor é bom para os que dependem dele.

“Senhor, eu te agradeço porque sei que estás sempre comigo. Transforma o meu coração para que eu entenda que tu és bom em todo tempo e cuidas de mim mesmo em meio às dificuldades. Em nome de Jesus, amém.”

24
SET

Trocando o desânimo pelo encorajamento

Portanto, irmãos, sejam pacientes até a vinda do Senhor [...] e fortaleçam o coração de vocês, pois a vinda do Senhor está próxima.
TIAGO 5:7-8

Aguarde com fé a colheita das bênçãos que ele tem reservadas para você.

Ao longo da nossa caminhada, nos deparamos com obstáculos e barreiras. O maior desafio é não desanimar. Em tempos de espera ou quando nada parece acontecer, é comum nos sentirmos desencorajados, e alguns chegam a duvidar. O tempo de espera requer de nós mais do que paciência; requer coragem e ação.

O desânimo vai além do cansaço físico. Ele pode se manifestar como uma fadiga emocional e, às vezes, espiritual. A alegria se esvai, e passamos a questionar o nosso propósito. Em contrapartida, um coração nutrido de esperança se move sem desistir ou ficar paralisado, pela certeza de que a perseverança produzirá frutos e de que, no tempo certo, alcançará o destino que Deus planejou.

Em Gálatas 6:9, encontramos uma exortação do apóstolo Paulo que nos traz grande encorajamento para os tempos de espera: "Não nos cansemos de fazer o bem, pois no tempo próprio colheremos se não desistirmos". Enquanto não alcançamos a linha de chegada, temos de perseverar em fazer o bem, em viver segundo a vontade de Deus, em anunciar as boas-novas, em cultivar uma vida de oração, serviço e amor a Deus e ao próximo, e em seguir adiante mesmo quando o obstáculo do desânimo surgir.

Assim como os agricultores esperam as chuvas do outono e da primavera, sejamos também pacientes. Assim como eles aguardam o amadurecimento de sua preciosa colheita, aguardemos o cumprimento do propósito divino na nossa vida. Ainda que não compreendamos, o tempo de Deus não falha, e sua fidelidade é inabalável. Troquemos o desânimo pela esperança.

"Deus querido, transforma o meu coração enquanto espero. Ajuda-me a vencer o desânimo e fortalece o meu coração. Ensina-me a esperar em ti e a fazer o bem enquanto aguardo o teu agir. Em nome de Jesus, amém."

Plantio e colheita

25 SET

"Pelo que tenho observado, quem cultiva o mal e semeia maldade isso também colherá"
Jó 4:8

Existe uma lei universal. Trata-se da lei do plantio e da colheita. O ciclo é sempre o mesmo: semear, cuidar e esperar pelo resultado do fruto. Esse princípio não se aplica apenas à natureza como também aos aspectos espiritual e moral.

Jesus falou sobre o plantio e a colheita durante o seu ministério terreno. João 4:36 afirma: "Aquele que colhe já recebe o seu salário [...] se alegram juntos o que semeia e o que colhe". Paulo também abordou a lei da semeadura em Gálatas 6:7: "[...] Pois o que o homem semear, isso também colherá". Tudo o que fizermos terá consequências. A justiça sempre prevalecerá, e temos a garantia de que o Senhor acompanha cada etapa.

No período do plantio à colheita, Deus trabalha em duas realidades: com a semente e com o coração de quem semeou. As duas coisas precisam cooperar para que, no momento da colheita, você reconheça isto: primeiro, a bondade do Senhor; segundo, que a espera não é vã. A espera não é um tempo de inatividade; Mas Deus operando silenciosamente, preparando tanto a semente quanto o semeador para a plenitude da colheita.

Deus sabe o que cada pessoa planta e colhe. Ele nos dá a liberdade para escolher as sementes. E, em sua justiça, não nos permite colher nada diferente do que plantamos. Por vezes pensamos que pessoas maldosas permanecem impunes, porém a Palavra nos dá a garantia de que "quem cultiva o mal e semeia maldade isso também colherá" (Jó 4:8). Quem semeia o bem também colherá as suas recompensas no tempo devido. Portanto, se deseja bons frutos, plante o bem!

A liberdade de escolha vem acompanhada da responsabilidade pelas consequências.

"Ó justo Deus, tu és o Senhor da seara e garantes a justa colheita. Ajuda-me a fazer boas escolhas, a fim de que o plantio e a colheita sejam sempre do teu agrado. Em nome de Jesus, amém."

26
SET

Consolo eficaz

Mantenhamos firme a esperança que professamos,
pois aquele que prometeu é fiel
HEBREUS 10:23

Entregue-se ao Senhor, permitindo que ele transforme as suas dores em testemunhos.

O consolo humano, por mais bem-intencionado que seja, é limitado e temporário. O consolo divino é profundo, duradouro e transformador, capaz de alcançar as raízes da nossa dor. Ao longo das Escrituras nos deparamos com a transitoriedade da tristeza e com a certeza da alegria após um tempo de sofrimento: "[...] o choro pode persistir uma noite, mas de manhã irrompe a alegria" (Salmos 30:5).

Aqueles que colocam a sua confiança no Senhor têm no coração a certeza da vida e, movidos por essa esperança, caminham e não se cansam. No capítulo cinco do Evangelho de Mateus, Jesus afirmou: "Bem-aventurados os que choram, pois serão consolados" (v. 4). O consolo de que precisamos não está em palavras motivacionais, em prazeres momentâneos ou em tentativas de apagar a dor, mas na firme certeza de que o Senhor cuida de nós e nos dá o amparo de que precisamos.

A tristeza é uma ferramenta que o Senhor usa para nos curar. É o clamor genuíno que move a mão de Deus; um coração contrito atrai o seu favor. No choro, a graça divina se manifesta, transformando o nosso lamento em louvor. O choro pode ser inevitável, no entanto, o cumprimento das promessas de Deus também é.

Uma dessas promessas é: "Aqueles que semeiam com lágrimas colherão com cânticos de alegria. Aquele que sai chorando, enquanto lança a semente, voltará com cantos de alegria, trazendo os seus feixes" (Salmos 126:5-6). Essa é a esperança que sustenta a nossa alma em meio à adversidade. As lágrimas derramadas no sofrimento não são em vão. As nossas dores serão transformadas em cânticos de alegria, em testemunhos da graça e da fidelidade de Deus!

"Obrigado, Senhor, pelo teu consolo e pela esperança que encontro em tuas promessas. Ensina-me a rasgar o meu coração com sinceridade diante de ti e a te louvar em todas as circunstâncias. Amém."

Até o fim!

27
SET

— Por causa do aumento da iniquidade, o amor de muitos esfriará, mas aquele que perseverar até o fim será salvo
MATEUS 24:12-13

Não sabemos nada sobre o futuro. Ninguém sabe quando será o fim da própria vida. Tampouco sabemos quando será o retorno do Senhor Jesus Cristo. Porque não sabemos a data, devemos perseverar até o fim, dia após dia, e estar preparados a todo tempo: "Portanto, vigiem, porque vocês não sabem em que dia o seu Senhor virá" (Mateus 24:42). A incerteza do futuro e a certeza da volta de Cristo exigem de nós vigilância constante e fé inabalável.

Muitas pessoas temem o fim dos tempos. Algumas leem o livro de Apocalipse e ficam aterrorizadas quando, na realidade, as revelações desse livro deveriam nos encher de esperança: "Não tenha medo do que você está prestes a sofrer. [...] Seja fiel até a morte, e eu darei a você a coroa da vida" (Apocalipse 2:10). Mesmo diante da terrível realidade da morte, do sofrimento e da perseguição vindouros, precisamos seguir firmes até o fim, porque existe uma recompensa, uma coroa preparada para quem se recusar a olhar para trás. A respeito de Apocalipse, Billy Graham afirmou que, apesar de ser um livro difícil de ler, é o único cujo autor promete uma bênção a quem o fizer.

Vivemos tempos difíceis, e sabemos que a violência, a maldade e a perversidade aumentarão cada vez mais, ao passo que o amor diminuirá. Contudo, temos de prosseguir, firmados na fé e na esperança do retorno do Senhor, porque o próprio Jesus nos prometeu que "aquele que perseverar até o fim será salvo" (cf. Mateus 24:13). Vivamos com o olhar fixo na eternidade, sem permitir que a chama da esperança e do amor se apague. Neste dia, somos convocados a nos juntar aos justos e fiéis, convictos de que, mesmo nos piores momentos, o Senhor espera por nossa lealdade e força até o fim!

Aguardemos com expectativa a coroa que o Senhor reservou para aqueles que o amam e permanecem fiéis até o fim.

"Senhor, obrigado pela promessa da vida eterna e da salvação. Ajuda-me a me posicionar com fé para que, mesmo em tempos difíceis, eu permaneça fiel a ti até o fim! Em nome de Jesus, amém."

28
SET

Fogo aceso

Não apaguem o Espírito
1TESSALONICENSES 5:19

Que a chama do Espírito Santo arda intensamente em nós e nos capacite a seguir os passos de Jesus.

Todas as pessoas têm suas próprias batalhas. Todos nós precisamos deixar o desânimo de lado e lidar com os desafios, resistir às tribulações e prosseguir rumo aos nossos objetivos. A Palavra de Deus é o alicerce da nossa vida, a rocha que firma os nossos pés e a arma certa para vencer todas essas batalhas.

Como discípulos de Cristo, devemos fazer isso com graça. Ao mesmo tempo que lutamos, também exercemos compaixão e empatia. Se não pudermos ajudar o próximo em meio às dificuldades, que sejamos gentis e sensíveis. O nosso papel é de aliviar as cargas uns dos outros, não de ser pedra de tropeço. A forma como reagimos ao sofrimento alheio é um reflexo do nosso relacionamento com Jesus.

Contudo, a nossa humanidade nos leva ao erro. Não é sempre que conseguimos demonstrar compaixão, amor, justiça e promover a paz. Precisamos, portanto, de ajuda para fazer escolhas semelhantes às do nosso Mestre. É o Espírito que nos capacita a viver relacionamentos saudáveis uns com os outros. Por isso, não podemos ignorá-lo, tampouco, apagá-lo. Pelo contrário, devemos viver no Espírito, pois "o fruto do Espírito é amor, alegria, paz, paciência, amabilidade, bondade, fidelidade, mansidão e domínio próprio" (Gálatas 5:22-23).

Na primeira carta aos tessalonicenses, Paulo instrui: "Não apaguem o Espírito" (5:19). Devemos manter a chama do Espírito sempre viva em nós e nos certificar de seguir seus direcionamentos, viver segundo seus conselhos e permitir que ele opere em nós, a fim de nos tornar a cada dia mais parecidos com Cristo. Somente o Espírito em nós faz que vivamos enraizados no amor a Deus e ao próximo.

"Senhor, eu te agradeço porque estás comigo em todas as batalhas. Capacita-me a ajudar aqueles à minha volta, com empatia e compaixão, a exemplo de Cristo. Que o fogo do teu Espírito permaneça aceso em mim. Amém."

Maranata

Aquele que dá testemunho destas coisas diz:
— Sim, venho em breve!
Amém. Vem, Senhor Jesus!
APOCALIPSE 22:20

Os cristãos são chamados a viver em constante prontidão para o retorno de Cristo. A maneira certa de nos prepararmos para a volta do Senhor Jesus não é ao tentar descobrir quando ele voltará tampouco ao nos apoiar em teorias da conspiração. O preparo consiste tão somente em obedecer aos seus mandamentos. Quem estuda as Sagradas Escrituras encontra nelas a vontade de Deus, pode ouvi-lo falar por meio dela e é guiado todos os dias por seus ensinamentos.

É pelo estudo da Palavra que também obtemos sabedoria e conhecimento para não ser levados pelo vento de falsas doutrinas que apenas nos afastam da verdade (cf. Efésios 4:14). Em um mundo saturado de informações e ideologias conflitantes, a Palavra de Deus é a âncora que nos mantém firmes na verdade, protegendo-nos do engano e da confusão.

Quando o Senhor revelou as suas ordenanças, disse: "Ame ao SENHOR, o seu Deus, com todo o seu coração, com toda a sua alma e com todas as suas forças. Que todas estas palavras que hoje lhe ordeno estejam no seu coração. Ensine-as com persistência aos seus filhos. Fale sobre elas quando estiver sentado em casa e quando andar pelo caminho; quando se deitar e quando se levantar. Amarre-as como sinal nas mãos e prenda-as na testa. Escreva-as nos batentes das portas da sua casa e nos seus portões" (Deuteronômio 6:5-9). Se amamos ao Senhor de todo o nosso coração, também amamos os seus mandamentos, eles nos dão vida e revelam a verdade que devemos nos firmar. Encontramos na Palavra tudo o que precisamos saber para viver nesta terra até a vinda de nosso Senhor, pela qual aguardamos ansiosamente. Maranata! Vem, Senhor Jesus!

"Senhor, não há nada que eu queira mais do que estar contigo. O meu coração se apega à promessa do teu retorno. Ajuda-me a estar preparado para a tua vinda, vivendo segundo a tua Palavra. Em nome de Jesus, amém!"

Se amamos ao Senhor de todo o nosso coração, também amamos os seus mandamentos.

30
SET

Aprovados

Procure apresentarse a Deus aprovado, como trabalhador que não tem do que se envergonhar e que maneja corretamente a palavra da verdade.

2TIMÓTEO 2:15

O nosso intuito deve ser sempre receber a aprovação do Deus a quem servimos.

Os sentimentos estão, muitas vezes, desalinhados com a realidade. Isso gera grande parte do sofrimento humano. Essa desconexão pode levar a um ciclo de frustração e infelicidade. E, assim, as pessoas se tornam reféns do que sentem. Não há problemas em sentir tristeza, dor, medo, angústia ou decepção, o problema é quando esses sentimentos passam a dominar um indivíduo de modo que este se esqueça do que importa.

Um dos motivos para esse comportamento é o que conhecemos como o temor dos homens. Preocupados se vamos agradar a todos, muitas vezes, deixamos de ser nós mesmos e até mesmo de fazer a vontade de Deus. O medo do julgamento alheio e o desejo de aprovação podem nos escravizar, levando-nos a comprometer os nossos valores e a negligenciar a voz de Deus. Essa busca pela validação externa nos impede de viver uma vida autêntica e alinhada com o propósito divino.

O apóstolo Paulo apresenta em Gálatas 1:10 uma atitude desafiadora: "Acaso busco eu agora a aprovação dos homens ou a de Deus? Ou procuro agradar a homens? Se eu ainda procurasse agradar a homens, não seria servo de Cristo". Paulo priorizava a aprovação de Deus acima de qualquer reconhecimento humano, o que o capacitava a servir a Cristo com liberdade e integridade.

Temos de refletir: a quem temos tentado agradar? Devemos nos esforçar para ser aprovados por Deus. Em vez de nos esforçar para agradar a todos, temos de nos esforçar para viver de maneira íntegra, obediente à vontade de Deus e condizente com a fé que professamos.

"Meu Deus, não me permitas ser dominado por sentimentos ou oprimido pelo desejo de agradar às outras pessoas. O meu desejo é agradar ao teu coração e ser aprovado por ti. Em nome do Senhor Jesus, amém."

“Em nossa fraqueza, Deus sempre encontra espaço para manifestar seu poder.”

340
20
40
N·E
60
80
E
100
120
S·E
140
160
180
200
S
S·W
N·W

OUTUBRO

Meu planejamento

Meta

Atividade em família

Plano para um hábito saudável

Plano Espiritual

Leitura bíblica do livro

Um filme/série

Um livro/*podcast*

Passos para aprender algo novo

Meta financeira

Resumo de um aprendizado espiritual

Um médico a agendar

Um lugar para visitar

Trabalhando para o Senhor

[...] *Sejam sempre dedicados à obra do Senhor, pois vocês sabem que, no Senhor, o trabalho de vocês não é inútil.*

1CORÍNTIOS 15:58

Todos nós que amamos a Jesus queremos fazer parte de sua obra na terra. O Pai trabalha incessantemente e suas palavras têm se cumprido desde a fundação do mundo. Hoje, cada um de nós, dentro de seu contexto, pode contribuir e trabalhar para o Senhor. Ele não se importa com o que os seres humanos se importam — condição social, profissão, influência, aparência. O que de fato importa para ele é a intenção.

Cada ato de serviço feito em amor tem valor eterno e contribui para o avanço do reino de Deus.

Encontramos na Bíblia diversos exemplos de pessoas que dedicaram a vida a serviço do reino de Deus. Uma delas foi João Batista. Jesus se referia a ele como uma lâmpada que queimava e irradiava luz, segundo João 5:35. Uau! Com certeza, todo o seu trabalho, apesar de penoso e de resultar em sua morte trágica, foi reconhecido.

Da mesma forma, podemos crer que nenhum ato de serviço a Deus passa despercebido, por mais árduo ou doloroso que seja. Não devemos duvidar de que os olhos do Senhor estão sobre a terra, atentos a absolutamente tudo o que os homens fazem, e que ele está pronto para retribuir a cada um conforme suas obras. Servimos a um Deus justo; ele não ignorará a nossa fidelidade. O próprio Jesus disse isso ao afirmar: “Quem me serve deve me seguir; onde eu estou, ali o meu servo também deve estar. O meu Pai honrará aquele que me serve” (João 12:26).

Nada do que fazemos para o Senhor é em vão. Quando amamos Jesus, nosso desejo é de segui-lo e servi-lo. Não o fazemos em busca de méritos, aplausos ou reconhecimento humanos, mas com a intenção de agradar a Deus, em resposta ao amor dele por nós. Portanto, sigamos as orientações de Paulo à igreja de Corinto e nos dediquemos à obra com alegria, certos de que o nosso trabalho não é inútil.

“Graças te dou, ó Senhor, porque o meu trabalho não é vão em ti. Renova as minhas forças e o meu vigor, para que eu possa te servir com diligência, amor e perseverança, em nome de Jesus. Amém.”

Depósitos

— [...] Pois a boca fala do que está cheio o coração. [...] Por suas palavras, vocês serão absolvidos e, por elas, serão condenados.
MATEUS 12:34,37

Toda palavra tem um peso e uma consequência. Que as nossas sejam cheias de sabedoria e propósito.

Diferentemente de muitos outros lugares em que a liberdade de expressão foi tirada, os cidadãos brasileiros vivem em um país livre. Dessa maneira, temos liberdade para expressar nossos valores e ideais sem qualquer restrição ou censura. Mas será que, como cristãos, podemos dizer tudo o que vem à mente?

A Bíblia nos convida a analisar cuidadosamente as palavras que saem da nossa boca, pois estas devem ser o reflexo de um coração transbordante de amor a Deus e à sua Palavra. Se o nosso interior estiver repleto da lei do Senhor, da sua verdade e do seu amor, nossas palavras demonstrarão essa plenitude, de modo a edificar e abençoar aqueles que nos ouvem, e para a glória de Deus.

Em Salmos 119:11, encontramos a decisão do salmista quanto ao que preencheria o seu coração: "Guardei no coração a tua palavra para não pecar contra ti". Como o salmista, temos em nossas mãos o direito da escolha com relação ao que guardaremos em nosso coração. Ele é um depósito e determinará o que sairá da nossa boca, assim como a maneira como agimos.

Somos livres para falar o que quisermos, sim, mas prestaremos conta de tudo, como alertou o Senhor Jesus: "[...] a boca fala do que o coração está cheio. O homem bom tira boas coisas da bondade que entesoura no coração, mas o homem mau da sua maldade tira coisas más. Mas eu digo que, no dia do juízo, os homens darão conta de toda palavra inútil que tiverem falado. Pois, por suas palavras, vocês serão absolvidos e, por elas, serão condenados" (Mateus 12:34-37). Hoje somos chamados a nos lembrar da importância de medir nossas palavras e de sermos intencionais quanto ao que sai da nossa boca.

"Senhor, dá-me sabedoria e discernimento para cuidar das palavras que saem da minha boca. Quero que elas sejam um reflexo do teu caráter em mim. Torna-me consciente quanto ao meu falar, em nome de Jesus. Amém."

A benção de refletir

3 OUT

Recordarei os feitos do Senhor; recordarei os teus antigos milagres. Meditarei em todas as tuas obras e considerarei todos os teus feitos.
Salmos 77:11-12

A sociedade frenética em que vivemos parece não admitir pausas. É necessário produzir mais, trabalhar mais, fazer sempre mais. A busca pela produtividade valoriza a rotina corrida, os esforços exaustivos e aqueles que "trabalham enquanto eles dormem". Se você não se enquadra nesse ritmo desenfreado, está fora.

Em meio ao caos e à correria da rotina, nossa prioridade tem de ser estar aos pés de Jesus.

Esse estilo de vida, porém, é contrário ao que Deus diz e espera de nós. A Palavra nos convida a fazer o oposto. Devemos, sim, nos esforçar, trabalhar, estudar e buscar o crescimento intelectual, profissional e pessoal. Contudo, o Senhor também nos convida ao descanso, aos momentos de contemplação, à meditação.

O relato do Evangelho de Lucas sobre Marta e Maria, no capítulo 10, ilustra bem nossa necessidade atual de resgatar os momentos de meditação. Enquanto Marta estava atarefada, preocupada com as coisas de casa, o único desejo de Maria era estar aos pés de Jesus. Marta não estava errada por querer executar as tarefas domésticas, mas sua prioridade não deveria ser essa. Todos temos afazeres em casa, no trabalho, no ministério, na sociedade, e devemos ser diligentes e empenhados, porém jamais podemos negligenciar a boa parte, que não nos será tirada (v. 42).

Como bem expressou Asafe no salmo 77: "Recordarei os feitos do Senhor; recordarei os teus antigos milagres. Meditarei em todas as tuas obras e considerarei todos os teus feitos. Os teus caminhos, ó Deus, são santos. Que deus é tão grande como o nosso Deus?" (v. 11-23). Neste dia, tiremos um tempo para valorizar a bênção de refletir, pois, por meio da meditação, silenciamos as vozes do mundo e ouvimos o que Deus quer nos dizer.

"Ó Deus, tu conheces o meu coração, as minhas preocupações e as minhas prioridades. Ajuda-me a colocar o tempo contigo acima de todas as demais demandas e a buscar a boa parte diariamente. Em nome de Jesus, amém."

4
OUT

A ajuda de Jesus

Tomando-a pela mão, disse:
"Talita cum!", que significa: "Menina, eu ordeno a você: Levante-se!".
MARCOS 5:41

O caráter bondoso e misericordioso de Jesus também é o caráter do Pai.

Jesus é a imagem perfeita do Deus invisível, como está escrito em Colossenses 1:15. Ainda assim, apesar de as Escrituras corroborarem o caráter divino de Jesus, muitos dos que se dizem cristãos erram ao fazer diferenciação entre o caráter de Jesus e o do Pai, como se este fosse um senhor severo e punitivo, e aquele, um homem bom e pacífico que esteve na terra. A verdade é que o amor, a misericórdia e a compaixão que Jesus demonstrou revelavam um Pai que anseia por um relacionamento com seus filhos.

O próprio Jesus disse: "Quem vê a mim vê o Pai" (cf. João 14:9). Portanto, esse caráter bondoso e misericordioso de Jesus também é o caráter do Pai. Tudo o que ele fazia em seu ministério era a vontade do Pai. Ao se encontrar com as pessoas, ensinar a respeito do Reino, curar os enfermos, acolher os oprimidos e salvar os perdidos, Jesus evidenciava o amor de Deus pela humanidade.

Pela vida e pelo ministério de Cristo, Deus revelou que nunca esteve insensível às nossas necessidades, sejam elas quais forem. O mesmo Jesus que curou a sogra de Pedro de uma febre, em Mateus 8:14-16, foi ao encontro da filha de Jairo quando esta já havia sido dada como morta e ordenou que se levantasse. Lemos em Marcos 5:41-42: "Tomando-a pela mão, disse: '*Talita cum!*' que significa: 'Menina, eu ordeno a você: Levante-se!'. Imediatamente, a menina, que tinha doze anos de idade, levantou-se e começou a andar. Isso os deixou admirados".

O milagre da ressurreição da filha de Jairo não foi apenas um evento histórico, mas uma demonstração do amor e da compaixão de Deus que se estende a nós hoje. Ele nos toma pela mão e diz para nos levantarmos. Você aceitará a ajuda de Jesus?

"Pai querido, tu tens sido tão bom desde o princípio. Eu te agradeço por teu grande amor manifesto por meio do teu Filho, Jesus. Entrego em tuas mãos tudo o que tem trazido angústia ao meu coração. Amém."

Extraordinariamente comum

5 OUT

Jesus crescia em sabedoria, estatura e graça diante de Deus e dos homens.

LUCAS 2:52

A Bíblia Sagrada é uma coletânea de histórias. Embora não seja um livro comum, ela relata a vida de pessoas comuns que viveram com Deus. Encontramos nela testemunhos extraordinários em vidas ordinárias: pastores que receberam uma visita de um anjo do Senhor enquanto tomavam conta dos rebanhos; pescadores que largaram as redes para seguir um mestre; mulheres idosas que, após anos de esterilidade, tiveram o privilégio de gerar um filho no ventre e muitos outros exemplos. Gente comum vivendo uma vida comum.

A Palavra de Deus nos mostra que até Jesus viveu uma vida comum. Apesar de sua concepção milagrosa e de ser o próprio Deus encarnado, Jesus Cristo era também inteiramente homem. Ele teve uma infância como a das demais crianças da época, uma adolescência comum e chegou até a exercer o ofício de carpinteiro, segundo Marcos 6:3. O ministério de Jesus começou somente na vida adulta, quando começou a realizar sinais e maravilhas, a ensinar com autoridade do céu e a manifestar seu poder.

Uma vida, por mais simples que seja, é significativa para Deus. Muitas pessoas estão sempre em busca de acontecimentos grandiosos e excepcionais, mas sequer notam que Deus age até mesmo no que é considerado cotidiano e trivial. Da mesma forma, na simplicidade da nossa rotina podemos encontrar formas de glorificar e engrandecer a Deus. No livro *Liturgia do ordinário*, a autora Tish Warren afirma: "Não há atividade pequena demais ou rotineira demais para refletir a glória e a dignidade de Deus" (2021, p. 34). Portanto, vivamos os nossos dias com a consciência de que o comum sempre será extraordinário se nele o Senhor estiver.

Se o Senhor estiver em nossa vida, o que parece comum se tornará extraordinário.

"Senhor, agradeço porque tu estás presentes até mesmo no que considero trivial. Quero viver uma vida extraordinariamente comum contigo. Ajuda-me a contemplar-te em todas as coisas, em nome de Jesus. Amém."

6
OUT

Ele nos encontra

Enquanto conversavam e discutiam, o próprio Jesus se aproximou e começou a caminhar com eles.
LUCAS 24:15

No topo da montanha ou no vale mais profundo, Jesus está sempre conosco.

A vida é uma jornada imprevisível: passamos por subidas, descidas e até mesmo desvios. Desvios inesperados podem nos tirar da rota planejada, e a cada curva, o desconhecido nos aguarda. Por esse motivo, é muito importante que tenhamos a companhia certa. Se duas pessoas estiverem perdidas, por exemplo, não chegarão a lugar algum. Se, porém, uma delas souber para onde vai, nada as impedirá de alcançar o destino.

Em Lucas 24:13-35, lemos que dois dos seguidores de Jesus saíram de Jerusalém rumo a Emaús. Eles estavam entristecidos com os últimos acontecimentos. Enquanto conversavam, o próprio Jesus ressurreto se aproximou e começou a andar com eles. Os olhos deles, porém, foram impedidos de reconhecê-lo.

A experiência dos discípulos no caminho de Emaús é um retrato da nossa própria jornada de fé. Quantas vezes caminhamos com o entendimento distorcido e acreditamos estar sozinhos quando, na verdade, apenas não conseguimos reconhecer quem sempre esteve ali. Em meio à dor, à frustração e à confusão, nossa mente e nosso coração podem se fechar para a verdade de que o Senhor está sempre conosco.

Na continuidade da história, lemos que, mais tarde, os olhos dos discípulos foram abertos e, perplexos, perguntaram um ao outro: "Não ardia o nosso coração enquanto ele nos falava no caminho e nos explicava as Escrituras?" (v. 32). Que assim também seja conosco hoje! Que os nossos olhos se abram para a realidade de que, em todo o caminho, em qualquer fase da nossa vida, ele sempre nos encontra. É da presença dele que precisamos na nossa jornada, pois somente ele pode nos conduzir ao nosso destino.

"Senhor, abre os meus olhos, para que eu possa ver que tu estás sempre presente. Direciona-me ao longo do caminho e ajuda-me a confiar que tu estarás comigo em todo tempo. Amém."

É o Senhor!

O discípulo a quem Jesus amava disse a Pedro:
— É o Senhor! Simão Pedro, ouvindo-o dizer isso, vestiu a capa, pois a havia tirado, e lançou-se ao mar.
JOÃO 21:7

7
OUT

A crença é uma necessidade inerente aos seres humanos. As pessoas buscam constantemente por algo que traga um significado maior à sua existência, para além de simplesmente viver nesta terra. Desse modo, astros, animais e até mesmo outros seres humanos assumem o papel de divindades e se tornam objetos de adoração e devoção. Essa idolatria é uma abominação para o Senhor, o único Deus verdadeiro.

Jesus alertou que surgiriam muitos falsos profetas com o objetivo de nos confundir e enganar: "Se, então, alguém disser: 'Vejam, aqui está o Cristo!' ou: 'Ali está ele!', não acreditem. Pois aparecerão falsos cristos e falsos profetas, que realizarão grandes sinais e maravilhas, para, se possível, enganar até os escolhidos" (Mateus 24:23-34). Muitos serão influenciados e conduzidos ao erro por falsos deuses, mas nós temos de permanecer vigilantes e buscar discernimento.

Os verdadeiros discípulos sempre saberão quem, de fato, é o Senhor. Em João 21, está escrito que os discípulos estavam reunidos quando um homem apareceu a eles na praia e perguntou se tinham algo para comer. Após a resposta negativa, o homem ordenou que lançassem do lado direito do barco. Quando o fizeram, sequer conseguiam recolher a rede, porque estava cheia. Nesse momento, João se virou para Pedro e exclamou: "É o Senhor!" (v. 7).

Que nós, assim como João, sejamos capazes de reconhecer Jesus. Sigamos também o exemplo de Pedro, que saltou na água imediatamente para ir ao encontro do Senhor. Nossa ânsia por significado e por propósito de vida não será satisfeita a menos que busquemos Jesus. Afinal, ele é o único e verdadeiro Senhor!

Os verdadeiros discípulos sempre reconhecerão o Senhor.

"Senhor, não me permitas ser levado ao engano ou a adorar falsos deuses. Quero ser um verdadeiro discípulo e te conhecer cada vez mais e melhor. Dá-me sabedoria e discernimento do alto. Amém."

8
OUT

Inconfundível

[...] Nenhum dos discípulos tinha coragem de lhe perguntar: "Quem és tu?", pois sabiam que era o Senhor.
JOÃO 21:12

A presença de Jesus é tão transformadora e tão impactante que dissipa qualquer dúvida.

A promessa da vida eterna é o cerne do evangelho de Jesus Cristo, a esperança que distingue o cristianismo de todas as outras religiões e filosofias. Nenhum dos muitos deuses e santos foi capaz de vencer a morte. Somente Jesus, o Filho de Deus, que veio à terra como homem, foi condenado à morte de cruz, ressuscitou ao terceiro dia e vive eternamente!

Após a ressurreição de Jesus, a Bíblia nos diz que os discípulos, ao se encontrarem com ele, sequer tinham coragem de perguntar "Quem és tu?", porque sabiam muito bem que aquele era o Senhor (cf. João 21:12). Aqueles homens passaram cerca de três anos com Jesus, aprenderam com ele e seguiram os seus passos. Eles ouviram a promessa de que o Cristo ressuscitaria ao terceiro dia. E, de fato, lá estava ele, servindo-lhes pão e peixe. Então Jesus lhes serviu o pão e o peixe. Foi a terceira vez que Jesus apareceu a seus discípulos depois de ressuscitar dos mortos.

A presença de Jesus é inconfundível; ela é tão transformadora e impactante que dissipa qualquer dúvida. Muitos podem até negar sua existência ou reduzi-lo a um profeta ou a um bom homem que viveu na terra. No entanto, ele é o Filho de Deus ressurreto e, onde ele está, sua presença é incontestável. A presença de Cristo transforma ambientes, restaura vidas e manifesta o poder de Deus de modo inquestionável. Aqueles que o encontram não podem permanecer indiferentes.

O Senhor nos convida hoje para estar com ele. Assentados com Jesus, sua presença será tão inconfundível que não ousaremos questionar nada, pois o nosso coração reconhecerá aquele que venceu a morte e proclamará que Cristo vive e reina para todo o sempre, amém!

"Eu te louvo, ó Jesus, pois tu és o Rei dos reis e Senhor dos senhores! Tu venceste a morte e reinarás por toda a eternidade. Por toda a vida proclamarei que tu és o meu Senhor. Amém!"

O mundo inteiro não poderia conter

9
OUT

Jesus fez também muitas outras coisas. Se todas elas fossem escritas, penso que nem mesmo no mundo inteiro haveria espaço suficiente para os livros que seriam escritos.

João 21:25

Muitas pessoas têm dificuldade de ler a Bíblia porque não conseguem compreender que ela é mais do que um livro comum. Ela é a Palavra inspirada de Deus, viva e eficaz, que se revela por meio de narrativas a respeito de homens e mulheres que, com fé e obediência, se tornaram exemplos para todas as gerações, inclusive para nós.

O Deus que operou milagres no passado é o mesmo que ainda o faz em nosso tempo.

Por mais que os milagres contados nas Escrituras pareçam distantes da nossa realidade, o Deus que os operou no passado é o mesmo que ainda o faz em nosso tempo. Pela fé, ainda podemos testemunhá-los e vivenciá-los. A distância temporal e cultural das narrativas bíblicas para a nossa realidade pode gerar em nós uma sensação de afastamento, porém o poder de Deus não está limitado pelo tempo ou pelas circunstâncias.

Não é pela nossa força, obediência nem mesmo por uma vida separada em santidade que viveremos o sobrenatural. Apenas o poder de Deus é capaz de realizar o impossível, como Jesus afirmou em Mateus 19:26: "[...] Para o homem é impossível, mas para Deus todas as coisas são possíveis". Portanto, se tivermos fé e nos apegarmos a essa verdade, veremos outros milagres em nossa vida e por meio dela.

No encerramento do seu Evangelho, o apóstolo João fez uma declaração que expressa muito bem a infinitude do poder do Senhor Jesus. Não existe espaço suficiente no mundo inteiro para registrar todos os feitos do Senhor. Se nem mesmo a Bíblia, que é completa e dispensa acréscimos, relatou tudo o que ele fez, podemos crer que ele ainda faz e fará muitos outros milagres. A história permanece em aberto, visto que ele continua a manifestar o seu poder e a realizar muito mais do que podemos imaginar.

"Graças te dou, ó Deus, pela tua Palavra, que revela o teu caráter e poder. Ensina-me a viver pela fé e a crer que tu podes operar grandes coisas em mim e por meu intermédio. Em nome de Jesus, amém."

10
OUT

Dicotomia

"Sou eu apenas um Deus de perto", declara o Senhor.
"Não também um Deus de longe?"
Jeremias 23:23

Esta é a essência de uma vida plena: ter Jesus no centro de todas as coisas.

A vida cristã não se restringe a momentos de culto ou a experiências espirituais isoladas. Muitos são os que têm experiências com Deus, mas as confinam a um lugar ou momento específico e não se aprofundam em um relacionamento com Deus no cotidiano. No entanto, até mesmo o nosso local de trabalho pode ser um lugar da glória e provisão de Deus se o convidarmos para fazer parte do nosso dia a dia.

Precisamos parar de compartimentalizar a fé. Nós não fomos chamados para viver assim. Fomos chamados para ser inteiros, porque Cristo é inteiro para nós. Não podemos aceitar essa vida dicotomizada, dividida e contrária ao que nos diz a Palavra de Deus. Em Colossenses 3:11, o apóstolo Paulo afirmou: "Cristo é tudo e está em todos". Ora, se ele está em nós, devemos demonstrar isso em todos os aspectos, pois a vida se vive dia após dia, não apenas uma vez por semana!

É tempo de permitirmos que o Senhor faça parte de toda a nossa vida. Ainda hoje, ele nos diz o mesmo que expressou por intermédio do profeta Jeremias: "'Sou eu apenas um Deus de perto', declara o Senhor. 'Não também um Deus de longe? Poderá alguém esconder-se sem que eu o veja?', declara o Senhor. 'Não sou aquele que enche os céus e a terra?', declara o Senhor" (Jeremias 23:23-24).

A presença de Jesus em nossa vida transforma qualquer lugar em um ambiente de provisão, milagres e curas. Ele, mais do que qualquer outra pessoa, quer fazer parte da nossa rotina. Jesus tem de ser mais para nós do que um botão de emergência, acionado apenas em caso de necessidade. Mais do que estar presente em todas as áreas, ele deve ser o centro da nossa vida.

"Senhor, perdoa-me pelas vezes em que te afastei e negligenciei o meu relacionamento contigo. Ajuda-me a colocar-te sempre no centro da minha vida e a saber que estás sempre comigo. Em nome de Jesus, amém."

Senhor da guerra

11 OUT

Com o teu amor leal, conduzes o povo que resgataste; com a tua força, tu o levas à tua santa habitação.

ÊXODO 15:13

Quanto mais o tempo passa, mais convencido estou de que é muito melhor viver com Jesus! A vida com ele não é imune a sofrimentos, mas uma coisa é certa: é muito melhor com ele do que sem ele. Muitos são os que se apresentam diante das batalhas sozinhos e, por esse motivo, ficam à beira do caminho, sem forças para lutar, avançar e vencer.

Você não precisa lutar suas batalhas sozinho; o Senhor está contigo.

No entanto, se estamos com Jesus, não temos o que temer. Ele é quem nos ajuda a prosseguir e nos conduz à vitória. Ele é tanto o Senhor da guerra quanto o Príncipe da Paz. Nossos desafios, por maiores que sejam, não o surpreendem; ele já os conhece e já tem a estratégia para o triunfo. O Senhor não é pego de surpresa nem pelo nosso coração juvenil que insiste em rejeitar a única força capaz de o fazer viver.

Após a travessia do mar Vermelho, Moisés entoou um cântico de adoração, conforme Êxodo 15. Moisés afirma que foi o Senhor quem triunfou gloriosamente. Mais adiante, declara: "O SENHOR é guerreiro; o seu nome é SENHOR" (v. 3). O louvor de Moisés demonstra que o líder reconhecia sua dependência de Deus e sabia que todo o mérito pertencia ao Senhor da guerra. Eles não estavam em um momento fácil, mas sabiam que não estavam sozinhos.

Da mesma forma, ao ver as lutas que enfrentamos, o Senhor não se esconde nem se surpreende, antes, as vence uma a uma quando pedimos sua ajuda. Ele não é o causador da guerra, mas quem tem poder sobre ela. Com seu grande amor, o Senhor resgata e conduz o seu povo. Não importa onde estejamos, não estamos sozinhos; ele está conosco. Somente em sua presença é que encontramos segurança e paz.

"Senhor, eu te agradeço porque estás comigo em meio às dificuldades. Que eu jamais me esqueça de que estar contigo é muito melhor do que estar sozinho. A tua presença é o meu refúgio. Amém."

12
OUT

Causa maior

Pedem, mas não recebem, porque pedem com más intenções, com o fim de gastar nos seus prazeres.

TIAGO 4:3

Os cristãos não vivem em benefício de si mesmos, mas a serviço do Reino e do próximo.

Todas as vezes em que há uma manifestação do poder e da glória de Deus na vida de uma pessoa, sempre é para um propósito maior. A cura, o livramento e todos os demais milagres na vida de um indivíduo acontecem para que este possa servir a Deus e a outras pessoas.

A grande beleza na vida de alguém que serve a Cristo está em torná-la útil para alguém e, sobretudo, para o reino de Deus. Os cristãos não vivem em benefício de si mesmos, mas a serviço do Reino e do próximo, a exemplo do Senhor Jesus Cristo.

Em João 12:24, Jesus disse: "Em verdade lhes digo que, se o grão de trigo não cair na terra e não morrer, continuará ele só. Mas, se morrer, dará muito fruto". A entrega voluntária de Jesus foi necessária para que sua obra frutificasse e ele fosse enfim glorificado. Da mesma maneira, quando um cristão se entrega voluntariamente à vontade de Deus, pode frutificar e glorificar o Senhor.

Para tudo, Deus tem um propósito maior, até mesmo para a morte. Deus pode usar a nossa história para mudar a vida de outras pessoas e transformar a vida delas a fim de que também sejam úteis para o Reino. Ele deseja usar as nossas experiências, lutas e vitórias para tocar a vida daqueles por quem passarmos, para que estes também experimentem sua graça e seu amor.

Muitas vezes, a vida de uma pessoa não é transformada porque ela não quer se transformar em um canal de transformação para outros. E, como está escrito em Tiago 4:3, muitos pedem e não recebem porque têm motivações erradas e egoístas. Portanto, sejamos os que anseiam viver — e morrer, se preciso for — por uma causa maior: a vida e a obra do nosso Senhor Jesus Cristo.

"Senhor, dá-me um novo coração voltado para a tua vontade, não para os meus próprios desejos. Ajuda-me a entender que tenho um propósito maior em ti e a viver a serviço do teu reino. Em nome de Jesus, amém."

Vitrine

— Da mesma forma, brilhe a luz de vocês diante dos homens, para que vejam as suas boas obras e glorifiquem a seu Pai, que está nos céus.

MATEUS 5:16

Nosso testemunho é como uma vitrine para quem passa por nós. A imagem que as pessoas têm de nós é formada pela nossa forma de pensar, falar e agir. Aqueles que estão mais próximos de nós e observam nossa conduta diária sabem se a nossa vida verdadeiramente reflete Jesus e condiz com a fé que professamos.

Não é o conhecimento bíblico, a memorização de versículos ou um discurso eloquente que atrairá o perdido, mas o testemunho genuíno de uma vida fundamentada na Palavra de Deus. Se vivermos uma vida de obediência, integridade e amor a Deus e ao próximo, ele nos usará como vitrine para que outros, vendo a nossa boa conduta, conheçam aquele a quem seguimos, o nosso maior exemplo, Jesus.

No Sermão do Monte, Jesus explicou que, assim como a lâmpada é colocada em um lugar apropriado para iluminar quem está na casa, as nossas boas obras devem brilhar. Assim, todos que as virem glorificarão ao Pai (cf. Mateus 5:14-15). Nossas boas obras são a expressão visível da transformação que o Espírito Santo opera em nós a partir do encontro com Cristo. Nosso objetivo não é receber reconhecimento por quem somos e pelo que fazemos, e sim que outros reconheçam quem Deus é e o que tem feito por nós.

Portanto, sejamos essa vitrine que, embora imperfeita, não reflete outra coisa senão o amor e a verdade de Cristo. Para isso, precisaremos de coragem e ousadia para permanecer firmados na Palavra de maneira que não nos desviemos do nosso propósito. Muitos passarão reto e sequer nos darão atenção, outros nos desprezarão; todavia, o dono da vitrine sabe exatamente quem precisa conhecer Jesus por meio do nosso testemunho.

Temos de nos esforçar para sermos cada vez mais parecidos com Jesus, para que as pessoas o vejam em nós.

“Senhor, obrigado por me salvar e por transformar a minha vida completamente. Ajuda-me a dar bom testemunho e a refletir quem tu és, para que outras pessoas conheçam o teu amor e te glorifiquem. Amém.”

14
OUT

Iluminando em qualquer lugar

Esta é a mensagem que dele ouvimos e transmitimos a vocês: Deus é luz e nele não há treva alguma.

1João 1:5

É impossível ignorar a luz e o sabor de Cristo em nós.

Carregamos em nós algo único, que não pode ser encontrado em nenhum outro lugar no mundo: a presença do Espírito Santo em nós, graças ao sacrifício do nosso Senhor Jesus. É por isso que ele se refere a nós como sal e luz em Mateus 5. É impossível ignorar essas duas coisas. Tanto a sua ausência como o seu excesso são perceptíveis. Assim como o sal preserva e tempera, e a luz dissipa as trevas e revela o caminho, nós, quando marcados pela presença do Espírito, nos tornamos agentes de transformação.

É por isso que os verdadeiros seguidores de Cristo são notados em qualquer lugar. Fomos chamados a iluminar os locais mais escuros e a temperar o mundo com a verdade. Não há como esconder a presença do Espírito Santo em nós, pois ela irradia em nossas palavras, em nossas ações e em nosso próprio ser.

Por essa razão, João declarou em sua primeira epístola: "A vida se manifestou; nós a vimos, dela testemunhamos e proclamamos a vocês a vida eterna, que estava com o Pai e nos foi manifesta" (1João 1:2). Foi também o motivo pelo qual ele e Pedro, quando receberam a ordem de não falar nem ensinar em nome de Jesus, responderam de maneira convicta: "[...] não podemos deixar de falar do que vimos e ouvimos" (Atos 4:20).

Da mesma forma, devemos fazer a diferença nos lugares em que estamos sem jamais abrir mão da nossa fé. Não devemos nos conformar com as trevas ou ser contaminados, pois, como Jesus disse, o sal que perdeu o sabor não tem serventia alguma (cf. Mateus 5:13). Em um mundo tomado pelas trevas, somos luz, pois estamos com Jesus, a Luz do mundo, e seu Espírito habita em nós. Por onde passarmos, sejamos sal e luz.

"Senhor Deus, obrigado por me tirar das trevas e me transportar para a tua maravilhosa luz. Ensina-me a dar testemunho do que tens feito a todos e a iluminar o mundo com a tua luz. Em nome de Jesus, amém."

Nele existimos

Pois nele vivemos, nos movemos e existimos.

ATOS 17:28A

15 OUT

Os seres humanos muitas vezes se iludem com a ideia de sua autossuficiência e controle. Muitos pensam ser senhores de si mesmos e de tudo. Se lhes dão riquezas e poder, sentem-se imparáveis. No entanto, quando o homem se permite ser dominado por essas ilusões, ele se esquece de que há um Deus maior, um Criador soberano que detém o controle absoluto de todas as coisas.

Precisamos nos despir de todo orgulho e arrogância e reconhecer que somos pequenos se comparados à infinitude de nosso Deus. Contudo, apesar de não merecermos, o Senhor se importa tanto conosco que nos permite contemplá-lo. Mais do que isso, com seu amor imensurável, ele nos chama a um relacionamento íntimo e pessoal.

Em Atos 17:24-25, lemos que o Deus que fez o mundo e tudo que nele há não habita em templos feitos por homens e não precisa de nada que possamos oferecer-lhe, visto que ele mesmo dá vida, fôlego e provisão a todos os seres que existem. Na sequência de seu discurso, Paulo afirma que Deus fez todos os povos a partir de um só homem "para que os homens o buscassem e talvez, tateando, pudessem encontrá-lo, embora não esteja longe de cada um de nós" (v. 27).

É insensato pensar que podemos definir os nossos dias ou controlar a nossa vida, a natureza e o que acontece ao nosso redor. Entretanto, temos a decisão de quem exercerá o senhorio sobre nós. Podemos tentar tomar as rédeas ou entregá-las ao Deus soberano. Espero que você tenha consciência de que entregar a sua vida ao Senhor é a melhor escolha que poderia fazer. Com o coração rendido a ele, que possamos, como Paulo, afirmar: "Pois nele vivemos, nos movemos e existimos" (v. 28).

Quando reconhecemos a soberania de Deus, vemos quão fúteis são os nossos esforços para estar no controle.

"Deus soberano, eu te agradeço porque, em tua grandeza, ainda escolhes ter um relacionamento com os teus filhos. Tu és tudo para mim, és o ar que respiro, a razão da minha existência. Amém!"

16
OUT

Vida que vale a pena

À igreja de Deus que está em Corinto, aos que têm sido santificados em Cristo Jesus e chamados para ser santos [...].
1CORÍNTIOS 1:2

A vida com Jesus é a única vida que realmente vale a pena ser vivida.

Quase todos os contextos sociais exigem de nós um padrão de conduta a fim de garantir a ordem e a harmonia. Na vida cristã, também acontece dessa forma. Devemos estar alinhados com os princípios do reino de Deus. Por isso, aqueles que desejam desfrutar de um relacionamento com Deus precisam ter como parâmetro os preceitos da sua Palavra.

O conhecimento da Bíblia é necessário para todo seguidor de Jesus. Por meio dela, recebemos a orientação sobre como viver de maneira condizente com a fé que professamos. No início da primeira carta de Paulo à igreja de Corinto, o apóstolo deixou claro quem era o seu público-alvo: "À igreja de Deus que está em Corinto, aos que têm sido santificados em Cristo Jesus e chamados para ser santos, com todos os que, em toda parte, invocam o nome do nosso Senhor Jesus Cristo, Senhor deles e nosso" (1:2).

Embora os cristãos deste tempo não sejam parte da igreja a que Paulo escreveu naquele tempo e contexto, todos os que estão em Cristo e invocam o seu nome foram chamados para fazer parte do povo santo de Deus. Para que, de fato, façamos parte desse povo, precisamos nos revestir do caráter de Jesus. A compaixão, a bondade, a humildade, a mansidão, a paciência são algumas das muitas virtudes que devem permear cada aspecto da nossa vida. O nosso maior exemplo de conduta é — e sempre deve ser — Jesus!

Somos convidados a sondar o nosso coração diariamente para nos certificar de que a fé que professamos com os lábios é a mesma evidenciada na forma como vivemos. É pelas nossas falas e atitudes que demonstraremos ao mundo que a vida com Jesus é a única que vale a pena.

"Senhor, eu te agradeço por tua Palavra, que me ensina como viver de maneira agradável a ti. Que o teu Espírito me transforme todos os dias à semelhança de Jesus Cristo, o meu maior exemplo. Em nome de Jesus, amém."

Em tudo o que fizerem

17
OUT

Tudo o que fizerem, façam de todo o coração, como para o Senhor, não para os homens.

COLOSSENSES 3:23

Muitos poetas, compositores, escritores e roteiristas de filmes e séries já tentaram capturar a essência do amor verdadeiro. Mas, para encontrá-la, basta abrir a Bíblia. Jesus nos ensinou na prática o que é amar verdadeiramente. Seu exemplo constrange o nosso coração e, por conhecer o Amor, queremos aprender a amar também, afinal, "Nós amamos porque ele nos amou primeiro" (1João 4:19).

O louvor é a resposta natural de um coração que recebeu o amor de Deus.

Encontramos evidências desse amor em cada aspecto da nossa vida. A própria vida já é um fruto do amor, quanto mais a possibilidade de nos relacionarmos com o Deus de amor. Como filhos amados do Pai e salvos por Jesus, precisamos de um coração grato e que oferece constantemente a ele o mais sincero louvor em resposta ao seu amor.

Engana-se, porém, quem pensa que o louvor se restringe aos momentos de adoração na igreja ou a expressões de glorificação por meio de cânticos. Em tudo o que fizermos e falarmos, o Senhor deve ser honrado. Encontramos em Colossenses 3:23 a orientação de Paulo que deve nortear cada dia da nossa vida: "Tudo o que fizerem, façam de todo o coração, como para o Senhor, não para os homens".

Ao sermos preenchidos pela graça redentora de Cristo e por seu amor, devemos transbordar, a fim de que outros possam conhecer essa graça e amor tão grandiosos. Jesus, o nosso exemplo maior, transbordou o amor do Pai e estabeleceu o exemplo supremo do amor em ação. A partir do momento que recebemos esse amor, somos transformados. Nosso papel é, então, de viver de modo que o seu caráter seja reconhecido em tudo o que somos e fazemos, para a glória do Pai. Portanto, que ele seja glorificado em nós e por meio de nós em todo o tempo.

"Ó Deus, graças te dou pelo teu infinito amor manifesto na vida de Jesus Cristo. Ensina-me a amar verdadeiramente e a transbordar o teu amor aonde quer que eu vá. Que eu aprenda a te glorificar em tudo o que fizer e disser. Em nome de Jesus, amém."

18
OUT

Essência

— Assim, em tudo, façam às pessoas o que querem que elas façam a vocês, pois esta é a Lei e os Profetas.

MATEUS 7:12

Se escolhemos viver em amor, humildade, paciência e compaixão, evidenciamos a essência de Deus em nós.

A identidade humana é única e complexa. Cada um de nós carrega uma essência, algo que nos distingue como indivíduos e nos torna únicos. Deus também tem uma essência, um caráter único formado por seus atributos. Algumas de suas características são exclusivas, como a sua imutabilidade, invencibilidade, onisciência, onipotência, onipresença, entre outros; contudo, algumas podem ser transmitidas para nós, como a justiça, a bondade e o amor. Uma vez que fomos gerados por ele e chamados filhos de Deus, devemos carregar a essência do nosso Pai.

Jesus disse em Mateus 7:12: "Em todas as coisas façam aos outros o que vocês desejam que eles lhes façam. Essa é a essência de tudo que ensinam a lei e os profetas" (NVT). Em outras palavras, a essência da vontade de Deus é o amor, de modo que a mesma graça que um dia nos alcançou deve ser estendida aos outros. Se amamos a Deus e o próximo, nos dedicamos a viver em humildade, paciência, bondade e justiça.

Se optamos por viver dessa maneira, fazemos a vontade de Deus. Ao sermos influenciados pelo caráter do Pai, evidenciamos sua essência em nós. Ainda que as outras pessoas escolham nos maltratar, devemos continuar a escolher viver como Cristo viveu. Nossa essência não deve ser condicionada à forma como os outros nos veem ou tratam, e sim fundamentada no amor inabalável e no caráter imutável de Deus. Nenhuma circunstância, nem mesmo o sofrimento, a rejeição e o abandono, deve ser capaz de nos afastar daquele que, segundo a sua Palavra, nos garante "a recompensa da herança" (cf. Colossenses 3:24). Resgatemos, portanto, essa essência.

"Senhor, obrigado por me permitir conhecer a tua essência. Quero ser cada vez mais parecido contigo. Ensina-me a viver segundo a tua vontade, não importa o que digam ou pensem a meu respeito. Em nome de Jesus, amém."

Não julguem

— Por que você repara no cisco que está no olho do seu irmão, mas não se dá conta da viga que está no seu próprio olho?

MATEUS 7:3

Vivemos em uma época em que a exposição e as condenações públicas são cada vez mais frequentes. As redes sociais, que hoje fazem parte da vida de quase todos, permitem que qualquer pessoa tenha um espaço para expressar suas opiniões. Essa realidade preocupante nos desafia a buscar discernimento sobre como usamos as plataformas e nos expressamos. Precisamos resgatar o que a Bíblia diz sobre qual deve ser o nosso comportamento.

Precisamos olhar para o próximo com graça e misericórdia, lembrando-nos de que também somos falhos.

Se nos voltarmos ao que Jesus instrui em Mateus 7:1-5, veremos que a orientação bíblica é contrária a essa tendência atual de julgar, condenar e tecer críticas sem embasamento. O Senhor nos alerta: "Não julguem, e não serão julgados. Pois, da mesma forma que julgarem, vocês serão julgados; a medida com que medirem será usada como medida para vocês" (v. 1-2). Na sequência, o Mestre questiona a hipocrisia daqueles que apontam as falhas dos outros quando também estão equivocados em sua conduta.

O Senhor nos orienta a ter uma postura de humildade e a realizar um autoexame honesto na interpretação de qualquer atitude, posicionamento ou característica do próximo. Em vez de uma conduta crítica e condenatória, devemos ter um olhar mais empático e misericordioso. Isso não significa compactuar com o pecado, mas estender a graça e o perdão, lembrando-nos de que também somos falhos e carentes da misericórdia divina.

O discernimento entre o bem e o mal é fundamental para uma vida de retidão e de santidade. No entanto, o julgamento, quando necessário, deve ser exercido com justiça, sabedoria e misericórdia. Assim, tenhamos cuidado com a forma como nos posicionamos com relação ao outro.

"Senhor, perdoa-me pelas vezes em que julguei o meu irmão sem sequer notar as minhas próprias falhas. Dá-me compaixão, empatia e um olhar misericordioso para com o próximo, em nome de Jesus. Amém."

20
OUT

Pedindo como filhos

— Peçam, e será dado a vocês; busquem e vocês encontrarão; batam, e a porta será aberta a vocês
MATEUS 7:7

A nossa oração como filhos é uma expressão de dependência e de intimidade que honra o Pai.

Nossa identidade em Cristo é uma das verdades mais transformadoras do evangelho. A Palavra de Deus nos diz que, em Cristo, fomos feitos novas criaturas, nascidos de novo e que somos filhos de Deus (cf. João 1:12-13; 2Coríntios 5:17; Gálatas 3:26-27; 1João 3:1). Essa filiação divina não é uma teoria, mas uma realidade que dispensa validação e respaldo humanos. Somos nós que devemos crer e viver por ela, porque saber que somos filhos de Deus muda tudo!

Como filhos, precisamos conhecer o nosso Pai, e isso não é possível se não nos voltarmos para o que a Palavra diz a respeito dele. Em Mateus 7:9-11, Jesus ensinou: "Qual homem, do meio de vocês, se o filho pedir pão, lhe dará uma pedra? Ou, se pedir peixe, lhe dará uma cobra? Portanto, se vocês, apesar de serem maus, sabem dar boas coisas aos seus filhos, quanto mais o seu Pai, que está nos céus, dará coisas boas aos que lhe pedirem!".

Se somos filhos, conhecemos o nosso Pai; o seu caráter não é uma incógnita. Sabemos que em todo o tempo ele nos ama e é bom. Essa certeza muda até a nossa forma de orar; não oramos como meros servos que buscam a satisfação de um senhor, mas como filhos amados que se aproximam de um Pai que os conhece, os ama e anseia por sua comunhão.

Jesus nos convida a assumir nossa identidade de filhos para poder viver a plenitude garantida para nós na Palavra: "Peçam, e será dado a vocês; busquem e vocês encontrarão; batam, e a porta será aberta a vocês" (v. 7). Agir como filhos implica em uma conduta de confiança, de ousadia e de dependência do Pai. Ele não nos recusa o que é bom para nós, mas se deleita em nos abençoar, em nos suprir e em nos guiar em seus caminhos.

"Pai amado, eu te agradeço pelo privilégio imensurável de ser teu filho. Ensina-me a depender de ti e a confiar que tu és bondoso e cheio de generosidade. Ajuda-me a orar com convicção. Em nome de Jesus, amém."

Expostos

— O que vocês disseram no escuro será ouvido à luz do dia; o que sussurraram nos ouvidos dentro de casa será proclamado dos telhados.

LUCAS 12:3

Diante de Deus, estamos todos expostos; não existe nada que possamos ocultar dele. A onisciência de Deus faz com que todos os nossos pensamentos, intenções e sentimentos sejam conhecidos por ele. Isso pode levar algumas pessoas à sinceridade e ao arrependimento, e outras, ao medo.

Se vivemos na luz, não temos nada a esconder de ninguém.

A sinceridade e o arrependimento são as únicas reações que geram a verdadeira transformação. O medo, por sua natureza paralisante, nos afasta de Deus e nos aprisiona em um ciclo de ansiedade e de desespero. A exposição diante de Deus, quando acompanhada de um coração humilde e arrependido, não é uma vergonha, e sim um convite a uma intimidade profunda com o Senhor. Quando abrimos o nosso coração e expomos as nossas falhas, podemos enfim encontrar o perdão, a cura e a paz de que precisamos para seguir em frente.

Encontramos no capítulo 12 do Evangelho de Lucas um alerta de Jesus de que virá o dia em que tudo o que está encoberto será revelado e todo segredo será divulgado. O que foi dito às sombras será ouvido às claras, e o que foi sussurrado proclamado em alta voz. Jesus nos alerta sobre a nossa responsabilidade em cada palavra e cada ação. Não há segredos para Deus, e tudo o que fazemos será revelado.

Essa palavra de Jesus não deve gerar assombro em nosso coração, uma vez que vivemos uma vida alicerçada na verdade. Se buscamos viver em santidade e nos dedicamos a nos tornar dia após dia mais parecidos com Cristo, deixamos claro, e não em segredo, que é ele o Senhor da nossa vida e não temos nada a esconder dele. Portanto, que o nosso coração anseie ardentemente pela exposição que nos faz íntimos daquele que tudo sabe e tudo vê!

“Senhor, tu sabes tudo, vês tudo e, ainda assim, me amas. Não tenho medo de me abrir diante de ti; pelo contrário, quero viver uma vida de sinceridade e transparência, a fim de viver em intimidade contigo. Amém.”

22
OUT

Temendo apenas ao Senhor

Temam ao Senhor, vocês que são os seus santos, pois nada falta aos que o temem. Os leões podem passar necessidade e fome, mas os que buscam o Senhor de nada têm falta.

Salmos 34:9-10

O temor ao Senhor é o caminho para a plenitude; ele garante que nada nos falte.

O mundo em que vivemos é marcado pela incerteza, pela violência e pela proliferação da maldade. A Bíblia não nos escondeu que viveríamos tempos difíceis; pelo contrário, a Palavra nos alertou sobre os últimos tempos, que seriam marcados por guerras e pela intensificação da perversidade, ao passo que o amor se esfriaria. No meio disso tudo, estamos nós, os crentes em Jesus, os filhos de Deus.

O coração de muitos estremece, afinal, como poderíamos não ter medo diante de tudo que temos visto, ouvido e vivido? Se estivermos firmados na Palavra, não teremos o que temer. No salmo 118, o salmista proclamou: "O Senhor está comigo; não temerei. O que me podem fazer os homens?" (v. 6). Nossa resposta aos acontecimentos deste mundo, por piores que sejam, não deve ser o medo das circunstâncias, e sim a confiança de que o Senhor está conosco.

A vida cristã é uma contracultura, um estilo de vida que desafia os padrões e os valores do mundo. Em vez de reagir ao medo com desespero ou com fuga, somos chamados a reagir com fé, a confiar plenamente na Palavra de Deus, que é a única verdade em meio à mentira e à confusão. É nela que encontramos a segurança que transcende as circunstâncias, a esperança que nos sustenta em meio às adversidades e a paz que excede todo o entendimento. A fé não elimina os problemas, mas nos capacita a enfrentá-los com a convicção de que Deus está no controle e que sua fidelidade é inabalável.

Por isso, se neste dia você tem se sentido preocupado, inseguro ou amedrontado com alguma circunstância, gostaria de encorajá-lo a se lembrar de que nada falta aos que temem a Deus, como está escrito em Salmos 34:9.

"Senhor, eu não temerei as adversidades ou as notícias perturbadoras, pois a minha confiança e esperança estão em ti. Eu te agradeço por ser o meu refúgio e o meu provedor. Amém."

Culpados

23
OUT

[...] *Jesus declarou:*
— Eu também não a condeno. Vá e, de agora em diante, abandone a sua vida de pecado.
João 8:11

O ser humano tem a tendência de se justificar e dar desculpas por seus erros. Muitos chegam a atribuir a culpa a outras pessoas. No entanto, a única maneira de vencermos aquilo que nos acusa é pela confissão da nossa culpa. Enquanto nos prendemos a justificativas e culpabilizações, permanecemos aprisionados em um ciclo de negação e estagnação. A confissão, porém, é o primeiro passo para a restauração completa.

Uma pessoa doente precisa reconhecer que está doente para aceitar a necessidade de tratamento. Da mesma forma, quem está na vergonha do pecado precisa se ver como pecador para encontrar o perdão por meio do arrependimento genuíno. Sem reconhecimento, não há arrependimento. Sem arrependimento, não há mudança de vida.

No capítulo 8 de seu Evangelho, João nos conta uma história conhecida a respeito de uma mulher flagrada em adultério. Mesmo exposta, ela nada disse perante os seus acusadores. Seu silêncio era como se ela aceitasse a sentença de apedrejamento. Confrontado sobre a situação, Jesus disse: "Se algum de vocês estiver sem pecado, seja o primeiro a atirar a pedra" (v. 7). Em seguida, Jesus se inclinou novamente e voltou a escrever na terra. Os acusadores se retiraram, um de cada vez, até que restaram somente Jesus e a mulher.

O Senhor não espera de nós justificativas ou desculpas, mas um coração quebrantado e humilde. Assim é o coração de alguém que verdadeiramente reconhece que precisa ser restaurado e transformado. Se nos apresentarmos a ele com sinceridade e humildade, assim como disse àquela mulher, Jesus nos dirá: "Eu também não a condeno. Vá e, de agora em diante, abandone a sua vida de pecado" (v. 11).

Sem reconhecimento, não há arrependimento. Sem arrependimento, não há mudança de vida.

"Senhor, eu desisto de arrumar desculpas ou justificativas. Confesso: eu sou culpado. Perdoa-me, ó Deus. Ajuda-me a mudar de vida e a viver livre do pecado, da culpa e da vergonha. Em nome de Jesus, amém."

24
OUT

Pecadores

Esta palavra é fiel e digna de toda aceitação: Cristo Jesus veio ao mundo para salvar os pecadores, dos quais eu sou o pior.
1TIMÓTEO 1:15

Precisamos encarar a realidade de quem somos para conhecer plenamente quem Deus é.

A negação da realidade impede muitas pessoas de usufruírem da graça libertadora e transformadora. Em vez de encararem a realidade, permanecem escondidas na ilusão. Preferem viver em um mundo de fantasias a confrontar a dura verdade da sua condição pecaminosa e da necessidade de um Salvador.

O apóstolo Paulo teve a atitude contrária. Sua confissão em 1Timóteo 1:15-16 é um exemplo para nós: "Esta palavra é fiel e digna de toda aceitação: Cristo Jesus veio ao mundo para salvar os pecadores, dos quais eu sou o pior. Mas, por isso mesmo, Deus foi misericordioso comigo, para que em mim, o pior dos pecadores, Cristo Jesus demonstrasse toda a sua paciência, usando-me como exemplo para aqueles que, crendo nele, receberão a vida eterna".

Paulo não usou a transformação que o Senhor operou em sua vida como motivo para vanglória, tampouco se orgulhou por suas contribuições para a igreja de Cristo. Isso nos mostra que nos esconder por trás de uma máscara de perfeição e autossuficiência nos afasta de Deus. Podemos ter um "currículo" recheado de boas ações, mas nada disso apagará os nossos pecados e nos dará livre acesso ao céu, pois a nossa salvação não vem por méritos, somente pela graça, mediante a fé em Jesus (cf. Efésios 2:8)!

Portanto, deixemos de lado o orgulho, a arrogância e a negação. Precisamos encarar a realidade de quem somos para conhecer plenamente quem Deus é. Devemos assumir nossas fraquezas, transgressões e o quanto dependemos do nosso Salvador, que nos ama, nos perdoa, nos capacita a viver uma vida que o glorifica e nos usa "como exemplo para aqueles que, crendo nele, receberão a vida eterna".

"Senhor, eu preciso de ti! Não quero usar máscaras ou tentar me esconder por trás da ilusão da perfeição. Preciso de ti, e nada nem ninguém pode mudar isso. Transforma-me, para a tua glória, em nome de Jesus. Amém."

Bom combate

25
OUT

[...] *Combata o bom combate, mantendo a fé e a boa consciência que alguns rejeitaram e, por isso, naufragaram na fé .*
1TIMÓTEO 1:18-19

O dom da vida é, em si, uma dádiva pela qual devemos ser gratos. A realidade é que a vida também pode ser dura, repleta de desafios. Ela não é sempre um mar de rosas; é, em alguns momentos, um campo de batalha. Por essa razão, precisamos estar sempre preparados para o combate.

Paulo declara: "Combati o bom combate, terminei a corrida, guardei a fé. Agora, está reservada para mim a coroa da justiça, que o Senhor, justo juiz, me dará naquele dia; não somente a mim, mas também a todos os que amam a sua vinda" (2Timóteo 4:7-8). O contexto que Paulo vivia não era fácil: ele estava preso, aguardando a sua sentença. No entanto, sabendo que o fim estava próximo, o apóstolo permaneceu otimista, pois reconheceu que a sua vida foi bem vivida a serviço de Deus e estava prestes a receber a coroa.

Nossa fidelidade será recompensada com a glória eterna na presença de Cristo.

Da mesma forma como Paulo tinha convicção de que a sua obra em favor do reino de Deus não havia sido em vão, podemos ter a confiança que cada esforço, cada sacrifício, cada ato de amor tem um valor eterno e gerará uma recompensa que transcende as limitações temporais. Essa recompensa é para todos aqueles que, com grande expectativa, aguardam a vinda do Senhor. Esta é a nossa esperança em meio às dificuldades: nossa fidelidade será recompensada com a glória eterna na presença de Cristo.

Portanto, que nos apropriemos dos conselhos dados por Paulo ao seu filho na fé em 1Timóteo 1:18-19. Apeguemo-nos à fé e mantenhamos a consciência limpa, pois alguns a rejeitaram deliberadamente e, por consequência, naufragaram na fé. Portanto, sigamos seguros em Cristo para lutar o bom combate até o fim!

"Eu te agradeço, ó Deus, pelo dom da vida e por ser o meu defensor nas batalhas. Como teu soldado, ajuda-me a combater o bom combate e a permanecer fiel a ti até o fim. Em nome de Jesus, amém."

26
OUT

Sem barganhas

— Pois o Senhor, o Deus de vocês [...] não age com parcialidade nem aceita suborno.
DEUTERONÔMIO 10:17

O amor de Deus por nós provém de quem ele é, não de algo que tenhamos feito para merecê-lo.

A soberania de Deus prevalece sobre toda e qualquer circunstância, e essa é uma verdade imutável. Não há nada que possamos fazer para mudar os pensamentos e os planos de Deus. A sua soberania, porém, não nos impede de orar e apresentar nossos pedidos ao Senhor; pelo contrário, ele nos incentiva a fazê-lo e se agrada em nos presentear e fazer justiça.

O grande perigo está em achar que Deus nos deve algo ou que, de alguma forma, é possível barganhar com ele. Deus não é um Deus que barganha. Você pode apresentar a ele as suas súplicas, mas não pode negociar com ele. Nenhuma troca de favores o levaria a nos agraciar com aquilo que queremos, porque o nosso relacionamento com o Senhor não consiste em uma transação. Esse é um grande engano; todavia, infelizmente, está presente em algumas tradições religiosas.

Temos de entender de uma vez por todas que Deus não precisa de nada de nós. O Deus soberano não precisa dos nossos favores. Tudo o que ele nos concede é fruto da sua bondade. Da mesma forma, o seu amor por nós provém de quem ele é, não de algo que tenhamos feito para merecê-lo. Se assim fosse, não viveríamos um evangelho fundamentado na graça.

Por intermédio de Moisés, o próprio Deus declarou em Deuteronômio 10:17: "Pois o SENHOR, o Deus de vocês, é o Deus dos deuses e o SENHOR dos senhores, o grande Deus, poderoso e temível, que não age com parcialidade nem aceita suborno". Portanto, em vez de barganhar, que apresentemos a nossa vida a Deus com o propósito de nos entregar a ele de todo o coração, sem desejar nada em troca senão um relacionamento de intimidade e plena comunhão com ele.

"Senhor Deus, tu és soberano, e a tua vontade sempre prevalece. Perdoa-me pelas vezes em que pensei que poderia oferecer algo em troca das tuas bênçãos e da tua graça. Tudo o que ofereço a ti é o meu coração. Amém."

Sem justificativa

27
OUT

— O filho lhe disse: "Pai, pequei contra o céu e contra ti. Não sou mais digno de ser chamado teu filho".

LUCAS 15:21

A graça de Deus é um presente imerecido, um favor que não exige pagamento. No entanto, a natureza humana, em sua inclinação a justificar-se e a pagar por seus erros, encontra dificuldade em aceitar que a graça é de graça. A vulnerabilidade, que é a chave para a confissão e para a cura, é muitas vezes vista como uma fraqueza. Dessa forma, é muito mais fácil terceirizar a culpa.

A transformação genuína começa com o reconhecimento do erro e a confissão sincera.

Esse círculo vicioso nos impede de sermos transformados. O tempo passa e nada muda, porque ficamos como o povo hebreu no deserto: damos voltas e mais voltas enquanto o tempo passa sem que desfrutemos das bênçãos que o Senhor reservou para nós. A verdadeira libertação e a transformação, porém, não serão possíveis se não assumirmos nossa parcela de culpa e nos rendermos à graça restauradora de Deus.

Na Parábola do Filho Perdido, narrada por Jesus em Lucas 15:11-32, vemos que o filho caçula havia desonrado o pai e partido para outra região, onde gastou todas as riquezas e, mais tarde, passou por grande dificuldade. Ele se deu conta do que havia deixado para trás e, ao retornar para a casa do pai, confessou o seu erro e se prontificou para receber as consequências devidas. O processo de transformação exige o reconhecimento do erro. Em contrapartida, o pai, cheio de compaixão, correu para o filho, o abraçou e o beijou, e celebrou o retorno do filho que estava perdido e foi achado.

O Senhor deseja nos abraçar, trocar as nossas vestes e celebrar o nosso retorno. Ele não usará as nossas falhas contra nós, nem se lembrará dos pecados dos quais já nos arrependemos. Tudo o que ele espera é a nossa confissão sincera, sem justificativas.

"Pai, obrigado por me aceitar como teu filho. Não quero mais me afastar de ti, tampouco dar justificativas para os meus erros. Ensina-me a ser vulnerável e sincero contigo. Em nome de Jesus, amém."

28
OUT

O poder da língua

A língua tem o poder de vida e morte;
quem a ama comerá do seu fruto.
PROVÉRBIOS 18:21

As nossas palavras têm o poder de edificar ou de destruir, de curar ou de ferir, de trazer vida ou de gerar morte.

Nunca houve uma geração com tanta liberdade de expressar opiniões, princípios e ideias como esta. Nos tempos passados, a palavra era um privilégio exclusivo de quem tinha poder. A democratização do discurso permite a troca de informações, o debate de ideias e a construção de conhecimento, além de dar voz àqueles que, por muito tempo, foram silenciados.

Contudo, por outro lado, esta também é a geração que menos ouve. Parece que a capacidade de escuta reduziu drasticamente. A falta de paciência para o diálogo, a incapacidade de compreender o ponto de vista do outro e a resistência à divergência de ideias transformam oportunidades de debates construtivos em conflito e de divisão. O poder da língua, quando não acompanhado da sabedoria da escuta, torna-se uma arma de destruição. Precisamos resgatar o conselho do apóstolo Tiago: "Meus amados irmãos, tenham isto em mente: sejam todos prontos para ouvir, tardios para falar e tardios para irar-se" (Tiago 1:19).

A Bíblia é enfática em nos alertar a respeito do que falamos e, sobretudo, das consequências. Em Provérbios 13:3, por exemplo, está escrito: "Quem guarda a sua boca preserva a própria vida, mas quem fala demais acaba se arruinando". Precisamos, portanto, buscar sabedoria para não cair na tentação de falar demais ou de maneira impensada. Isso não apenas afeta o nosso relacionamento com o próximo como também traz danos à nossa própria vida. Não podemos nos deixar levar pela onda das pessoas que usam as palavras com insensatez, ódio ou impiedade. Temos de considerar a seriedade da palavra, que pode trazer morte ou vida, pois arcaremos com as consequências do que dissermos.

"Senhor, ajuda-me a entender a seriedade das palavras e a ser cauteloso e intencional em tudo o que digo. Perdoa-me pelas vezes em que usei a língua de maneiras que te desagradam. Em nome de Jesus, amém."

Não se lembra mais

29
OUT

Sou eu, eu mesmo, aquele que apaga as suas transgressões por amor de mim e que dos seus pecados já não se lembra.

Isaías 43:25

Se tivéssemos a oportunidade de contar ao mundo a nossa história, o que diríamos? Seria um drama ou uma comédia? Um relato de superação de dores e frustrações ou um conto leve? Como ela seria contada? Seria uma história prazerosa ou difícil de ser ouvida? O tom seria pessimista ou otimista? Cada um de nós carrega uma história única, marcada por momentos de tristeza e momentos de alegria. Todos temos trechos que gostaríamos de editar e apagar.

A Bíblia Sagrada é uma coletânea de narrativas sobre personagens que viveram um antes e um depois. Ela é repleta de relatos de dor e de vitórias. Sem dúvidas, se entrevistássemos os personagens bíblicos, eles diriam que houve momentos que, se pudessem, gostariam de esquecer.

Moisés tinha a sua história manchada por sangue, conforme Êxodo 2:11-12. O grande rei Davi não somente cometeu adultério ao se deitar com Bate-Seba como também mandou o marido dela, Urias, para morrer na linha de frente da batalha (cf. 2Samuel 11). E o que dizer de Saulo, que "respirava ameaças de morte contra os discípulos do Senhor" (cf. Atos 9:1)? Todos eles, porém, tiveram a vida transformada após um encontro com um Deus gracioso que oferece perdão. Depois disso, nunca mais foram os mesmos. Essa mesma graça é estendida a cada um de nós, independentemente do nosso passado.

O Senhor afirma, em Isaías 43:25, que ele é aquele que apaga os nossos pecados e nunca mais volta a pensar neles. Seu perdão liberta do passado e nos capacita a viver em novidade de vida. Portanto, apesar dos capítulos de tristeza, dor e vergonha na nossa história, somos livres para prosseguir, confiantes de que o próprio Deus já nos perdoou e dos nossos pecados não se lembra mais.

"Senhor, tu conheces cada capítulo da minha história. Obrigado por me alcançar com o teu perdão. A tua graça é maravilhosa demais para mim. Ajuda-me a viver, daqui em diante, em obediência a ti. Amém."

A certeza do perdão de Deus nos liberta para viver em plenitude, livres do peso do passado.

30
OUT

O que ele fez

Pôs um novo cântico na minha boca, um hino de louvor ao nosso Deus. Muitos verão isso, temerão e confiarão no SENHOR.

SALMOS 40:3

A obra de Deus em nossa vida não é apenas para o nosso próprio benefício; é também um testemunho para o mundo.

A graça de Deus nos oferece um novo começo, uma nova vida, um novo coração e um novo caminho. No entanto, é fundamental que jamais nos esqueçamos de algo a respeito do nosso passado: de onde Deus nos tirou. A nossa vida é uma dádiva. Não fosse ele, onde estaríamos?

Davi tinha essa consciência. No salmo 40, ele relatou: "Depositei toda a minha esperança no SENHOR; ele se inclinou para mim e ouviu o meu grito de socorro. Ele me tirou de um poço de destruição, de um atoleiro de lama; pôs os meus pés sobre uma rocha e firmou-me em um local seguro" (v. 1-2). Do fundo do poço, Davi clamou ao Senhor por socorro. Deus não somente o ouviu como também o tirou de lá e o firmou em uma rocha segura.

Acredito que a maioria de nós tenha vivido uma experiência semelhante. Passamos por uma situação tão dolorosa que pensamos que já não havia mais saída. Contudo, Deus nos tirou do fundo do poço e nos levou a um lugar seguro. E jamais podemos nos esquecer disso.

Reconhecer a misericórdia do Senhor e nos recordar do nosso passado sombrio antes do Senhor Jesus nos mantém humildes. Quanto o fazemos, somos lembrados de nossa dependência do único capaz de realizar tão grande obra. Pensar no passado não deve nos trazer tristeza, mas gratidão pelo que Deus fez e continua a fazer por nós.

Assim, como o salmista, cada um de nós poderá proclamar: "Pôs um novo cântico na minha boca, um hino de louvor ao nosso Deus. Muitos verão isso, temerão e confiarão no SENHOR" (v. 3). Os feitos do Senhor jamais devem ser esquecidos, então, lembremo-nos de cada um deles e testemunhemos, para que muitos confiem no Deus da nossa salvação.

"Senhor, eu jamais quero me esquecer de quão fundo era o poço do qual me tiraste. Dá-me um coração repleto de gratidão, para que eu jamais me esqueça do que fizeste e fazes por mim, em nome de Jesus. Amém."

A ele entoarei louvor

Por que está tão triste, ó minha alma? Por que se perturba dentro de mim? Ponha a sua esperança em Deus, pois eu ainda o louvarei. Ele é o meu Salvador e o meu Deus!

SALMOS 42:11

O livro dos Salmos é um dos mais lidos e conhecidos da Bíblia. Entre lamentos e clamores de justiça, ele está, também, cheio de louvores, orações esperançosas e ações de graças ao Deus Todo-Poderoso. Davi, um dos seus principais compositores, expressa em seus salmos a profundidade de seu relacionamento íntimo com Deus, revelando que a adoração não se limita a momentos de bonança, mas permeia todas as estações da vida.

Em um salmo atribuído aos coraítas, o salmista revela sua profunda tristeza e angústia. Apesar disso, afirma que a sua esperança está no Senhor. "Por que está tão triste, ó minha alma? Por que se perturba dentro de mim? Ponha a sua esperança em Deus, pois eu ainda o louvarei. Ele é o meu Salvador e o meu Deus! A minha alma está profundamente triste; por isso, de ti me lembro [...]" (42:5-6).

Assim como o salmista, nós também passamos por dias em que a nossa alma está abatida e abalada. A tristeza parece tomar conta de nós. Ao contrário do que muitos pensam, a resposta para esses momentos não é a negação ou a repressão dos sentimentos. Nossa angústia não dissipará com afirmações positivas. A melhor coisa que podemos fazer é apresentar os nossos sentimentos a Deus. Assim como o salmista, podemos ser sinceros e reconhecer o que sentimos, lembrando-nos de que em momento nenhum estamos sós ou distantes do olhar do Senhor.

Pode ser que o seu dia ou semana não seja dos melhores. Talvez você esteja há tanto tempo imerso na tristeza que se questiona se ela um dia passará. Contudo, eu o encorajo a se apegar à esperança de dias melhores e a depositar a sua confiança no Senhor, pois os seus lábios ainda o louvarão!

"Ó Deus, tu és o meu Salvador! Não importa a circunstância, confiarei em ti. Com a esperança firmada no Senhor, quero entoar louvores a ti, certo de que trarás consolo à minha alma. Amém."

A esperança firmada em Deus é o que nos permite entoar louvores mesmo em meio às lágrimas.

340
20
320
40
N·W
N·E
60
80
E
100
120
S·E
S·W
140
220
S
160
200
180

NOVEMBRO

Meu planejamento

Meta

Atividade em família

Plano para um hábito saudável

Plano Espiritual

Leitura bíblica do livro

Um filme/série

Um livro/*podcast*

Passos para aprender algo novo

Meta financeira

Resumo de um aprendizado espiritual

Um médico a agendar

Um lugar para visitar

NOVEMBRO

Não é tarde

1 NOV

— Ele os tirou de lá, fazendo maravilhas e sinais na terra do Egito, no mar Vermelho e no deserto durante quarenta anos

ATOS 7:36

A nossa história não precisa terminar do jeito que começou. Essa é a promessa de um Deus que faz novas todas as coisas (cf. Apocalipse 21:5). São inúmeros os exemplos de pessoas que tiveram a vida transformada após um encontro genuíno com o Senhor, como aconteceu comigo e com você.

Um exemplo dessa transformação é Moisés. Conhecemos a história desse grande líder que teve um encontro com Deus na sarça ardente, enfrentou o faraó do Egito, conduziu o seu povo para fora daquela terra, abriu o mar Vermelho e presenciou diversos milagres. Mas Moisés passou quarenta anos na corte egípcia e "foi instruído em toda a sabedoria dos egípcios e veio a ser poderoso em palavra e obras" (Atos 7:22). Depois de matar um egípcio, fugiu para Midiã, onde se casou, teve um filho e pastoreou o rebanho do sogro, Jetro, até os 80 anos, quando "um anjo apareceu a Moisés em meio às labaredas de uma sarça em chamas no deserto, perto do monte Sinai" (v. 30).

Quem poderia esperar tamanha mudança de vida aos 80 anos? Moisés, porém, pela fé, "considerou a desonra uma riqueza maior do que os tesouros do Egito, pois contemplava a recompensa" (Hebreus 11:26). Para Deus não há tempo perdido e nunca é tarde para realizar seus feitos em nós e por nosso intermédio.

No best-seller *Uma vida com propósitos*, o pastor Rick Warren afirmou: "Somos produto de nosso passado, mas não temos de ser prisioneiros dele. [Deus] tornou um assassino chamado Moisés em um líder. [...] Deus é especialista em dar às pessoas um novo começo". Deus pode transformar a sua vida por completo. Não é tarde.

Não há limites para o que Deus pode realizar na nossa vida e por meio dela.

"Senhor, dá-me hoje a coragem que deste a Moisés, que, mesmo após tantos anos, viveu tão grandes experiências contigo. Ensina-me a confiar no teu tempo e a confiar que, em tuas mãos, nunca é tarde. Em nome de Jesus, amém."

2
NOV

Mesma medida

Ele caiu por terra e ouviu uma voz que lhe dizia:
— Saulo, Saulo, por que você me persegue?
Atos 9:4

O amor de Jesus não apenas acolhe como também chama ao arrependimento e à transformação de vida.

A figura de Jesus Cristo, ao longo da história, é representação unânime de amor. Até mesmo os que não creem na sua divindade concordam que os seus ensinamentos e a forma como ele viveu foram exemplares. Todavia, essa percepção da vida de Jesus, embora positiva, é insuficiente para retratar quem ele é de fato. O amor de Jesus não se expressava somente em suas palavras cheias de compaixão, como também na manifestação do seu poder para restaurar e transformar pecadores indignos.

Enquanto estava aqui na terra, Jesus andou e comeu com pecadores, contudo, ele nunca, jamais, foi complacente. Muito pelo contrário, o Senhor alertou para a necessidade de arrependimento e uma nova vida, longe das práticas pecaminosas. Foi assim com Zaqueu, com a mulher flagrada em adultério, com a samaritana do poço e tantos outros.

Ainda hoje, Jesus está próximo dos pecadores, mas nunca aquiescente ao pecado. O seu amor vai além do conforto; é o confronto que expõe o pecado à urgente necessidade de arrependimento. Sem contrição, quebrantamento e reconhecimento de culpa não há evangelho, logo, não há um verdadeiro encontro com Cristo.

Foi assim com o apóstolo Paulo, também chamado Saulo, no caminho para Damasco. Com certeza, o amor de Jesus não dependia das ações desse homem que perseguia cristãos com tanta fúria. Entretanto, a primeira fala do Senhor para ele, conforme Atos 9:4, foi: "Saulo, Saulo, por que você me persegue?". Ou seja, Paulo teve de ser primeiro confrontado, para depois ser erguido, curado e, por fim, usado por Jesus. Que jamais nos esqueçamos de que, à mesma medida que Jesus nos oferece amor, também exige de nós uma mudança de vida.

"Senhor Jesus, tu, que és o amor, ensina-me a viver de maneira justa e digna. Que a minha obediência seja também a demonstração da minha gratidão por todo o bem que me fazes. Em teu nome eu oro, amém."

Chama pelo nome

3 NOV

Quando o Senhor viu que ele se aproximava para observar, Deus o chamou do meio da sarça: — Moisés, Moisés! [...]

Êxodo 3:4

Deus, o criador de todas as coisas, também criou você e eu. Sua grandeza e poder são imensuráveis, além da nossa compreensão, que é tão pequena e insignificante diante dele. Mesmo assim, o Senhor sabe exatamente quem somos e chama cada um de nós pelo nome. Como Davi expressou no salmo 139: "Senhor, tu me sondas e me conheces. Sabes quando me sento e quando me levanto; de longe, percebes os meus pensamentos. [...] todos os meus caminhos são bem conhecidos por ti" (v. 1-3).

A Bíblia nos conta no terceiro capítulo de Êxodo a história do chamado de Moisés como libertador do povo de Deus no Egito. No capítulo anterior, encontramos uma introdução a respeito dos anos anteriores ao encontro com Deus. Em Êxodo 3:1-3, está escrito que, enquanto pastoreava o rebanho do sogro, Moisés foi para o outro lado do deserto e chegou ao monte Horebe, onde viu uma sarça em chamas que não se queimava. Admirado, ele se aproximou para ver de perto.

Depois de muitos anos desfrutando da pompa do palácio e tantos outros como fugitivo, Moisés foi achado pelo próprio Deus: "Quando o Senhor viu que ele se aproximava para observar, Deus o chamou do meio da sarça: 'Moisés, Moisés!'. 'Aqui estou!' ele respondeu" (v. 4). O Senhor não disse "Ei, você!", ele o chamou pelo nome, porque o conhecia pessoalmente.

Assim como ele, todos nós nos sentimos perdidos, vagando sem propósito, e pensamos que somos invisíveis ou que jamais seremos encontrados. Contudo, o mesmo Deus que chamou Moisés pelo nome continua a se manifestar e a nos chamar individualmente. Que a nossa resposta seja, como a de Moisés, um "Aqui estou!" ressonante e sincero.

O mesmo Deus que criou o céu, a terra e tudo o que neles há também nos criou e nos chama pelo nome.

"Ó Deus criador, como é maravilhoso saber que, apesar da tua grandeza, tu me conheces intimamente. Ajuda-me a quebrar todas as barreiras que me impedem de me aproximar de ti de coração, em nome de Jesus. Amém."

4
NOV

Mais que estrelas

Ergam os olhos e olhem para as alturas. Quem criou tudo isso? Aquele que põe em marcha cada estrela do seu exército celestial e a todas chama pelo nome. Tão grande é o seu poder e tão imensa a sua força que nenhuma delas deixa de comparecer!

ISAÍAS 40:26

Se a criação obedece ao Criador, quanto mais nós, feitos à sua imagem e semelhança, deveríamos fazê-lo.

O ser humano, por seu orgulho, pensa ter o domínio de todas as coisas, desde a própria vida até o que existe e acontece na terra. O orgulho nos cega para a nossa própria fragilidade e para a supremacia de um Criador que detém o domínio sobre tudo o que há. Entretanto, a verdade é que nada temos ou controlamos senão pela permissão do Senhor.

Certa vez, o Senhor perguntou a um homem onde ele estava quando o mundo foi estabelecido. Jó, um homem temente, foi confrontado em seu orgulho para compreender sua pequenez. Ao se referir às estrelas, questionou o Senhor: "Você pode amarrar as cadeias das Plêiades? Pode afrouxar as cordas do Órion? Pode fazer surgir no tempo certo as constelações ou fazer sair a Ursa com os seus filhotes? Você conhece as leis fixas que regem os céus? Pode determinar o domínio de Deus sobre a terra?" (Jó 38:31-33). Ao fazer essas perguntas, Deus queria que Jó se lembrasse de quem criou e governa o universo.

O nosso coração pende para a vaidade. Pensar que sabemos de tudo, além de um engano, é loucura. Ao citar também as estrelas, o profeta Isaías nos faz refletir a esse respeito: "Ergam os olhos e olhem para as alturas. Quem criou tudo isso? Aquele que põe em marcha cada estrela do seu exército celestial e a todas chama pelo nome. Tão grande é o seu poder e tão imensa a sua força que nenhuma delas deixa de comparecer!" (Isaías 40:26).

Se as estrelas obedecem ao Criador, como não o faremos também? Somos mais que estrelas, feitos à imagem e semelhança dele (cf. Gênesis 1:27). Por isso, compareçamos diante dele em reconhecimento da sua força e poder, com o coração humilde e reverente.

"Senhor, como tu és grande! Ajuda-me a me desprender da vaidade e do orgulho, para que eu possa me apresentar a ti com humildade e reverência enquanto viver. Eu te louvo, ó Criador! Amém."

Sem neutralidade

5
NOV

— Aquele que não está comigo está contra mim, e aquele que comigo não ajunta espalha.

MATEUS 12:30

A ilusão de que é possível conciliar os valores do reino de Deus com os padrões e princípios do mundo é uma armadilha. É preciso haver um compromisso integral e sem divisões com Deus. A Bíblia apresenta o Senhor como um Deus zeloso que tem ciúmes do seu povo (cf. Êxodo 34:14; Deuteronômio 4:24, 32:16; Salmos 79:5). Enquanto muitos pensam que podem seguir Jesus e permanecer no mundo, o tempo passa e a volta de Cristo se aproxima. Nesse dia haverá choro e ranger de dentes para alguns, e outros brilharão como o sol (cf. Mateus 14:42-43).

É impossível manter um relacionamento com Deus e com o mundo ao mesmo tempo.

Jesus é o único caminho. O próprio Senhor disse que quem não está com ele opõe-se a ele, conforme Mateus 12:30. Os princípios bíblicos e o estilo de vida do reino dos céus precisam ser aderidos em sua totalidade, sem ambiguidades ou concessões. Não há margem para neutralidade ou para viver uma vida dupla.

Por isso, não basta não ser a favor do curso do mundo, é preciso posicionar-se ativamente no caminho da verdade. Para Deus, a inação já é uma ação; e a falta de escolha, uma escolha contrária a ele. Quem não propaga a mensagem do evangelho, por exemplo, promove a morte espiritual. Em 1Coríntios 9:16, o apóstolo Paulo escreveu: "[...] quando prego o evangelho, não posso me orgulhar, pois me é imposta a necessidade de pregar. Ai de mim se não pregar o evangelho!".

No que diz respeito à vida com Deus, não se pode simplesmente "ficar em cima do muro". É preciso ajuntar, ou seja, cooperar com Jesus em prol da união e da expansão do reino de Deus na terra. Não há espaço para a passividade ou para a indiferença; cada escolha, cada ação, tem impacto eterno. E, então, você vai ajuntar ou espalhar?

"Senhor Deus, perdoa-me pelas vezes em que não me posicionei ativamente segundo a fé em ti. Que o teu Espírito me oriente a viver segundo os princípios da Palavra e me conduza no caminho da verdade. Em nome de Jesus, amém."

6 NOV

Coração dividido

— Vocês devem servir com fidelidade e coração íntegro, no temor do Senhor.

2Crônicas 19:9b

Deus não merece menos do que uma entrega total, um amor que se manifesta em inteireza e em obediência.

Ter apenas parte de algo nunca foi satisfatório. Essa busca por inteireza se reflete em todos os aspectos da vida: o pagamento esperado, um doce desejado, uma verdade dita, a fidelidade do cônjuge, a obediência dos filhos. Ansiamos sempre a totalidade das coisas, não um fragmento delas. Como nós, Deus também expressa repetidas vezes nas Escrituras o seu pedido por uma determinada coisa: inteireza.

O Dicionário Michaelis define "inteireza" como a "qualidade do que é inteiro", e um dos seus sinônimos é "integridade". O segundo livro de Crônicas narra a história de um rei chamado Josafá que visitou todo o povo para fazê-lo voltar para o Senhor. Em Jerusalém, ao nomear os levitas, sacerdotes e chefes de famílias para "julgarem questões da lei do Senhor e resolverem pendências dos habitantes", ordenou: "Vocês devem servir com fidelidade e coração íntegro, no temor do Senhor" (cf. 2Crônicas 19:8-9).

A integridade do coração é um reflexo da sua unidade de propósito. Um coração íntegro não se divide entre lealdades conflitantes, mas se fundamenta unicamente no Senhor, que é a fonte de toda a verdade e de toda a segurança. Em contraste, um coração dividido é um coração instável, e o Senhor não se agrada disso uma vez que, assim como nós, não se satisfaz com o que não é inteiro. Deus não se contenta com uma entrega parcial; seu desejo é que nos entreguemos exclusiva e completamente a ele.

O convite de hoje é para uma autoanálise sincera e profunda: temos apresentado a Deus um coração dividido ou um coração íntegro? Aquele que deu seu Filho para morrer em uma cruz por nós não seria digno de receber todo o nosso coração?

"Senhor, tu és digno da minha inteireza. O meu desejo é te apresentar um coração íntegro. Ajuda-me a ter uma vida estável fundamentada na tua Palavra, em nome de Jesus, amém."

Coração de carne

7
NOV

— Darei a eles um só coração e porei um novo espírito dentro deles; retirarei deles o coração de pedra e lhes darei um coração de carne.
EZEQUIEL 11:19

A centralidade do coração humano como fonte de todas as nossas ações e motivações é um tema recorrente em palestras, ministrações, conversas e momentos de oração. A Bíblia é clara ao afirmar que a sua natureza é profundamente corrompida pelo pecado, uma raiz enganosa que gera quase todos os males (cf. Jeremias 17:9).

A Palavra de Deus também traz o coração do homem como o centro de muitos ensinamentos. Em Provérbios 4:23, por exemplo, está o conselho: "Acima de tudo, guarde o seu coração, pois dele origina a vida". Já em 1Samuel 16:7, o Senhor diz ao profeta Samuel que ele não vê como o ser humano: as pessoas julgam pela aparência exterior, enquanto o Senhor olha para o coração. Deus dirige o olhar para o nosso coração pois é ali que se manifesta a nossa verdadeira essência.

No entanto, se o Senhor olha para o coração, e este é corrupto, como seremos aceitos por ele? Deus, em sua infinita graça e misericórdia, não nos abandona à nossa própria condição pecaminosa. Ele mesmo intervém para transformar o nosso interior. Em Ezequiel 11:19-20, o Senhor prometeu: "Darei a eles um só coração e porei um novo espírito dentro deles; retirarei deles o coração de pedra e lhes darei um coração de carne. Então, agirão segundo os meus estatutos e serão cuidadosos em obedecer às minhas ordenanças. Eles serão o meu povo, e eu serei o seu Deus".

Que promessa gloriosa! Um novo coração é exatamente do que precisamos para servir ao Senhor de maneira íntegra. Um coração de carne sensível ao Espírito Santo é o que nos permite viver em obediência e em santidade, resistindo às paixões e aos desejos da carne. Somente assim, ao olhar para nós, o Senhor encontrará algo que lhe agrada.

O Senhor nos dá um novo coração e nos capacita a servi-lo completa e integralmente.

"Ó Deus, eu preciso de ti! Troca o meu coração de pedra por um coração de carne cheio do teu Espírito. Ensina-me os teus decretos para que eu viva de maneira agradável a ti. Em nome de Jesus, amém."

8
NOV

Mente controlada pelo Espírito

Quem vive segundo a carne aspira ao que a carne deseja, mas quem vive de acordo com o Espírito aspira ao que o Espírito deseja.
ROMANOS 8:5

A mente submissa ao Espírito Santo está voltada para coisas que agradam a Deus.

A vida moderna tem sido marcada por um ritmo acelerado e uma constante sobrecarga de demandas e informações. Como consequência, a capacidade de atenção tem diminuído, ao passo que a distração e o estresse aumentam. A mente humana, que foi projetada para ser um campo fértil de ideias, muitas vezes se torna um mero repositório de conteúdos excessivos e de tarefas intermináveis.

Cada vez mais, as pessoas têm enfrentado o esgotamento mental. Ainda assim, a ideia de realizar várias atividades simultaneamente tem sido romantizada e rotulada como "multitarefa". Contudo, enquanto a produtividade aumenta, a eficiência cai.

Não precisamos viver dessa maneira. A Palavra nos orienta quanto à mente e nos ajuda a sair desse ciclo prejudicial. O apóstolo Paulo faz em Romanos 8:5-7 uma distinção entre a mentalidade carnal e a mentalidade espiritual. Como vive diferente a pessoa que tem sua mente amoldada a este mundo: aqueles que são dominados pela natureza humana pensam em coisas da natureza humana; os que são controlados pelo Espírito, por sua vez, pensam em coisas que agradam ao Espírito.

A mentalidade da natureza humana, que, segundo Paulo, é inimiga de Deus e incapaz de obedecer às suas leis, conduz à morte espiritual. No entanto, a submissão da mente ao controle do Espírito Santo resulta em vida e paz. Se a nossa mente estiver voltada para as coisas deste mundo, será sempre sujeita às circunstâncias, aos nossos desejos, ao ritmo da vida, às informações que recebemos. Se, porém, os nossos pensamentos forem conduzidos pelo Espírito, não perderemos de vista o foco na eternidade, no nosso relacionamento com Deus e em suas bênçãos.

"Ó Deus, que o teu Espírito conduza os meus pensamentos a fim de que eles não sejam mais controlados pela natureza humana. Ajuda-me a pensar nas coisas do alto e no que te agrada. Amém."

Idolatria

9
NOV

— *"Ame ao Senhor, o seu Deus, com todo o seu coração, com toda a sua alma e com todo o seu entendimento". Este é o primeiro e maior mandamento.*

MATEUS 22:37-38

A fé cristã exige uma devoção total e sem reservas. A unidade do nosso ser — corpo, alma e espírito — deve estar completamente rendida em adoração e em serviço a Deus. Como Jesus explicou em Mateus 6:24: "Ninguém pode servir a dois senhores pois odiará um e amará o outro, ou se dedicará a um e desprezará o outro [...]".

Dessa forma, um homem que não preza pela sua integridade com Deus não o ama plenamente e corre o risco de se render a outros amores. Na continuidade do versículo, Jesus alerta: "Vocês não podem servir a Deus e ao dinheiro". Sem dúvidas, o dinheiro continua a ser objeto de idolatria, ainda que não percebamos. Existem, no entanto, muitas outras coisas que podem ocupar o lugar de Deus no coração daqueles que não se renderam totalmente a ele. O autor Timothy Keller afirmou que "o coração humano toma coisas boas, como uma carreira profissional bem-sucedida, o amor, os bens materiais e até família e os converte em coisas essenciais. Nosso coração as endeusa como o centro da vida [...]" (*Deuses falsos*, 2018).

Certa vez, um perito na lei tentou apanhar Jesus em uma armadilha com esta pergunta: "Mestre, qual é o maior mandamento da lei?" (Mateus 22:36). Jesus, então, lhe respondeu: "Ame ao Senhor, o seu Deus, com todo o seu coração, com toda a sua alma e com todo o seu entendimento" (v. 37). Se amarmos a Deus com todo o nosso coração, com toda a nossa alma e com todo o nosso entendimento, não sobrará espaço para ídolo algum.

A idolatria não se manifesta apenas na adoração a imagens, mas em qualquer coisa que ocupe o lugar de Deus em nosso coração. Por isso, temos de fazer o esforço intencional de colocar o Senhor no centro da nossa vida, entregando-nos completamente a ele.

Se amamos a Deus com tudo o que temos e somos, não há espaço para ídolos na nossa vida.

"Senhor, perdoa-me por permitir que outras coisas ocupem o teu lugar no meu coração. Revela se há algo que ainda me impede de me entregar a ti completamente. Eu quero te amar com todo o meu ser. Amém."

10
NOV

Perdão

Suportem uns aos outros e perdoem as queixas que tiverem uns contra os outros. Perdoem como o Senhor os perdoou.
COLOSSENSES 3:13

O perdão genuíno flui do amor de Cristo em nós.

Todos nós, em algum momento da vida, seremos frustrados e feridos por outras pessoas. Essas feridas podem surgir das nossas próprias escolhas equivocadas, de falhas na comunicação e, na maioria das vezes, de expectativas irrealistas depositadas em pessoas ou situações. A realidade dos relacionamentos, por mais que estejam fundamentados em amor, confiança e respeito, é que os conflitos acontecerão, porque somos seres falhos. Assim como as pessoas nos decepcionam, nós também as decepcionamos. Contudo, em ambos os casos, o perdão precisa prevalecer.

Não devemos perdoar somente o que julgamos "perdoável". Precisamos considerar que nós fomos perdoados por Deus embora não merecêssemos. Esta é a métrica do perdão: perdoar como fomos perdoados, estendendo a outros a mesma graça que nos alcançou.

O apóstolo Paulo nos orienta a nos suportar uns aos outros; a nos perdoar como o Senhor nos perdoou; a nos vestir do amor, o elo perfeito, e a permitir que a paz de Cristo seja o juiz no nosso coração, uma vez que fomos chamados a viver em paz e unidade (cf. Colossenses 3:13-15). Se estivermos revestidos de amor, o perdão será a nossa resposta natural aos conflitos, porque o amor é paciente, bondoso e não guarda rancor (cf. 1Coríntios 13:4-5).

O perdão traz liberdade. Sem ele, jamais alcançaremos a plenitude da paz. Ainda que sejamos decepcionados e que decepcionemos aqueles com quem nos relacionamos, o amor nos aperfeiçoa dia após dia e nos ajuda a crescer em unidade e santidade até que o nosso Senhor Jesus venha.

"Senhor, eu te agradeço pelo teu perdão. Peço-te que me ensines a perdoar e a amar o próximo verdadeiramente. Quando eu for ferido, lembra-me da tua graça, para que eu possa estendê-la ao outro em amor. Em nome de Jesus, amém."

Visitantes indesejados

11
NOV

— Restaurarei o exausto e saciarei o enfraquecido.
JEREMIAS 31:25

A vida tem alguns visitantes indesejados. Sem avisar ou pedir licença, eles se instalam e nem sempre querem ir embora. Dentre eles, três têm se tornado cada vez mais comuns a esta geração: a ansiedade, o medo e o cansaço da alma. Cada um deles — ou os três juntos — tem afligido as almas. Muitas vezes, vemos alguém sorrir por fora quando, na realidade, está chorando por dentro.

A Palavra de Deus fala a respeito dessas três visitas e nos orienta com relação a cada uma delas. Quanto à ansiedade, o apóstolo Pedro orienta em sua primeira epístola: "Lancem sobre ele toda a sua ansiedade, porque ele cuida de vocês" (1Pedro 5:7). Se atendermos a esse convite, poderemos encontrar o descanso de que a nossa alma precisa, confiando plenamente naquele que prometeu cuidar de nós. A paz de saber que Deus está no controle de todas as coisas e que o seu cuidado é constante e perfeito dissipa a ansiedade.

Já o medo é um espírito que atua contra a fé, nos paralisando e impedindo de avançar. Por isso, Paulo escreveu em 2Timóteo 1:7: "[...] Deus não nos deu um espírito de covardia, mas de poder, de amor e de domínio próprio". Além disso, podemos nos lembrar do conhecido texto de Josué 1:9, no qual o Senhor exorta o seu servo a ser corajoso e a não ter medo nem desanimar, com esta garantia: "[...] o SENHOR, o seu Deus, estará com você por onde você andar".

Por fim, o Senhor nos assegura de que ele restaurará aqueles cuja alma está cansada. Em Mateus 11:28, Jesus faz um convite: "Venham a mim todos os que estão cansados e sobrecarregados, e eu darei descanso a vocês". Portanto, quando os visitantes indesejados baterem à sua porta, saiba que para cada um deles há uma palavra e uma esperança viva no Senhor.

Quando a ansiedade, o medo e o cansaço da alma nos visitam, podemos encontrar esperança na Palavra.

"Senhor, tu és a minha esperança, o meu descanso e o meu consolo. Ensina-me a vencer a ansiedade, o medo e o cansaço da alma com a tua verdade, que me traz paz. Em nome de Jesus, amém."

12
NOV

Junto dele

"Antes de que clamem, eu responderei; mesmo antes que digam algo, eu os ouvirei."
ISAÍAS 65:24

Tudo o que Deus espera de nós quando oramos é um coração sincero que anseia desfrutar da sua presença.

A busca por um relacionamento com Deus é, muitas vezes, distorcida por enganos. Algumas pessoas não entendem que o relacionamento com Deus pode ser algo simples. Talvez, por saberem que falam com o Criador do universo, o Deus soberano, se esquecem de que não é preciso florear a oração ou apresentar palavras eruditas e rebuscadas. Apenas uma coisa é necessária: a sinceridade.

Para o Senhor, a sinceridade tem muito mais valor do que qualquer formalidade ou tentativa de impressioná-lo. Falar com Deus deve ser leve e prazeroso. A oração no secreto é o momento em que você, despido de qualquer máscara ou disfarce, se retira para um tempo a sós com ele. Orar é buscar intimidade com Deus; é abrir o coração em vulnerabilidade para apresentar a ele as nossas ações de graça, súplicas, preocupações e temores.

O Senhor explica em Isaías 65:24 como reage às orações daqueles que invocam o seu nome de todo o coração. Ele garante responder as nossas orações mesmo antes de clamarmos; antes de dizermos algo, nos ouvirá. Como é maravilhoso saber que o Criador do universo, o Deus soberano, não somente se faz acessível para que falemos com ele como também tem prazer em nos ouvir! Essa verdade nos liberta da necessidade de fingir algo ao orar e do medo de falar com Deus, porque podemos confiar na fidelidade dele para nos responder e nos abençoar de acordo com a sua perfeita vontade.

Hoje o Senhor nos convida a nos apresentar a ele com mais naturalidade, sem medo de condenação, sem impostar um tom diferente de voz — basta falarmos com ele. Um pai nunca exigiu palavras bonitas de um filho, mas sempre desejou que estivesse ali, junto dele.

"Meu Deus, me apresento a ti com o coração aberto, pois sei que, a sós contigo, não preciso de máscaras ou palavras bonitas. Ajuda-me a ser vulnerável e sincero contigo, porque o meu desejo é estar cada vez mais perto de ti. Amém."

Verdadeira confiança

13 NOV

"Mas bendito é o homem que confia no Senhor, cuja confiança nele está."
JEREMIAS 17:7

O ser humano é, por natureza, um ser relacional. Não nascemos para viver sozinhos. Há momentos em que, querendo ou não, precisaremos de outras pessoas para executar os nossos planos e projetos. As relações, porém, estão cada vez mais delicadas. Dessa forma, em um mundo no qual os relacionamentos têm se tornado mais e mais transitórios e rasos, como saberemos em quem confiar?

Assim como para os demais aspectos da nossa vida, a orientação de que precisamos no que diz respeito aos relacionamentos está na Bíblia. Em Jeremias 17, Deus diz por meio do profeta: "Maldito é o homem que confia nos homens, que faz da humanidade mortal a sua força, mas cujo coração se afasta do SENHOR. Ele será como um arbusto no deserto; não verá quando vier algum bem. Habitará nos lugares áridos do deserto, em uma terra salgada onde não vive ninguém" (v. 5-6). Em contrapartida, Deus também diz que feliz é quem confia nele, pois "será como uma árvore plantada junto às águas e que estende as suas raízes para o ribeiro. Ela não temerá quando chegar o calor, porque as suas folhas estão sempre verdes; não ficará ansiosa no ano da seca e nunca deixará de dar fruto" (v. 8).

A verdade é que os relacionamentos humanos, por mais valiosos que sejam, são transitórios e sujeitos a falhas. Precisamos, sim, nos cercar dos nossos amigos, familiares e de pessoas confiáveis que nos amam e desejam o nosso bem. Contudo, a nossa confiança deve estar somente no Senhor. Se depositarmos a nossa esperança em homens, certamente seremos frustrados. Pessoas são sujeitas a mudanças e ao erro, relações podem se desfazer; o Senhor, porém, nunca mudou e jamais mudará!

A nossa confiança não deve estar nas pessoas, mas no Senhor, que é imutável e sempre fiel.

"Senhor, graças te dou porque, com a confiança firmada em ti, jamais serei abalado. Sei que jamais podes me frustrar, pois és sempre bom, justo e fiel. Ajuda-me a confiar somente em ti, em nome de Jesus. Amém."

14
NOV

Recompensa

"Eu sou o SENHOR que sonda o coração e examina a mente, para recompensar cada um de acordo com a sua conduta, de acordo com as suas obras."

JEREMIAS 17:10

Somos chamados a uma vida de responsabilidade e de intencionalidade em tudo o que fazemos e falamos.

Em um tempo em que as ideias mudam rapidamente, saber que Deus tem princípios imutáveis nos ajuda a permanecer ancorados. Um desses princípios é a garantia de recompensa a todos, sem distinção. A lei da semeadura e da colheita assegura que Deus retribuirá tanto os bons quanto os maus; cada um receberá de acordo com o que plantou.

Em Gálatas 6:7-8, o apóstolo Paulo explica que ninguém pode zombar de Deus; dessa forma, a pessoa sempre colherá aquilo que semear. Cada semente plantada, seja boa, seja má, gerará um fruto correspondente. A colheita é inevitável, e a qualidade dela dependerá da semente que plantamos. Essa verdade é um alerta para o ímpio e uma fonte de esperança para o justo, pois demonstra que cada ato terá a devida consequência. O Senhor conhece o nosso coração e a nossa mente; ele vê as intenções por trás de tudo o que fazemos. Dessa forma, somos chamados a uma vida de responsabilidade e de intencionalidade em tudo o que fazemos e falamos.

Por isso, cuidemos para alinhar os nossos desejos, planos e ações com a vontade de Deus. Quando o foco do nosso coração está em agradar ao Senhor e viver de acordo com a sua Palavra, podemos ter certeza de que a nossa colheita será abundante. Se temos consciência de que plantamos boas sementes, a lei da semeadura e da colheita não traz ansiedade, medo ou preocupações, e sim esperança de que, ainda que tenhamos semeado com lágrimas, colheremos com cânticos de alegria (cf. Salmos 126:5-6).

Esse princípio imutável está firmado na verdade inabalável da fidelidade de Deus. Ele é fiel e justo para recompensar "a cada um conforme o seu procedimento" (cf. Salmos 62:12).

"Senhor, eu quero plantar boas sementes e receber de ti a colheita devida. É gratificante saber que és um Deus galardoador e que, por tua justiça, cada um colhe de acordo com o que semeou. Em nome de Jesus, amém."

Hábitos saudáveis

15
NOV

Seja o modo de pensar de vocês o mesmo de Cristo Jesus.

FILIPENSES 2:5

O nosso caráter se manifesta nos nossos hábitos. Ao longo da vida, a forma como nos expressamos e agimos reflete as nossas ideias, o nosso caráter e a nossa fé. Isso afeta todos os aspectos da nossa vida: relacionamentos, escolhas, planos. A nossa qualidade de vida, em todas as dimensões, é um reflexo direto dos nossos hábitos.

A orientação de Paulo em Filipenses 2:3-5 revela que as nossas atitudes devem ser semelhantes às de Cristo e, assim, o direcionamento é este: "Nada façam por ambição egoísta ou por vaidade, mas humildemente considerem os outros superiores a vocês mesmos, cuidando, cada um, não somente dos próprios interesses, mas também dos interesses dos outros. Seja o modo de pensar de vocês o mesmo de Cristo Jesus". A exortação de Paulo é um guia prático para a formação de hábitos que refletem o caráter de Cristo. Essa é a essência de uma vida que agrada a Deus e que glorifica o seu nome.

Portanto, é nosso dever, como seguidores de Cristo, manter o padrão do nosso Mestre ao nos esforçar para estar em pleno acordo com ele, em mente e coração. Essa busca por conformidade com o Mestre exige disciplina, dedicação e uma dependência total do Espírito Santo, uma vez que a vida de Jesus foi marcada por amor, santidade, obediência e serviço.

Ao buscarmos desenvolver hábitos saudáveis, por um modo de pensar e agir semelhante ao de Cristo, buscamos também pela vida que Jesus preparou para nós: uma vida na qual os nossos afetos são direcionados a ele. O que nos dá encorajamento para seguir em frente é saber que, conforme andamos pelo caminho estreito, o que nos espera é a vida eterna, em que desfrutaremos de gozo e paz na presença do nosso Deus.

Se queremos ter o caráter de Jesus, precisamos desenvolver os hábitos dele.

"Senhor, alinha o meu modo de pensar e agir ao teu, a fim de que o teu Espírito desenvolva em mim um caráter cada vez mais conformado ao teu. Ajuda-me a viver como Cristo viveu, para a tua glória, amém."

16
NOV

Uma grande fé

Ao ouvir isso, Jesus admirou-se e disse aos que o seguiam:
— Em verdade lhes digo que nem mesmo em Israel encontrei alguém com tamanha fé.
MATEUS 8:10

Confiar em Deus é o princípio básico para um relacionamento íntimo com ele.

A graça de Jesus transcende qualquer barreira cultural, social ou étnica. Os seus milagres e as suas bênçãos não são exclusividade do povo de Israel. A Bíblia nos traz exemplos de gentios — isto é, não judeus — que reconheceram a autoridade de Cristo e, por isso, também vivenciaram milagres.

A mulher siro-fenícia foi uma delas; Marcos 7:24-30 relata que Jesus ouviu o clamor dessa mulher e expulsou o demônio que oprimia a filha dela. Contudo, talvez o estrangeiro de maior destaque seja o centurião romano cuja fé causou admiração em Jesus.

A Palavra de Deus diz em Hebreus 11:6 que sem fé é impossível agradar a Deus. E, quando lemos a narrativa da fé do centurião que pediu a Jesus que curasse seu servo em Mateus 8:5-13, vemos que, de fato, Jesus se agradou da fé desse homem, a ponto de elogiá-la diante dos que o seguiam. Esse homem se tornou para nós um exemplo de uma grande fé.

Assim como ele, somos chamados a crer no que não vemos e a estar convictos daquilo que ainda não existe, mas já foi dito por Deus. A fé não é um otimismo cego; é uma certeza fundamentada nas promessas divinas. Crer nas promessas do Senhor é um princípio básico da nossa caminhada cristã, pois como poderíamos desenvolver um relacionamento com alguém em quem não confiamos?

Jesus é digno de nossa confiança e espera que tenhamos um coração contrito como o desse homem, que disse: "Senhor, não mereço receber-te debaixo do meu teto. Basta que digas uma palavra, e o meu servo será curado" (v. 8). Será que, como o centurião, temos crido que uma palavra dele basta? Se assim cremos, ele também dirá a nós: "Como você creu, assim acontecerá!" (v. 13).

"Senhor, eu te agradeço porque tu ouves a minha súplica. Ajuda-me a abandonar a incredulidade e a viver com fé de que basta uma palavra tua. Ensina-me a confiar cada vez mais em ti. Em nome de Jesus, amém."

O sofrimento acabou

17 NOV

— Filha, a sua fé curou você! Vá em paz e fique livre do seu sofrimento.

MARCOS 5:34B

Fé é movimento. Martinho Lutero a definiu como "uma confiança viva e ousada na graça de Deus". Uma pessoa que verdadeiramente tem fé não adota uma postura passiva. Pois, ainda que o momento seja de espera, a nossa fé se manifesta em um movimento de obediência a Deus ao reconhecermos que a resposta ou a intervenção de que precisamos vem somente dele.

A atitude movida pela fé é o ponto de partida para o milagre.

A Palavra de Deus nos traz exemplos de diversas pessoas que optaram por se movimentar pela fé a fim de superar os obstáculos. Foi assim, por exemplo, com uma mulher que sofria de uma doença havia dezoito anos. Ela já havia esgotado todos os seus recursos para tratar a enfermidade, porém a sua situação piorava cada vez mais. Segundo o relato de Marcos 5:24-34, quando ouviu falar de Jesus, aproximou-se por trás dele, no meio da multidão, e tocou em seu manto, pois pensava: "Se eu apenas tocar no seu manto, serei curada" (v. 28).

Muitas vezes, o que falta em nós é esse mesmo movimento de fé. Será que realmente cremos que, se apenas nos achegarmos a Jesus, seremos curados, libertos e salvos? Será que a fé tem nos impulsionado a dar o primeiro passo, ainda que as circunstâncias sejam contrárias e pareçam impossíveis? O exemplo dessa mulher nos ensina a fazer o que for preciso para ir até ele.

A atitude movida pela fé é o ponto de partida para o milagre. Se formos em direção a Jesus teremos a chance de ouvir: "A sua fé curou você! Vá em paz e fique livre do seu sofrimento" (cf. v. 34). Jesus tem a solução de que precisamos, não importa qual seja a dificuldade. Nele podemos encontrar a cura, a restauração e a paz. Basta um passo de fé em sua direção.

"Ah, Senhor! Como preciso mudar o meu posicionamento diante de ti! Creio que só tu és a cura, a libertação e a salvação, por isso, ensina-me a viver a fé prática, que se move em tua direção.
Em nome de Jesus, amém."

18
NOV

Seus pecados estão perdoados

Vendo a fé que eles tinham, Jesus disse ao paralítico:
— Filho, os seus pecados estão perdoados.
MARCOS 2:5

A fé nos leva a viver com uma perspectiva da eternidade.

A verdadeira fé não se manifesta apenas na busca por milagres. Receber de Deus uma oportunidade de emprego, o dinheiro necessário para pagar uma conta atrasada ou a cura de uma enfermidade é maravilhoso, mas a verdadeira bênção está além do que os nossos olhos podem ver ou as nossas mãos podem tocar. A fé não é um instrumento para obter o que queremos, mas um caminho para experimentar a plenitude da vida em Cristo, que se manifesta em um propósito eterno e em uma comunhão profunda com o Criador.

Abraão foi um homem conhecido por sua fé. Ao longo da vida, recebeu muitas promessas grandiosas de Deus. Todavia, segundo Hebreus 11:13-16, tanto ele como Sara permaneceram na fé embora nem todas tenham se cumprido; eles avistaram as promessas de longe e de bom grado as aceitaram. Abraão não se apegou às coisas terrenas, antes, viveu com uma perspectiva eterna, confiando na fidelidade de Deus para cumprir suas promessas, mesmo que isso não acontecesse em sua geração.

Vemos algo semelhante na história do paralítico de Cafarnaum relatada no segundo capítulo do Evangelho de Marcos. Esse homem foi descido em uma maca pela abertura do teto da casa onde Jesus estava porque, devido à multidão reunida, não havia outra forma de levá-lo a Jesus. Ao ver a fé do homem e de seus amigos, "Jesus disse ao paralítico: Filho, os seus pecados estão perdoados" (v. 5). Alguns dos mestres da lei que estavam ali sentados ficaram indignados com o que pensaram ser blasfêmia. No entanto, Jesus tem autoridade tanto para nos abençoar nesta terra quanto com a salvação. A verdadeira fé alcança a eternidade e é por isso que, mais que desejar qualquer outra coisa, nosso anseio deve ser a vida eterna com Deus.

"Senhor, mais do que qualquer outro bem, o meu coração anseia pela eternidade contigo. Ensina-me a desejar as bênçãos eternas, que jamais perecerão ou findarão. Em nome de Jesus, amém."

Chamados em todo o tempo

19 NOV

"Antes de formá-lo no ventre, eu o escolhi; antes de você nascer, eu o separei e o designei profeta às nações."
JEREMIAS 1:5

A juventude costuma ser marcada por um idealismo vibrante, um desejo de transformar o mundo e de deixar um impacto significativo na história. Talvez pela ingenuidade, pelo vigor e pela inexperiência, os jovens tendem a rejeitar o simples e o comum para viver em busca da grandiosidade. Ao fazer isso, eles não se dão conta, porém, de que Deus opera tanto no extraordinário quanto no ordinário. Deus usa pessoas comuns em situações cotidianas para cumprir seus propósitos.

A força dos jovens jamais foi desprezada por Deus; pelo contrário, a Bíblia ressalta a importância deles para o reino. Encontramos diversos exemplos de personagens que foram chamados pelo Senhor ainda muito novos, como Samuel, Davi, Daniel, Jeremias, João Batista — chamado antes mesmo de ser concebido —, Timóteo, e muitos outros. Em Joel 2:28, há uma promessa de que, quando o Senhor derramar o seu Espírito, "os jovens terão visões".

Foi assim com Jeremias, que, ao ser chamado por Deus, disse: "Ah, Soberano SENHOR! Eu não sei falar, pois ainda sou muito jovem" (Jeremias 1:6). O Senhor, no entanto, lhe respondeu: "Não diga que é muito jovem. A todos a quem eu o enviar, você irá e dirá tudo o que eu ordenar a você. Não tenha medo deles, pois eu estou com você para protegê-lo. [...] Agora, ponho na sua boca as minhas palavras" (v. 7-9).

Somos chamados em todo o tempo, não importa a idade. O Senhor tem promessas tanto para os mais jovens como para os mais experientes. Ele nos chama a fazer parte da sua obra e nos capacita. Ainda que na vida comum e ordinária, o Senhor deseja nos usar em sua obra grandiosa e extraordinária.

Não há idade certa para ser usado por Deus; o que importa é um coração disponível para cumprir à vontade dele.

"Ó Deus, tu conheces as minhas inseguranças e limitações e, ainda assim, me chamas para fazer parte da tua obra. Dá-me a confiança de que tu me capacitas e preparas para cumprir a tua vontade. Em nome do Senhor Jesus, amém."

20
NOV

Frustrados, jamais!

"Pois a visão aguarda um tempo designado; ela fala do fim e não falhará. Ainda que demore, espere, porque ela certamente virá e não se atrasará."
HABACUQUE 2:3

O nosso Deus nunca tarda em cumprir as suas promessas. No tempo apropriado, tudo o que ele prometeu acontecerá.

A frustração não tem lugar na vida daquele que espera no Senhor, pois a sua providência é infalível e as suas respostas são perfeitas. Ele ama os que o buscam verdadeiramente e jamais deixará que qualquer clamor sincero seja em vão. É impossível esperar com confiança nele e não encontrar respostas. A fé que busca, se humilha e confia em Deus jamais será frustrada!

A lógica do mundo é, na maioria das vezes, distorcida e enganosa. Muitos acreditam que a injustiça e a maldade prevalecem, de modo que não há razão para andar na verdade, pois os que o fazem vivem em sofrimento. Contudo, em meio a tantas ideias e crenças equivocadas, devemos nos agarrar firmemente à Palavra de Deus, que diz: "Não inveje no seu coração os pecadores; melhor será que tema sempre ao SENHOR. Se agir assim, certamente haverá um bom futuro para você, e a sua esperança não falhará" (Provérbios 23:17-18). Essa promessa é a nossa garantia de que a justiça prevalecerá e que a fidelidade a Deus sempre será recompensada.

Por isso, somos chamados a perseverar na esperança. Em momentos de adversidade, a tentação a desfalecer e a duvidar das promessas de Deus pode ser forte. No entanto, ela não pode prevalecer sobre a nossa confiança naquilo que Deus já disse que irá acontecer. Como o Senhor falou por intermédio do profeta Habacuque, temos de esperar, pois as suas promessas certamente se cumprirão e jamais falharão.

Ainda que, em nossa concepção, as promessas pareçam demorar a se cumprir, devemos esperar com paciência. Por mais que os nossos olhos ainda não vejam, confiamos no Deus que é fiel para cumprir a sua palavra, pois, como dizem as Escrituras, "o justo viverá por sua fé" (cf. Habacuque 2:4).

"Ó Deus, como é bom saber que, em ti, a minha esperança jamais será frustrada! Ajuda-me a perseverar e a me apegar às tuas promessas infalíveis. Ensina-me a viver pela fé, em nome de Jesus, amém."

Vencendo a tentação

21
NOV

Jesus respondeu:
— Também está escrito: "Não ponha à prova o Senhor, o seu Deus".
MATEUS 4:7

A tentação é uma realidade universal. Ainda que ela aconteça de diferentes formas, é uma experiência inevitável para todos. A tentação em si não é pecado, mas, diante dela, temos uma decisão importante a tomar: precisamos escolher se nos deixaremos levar pelas propostas do Tentador ou se resistiremos.

O próprio Jesus foi tentado após ser batizado. A Bíblia deixa claro que essa era a vontade de Deus para ele; era uma etapa necessária para o seu ministério, portanto, segundo Mateus 4:1: "[...] Jesus foi levado pelo Espírito ao deserto para ser tentado pelo Diabo". Jesus foi tentado para se identificar conosco e, sobretudo, para nos mostrar que é possível resistir às tentações, visto que ele "passou por todo tipo de tentação, ainda que sem pecado" (Hebreus 4:15). A vitória de Jesus sobre as tentações é a nossa garantia de que também podemos vencer, pela força dele.

Embora o próprio Deus não nos tente, o seu Espírito pode nos guiar para esse lugar. Ele não o faz para que pequemos, mas para que dela saiamos ainda mais fortes e maduros na fé. Temos uma arma infalível nessa guerra, a Palavra de Deus, inerrante e poderosa. Para qualquer oferta do Diabo, a nossa resposta deve ser a mesma de Jesus, que permaneceu firmado na vontade do Pai. Cada vez que Satanás lhe apresentou uma proposta sedutora, Jesus respondeu: "Está escrito [...]" (cf. Mateus 4:4,7,10). Se agirmos como o Senhor Jesus quando vierem as tentações, sairemos vitoriosos de cada uma delas.

Assim como Jesus resistiu a todas as tentações e viveu uma vida que agradou ao Pai, alicerçados na Palavra, também podemos resistir. As vitórias sobre as tentações nos capacitam a viver uma vida que glorifica a Deus.

Não há tentação a que não possamos resistir se estivermos firmados na Palavra de Deus.

"Senhor, eu não temerei as tentações, pois sei que estarás comigo. Dá-me sabedoria e entendimento da tua Palavra, para que, firmado nela, eu possa resistir e ser vitorioso. Em nome de Jesus, amém."

22
NOV

Por isso aguardamos

Depois, nós, os que estivermos vivos, seremos arrebatados com eles nas nuvens, para o encontro com o Senhor nos ares. Assim, estaremos com o Senhor para sempre.

1Tessalonicenses 4:17

Guardamos no coração a viva esperança de que, um dia, Jesus virá nos buscar.

A fé cristã é muito mais do que um conjunto de ensinamentos das Escrituras ou um modelo de como devemos viver nesta terra. Embora o ministério terreno de Jesus e seu testemunho sejam fundamentais, o cerne da nossa fé reside no que faz de Jesus o Messias prometido: sua vinda ao mundo, sua morte sacrificial na cruz, sua gloriosa ressurreição e a promessa da sua segunda vinda. Esses pilares da fé são o que dão propósito à nossa vida terrena, com a esperança e a certeza da vida eterna.

Guardamos no coração a viva esperança de que, um dia, aquele que subiu aos céus descerá novamente para nos buscar. Segundo o relato de Atos 1:9-11, quando os discípulos viram Jesus ser elevado às alturas e desaparecer entre as nuvens, dois homens vestidos de branco apareceram diante deles e disseram: "Galileus, por que vocês estão olhando para o céu? Este mesmo Jesus, que dentre vocês foi elevado aos céus, voltará da mesma forma que o viram subir" (v. 11).

A garantia da segunda vinda de Jesus é a promessa que nos encoraja a viver com os olhos fixos na eternidade. Essa expectativa gloriosa molda a nossa vida, nos motiva a viver em santidade e nos prepara para o dia em que o nosso Senhor retornará para nos buscar, e estaremos com ele por toda a eternidade.

Esse deve ser o princípio central da nossa vida. A Palavra nos orienta a animar uns aos outros pela esperança do retorno de Jesus e a proclamar que ele voltará em breve para buscar a sua igreja. É essa verdade que nos move. "Eis que em glória refulgente sobre as nuvens descerá. E as nações e os reis da terra com poder governará. Sim, em paz e santidade, toda a terra regerá. Vencendo vem Jesus." Por isso aguardamos!

"Jesus, o meu coração se alegra ao pensar que, em breve, nos encontraremos. Ensina-me a manter os meus olhos fixos nessa promessa e prepara-me para esse grande e glorioso dia. Amém!"

Templos do Espírito

23
NOV

Acaso não sabem que o corpo de vocês é templo do Espírito Santo, que está em vocês, o qual receberam de Deus? [...] Portanto, glorifiquem a Deus com o corpo de vocês.

1Coríntios 6:19-20

Ao longo da história do povo de Israel, os santuários eram os lugares de adoração. Em Êxodo 25:8, o Senhor ordenou, por meio de Moisés: "[...] farão um santuário para mim, e habitarei no meio deles". O tabernáculo, também chamado tenda do encontro, representava a presença de Deus no meio do povo. Mais tarde, Salomão construiu um templo em Jerusalém, e o Senhor lhe disse: "Viverei no meio dos israelitas e não abandonarei Israel, o meu povo" (1Reis 6:13).

Sabemos hoje que a presença do Senhor não está mais restrita a um lugar físico, porque Jesus se tornou carne e veio habitar entre nós; por seu sacrifício, ele nos deu livre acesso ao Pai. Onde, então, habita a presença do Senhor? Em nós! Como o apóstolo Paulo escreveu à igreja de Corinto: "Acaso não sabem que o corpo de vocês é templo do Espírito Santo, que está em vocês, o qual receberam de Deus? Vocês não são de vocês mesmos; foram comprados por um preço. Portanto, glorifiquem a Deus com o corpo de vocês" (1Coríntios 6:19-20).

Embora o conceito do templo físico tenha mudado com a vinda de Jesus e o derramamento do Espírito, o propósito permanece. Como templos do Espírito, é em nós e por nosso intermédio que Deus realiza a sua obra. Nossa vida deve ser voltada para a adoração e a glorificação do Eterno. Por isto o apóstolo Paulo exorta os coríntios a glorificarem a Deus com o seu corpo: o lugar da habitação do Senhor deve ser conservado puro. Isso não diz respeito somente ao que fazemos com o nosso corpo, como os nossos hábitos, os locais que frequentamos ou o que vestimos, mas à nossa vida como um todo, a fim de que glorifiquemos a Deus com todo o nosso ser. Nisso devemos refletir não somente hoje, como todos os dias.

A presença de Deus não está limitada a espaços físicos. Ela se manifesta em nós e por nosso intermédio.

"Senhor Deus, graças te dou porque decidiste habitar em mim. Quero honrar tua presença todos os dias, vivendo de maneira digna e santificada. Que eu te glorifique com tudo o que sou, em nome de Jesus. Amém."

24
NOV

Casa de oração

[...] — Está escrito: "A minha casa será chamada casa de oração", mas vocês estão fazendo dela um "covil de ladrões".

MATEUS 21:13

Jesus deseja a restauração da pureza e da santidade no nosso coração e em sua igreja.

Todo processo de restauração começa com Jesus. Quando ele chegou a Jerusalém, alguns dias antes da sua morte, foi para o templo, um lugar de adoração, ensino das Escrituras e comunhão com Deus. Contudo, a sua entrada não foi amistosa como a Entrada Triunfal.

Em Mateus 21:12-13 está escrito que, ao entrar no templo com o intuito de purificá-lo, Jesus expulsou tanto os comerciantes quanto os clientes, depois derrubou as mesas dos cambistas e as cadeiras daqueles que vendiam pombas. Na sequência, Jesus lhes disse: "Está escrito: 'A minha casa será chamada casa de oração', mas vocês estão fazendo dela um 'covil de ladrões'" (v. 13).

Muitos de nós temos dificuldade de imaginar Jesus, tão manso, humilde, gentil e paciente, reagindo dessa maneira. No entanto, ainda hoje, por mais longânimo, paciente e amoroso que o Senhor seja, ele continua a purificar a sua igreja. Da mesma forma como pretendia purificar o templo, ele nos chama à santidade e à transformação interior, a fim de abandonarmos as atitudes que desonram a Deus.

Sem a intervenção dele, nunca alcançaremos a pureza e a restauração de que precisamos. Como Philip Yancey escreveu em *Maravilhosa graça* (1997): "A prova da sua maturidade espiritual não é quanto você está 'puro', mas, sim, a conscientização de sua impureza".

Jesus nos convida a remover tudo o que nos impede de ser uma casa de oração, um lugar de adoração e de comunhão com Deus. Por isso, mantenhamos o temor e o zelo pela casa de Deus, fazendo do seu santuário — nós, que somos o templo do Espírito Santo (cf. 1Coríntios 6:19) — uma casa de oração, pois para isso fomos comprados, selados e chamados.

"Senhor, purifica-me de tudo o que desagrada ao teu coração e vai contra a tua Palavra, para que eu seja restaurado. Ajuda-me a manter o temor e o zelo de maneira que não me contamine, amém."

Centralidade da palavra

25
NOV

"A relva murcha, e as flores caem, mas a palavra do nosso Deus permanece para sempre."
Isaías 40:8

A Palavra de Deus é o alicerce inabalável da vida cristã. Sem esse fundamento, a jornada se torna incerta, desprovida de direção e facilmente suscetível a desvios. A falta dos parâmetros estabelecidos por Deus nas Escrituras nos leva a uma perda do senso da verdade, do que é certo e do que é errado, e nos impede de permanecer no caminho que nos conduz à comunhão com o Senhor.

A Palavra de Deus é a única que tem o poder de nos transformar de dentro para fora.

A centralidade das Escrituras é inegociável se queremos viver um relacionamento com Deus e amadurecer a fé. Também é a única maneira de não sermos abalados quando chegarem as tempestades da vida, como Jesus explicou em Mateus 7:24-27: "Portanto, quem ouve estas minhas palavras e as pratica é como o homem prudente que construiu a sua casa sobre a rocha. Caiu a chuva, transbordaram os rios, sopraram os ventos e deram contra aquela casa, mas ela não caiu, porque estava alicerçada na rocha. No entanto, quem ouve estas minhas palavras e não as pratica é como o insensato que construiu a sua casa sobre a areia. Caiu a chuva, transbordaram os rios, sopraram os ventos e deram contra aquela casa. Ela caiu, e foi grande a sua queda".

Precisamos refletir sobre o espaço que temos dado a sua Palavra na nossa vida. Ela tem sido o nosso fundamento? Vivemos uma época em que as Escrituras têm sido substituídas por emoções. Muitos são os eventos de mobilização externa e poucas as mudanças internas. Um fervor momentâneo, um arrepio durante a pregação ou um choro no período de oração não produzem transformação no nosso interior; a única coisa que pode nos lavar e transformar é a Palavra de Deus. Que jamais nos esqueçamos de que a palavra do nosso Deus permanece para sempre (cf. Isaías 40:8).

"Senhor, que eu jamais me desvie da tua Palavra. Ajuda-me a fazer dela o meu alicerce, para que eu não me afaste da tua vontade nem seja abalado pelas circunstâncias. Em nome de Jesus, amém."

26
NOV

Alegrem-se!

Alegrem-se sempre no Senhor. Direi novamente: Alegrem-se!
FILIPENSES 4:4

A verdadeira alegria não está em bens materiais ou em circunstâncias favoráveis, mas no Senhor.

A alegria daqueles que vivem com Jesus é muito diferente do conceito de alegria disseminado pelo mundo. Não se trata de uma emoção passageira ou condicionada às circunstâncias favoráveis, tampouco de uma mentalidade positiva que nega as dificuldades. A alegria vai muito além da situação que vivemos, pois está fundamentada nas promessas de Deus. Elas são, para nós, fonte de gozo e alegria mesmo em meio ao sofrimento, à dor e às lutas.

Grande prova disso é que, quando Paulo escreveu a carta aos filipenses, chamada por alguns de "carta da alegria", o apóstolo estava passando por um momento de grande provação. Ele não a escreveu observando um campo florido ou desfrutando de um dia de sol à beira do mar; Paulo escreveu Filipenses quando estava preso.

A exortação de Paulo de nos alegrarmos sempre no Senhor não foi uma recomendação vazia ou hipócrita. A verdade é que, independentemente do cenário, Paulo provava dessa alegria verdadeira. As correntes não o impediam de se alegrar, a perseguição não o impedia de se alegrar, a injustiça não o impedia de se alegrar. Como? Com a alegria *no Senhor*. O homem que fez essa exortação foi aquele que afirmou na mesma carta: "[...] aprendi a contentar-me em toda e qualquer circunstância" (4:11).

Na presença do Senhor, encontramos não apenas alegria, mas plenitude de alegria, de maneira que podemos nos contentar em toda e qualquer circunstância. Portanto, louvemos ao Senhor com alegria. Aquele que nos mostra o caminho da vida também nos dá a alegria da sua presença e o prazer de viver com ele para sempre. "Alegrem-se, porém, os justos! Exultem diante de Deus! Regozijem-se com grande alegria!" (Salmos 68:3).

"Senhor, obrigado porque, em ti, posso me alegrar em toda situação. Ajuda-me a permanecer alegre mesmo nos momentos difíceis, confiante nas tuas promessas, que permanecem para sempre. Em nome de Jesus, amém."

Não parem de orar!

27
NOV

Alegrem-se na esperança, sejam pacientes na tribulação, perseverem na oração.
ROMANOS 12:12

Nenhum relacionamento sobrevive sem diálogo. Por que, então, um relacionamento com Deus perduraria sem oração? A oração é uma prática vital. Martinho Lutero explicou desta forma: "Assim como o negócio dos alfaiates é fazer roupas, e o negócio dos sapateiros é remendar sapatos, o negócio dos cristãos é orar". Contudo, muitas vezes, na rotina agitada que vivemos e em meio aos compromissos e responsabilidades, nos esquecemos de algo que é tão poderoso e capaz, inclusive, de nos libertar da sobrecarga.

A oração alinha o coração do ser humano ao coração de Deus.

A oração é algo poderoso; ela alinha o nosso coração ao de Deus, nos fazendo experimentar o sobrenatural. É por meio da oração que a nossa alma encontra o descanso de que precisa, a nossa fé é fortalecida e o nosso coração se enche de esperança pelo futuro garantido com Cristo. Quem alimenta uma vida de oração perseverante e faz de Deus o seu guia caminha com a certeza da vitória até a linha de chegada.

Segundo Edward M. Bounds, em *A arma da oração* (2025), da mesma forma como nada é tão essencial para o ser humano como orar, nada é mais importante do que a oração na relação com a humanidade. O autor explica que a negligência na oração nos leva a fracassar em todos os aspectos da vida, porque, uma vez que Deus ajuda o homem pela oração, aquele que não o faz priva a si mesmo de receber a ajuda do Senhor.

Somos exortados a viver em oração e a nos alegrar na esperança. Na dificuldade, temos consolo ao saber que Deus está apenas a uma oração de distância e pode não somente mudar a situação como nos mudar em meio à situação. Portanto, não importa qual seja a sua situação hoje, ore. Ore mais. Ore com fé.

"Pai, perdoa-me por tantas vezes me afastar da comunhão contigo por meio da oração. Ensina-me a perseverar na oração e a cultivar um relacionamento de intimidade contigo. Em nome do teu Filho, Jesus, amém."

28
NOV

Pedido corajoso

Depois de orarem, tremeu o lugar em que estavam reunidos. Todos ficaram cheios do Espírito Santo e anunciavam corajosamente a palavra de Deus.

ATOS 4:31

O seu crescimento e amadurecimento na fé é diretamente proporcional à sua dedicação à oração.

A oração transcende a mera comunicação verbal entre a criatura e o seu supremo Criador; é um momento de entrega e rendição completas. Na oração, a alma é derramada, o coração é rasgado e as nossas misérias são expostas diante de Deus.

Não há maior esperança para nós do que a de saber que Deus nos conhece, Deus nos ouve e Deus nos vê! Ninguém neste mundo tem maior amor por nós do que aquele que nos criou e resgatou. Por isso, podemos nos render por completo a ele, pois, por meio da rendição, adoramos a Deus e recebemos dele misericórdia, ajuda, perdão e graça. Quanto mais nos dedicamos aos momentos de intimidade com o Senhor, mais crescemos e avançamos, tornando-nos instrumentos úteis para o cumprimento total da sua obra em nós e por nosso intermédio.

O Evangelista Lucas conta em Atos 4:23-31 que a igreja primitiva considerava sábia a importância da oração e, por esse motivo, sempre se reunia para orar. Apesar de estarem, naquele contexto, em um cenário de perseguição, clamaram: "Estende a tua mão para curar e realizar sinais e maravilhas por meio do nome do teu santo servo Jesus" (v. 30).

A igreja primitiva é um modelo para nós de diligência na oração. Eles fizeram dela uma prática constante, tanto individual quanto coletivamente. Precisamos resgatar esse fervor que os levava a orar de tal maneira que o chão tremia e todos ficavam cheios do Espírito. Essa é a oração feita com fé no Deus que a ouve, não um mero ritual antes de dormir ou das refeições. E esse é também o desejo do nosso coração, não é?

"Senhor, como é bom saber que tu me ouves. Traz-me diariamente a um encontro contigo. Quero me render totalmente, rasgar o meu coração diante de ti e ver a tua ação transformadora em mim. Enche-me do teu Espírito, amém."

Admirador ou seguidor?

— E todo aquele que tenha deixado casa, irmãos, irmãs, pai, mãe, esposa, filhos ou campos, por causa do meu nome, receberá cem vezes mais e herdará a vida eterna.

MATEUS 19:29

Todo aquele que conhece Jesus deve discernir entre o que é ser um admirador e o que é ser um seguidor de Cristo. Admiradores o acompanham a distância. Simpatizam com a mensagem dele, gostam do ambiente de fé, mas, em momento nenhum, estabelecem um compromisso ou permitem uma aproximação que gere, além do conforto, o confronto.

Seguidor é o que está perto e deixou tudo para segui-lo. Ele não apenas simpatiza com a mensagem, mas a internaliza, a vive e a pratica. Quem se compromete com Jesus muda a rota, fazendo da rota de Cristo a sua própria. O seguidor não teme o confronto; sabe que as podas são feitas somente nos ramos que ainda dão fruto, justamente para que possam produzir ainda mais (cf. João 15:2).

Os admiradores queriam estar perto quando Jesus realizava sinais e maravilhas, quando demonstrava o seu amor e compaixão, mas não quando seus ensinamentos os confrontavam. Em Mateus 19:23-30, Jesus falou aos seus discípulos a respeito das recompensas reservadas para aqueles que o seguiam. Ele garantiu que todos que tivessem deixado casa, família e bens por sua causa receberiam em troca cem vezes mais e herdariam a vida eterna. Essa é uma promessa de que nada que sacrifiquemos por Jesus poderia ser maior do que o que já ganhamos e ainda ganharemos com ele.

Por isso, precisamos refletir a respeito do nosso coração e das nossas práticas para saber se temos sido apenas admiradores das obras de Cristo ou, verdadeiramente, seus seguidores. Será que estamos dispostos a mudar a rota e, se necessário, fazer renúncias? A todos nós, ele ainda faz o mesmo convite: "Siga-me".

Há bênçãos reservadas para aqueles que priorizam o reino e a vontade de Deus.

"Senhor Jesus, eu não quero ser apenas teu admirador; o meu desejo é te seguir. Diz se há algo de que eu preciso abrir mão para andar contigo. Conduz-me pelos teus caminhos, pois não há maior recompensa do que em ti. Amém."

30
NOV

Verdadeira aventura

— Quem me serve deve me seguir; onde eu estou, ali o meu servo também deve estar. O meu Pai honrará aquele que me serve.

João 12:26

Seguir Jesus é a decisão mais radical que alguém pode tomar; é, também, a melhor decisão que alguém pode tomar.

As mudanças nem sempre são fáceis. Quanto mais significativas, maior a dificuldade. Deixar o velho caminho e mudar de rota talvez seja uma das decisões mais complexas que alguém pode fazer. O ser humano tem a tendência de buscar a segurança e a zona de conforto. O habitual é tranquilo, é cômodo. Uma novidade não garante nada disso.

Na vida com Cristo não é diferente. A conversão, o momento em que entregamos a nossa vida a Jesus, é exatamente isto: uma mudança de caminho. E, desse momento em diante, somos chamados a decidir dia após dia que caminho seguiremos: voltar ao antigo ou seguir a rota do Senhor Jesus, que, na maioria das vezes, não indica todo o caminho, exigindo de nós fé e confiança nele.

Caminhar com Jesus é uma decisão radical, e muitos não estão dispostos a viver essa aventura. Ela implica em, muitas vezes, andar contra a cultura e o curso deste mundo. Implica em abrir mão dos nossos próprios interesses para viver a vontade do Pai. Implica em deixar de viver para nós mesmos e nos dedicar ao serviço a Deus e ao próximo. Quando dizemos sim a essa jornada, temos a nossa mente transformada e o coração aquecido pela esperança das recompensas que somente ele pode nos proporcionar.

Em João 12:25-26, Jesus disse: “Quem ama a sua vida a perderá, mas quem odeia a própria vida neste mundo a conservará para a vida eterna. Quem me serve deve me seguir; onde eu estou, ali o meu servo também deve estar. O meu Pai honrará aquele que me serve”. Nunca é tarde para tomar essa decisão corajosa de seguir Jesus. Gostaria de encorajá-lo a se decidir o quanto antes, pois viver com Cristo pode ser, sim, uma aventura, mas vale a pena!

“Senhor Jesus, eu quero sair da zona de conforto para me lançar no novo contigo. Vale a pena me aventurar em mudar de rota e confiar na tua direção. Ensina-me a ser teu discípulo. Em teu nome eu oro, amém.”

"Para Deus não há tempo perdido e nunca é tarde para realizar seus feitos em nós e por nosso intermédio."

DEZEMBRO

Meu planejamento

Meta

Plano Espiritual

Atividade em família

Leitura bíblica do livro

Plano para um hábito saudável

Um filme/série

Um livro/*podcast*

Passos para aprender algo novo

Meta financeira

Um médico a agendar

Resumo de um aprendizado espiritual

Um lugar para visitar

Comprados

Pois aquele que foi chamado pelo Senhor, sendo escravo, é pessoa livre e pertence ao Senhor; semelhantemente, aquele que era livre, uma vez chamado, é escravo de Cristo.

1CORÍNTIOS 7:22

No Império Romano, a escravidão era uma prática recorrente. As pessoas escravizadas eram capturadas por meio de guerras, de conquistas, ou, em alguns casos, por dívidas. No entanto, bem antes disso, desde os tempos da opressão egípcia sobre os israelitas e, mais tarde, na época do Exílio, sempre se falou a respeito de escravos e livres.

Podemos nos lembrar de alguns personagens bíblicos que foram escravizados, como José e Daniel, homens grandemente usados por Deus. Mais tarde, porém, no Novo Testamento, Paulo explicou que todos nós, até hoje, somos escravos também. Em 1Coríntios 7:22-23, o apóstolo utilizou a figura da escravidão para representar a condição espiritual universal: de uma forma ou de outra, somos escravos de algo ou alguém, isto é, temos uma tendência a nos submeter a um senhor.

Dessa forma, a verdadeira liberdade não é a ausência de um senhor, e sim a escolha certa de quem exercerá o senhorio da nossa vida. Não podemos nos permitir ser escravizados pelo pecado ou por homens, porque fomos comprados por um alto preço. Assim como na época de Paulo havia pessoas que se vendiam como escravas para pagar dívidas, nós tivemos o nosso escrito de dívida cravado na cruz do Calvário, onde um justo pagou pelos injustos.

Apenas em Cristo somos livres da nossa dívida. Por isso, ao dizer não ao mundo, somos livres dele; ao mesmo tempo, ao dizer sim para Jesus, tornamo-nos seus escravos. Essa servidão é, na realidade, a mais plena expressão da liberdade, pois foi para a liberdade do mundo que Cristo nos comprou. Com ele, somos livres da verdadeira escravidão — a do pecado, do mundo e da morte.

A verdadeira liberdade não pode ser encontrada senão em Cristo, cujo precioso sangue pagou as nossas dívidas.

“Senhor, obrigado pelo teu sangue, que me comprou e me purificou dos meus pecados. Agradeço porque, em ti, eu sou livre do mundo e tenho o privilégio de te servir. Em nome de Jesus, amém.”

2
DEZ

Libertos pela verdade

— [...] *então, conhecerão a verdade, e a verdade os libertará.*

João 8:32

Enquanto o mundo fala mentiras como se fossem verdades, nós buscamos o conhecimento que vem do Senhor.

O conhecimento é um dos maiores tesouros que alguém pode conquistar. Diferentemente da sabedoria, que está relacionada à aplicação e à prática, o conhecimento é o fundamento das nossas ações; ele norteia tudo o que somos e acreditamos ser verdade. O conhecimento direciona a nossa perspectiva do mundo, da sociedade, das nossas crenças e até de nós mesmos.

Seguir Jesus exige conhecimento de tudo o que ele diz e é, afinal, quem poderia seguir alguém sem saber nada a seu respeito? A jornada com Cristo não é de ignorância, mas um compromisso com o conhecimento de seus ensinamentos, de sua vida e de sua vontade, como diz Provérbios 2:6: "Porque o Senhor é quem dá sabedoria; da sua boca procedem o conhecimento e o discernimento".

Em uma era de desinformação e de narrativas falsas que se mascaram como fatos, a distinção entre a mentira e a verdade é crucial. Nós, como seguidores de Cristo, somos chamados a discernir e a buscar o conhecimento, não para dar margem ao orgulho, mas pela compreensão de que é pelo conhecimento da verdade que seremos livres. Enquanto o mundo fala mentiras como se fossem verdades, nós buscamos o conhecimento que vem do Senhor.

Lembremos, pois, do que Jesus disse aos judeus que creram nele: "Se vocês permanecerem firmes na minha palavra, verdadeiramente serão meus discípulos; então, conhecerão a verdade, e a verdade os libertará" (João 8:31-32). É por meio do conhecimento da verdade, que é o próprio Cristo e sua palavra, que a liberdade se manifesta plenamente. Essa verdade nos liberta para viver em retidão, em comunhão com Deus e em um propósito eterno.

"Senhor, graças te dou pela segurança que encontro por meio do conhecimento da tua verdade. Ajuda-me a discernir o bem do mal, o certo do errado, para que eu viva a tua vontade, como um discípulo de Cristo. Amém."

Verdades do Espírito

3 DEZ

O homem natural não aceita as coisas que vêm do Espírito de Deus, pois para ele são loucura; não é capaz de entendê-las, porque elas são discernidas espiritualmente.

1CORÍNTIOS 2:14

Na era da informação, verdades e mentiras estão disponíveis para todos. Muitos se deixam levar por informações equivocadas e notícias falsas. Quando confrontados, negam o erro ou terceirizam a culpa. Contudo, cabe a nós, guiados por Deus, discernir o que é verdade. A Bíblia Sagrada sempre será o guia daqueles que optam pelas verdades eternas, enquanto os demais saberes serão suficientes para quem Paulo chama de "homem natural" em 1Coríntios 2.

Nos versículos 12-15, ele afirma que recebemos o Espírito de Deus, que possibilita a nossa compreensão das coisas que Deus nos concede pela graça. Anunciamos essas coisas com palavras ensinadas pelo Espírito, não pela sabedoria humana, pois o que é espiritual deve ser explicado com palavras espirituais. Paulo declara que o homem natural não compreende o que procede do Espírito porque não pode discernir espiritualmente.

Desse modo, é inútil entrar em vãs discussões, visto que o homem natural não aceita as verdades do Espírito. Para a mente não regenerada, as coisas de Deus parecem absurdas, irracionais, até mesmo "loucura" (v. 14). Somente quem vive sob o direcionamento do Espírito Santo tem a capacidade de discernir a verdade. Essa distinção é fundamental para os cristãos em um tempo em que a verdade tem sido distorcida e a mentira tem sido propagada como se fosse verdade.

Não podemos nos deixar ser enganados pelo que este mundo prega e crê; pelo contrário, temos de ser guiados pelo Espírito e nos alimentar com a Palavra. Que nossa fé se mantenha inabalável, a fim de que possamos ser testemunhas vivas da única verdade que cura, liberta, transforma e salva.

Somente quem vive sob o direcionamento do Espírito Santo tem a capacidade de discernir a verdade.

"Senhor, dá-me sabedoria e discernimento, para que eu não seja enganado ou afastado da tua verdade. Que o teu Espírito guie a minha visão de mundo e me permita viver alicerçado em tua verdade, em nome de Jesus. Amém."

4
DEZ

Sem preocupações

Lancem sobre ele toda a sua ansiedade, porque ele cuida de vocês.

1PEDRO 5:7

A garantia de que a paz de Deus nos guardará em Cristo é a nossa segurança em meio às incertezas da vida.

A ansiedade talvez seja hoje o maior de todos os males da humanidade. Segundo a Organização Mundial de Saúde (OMS), em 2021, a estimativa era de que 359 milhões de pessoas no mundo lidassem com algum transtorno de ansiedade. Uma pesquisa conduzida pelo Instituto Cactus em parceria com a AtlasIntel em 2024 aponta que 68% dos brasileiros relatam nervosismo, ansiedade e tensão, todavia, mais da metade da população nunca buscou ajuda profissional. As pessoas têm estado cada vez mais adoecidas, tomadas por esse mal silencioso que rouba a paz, a segurança e a confiança.

Não por acaso, a Bíblia nos alerta a respeito da ansiedade. Como Max Lucado afirmou em *O fim da ansiedade* (2017), "Deus o criou para ter mais do que uma vida de ansiedade que lhe tira o fôlego e de preocupações que dividem sua mente". Em Filipenses 4:6-7, Paulo orientou: "Não andem ansiosos por coisa alguma, mas em tudo, por meio da oração e da súplica, com ação de graças, apresentem os seus pedidos a Deus. Então, a paz de Deus, que excede todo o entendimento, guardará o coração e os pensamentos de vocês em Cristo Jesus". A Palavra nos garante que existe uma promessa de paz para aqueles que lançam as suas ansiedades aos pés do Senhor. Independentemente da circunstância, nele podemos encontrar paz.

Como podemos ver, a ansiedade deve ser levada a sério. Talvez você viva essa realidade ou conheça alguém que lide com ela. Se esse é o seu caso, busque ajuda. Esteja atento, sim, à saúde mental. Não se esqueça, porém, dos ensinamentos bíblicos que nos orientam, antes de tudo, a levar os nossos pedidos e queixas ao Senhor em oração pois ele promete que a sua paz guardará o nosso entendimento, mente e coração em Cristo Jesus.

"Senhor, é maravilhoso saber que, em meio às preocupações, posso descansar em ti. Eu te entrego tudo aquilo que tem me causado ansiedade e peço que me dês a tua paz perfeita. Em nome de Jesus, amém."

Crescendo no Senhor

5
DEZ

Cresçam, porém, na graça e no conhecimento do nosso Senhor e Salvador Jesus Cristo. A ele seja a glória agora e para sempre! Amém.

2PEDRO 3:18

Ao lermos as Sagradas Escrituras encontramos diversas passagens que abordam o que o Senhor espera de nós como cristãos. Um dos critérios indispensáveis para a nossa caminhada de fé é o crescimento. No momento da nossa conversão, costumamos dizer que nascemos de novo (cf. João 3:3), mas, a partir do novo nascimento, devemos dar início ao nosso desenvolvimento espiritual, um processo contínuo que se estende por toda a vida.

O Pai se alegra em ver o crescimento e o desenvolvimento dos seus filhos.

Crescimento é sinônimo de vida! Somente o que está morto não cresce. Quando um bebê nasce, espera-se que ele se desenvolva conforme os parâmetros da idade. Para isso, os responsáveis por esse bebê precisam lhe dar o alimento adequado, o leite. Da mesma forma, na vida espiritual, precisamos do alimento adequado para crescer e nos fortalecer na fé, conforme lemos em 1Pedro 2:2-3: "Como crianças recém-nascidas, desejem de coração o leite espiritual puro, para que por meio dele cresçam para a salvação, agora que provaram que o Senhor é bom".

Viver para Jesus é um processo de transformação que se inicia na conversão e progride dia após dia com a busca pela Palavra de Deus e a ação do seu Santo Espírito em nós. É impossível crescer se não nos alimentarmos da Palavra. Se provamos que o Senhor é bom, temos de ansiar por receber a sua Palavra como um bebê deseja receber o leite. Assim como um pai se alegra em ver um filho crescer e se desenvolver, o nosso Pai se agrada em nosso fortalecimento na fé.

Por isso, como nos orientou o apóstolo Pedro em 2Pedro 3:18, uma vez que já conhecemos a vontade do Pai para nós, cresçamos na graça e no conhecimento do nosso Senhor e Salvador Jesus Cristo. Que, dia após dia, ele seja glorificado em nossa vida e por meio dela!

"Deus, eu te agradeço porque tu és o meu bom Pai. Ajuda-me a crescer a cada dia, deixando para trás a imaturidade e me fortalecendo pela tua Palavra e pela ação do teu Espírito. Em nome de Jesus, amém."

6
DEZ

Brilhando em meio à escuridão

A luz brilha nas trevas, e as trevas não a derrotaram.
João 1:5

Somos chamados a brilhar como filhos da luz, independentemente do ambiente ou das circunstâncias.

Quando enfrentamos desafios, temos a tendência de buscar culpados. No entanto, precisamos parar de culpar os outros e assumir o nosso papel nas batalhas que enfrentamos. É muito mais fácil dizer que os nossos erros são consequências das injustiças cometidas contra nós ou das investidas do Diabo. A verdade é que, apesar das injustiças e dos ataques malignos, temos de assumir a nossa responsabilidade e nos posicionar.

O conflito entre as trevas e a luz sempre existiu. Em João 3:19-21, Jesus disse: "[...] a luz veio ao mundo, mas os homens amaram as trevas no lugar da luz, porque as suas obras eram más. Pois quem pratica o mal odeia a luz e não se aproxima da luz para que as suas obras não sejam manifestas. Quem, porém, pratica a verdade vem para a luz para que se veja claramente que as suas obras são realizadas por intermédio de Deus". Aqueles que praticam o mal resistem à luz, pois ela revela as suas obras e suas intenções. Por outro lado, aqueles que praticam a verdade se aproximam da luz, para que outros vejam que eles fazem a vontade de Deus.

É por isso que, mesmo em dias de completa escuridão, não precisamos temer as trevas. Esconder-se ou atribuir a culpa a outras pessoas não é a conduta de quem vive na luz. Temos de viver em transparência e em obediência à vontade de Deus, como testemunho visível do poder transformador do evangelho. Dessa forma, podemos nos posicionar como aqueles que vivem na luz.

Hoje podemos avançar lembrando-nos das promessas de Jesus, que nos garantem que a luz brilha na escuridão, e a escuridão nunca conseguiu apagá-la. Por isso, não precisamos temer as trevas, e sim cumprir o chamado de brilhar onde quer que estejamos.

"Meu Deus, eu não quero mais dar desculpas ou terceirizar a minha responsabilidade. Ajuda-me a não temer a escuridão, mas a permitir que a tua luz brilhe em mim por onde quer que eu vá, amém."

Vontade do Senhor

7
DEZ

Pedem, mas não recebem, porque pedem com más intenções, com o fim de gastar nos seus prazeres.

TIAGO 4:3

A oração é, em essência, a forma como nos comunicamos com Deus. Mas seria possível que uma oração não tivesse nada de Deus? Sim. A oração pode ter como centralidade nossos os próprios desejos e vontades, e isso, infelizmente, não é raro. Muitos fazem da oração uma lista de pedidos que buscam apenas a satisfação pessoal, em vez de se submeterem à vontade de Deus. Essa oração, embora dirigida a Deus, é vazia de poder e de eficácia transformadora.

A oração ineficaz é a que não está alinhada com a vontade de Deus.

No início do capítulo quatro de sua epístola, Tiago explica que essas orações egoístas acontecem em decorrência dos prazeres que guerreiam dentro de nós. Ao orar, apresentamos motivos autocentrados, o que nos deixa sem respostas. Essa mesma batalha interior é o que gera inveja, cobiça, brigas e discussões entre os homens, minando a paz e a unidade. Nas palavras de Tiago: "De onde vêm as guerras e as brigas que há entre vocês? Não vêm das paixões que guerreiam dentro de vocês? Vocês cobiçam coisas, mas não as têm; matam e invejam, mas não conseguem obter o que desejam. Vivem lutando e fazendo guerras. Não têm, porque não pedem. Pedem, mas não recebem, porque pedem com más intenções, com o fim de gastar nos seus prazeres" (v. 1-3).

O mundo vai mal: tomado por divisões e discussões intermináveis como um reflexo do egoísmo e da busca por interesses próprios. Diante dessa realidade, temos de examinar as motivações que impulsionam as nossas ações e as nossas orações. O Senhor espera que, em vez de olhar apenas para nós mesmos, consideremos primeiramente a vontade dele. Se assim fizermos, as nossas orações serão ouvidas, respondidas, e o nome de Deus será glorificado em nossa vida e por meio dela.

"Perdoa-me, Senhor, pois muitas vezes me acheguei a ti em oração com uma lista de pedidos que visavam somente os meus interesses e desejos. O meu desejo é, sobretudo, que a tua vontade se cumpra. Em nome de Jesus, amém."

8 DEZ

Evangélicos

Em tudo seja você mesmo um exemplo para eles, fazendo o que é bom. No ensino, mostre integridade e seriedade.

TITO 2:7

Somos chamados a obedecer a Deus e à sua Palavra, a fim de glorificá-lo em tudo.

Na última década, o número de evangélicos no Brasil teve um aumento expressivo. Segundo o Instituto Brasileiro de Geografia e Estatística (IBGE), entre 2010 e 2022, a quantidade de cristãos passou de 21,6% para 26,9% da população, uma estimativa de 47 milhões. O que antes era motivo de zombaria e até perseguição se tornou mais comum. Entretanto, precisamos refletir se todas essas pessoas sabem, de fato, o que significa viver conforme o evangelho?

Não importa a idade ou o tempo de conversão, todos nós somos chamados para o mesmo propósito: fazer a vontade de Deus. Em termos práticos, temos de nos dedicar a viver conforme os ensinamentos Bíblicos, pois é nas Escrituras que encontraremos instruções a respeito de como devemos viver, nos mover e existir.

As instruções do apóstolo Paulo em Tito 2 são um guia prático para nós. Paulo dá diversas instruções para homens e mulheres de diferentes faixas etárias a fim de que cumpram suas responsabilidades na comunidade de fé. Ele também recomenda a Tito que seja um exemplo no modo de agir, falar e no ensino. Nós também devemos nos dedicar a desenvolver uma conduta exemplar, de tal maneira que ninguém possa nos repreender ou encontrar argumentos para nos criticar. Esse é um convite a uma vida de integridade e de retidão.

Por isso, sejamos intencionais em refletir acerca do nosso chamado de obedecer a Deus e à sua Palavra. O propósito desse modo de viver centrado na vontade de Deus é de que, em tudo o que fizermos e falarmos, honremos o nome do nosso Senhor. Assim, viveremos segundo a nossa vocação como evangélicos, isto é, pessoas que se apresentam em conformidade com os princípios do evangelho de Cristo.

“Ó Deus, obrigado por me orientar quanto ao modo de viver por meio da tua Palavra. Ajuda-me a viver segundo a tua vontade. Ensina-me desenvolver uma conduta irrepreensível, em nome de Jesus. Amém.”

Protegidos por Deus

9 DEZ

Aquele que habita no abrigo do Altíssimo descansará à sombra do Todo-poderoso.

SALMOS 91:1

A realidade de um mundo caído é marcada por incertezas e pela proliferação de medos. Medo de acidentes, de perdas financeiras, de enfrentar lutos e outras tragédias. O medo, em suas múltiplas formas, aprisiona a alma e rouba a paz. Embora a Bíblia não nos prometa uma vida isenta de dias maus ou de tragédias, ela nos oferece um antídoto poderoso contra o medo: a declaração de nossa confiança no Senhor.

Como é protegido aquele que confia no Senhor! A confiança no Senhor é a âncora da alma, o refúgio seguro em meio às tempestades da vida. Aqueles que escolhem depositar a sua esperança em Deus experimentam uma proteção que transcende a lógica humana e as probabilidades. Quando esperamos no Senhor, testemunhamos como ele nos livra, intervém em nosso favor e provê o que precisamos.

No salmo 91, o salmista proclama: "Aquele que habita no abrigo do Altíssimo descansará à sombra do Todo-poderoso" (v. 1). Na sequência, ele declara que o Senhor é o seu refúgio e fortaleza, o Deus em quem confia. A confiança no nosso Deus é a resposta para combater o medo.

Não devemos viver alienados a ponto de ignorar as calamidades ao nosso redor, ou ser insensatos, imprudentes e irresponsáveis. As situações desafiadoras nos alcançarão mas não podemos permitir que o medo nos domine e nos aprisione. Pela certeza de que temos um Deus que nos guarda, não precisamos ser dominados pelo medo. Podemos descansar nessa dependência e nos lançar no Senhor, confiantes de que dependemos de um Deus que não falha. Precisamos olhar além das circunstâncias, e assim veremos que o Senhor nos protege e nos sustenta em toda e qualquer situação.

Podemos confiar plenamente no Deus que nos protege e nos sustenta em todo o tempo.

"Senhor, ajuda-me a prosseguir confiante em tua proteção, não importa o que aconteça. Tu és o meu abrigo, o meu refúgio e fortaleza, e quero ter essa certeza todos os dias da minha vida. Amém."

10
DEZ

Poderoso guerreiro

Então, o anjo do Senhor *apareceu a Gideão e lhe disse:*
— O Senhor *está com você, poderoso guerreiro.*
Juízes 6:12

Deus é especialista em chamar pessoas improváveis para realizar feitos grandiosos.

Não é raro nos sentirmos fracos e impotentes. Muitos se sentem incapazes de cumprir o propósito do Senhor, pois se consideram insignificantes e, muitas vezes, inferiores. No entanto, se olharmos com atenção para os homens e as mulheres que Deus usou ao longo da história, veremos que ele é especialista em chamar pessoas improváveis para realizar feitos grandiosos.

Em Juízes 6, encontramos um relato sobre uma dessas pessoas. O seu nome era Gideão, e o texto relata que ele estava malhando trigo em um lagar para se esconder dos midianitas. Gideão era um homem valente; ele só havia se esquecido disso. Inconformado com a sua situação e a do seu povo, ao ser encontrado por Deus, questionou o seu valor e a ausência de Deus mediante o sofrimento de seu povo.

Muitas vezes, você e eu também duvidamos da nossa capacidade e da fidelidade de Deus. Questionamos se ele pode mesmo nos preparar para cumprir a sua obra. Oprimidos e angustiados, nos esquecemos do que Deus já disse e das suas promessas infalíveis. Assim como Gideão se escondia no lagar, nós nos escondemos na sobrecarga do trabalho ou nos distraímos com este mundo.

O mesmo Deus que o encontrou vem a nós com palavras de encorajamento. Ele nos quer fortes, confiantes e de pé! Enquanto o mundo, e nós mesmos, vê somente os nossos defeitos e falhas, Deus vê as nossas virtudes. Portanto, é tempo de deixarmos de lado a apatia e o desânimo, e nos levantarmos com outra atitude. Ainda hoje, como falou a Gideão, ele nos diz: "O Senhor está com você, poderoso guerreiro" (v. 12). Se você crê nessa promessa, abrace hoje a sua identidade. Você não é incapaz, insignificante ou inferior; é um guerreiro.

"Senhor, perdoa-me pelas vezes em que me esqueci das tuas palavras e me deixei levar pelo desânimo e pela apatia. Creio nas tuas promessas e que tu me capacitas para cumprir o meu propósito. Amém."

Ciúmes de mim

11
DEZ

Adúlteros, vocês não sabem que a amizade com o mundo é inimizade com Deus? Portanto, se alguém quiser ser amigo do mundo faz-se inimigo de Deus.

TIAGO 4:4

Nossa natureza é muitas vezes impulsionada por desejos egoístas que nos desviam do caminho da retidão. Quando cedemos a essas inclinações, a nossa lealdade a Deus é comprometida, resultando em um ato de infidelidade espiritual.

Costumamos pensar em infidelidade no contexto do matrimônio. É por esse motivo que, em algumas passagens da Bíblia, o Senhor se refere aos que foram infiéis para com ele como "adúlteros". Esse termo revela a gravidade da infidelidade em nosso relacionamento com ele, uma vez que essa relação deve ser de exclusividade.

O adultério espiritual nada mais é do que a quebra da nossa aliança com Deus. Por isso, quando estou mais inclinado a satisfazer os prazeres da carne do que obedecer à vontade de Deus, traio o meu compromisso de tê-lo em primeiro lugar na minha vida.

Conforme Provérbios 6:32-34, quem comete adultério não tem juízo, pois destrói a si mesmo. Como consequência, será ferido e desonrado, e a sua vergonha jamais terá fim, porque o marido ciumento ficará furioso e não terá misericórdia quando se vingar.

Nós somos a noiva de Cristo, portanto, quando Tiago alerta para os perigos da amizade com o mundo, devemos nos lembrar de que Deus é zeloso e tem ciúmes de nós. Se formos amigos do mundo, seremos inimigos do Senhor e, em algum momento, enfrentaremos as consequências de provocar o ciúmes dele.

Não devemos provocar o ciúme do Senhor com a nossa infidelidade. Antes, permaneçamos fiéis ao nosso Noivo amado ao buscar uma vida de santidade, retidão e obediência, cumprindo o nosso papel no compromisso com ele.

"Ó Deus, tu és zeloso e tens ciúmes dos teus. Não permitas que eu me torne amigo do mundo e, como consequência, teu inimigo. Antes, que eu seja fiel a ti e não despreze o nosso relacionamento. Em nome de Jesus, amém."

O Senhor deseja de nós uma devoção total e exclusiva.

12
DEZ

De propósito

Mais uma vez, Jesus colocou as mãos sobre os olhos do homem. Então, os seus olhos foram abertos, a sua visão foi restaurada e ele via tudo claramente.

MARCOS 8:25

Em certos momentos, seremos convidados a perseverar, a insistir, a esperar o tempo de Deus.

Deus é intencional em tudo o que faz. Ele jamais fará algo por acaso; tudo tem um sentido e um porquê.Durante todo o ministério terreno de Jesus, encontramos relatos de seus milagres, sinais e maravilhas. Ele realizou muitos deles instantaneamente. Houve, porém, um milagre em específico em que as coisas não saíram conforme o esperado, ou pelo menos é o que pensamos a princípio.

No capítulo oito do Evangelho de Marcos, encontramos a narrativa sobre um homem cego levado até Jesus para ser curado em Betsaida. Jesus o tomou pela mão, o conduziu para fora do povoado, cuspiu em seus olhos e impôs-lhe as mãos. Depois disso, perguntou: "Você está vendo alguma coisa?" (v. 23). O homem lhe respondeu: "Vejo pessoas; elas parecem árvores andando" (v. 24). Jesus pôs as mãos sobre os olhos do homem mais uma vez e, somente então, a visão deste foi completamente restaurada.

A nossa experiência na vida muitas vezes se assemelha à cura do cego de Betsaida. O milagre que esperamos não acontece na primeira oração, a cura de uma enfermidade não vem, e os resultados contrariam as nossas expectativas. No entanto, a verdade é que Deus nunca perde o controle. Mesmo quando as coisas parecem sair do nosso domínio, ele está operando com um propósito maior. Nada acontece por acidente; ele é intencional em tudo o que faz.

Deus trabalha no já, mas também detém cada uma das etapas. O tempo e o modo são seus. O nosso papel é apenas o de confiar que ele sabe o que faz. Aquele homem precisou esperar que Jesus tocasse em seus olhos outra vez. Talvez precisemos de uma segunda oração. Se assim for, confiemos que Deus tem propósito para absolutamente tudo o que faz!

"Senhor, o tempo e o modo de tudo pertence a ti. Por isso, ensina-me a confiar. Não quero ser imediatista ou duvidar dos teus propósitos. Ajuda-me a esperar em ti. Em nome de Jesus, amém."

Amando o Senhor

13
DEZ

Porque ele me ama, eu o resgatarei; eu o protegerei, pois conhece o meu nome.

SALMOS 91:14

A fé é fundamental para o nosso relacionamento com Deus. A falta dela é extremamente perigosa, pois, sem fé, não há milagres; sem fé, o justo não vive. Contudo, a consequência mais alarmante é que, sem ela, é impossível agradar a Deus (cf. Hebreus 11:6). O autor de Hebreus define a fé como "a confiança daquilo que esperamos e a certeza das coisas que não vemos" (11:1).

O cuidado de Deus para com aqueles que o amam é integral.

O nosso relacionamento com o Senhor vai muito além da observância de rituais ou do cumprimento de obrigações religiosas. Desde o início, o Senhor deixou claro que o seu desígnio era ter uma relação de proximidade, companhia e amor com a humanidade. E é assim em todos os relacionamentos a que nos dedicamos: se quisermos preservá-lo, nós nos esforçaremos para, de alguma forma, agradar à outra parte. Desse modo, a fé é indispensável se queremos agradar a Deus.

No salmo 18, Davi fez esta declaração quando o Senhor o livrou das mãos dos inimigos e de Saul: "Eu te amo, ó SENHOR, minha força. O SENHOR é a minha rocha, a minha fortaleza e o meu libertador; o meu Deus é o meu rochedo, em quem me refugio. Ele é o meu escudo e o poder da minha salvação, a minha torre segura" (v. 1-2). Davi também foi reconhecido como um homem segundo o coração de Deus (cf. 1Samuel 13:14, Atos 13:22).

Sim, há recompensa para quem ama o Senhor e tem fé nele. Sua promessa àqueles que o amam é: "Porque ele me ama, eu o resgatarei; eu o protegerei, pois conhece o meu nome. Ele clamará a mim, e eu lhe responderei; na adversidade estarei com ele; eu o livrarei e o cobrirei de honra. Eu o saciarei com vida longa e lhe mostrarei a minha salvação" (Salmos 91:14-16).

"Meu Deus, ensina-me a te amar da maneira correta, não pelos benefícios e promessas, mas pela beleza de estar junto a ti. Ajuda-me a manter acesa a chama da fé. Em nome de Jesus, amém."

14
DEZ

O ambiente importa

Não se deixem enganar: "As más companhias corrompem os bons costumes"
1Coríntios 15:33

A ilusão de que podemos nos manter íntegros em ambientes de corrupção é um engano.

Você provavelmente já ouviu o provérbio: "Diga-me com quem andas e direi quem tu és". Muito mais do que um dito antigo, essa é uma verdade que nos alerta para a importância de escolher com sabedoria as pessoas com quem convivemos. A Bíblia nos dá instruções semelhantes a respeito do ambiente em que estamos.

Em Provérbios 13:20 está escrito: "Aquele que anda com os sábios será cada vez mais sábio, mas o companheiro dos tolos acabará mal". A escolha das pessoas com quem você anda é sua, mas você não tem o controle para impedir as consequências dessa decisão. No salmo 1, lemos: "Bem-aventurado aquele que não anda segundo o conselho dos ímpios, não se detém no caminho dos pecadores nem se assenta na companhia dos zombadores". As pessoas ao nosso redor exercem influência sobre nós, para bem ou para mal.

Os ambientes moldam a nossa cultura, o nosso comportamento e a nossa mentalidade, ainda que de maneira sutil e inconsciente. Por isso, precisamos do nosso manual, a Bíblia Sagrada. Ela é que deve influenciar a forma como vivemos. E, se algum dos lugares que frequentamos ou dos grupos com quem convivemos é contrário à Palavra, temos de seguir o conselho de Paulo: "Não se deixem enganar: 'As más companhias corrompem os bons costumes'. Recuperem o bom senso como convém e parem de pecar [...]" (1Coríntios 15:33-34).

A ilusão de que podemos nos manter íntegros em ambientes de corrupção é um engano que nos leva ao pecado. Precisamos abandonar as práticas, os lugares e as companhias que nos afastam de Deus se queremos permanecer em sua vontade.

"Senhor, se eu tiver de estar em lugares nos quais a tua Palavra não é respeitada, que seja somente para levar a tua verdade. Do contrário, dá-me discernimento, para que o meu coração não seja corrompido pelas más companhias. Amém."

A vida é bela

15
DEZ

Como são preciosos para mim os teus pensamentos, ó Deus! Como é grande a soma deles!
Salmos 139:17

A criação é um testemunho da grandeza e da glória de Deus. Em Salmos 19:1-2, Davi afirma: "Os céus declaram a glória de Deus; o firmamento proclama a obra das suas mãos. Um dia profere essa mensagem a outro dia; uma noite revela conhecimento a outra noite". A glória do Criador pode ser vista em cada anoitecer e em cada amanhecer, em cada estrela brilhante e ser que respira.

Deus é tanto a razão da nossa existência quanto o propósito dela.

A criação evidencia a soberania do Senhor e mostra como tudo o que ele faz é belo e grandioso, inclusive a vida humana: "Deus criou o ser humano à sua imagem, à imagem de Deus o criou; homem e mulher o criou" (Gênesis 1:27). Tudo o que os nossos olhos podem contemplar foi criado por Deus por meio da sua palavra; o homem, porém, com as próprias mãos criou.

Davi também declarou: "Tu criaste o íntimo do meu ser e me teceste no ventre da minha mãe. Eu te louvo porque me fizeste de modo assombroso e admirável. As tuas obras são maravilhosas! Sei disso muito bem. Os meus ossos não estavam escondidos de ti quando em secreto fui formado e entretecido nas profundezas da terra. Os teus olhos viram o meu embrião; todos os dias determinados para mim foram escritos no teu livro antes de qualquer um deles existir" (Salmos 139:13-16). Fomos criados por ele, para glorificá-lo e honrá-lo com a nossa existência. Ele é tanto a razão da nossa existência quanto o propósito dela.

Os pensamentos do Senhor ao nosso respeito são tão preciosos e tão numerosos que é impossível contá-los. Por isso, vivamos cada dia com intencionalidade, gratidão e com a certeza de que estamos sob o cuidado de um Deus que nos ama e tem um plano perfeito para a nossa vida.

"Senhor, como são maravilhosas as obras das tuas mãos! Que privilégio poder fazer parte da tua criação. Obrigado pelo dom da vida e pela certeza de que tu tens cuidado de mim. Amém."

16
DEZ

Por meio dele

Por isso, Deus o exaltou à mais alta posição e lhe deu o nome que está acima de todo nome
FILIPENSES 2:9

Tudo foi criado por Jesus, por meio de Jesus, para Jesus.

Jesus tem papel central na criação de todas as coisas. Em Colossenses 1:15, Paulo se refere a ele como o primogênito sobre toda a criação. Ele não fez com a intenção de expressar que Jesus foi o primeiro ser criado, mas de afirmar que Cristo já existia antes da Criação e tem a supremacia sobre tudo o que há. Jesus, que é Deus, juntamente com o Pai e o Espírito Santo, é o autor de todas as coisas. Logo, sem ele, nada se fez e nada somos.

Nos versículos seguintes, Paulo escreveu: "[...] pois por meio dele foram criadas todas as coisas nos céus e na terra, as visíveis e as invisíveis, sejam tronos, sejam soberanias, quer poderes, quer autoridades; todas as coisas foram criadas por ele e para ele. Ele é antes de todas as coisas, e por meio dele tudo subsiste" (v. 16-17). Não há esfera da existência fora do seu domínio ou do seu controle. A sua capacidade de criar e de sustentar todas as coisas é a base para a nossa confiança e uma das razões pelas quais o adoramos.

Não há nada que não pertença a Jesus. Você e eu somos propriedade dele. Tudo foi criado por meio dele e para ele. Ele é o Alfa e o Ômega, o Princípio e o Fim, o que era, que é o que há de vir, o Todo-poderoso (cf. Apocalipse 1:8, 21:6)!

A culminância do plano divino se encontra em Jesus Cristo. Ele é o objetivo final de toda a criação, a manifestação perfeita de quem Deus verdadeiramente é: não apenas o Criador, mas também o sustentador de todas as coisas, aquele que governa com retidão. Por essa razão, Deus o exaltou à posição de mais alta honra, dando-lhe o nome acima de todo nome, para que todo joelho se dobre e toda língua confesse que Jesus Cristo é o Senhor.

"Pai, eu reconheço a soberania do teu Filho sobre toda a criação. Sonda o meu coração e revela-me se tenho honrado Jesus. Que todo o meu ser se prostre diante da supremacia de Cristo, para a tua glória, amém."

Mãos estendidas

17 DEZ

Vejam! O braço do Senhor não está encolhido para que não possa salvar nem surdo o seu ouvido para que não possa ouvir.

ISAÍAS 59:1

Em diversas passagens da Bíblia, Jesus estende a mão a alguém, tanto literal quanto figurativamente. Seu ministério foi marcado por compaixão. Em um relato, lemos que os discípulos viram Jesus andar sobre as águas e Pedro, com ousadia, pediu-lhe: "Senhor, [...] manda-me ir ao teu encontro sobre as águas" (Mateus 14:28). Assim Jesus fez, todavia, quando Pedro teve medo, começou a afundar e gritou: "Senhor, salva-me!" (v. 30). Nesse momento, Jesus estendeu a mão para segurá-lo. Em outras narrativas, ele também o faz, para libertar, para curar, para ressuscitar, para salvar.

As mãos de Jesus continuam estendidas em nossa direção, prontas para nos socorrer.

As mãos estendidas também nos lembram do maior ato de amor que já existiu. Quando entregou a própria vida por mim e por você, Jesus, com as mãos pregadas na cruz, declarou: "Está consumado!" e entregou o espírito (cf. João 19:30). Na vida e na morte, Jesus demonstrou seu amor e compaixão. E ele ainda o faz!

Ainda hoje, cada um de nós pode confiar que as mãos de Jesus continuam estendidas em nossa direção. Em nossa angústia, dor, sofrimento e aflição, ele nos mostra a sua compaixão. Como declarou o profeta Isaías em Isaías 59:1-2, o braço do Senhor não é fraco demais para nos salvar, tampouco o seu ouvido é surdo. Entretanto, foram os pecados da humanidade que nos separaram de Deus. Graças a Jesus, podemos nos reconciliar com ele e caminhar em direção aos seus braços, sempre abertos para nos receber, e expressar as nossas súplicas, pois ele nos ouve.

O movimento em direção aos seus braços depende de nós. Qual, então, será a nossa escolha: nos afastar ou nos aproximar? Se você está distante, lembre-se: a mão de Jesus continua estendida e pronta para salvar!

"Senhor, obrigado por teu amor e por tua compaixão. Ensina-me a me achegar a ti e a pedir ajuda, confiante de que tu tens poder para salvar, curar e libertar. Quero viver todos os dias em teus braços de amor, amém."

18
DEZ

Sem comparação

O coração em paz dá vida ao corpo, mas a inveja apodrece os ossos.
PROVÉRBIOS 14:30

Reconhecer que Deus tem o melhor para nós é o primeiro passo para uma vida de contentamento e gratidão.

O mundo em que vivemos é permeado por um sistema de crenças e valores que busca moldar a nossa percepção da realidade. É por isso que precisamos analisar a nossa mente e o nosso coração para ver se temos sido, de alguma forma, influenciados por algo contrário à Palavra de Deus. Temos de refletir sobre o que exerce influência sobre nós e se estamos alinhados com os princípios bíblicos e com a vontade de Deus para nós.

Uma ameaça para a nossa saúde espiritual é a preocupação com a validação externa. Cada vez mais, as pessoas tentam agradar umas às outras e se encaixar nos moldes que consideram adequados. É como se, para viver, precisassem da aprovação de determinado grupo. Os esforços incessantes para obter validação externa são uma armadilha que nos aprisiona em um ciclo de comparação.

Contudo, a comparação destrói o contentamento. Ela gera insatisfação, inseguranças, inveja e tira a paz interior. Como está escrito em Provérbios 14:30, "O coração em paz dá vida ao corpo, mas a inveja apodrece os ossos". Ou seja, em vez de nos comparar às outras pessoas, tentar agradar aos outros ou nos permitir ser influenciados, precisamos nos contentar com a vida que Deus nos deu. O nosso esforço deve ser para nos conformar ao modelo do Senhor Jesus, o nosso maior exemplo. Seguindo os seus passos, podemos exercer influência positiva por onde quer que passemos, para a glória de Deus.

Convido você a examinar o seu coração e as suas atitudes. Se você tem alimentado a inveja, insatisfação, comparação ou a murmuração, este é o momento de abrir mão de todas essas coisas que desagradam a Deus e começar a cultivar gratidão e contentamento.

"Senhor, ajuda-me a me libertar das correntes da busca por validação, das más influências e da comparação. Que, em lugar dessas coisas, eu cultive gratidão, contentamento e o desejo de ser conformado à imagem de Jesus. Amém."

Inteiros

19 DEZ

— Se um reino estiver dividido contra si mesmo, não poderá subsistir.

MARCOS 3:24

O ser humano é inclinado ao pecado desde o nascimento. Devido à gravidade da nossa condição, somente o sangue de Jesus tem poder para nos lavar, purificar e justificar diante de Deus. Apesar disso, o nosso coração continua a desejar o que é mau.

A carne e o Espírito militam em uma guerra interminável, como declarou o apóstolo Paulo em Gálatas 5:17: "Pois a carne deseja o que é contra o Espírito; o Espírito, o que é contra a carne. Eles estão em conflito um com o outro [...]". Precisamos, portanto, nos posicionar e deixar claro de que lado estamos: se inclinados ao que este mundo caído dita ou se separados para Deus, dispostos, inclusive, a ser perseguidos em razão da nossa decisão de viver pelo Espírito.

Marcos relata no terceiro capítulo do seu Evangelho que, certa ocasião, os mestres da lei acusaram Jesus: "Ele está possuído por Belzebu! É pelo príncipe dos demônios que ele expulsa demônios" (v. 22). Jesus, porém, lhes explicou que isso não era possível justamente porque a divisão de um reino causa a sua destruição. Esse episódio não somente ressalta que Jesus jamais se envolveria com o reino das trevas como também evidencia a importância da unidade e do posicionamento: um reino, uma família, uma empresa ou até mesmo um indivíduo, quando dividido, não resistirá.

Portanto, devemos verificar se temos nos deixado dividir, oscilando entre dois pensamentos, em alguma área da nossa vida. Será que o nosso posicionamento é completamente coerente? Será que temos sido constantes na fé? Precisamos ser inteiros, ter unidade de pensamentos, princípios, conduta e valores, e estes devem estar alinhados com a vontade daquele que tudo rege e governa.

Não há neutralidade; ou estamos inclinados ao mundo, ou estamos separados para Deus.

**"Senhor, eu não quero viver uma vida dividida;
o meu desejo é me posicionar com confiança.
Dá-me uma nova mentalidade, purificada e renovada,
para que eu me apresente a ti com integridade,
em nome de Jesus. Amém."**

20
DEZ

Sim ou não

— Quando disserem "sim", que seja realmente sim; quando disserem "não", que seja não. O que passar disso vem do Maligno.

MATEUS 5:37

A forma como agimos e o que falamos deve testemunhar que somos filhos de Deus.

A nossa identidade em Cristo é um dos pilares fundamentais da nossa fé. Não somos apenas criaturas, como também filhos de Deus, nascidos de novo pela obra redentora de Jesus: "Todos vocês são filhos de Deus por meio da fé em Cristo Jesus, pois os que em Cristo foram batizados vestiram-se de Cristo" (Gálatas 3:26-27). Ter a convicção de que somos filhos de Deus transforma a nossa perspectiva, a nossa forma de nos relacionar com o Pai e a nossa vida como um todo.

Como filhos de Deus, devemos viver de maneira irrepreensível, com sabedoria, prudência e discernimento. O apóstolo orientou a igreja de Tessalônica: "Afastem-se de todo tipo de mal" (1Tessalonicenses 5:22). Não podemos viver de maneira contraditória ou abrir margem para que encontrem em nós qualquer motivo para reprovação. Os filhos de Deus devem agir como filhos de Deus, não como aqueles que permanecem no mundo e continuam a viver em pecado.

A forma como vivemos deve refletir o caráter de Jesus. Não se trata de sermos perfeitos mas do esforço para andar na luz e nos afastar do mal. As nossas obras são visíveis para o mundo. Então, ao olhar para nós, as pessoas têm de ver a luz de Cristo. A forma como agimos e o que falamos pode alcançar muitas pessoas. Em *Ouvindo Deus na tormenta*, Max Lucado explica que se autointitular filho de Deus é muito diferente de ser chamado filho de Deus por alguém que observa a forma como você vive.

Portanto, devemos nos esforçar para viver como filhos de Deus. Se dissermos sim, seja de fato sim. Se dissermos não, seja de fato não, pois, como afirmou o Senhor Jesus, qualquer coisa além disso vem do Maligno.

"Pai, como é maravilhoso ser teu filho por meio da fé em Jesus. Ensina-me a viver como teu filho e a refletir o caráter de Cristo para o mundo, para que sejas glorificado e conhecido por todos. Em nome de Jesus, amém."

Saia da sua tenda

Levando-o para fora da tenda, disse-lhe:
— Olhe para o céu e conte as estrelas, se é que pode contá-las. [...]
Assim será a sua descendência.
GÊNESIS 15:5

Abraão é mencionado nas Escrituras como pai da fé (cf. Romanos 4:11-12,16; Tiago 2:21). De geração em geração, ele é lembrado por sua confiança nas promessas de Deus. Entretanto, a Bíblia não mostra a vida de um homem perfeito. Como nós, Abraão cometeu erros e passou por momentos de desesperança. Isso nos mostra que a jornada de fé não é linear, livre de dúvidas ou de fraquezas; nos altos e baixos, devemos escolher confiar em Deus, como Abraão.

No texto de Gênesis 15, o Senhor se revela a Abrão mais uma vez e lhe promete uma grande recompensa. Abrão, porém, estava em sua tenda, limitado e ainda sem entender como poderia receber uma recompensa se ainda não tinha descendentes. Por isso, o Senhor o conduziu para fora e lhe disse: "Olhe para o céu e conte as estrelas, se é que pode contá-las. [...] Assim será a sua descendência" (v. 5).

Assim como ele fez, muitas vezes nos questionamos se aquilo que Deus nos prometeu realmente acontecerá. A realidade dura, as circunstâncias contrárias e até mesmo um ambiente que se opõe à fé podem nos impedir de enxergar o que Deus tem para nós.

No entanto, neste dia, somos chamados a sair da nossa tenda, a romper com as nossas limitações. No livro *Abraão* (2016), da série Heróis da fé, Charles Swindoll afirmou que, assim como tinha um plano grandioso para o patriarca, "Deus tem um plano para você, e esse plano inclui bênçãos maiores do que sua capacidade de imaginá-las". A exemplo do nosso pai da fé, temos de crer no Senhor cujas promessas são infalíveis, e assim seremos considerados justos (v. 6). O Senhor é fiel em sua aliança. Por isso, permita que ele o conduza para fora da sua tenda hoje e creia nele.

Rompa com as limitações, com as dúvidas e com a incredulidade que o aprisiona.

"Senhor, nos momentos em que eu estiver fragilizado e preso às limitações, ajuda-me a ver a tua presença e a me apegar às tuas promessas infalíveis. Em nome de Jesus, amém."

22
DEZ

Façam tudo com amor

Estejam vigilantes, mantenham-se firmes na fé, sejam corajosos, sejam fortes. Façam tudo com amor.

1CORÍNTIOS 16:13-14

Em um mundo tomado pelo ódio e pela maldade, o amor é a nossa arma mais poderosa.

Os cristãos frequentemente usam termos de guerra como metáforas para a vida. O próprio Deus se apresenta para nós na Bíblia como Senhor dos Exércitos. Além disso, as Escrituras mostram muitos homens e mulheres de Deus que passaram por batalha. Dessa forma, ainda hoje nos referimos aos momentos de dificuldade como "lutas" e "batalhas".

No entanto, a Palavra nos alerta a respeito de uma batalha espiritual real "contra os dominadores deste mundo de trevas e contra as forças espirituais do mal nas regiões celestiais" (Efésios 6:12). Por essa razão, somos chamados a perseverar em Deus. Em 1Coríntios 16:13-14, Paulo faz esta exortação: "Estejam vigilantes, mantenham-se firmes na fé, sejam corajosos, sejam fortes. Façam tudo com amor".

Por mais que estejamos em uma guerra contra as trevas neste mundo mau, a nossa maior arma sempre será o amor. Foi assim que Jesus venceu a morte e o pecado: por amor, ele entregou a própria vida por mim e por você na cruz do Calvário. Por amor, Deus enviou o seu Filho, o seu amado Filho, "para que todo aquele que nele crer não pereça, mas tenha a vida eterna" (João 3:16). E somente porque fomos amados podemos amar (cf. 1João 4:19). Pelo amor de Cristo em nós, somos transformados e capacitados a amar também.

Portanto, se você deseja sair vitorioso da batalha, a qual Jesus já venceu, precisa de vigilância, posicionamento, coragem e, sobretudo, amor. Sem amor, nada do que fizermos tem valor. Se, porém, fizermos todas as coisas com amor, a exemplo do nosso Senhor e Salvador, estaremos aptos a fazer parte do seu exército, com a certeza de que "somos mais que vencedores por meio daquele que nos amou" (Romanos 8:37).

"Ó Deus, eu te agradeço por teu grande amor revelado por meio do Senhor Jesus. Aperfeiçoa-me no amor e ajuda-me a permanecer vigilante, firme na fé, corajoso e forte. Em nome de Jesus, amém."

Movimento de adoração

23
DEZ

Sê exaltado, ó Deus, acima dos céus! Sobre toda a terra esteja a tua glória!

SALMOS 57:11

Engana-se quem pensa em adoração apenas como expressão musical ou uma prática de rituais. Embora a música seja uma das formas de louvar, a adoração é um estilo de vida de um coração que reconhece a soberania, a santidade e a bondade de Deus em todas as coisas.

A adoração é apresentada nas Escrituras até mesmo como arma de guerra: "Quando começaram a cantar e a entoar louvores, o SENHOR preparou emboscadas contra os homens de Amom, de Moabe e dos montes de Seir, que estavam invadindo Judá, eles foram derrotados" (2Crônicas 20:22).

No salmo 57, apesar de ser um fugitivo, Davi declarou: "O meu coração está firme, ó Deus, o meu coração está firme; cantarei e louvarei! Acorde, minha alma! Acordem, harpa e lira! Despertarei a alvorada! Eu te darei graças, ó Senhor, entre as nações; cantarei louvores a ti entre os povos" (v. 7-9). Davi não se deixou abater pela angústia ou pelo medo; antes, permaneceu com o coração firmado no Senhor.

O exemplo de Davi nos mostra que um coração adorador não deixa de louvar em meio a um cenário contrário, pois confia na fidelidade e no amor de Deus independentemente das circunstâncias. O próprio Jesus declarou que "é necessário que os seus adoradores o adorem em espírito e em verdade" (João 4:24).

Conforme o ano se encerra, temos a tendência de olhar para as promessas não cumpridas, as metas não alcançadas e para aquilo que planejamos, mas não aconteceu. Hoje, porém, o Senhor nos convida a adoração. A adoração que nasce em um coração sincero move a mão de Deus. Portanto, não importa qual seja a sua situação neste momento, exalte ao Senhor.

A verdadeira adoração não está condicionada às circunstâncias.

"Senhor, mesmo em meio às dificuldades, quero te louvar com tudo o que tenho e tudo o que sou. Tu és digno de ser adorado. Ajuda-me a fazer da adoração o meu estilo de vida, em nome de Jesus, amém."

24
DEZ

Estrada segura

Considere a vereda que os seus pés tomam e seja firme em todos os seus caminhos. Não se desvie nem para a direita nem para a esquerda; afaste os seus pés da maldade.

PROVÉRBIOS 4:26-27

Ainda que não saibamos para onde ir, o Senhor vai adiante de nós; ele abre o caminho e nos guia em cada passo.

Muitas pessoas não conseguem avançar porque, por algum motivo, permanecem presas ao passado. Seja pela lembrança dos momentos bons, seja pelo peso de dores e traumas, elas resistem em olhar para o novo. Muitos também se recusam a prosseguir porque o que está à frente é desconhecido.

Contudo, precisamos refletir: se fomos chamados a viver pela fé, por que insistimos em ter o controle sobre as situações? Se a fé é a confiança do que esperamos e a certeza do que não vemos (cf. Hebreus 11:1), a insistência em querer controlar o futuro é uma contradição à própria essência da fé. Não há outra rota senão o futuro, com suas surpresas e seus desafios, e cabe a nós confiar que Deus está no controle de todas as coisas e que seus planos são perfeitos.

A Bíblia deixa claro qual é o caminho que devemos seguir. Em Provérbios 4:25, por exemplo, está escrito: "Olhe sempre para a frente; mantenha o olhar fixo no que está adiante de você". Já em Filipenses 3:13-14, o apóstolo Paulo relata: "[...] uma coisa faço: esquecendo-me das coisas que ficaram para trás e avançando para as que estão adiante, prossigo para o alvo [...]". E, por meio do profeta Isaías, o Senhor declarou: "Esqueçam o que se foi; não vivam no passado. Vejam, eu farei uma coisa nova! [...]" (Isaías 43:18-19).

Assim, somos convocados a deixar para trás o trauma, o saudosismo, a nostalgia, o medo do novo e a indecisão para ousar prosseguir pela fé. O Senhor é quem vai à nossa frente e é por isso que devemos fixar os nossos olhos adiante, sem nos desviar em momento algum. Somente o nosso Deus tem o poder para nos levar ao destino eterno que preparou para cada um de nós.

"Senhor, eu não quero mais ficar paralisado pelo medo, preso a traumas ou a nostalgias. Quero fixar os olhos adiante, focando em ti e na vida que tens para mim. Ajuda-me a não me desviar em nenhum momento, amém."

Emanuel

25
DEZ

— Por isso, o Senhor mesmo dará a vocês um sinal: eis que a virgem ficará grávida, dará à luz um filho e o chamará Emanuel.

ISAÍAS 7:14

A história de Jesus não começa no Novo Testamento. Toda a Escritura aponta para a vida do Messias, o Ungido de Deus que viria para resgatar a humanidade. Isaías profetizou a respeito da vinda de Cristo e anunciou que uma virgem daria à luz um filho, e o seu nome seria Emanuel (cf. Isaías 7:14). Mais adiante, ele também predisse: "[...] Ele será chamado Maravilhoso Conselheiro, Deus Poderoso, Pai Eterno, Príncipe da Paz" (9:6).

Esta é a mensagem central do Natal: Deus conosco, para sempre.

Em seu livro *A pergunta que não quer calar* (2016), Philip Yancey declara: "Sempre, apesar das circunstâncias, temos a garantia do 'Emanuel', que simplesmente significa 'Deus conosco'. [...] Deus mostrou solidariedade conosco da maneira mais íntima possível: o Filho de Deus, *Emanuel*, juntou-se à nossa espécie". Esse nome não é somente um título; é a representação de quem Jesus é. Ele representa tanto a vinda de Jesus como o Deus que se fez carne quanto a maneira como ele continua a habitar entre nós por meio do seu Espírito.

O Natal marca a celebração do cumprimento perfeito da promessa de Deus. Embora o nascimento de Jesus não tenha ocorrido necessariamente em 25 de dezembro, esta data representa o cumprimento da sua palavra e o desejo do seu coração: um relacionamento de intimidade com a humanidade. Neste dia, celebramos o amor incondicional de um Deus que se fez acessível, se humilhou para nos resgatar e anseia por uma comunhão verdadeira conosco.

O Deus Emanuel não é distante. Pelo contrário, ele que escolheu se identificar com a humanidade a ponto de tornar-se um de nós, sentir as nossas dores, se aproximar dos aflitos e oprimidos, e por fim, se oferecer em sacrifício para nos salvar. Por isso, celebremos o Deus Emanuel, que ainda está entre nós!

"Ó Deus, eu te agradeço pelo teu plano perfeito, que se cumpriu em Jesus. Louvado seja o Deus Emanuel, o Deus conosco. Tu és o nosso maior presente, a nossa maior dádiva. Amém."

26
DEZ

Tipos de colheita

Lembrem-se: aquele que semeia com moderação também colherá moderadamente, e aquele que semeia com fartura também colherá fartamente.
2Coríntios 9:6

A capacidade de Deus de nos abençoar é ilimitada.

O fim do ano costuma ser marcado por ações de generosidade. Aquilo que popularmente chamamos de "espírito natalino" nada mais é do que a resposta de um coração grato que, ao considerar as bênçãos recebidas, partilha um pouco do que tem com o próximo.

Na segunda carta do apóstolo Paulo aos coríntios, ele orienta: "Cada um contribua conforme determinou no coração, não com pesar nem por obrigação, pois Deus ama a quem dá com alegria. Deus é poderoso para fazer que toda a graça seja acrescentada a vocês, para que em todas as coisas, em todo o tempo, tendo tudo o que é necessário, vocês transbordem em toda boa obra. Como está escrito: 'Distribuiu generosamente aos pobres; a sua justiça permanece para sempre'" (v. 7-9). A generosidade não é uma obrigação; é um ato de amor que transborda. Ninguém pode dar algo que não tenha, antes, recebido. Não devemos encará-la como um fardo, e sim como um privilégio.

A capacidade de Deus de nos abençoar é ilimitada. Ele nos concede todo tipo de bênçãos, não apenas para suprir as nossas próprias necessidades, como também para que possamos repartir com outros. Deus não nos dá somente o mínimo; ele nos faz transbordar, para que sejamos canais de bênção para o mundo.

Em tempos de retrospectiva e encerramento de ciclos, precisamos refletir com gratidão sobre tudo o que temos recebido, pois o nosso Deus é generoso para conosco. Também é importante avaliar o que temos semeado, pois isso se refletirá na colheita futura. Se queremos colher fartamente, plantemos com fartura, e isso não diz respeito somente às finanças, mas também ao nosso tempo, aos nossos recursos, esforços, talentos e ao nosso próprio ser.

"Senhor, eu te agradeço pela tua generosidade para comigo. Obrigado por tantas bênçãos. Dá-me um coração generoso que se alegra em abençoar o próximo. Em nome de Jesus, amém."

Ainda dá tempo

Busquem o Senhor enquanto é possível achá-lo; clamem por ele enquanto está perto.

ISAÍAS 55:6

Tanto na escrita quanto no desenho, ao errar, é possível simplesmente apagar e recomeçar. Certamente, cada um de nós já desejou uma borracha da vida para apagar certas coisas e poder fazer de novo, mas, desta vez, melhor. Quantos querem uma segunda chance para buscar seus sonhos, reparar relacionamentos rompidos, correr atrás de um objetivo não alcançado ou apenas para não cometer os mesmos erros.

No Senhor, temos a oportunidade de recomeçar.

No entanto, a Palavra nos mostra que existe uma esperança. Segundo Isaías 55, a possibilidade de mudança é real. Ainda é possível, sim, mudar e trilhar uma nova história com Deus: "Que o ímpio abandone o seu caminho, e o homem mau, os seus pensamentos. Volte-se ele para o SENHOR, que terá misericórdia dele; volte-se para o nosso Deus, pois ele dá de bom grado o seu perdão" (v. 7). Deus, em sua infinita bondade e graça, não apenas nos perdoa, como também nos restaura e nos capacita a viver uma nova vida em retidão.

Não há melhor convite para um ser humano senão o do recomeço. Todos anseiam pela oportunidade de começar de novo, de refazer algo que hoje entendem que poderia ter sido feito de outra maneira, embora nem sempre seja possível. Contudo, com Deus, é possível recomeçar! A graça do Senhor ultrapassa as nossas falhas e as nossas limitações; ela nos capacita a um novo começo com esperança e com o coração renovado.

Portanto, busquemos o Senhor enquanto é possível achá-lo. O Senhor do tempo é quem lhe diz que ainda dá tempo. Ainda restam chances para um novo verdadeiramente novo, porém, desta vez, em comunhão com ele, sob os seus direcionamentos, porque os pensamentos e os caminhos dele são maiores e melhores do que os nossos (v. 8).

"Senhor, obrigado pela oportunidade de recomeçar. A vida nem sempre nos dá essa oportunidade, porém, pelo sacrifício de Jesus, temos a esperança de recomeçar. Ajuda-me a te buscar de todo o coração, amém."

28
DEZ

O verdadeiro amor

Se eu tiver o dom de profecia, souber todos os mistérios e todo o conhecimento e tiver uma fé capaz de mover montanhas, mas não tiver amor, nada serei.

1Coríntios 13:2

O amor não é mero sentimento; é escolha, ação e compromisso.

Talvez uma das temáticas mais comentadas, discutidas e cantadas seja o amor. Ele está presente em filmes, canções, poemas, nas histórias contadas de geração em geração. O amor está em tudo. Mas será que ele é tudo? Qualquer maneira de amor vale a pena? Existe forma correta de amar?

A compreensão do amor verdadeiro começa com a desmistificação de sua natureza puramente sentimental. Embora o amor envolva emoções profundas, não se resume a um sentimento; amor é escolha, ação, compromisso. E, levando em consideração o que nos diz o nosso manual de vida, a Bíblia Sagrada, sabemos que o amor vai muito além do que vemos em romances.

De um modo que nenhum poeta ou compositor jamais conseguiu expressar, o apóstolo Paulo descreve, em 1Coríntios 13, o que realmente é o amor. Ele diz: "O amor é paciente, o amor é bondoso. Não inveja, não se vangloria, não se orgulha. Não maltrata, não procura os próprios interesses, não se ira, não guarda rancor. O amor não se alegra com a injustiça, mas se alegra com a verdade. Tudo sofre, tudo crê, tudo espera, tudo suporta. O amor nunca perece [...]" (v. 4-8).

Cada vez mais, o conceito de amor tem sido distorcido, reduzido a um sentimento passageiro ou a uma busca por satisfação egoísta. A Bíblia também nos alertou que, nos últimos dias, o amor de muitos esfriaria (cf. Mateus 24:12). Dessa forma, cabe a nós, que conhecemos o amor de Cristo, espalhar para o mundo que somente ele é o verdadeiro amor. Tudo o que fazemos e falamos deve estar fundamentado no amor, porque, se desejamos ser seguidores de Jesus, devemos refletir o caráter dele, e o amor é a sua essência.

"Ó Deus, graças te dou por teu grande amor. Somente tu me capacitas a amar verdadeiramente. Alinha o meu coração à tua Palavra, para que eu coloque em prática o dom do amor, em nome de Jesus. Amém."

Este é o nosso Deus!

Naquele dia, dirão: "Este é o nosso Deus; nós confiamos nele, e ele nos salvou. Este é o Senhor em quem confiamos; exultemos e alegremonos, pois ele nos salvou".

ISAÍAS 25:9

De geração em geração, ouve-se falar dos feitos poderosos do Senhor. A vida do povo de Deus, embora marcada pela providência divina, não é uma jornada isenta de dificuldades ou de sofrimento. A narrativa de que os cristãos vivem "de vitória em vitória" não tem respaldo bíblico.

Contudo, mesmo em meio às lutas, a Palavra de Deus nos garante que há esperança. Em Isaías 25:8, está escrito: "Ele tragará a morte para sempre. O Soberano Senhor enxugará as lágrimas de todo rosto e retirará de toda a terra a zombaria do seu povo. Foi o Senhor quem o disse". Encontramos uma promessa semelhante em Apocalipse 21:4: "Ele enxugará dos seus olhos toda lágrima. Não haverá mais morte, nem aflição, nem choro, nem dor, pois as coisas antigas já passaram".

Portanto, ainda que o nosso coração esteja quebrantado e enfraquecido pelas muitas lutas enfrentadas durante o ano, há esperança para um novo tempo de paz e livramento. O Senhor não se esquece dos seus; sua fidelidade é inabalável. Assim, ainda que desmotivados, precisamos nos esforçar para crer e prosseguir pela fé no Deus que jamais nos desamparará. Essa é a única forma de permanecermos firmes e cheios de esperança, pois, como afirmou Timothy Keller, inspirado pelos ensinos de Lutero, "o sofrimento é intolerável se não tivermos certeza de que Deus é por nós e está conosco" (*Caminhando com Deus em meio à dor e ao sofrimento*, 2016).

Hoje, o Senhor nos convida a perseverar e nutrir em nosso coração essa mesma esperança, para que possamos, enfim, dizer: "Este é o nosso Deus; nós confiamos nele, e ele nos salvou. Este é o SENHOR em quem confiamos; exultemos e alegremo-nos, pois ele nos salvou" (Isaías 25:9).

Persevere na esperança do cumprimento das promessas de Deus.

"Senhor, obrigado por tua promessa de socorro, consolo e salvação. Ensina-me a perseverar pela fé de que tu és o Deus que garante dias de renovo e paz. Em nome de Jesus, amém."

30
DEZ

Coração sempre alegre

[...] *entristecidos, mas sempre alegres; pobres, mas enriquecendo a muitos; nada tendo, mas possuindo tudo.*

2CORÍNTIOS 6:10

Se o nosso contentamento estiver em Cristo, permaneceremos alegres mesmo em meio à dificuldade.

Nas aulas de português, você provavelmente estudou sinônimos e antônimos. Ao longo do tempo, começamos a acreditar que certas realidades não podem coexistir: frio e calor, doce e azedo, trabalho e descanso, alegria e tristeza. Contudo, a prática é diferente. Apesar de opostas, algumas dessas coisas podem, sim, ser concomitantes.

Uma das coisas que aprendemos no decorrer da caminhada com Jesus é que a alegria pode existir mesmo em meio à dor e ao sofrimento. Isso acontece porque a alegria, do ponto de vista bíblico, não se trata de um sentimento superficial sujeito às circunstâncias, tampouco da ausência de sofrimento, e sim de um estado de contentamento e satisfação plenos. Segundo o autor de Hebreus, o próprio Jesus, "pela alegria que lhe fora proposta, suportou a cruz" (12:2).

Na segunda carta de Paulo aos coríntios, o apóstolo relatou: "Estive continuamente viajando de uma parte a outra, enfrentando perigos [...]. Trabalhei arduamente; muitas vezes fiquei sem dormir, passei fome e sede, e muitas vezes fiquei em jejum; suportei frio e nudez" (11:26-27). Contudo, na mesma carta, ele escreveu que, apesar do coração entristecido, sempre tinha alegria (cf. 6:10).

Se, como Paulo, a nossa alegria estiver firmada em Cristo, ela não será abalada pelas tribulações e pelos sofrimentos da vida. Pelo contrário, poderemos afirmar que, apesar das dificuldades e das tristezas, nele somos felizes, como expressa o hino "Aflição e paz": "Se paz a mais doce me deres gozar, se dor a mais forte sofrer. Oh, seja o que for, tu me fazes saber que feliz com Jesus sempre sou! Sou feliz com Jesus. Sou feliz com Jesus, meu Senhor!".

"Obrigado, Senhor, pela alegria que encontro somente em ti. Perdoa-me pelas vezes em que me esqueci de que estás comigo em todo o tempo e deixei de me contentar. Ensina-me a ter um coração grato e alegre, amém."

O Senhor já está lá

31
DEZ

"Porque sou eu que conheço os planos que tenho para vocês" — declara o Senhor — "planos de fazê-los prosperar, não de causar dano, planos de dar a vocês esperança e um futuro"

Jeremias 29:11

Perante a incerteza, temos a tendência a nos sentir inseguros. Porque a nossa visão é limitada, não conseguimos enxergar o panorama completo e ficamos paralisados pelo medo, incapazes de prosseguir. É difícil nos mover em direção ao desconhecido. Se você estivesse sem GPS, sem mapa, e recebesse a ordem de ir para um lugar que não conhece, provavelmente recusaria ou hesitaria.

Em dias como o de hoje, em que um ciclo se encerra e outro está prestes a começar, nos sentimos assim. Por mais que façamos planos e projetos, quem de nós pode ter visão plena do que acontecerá no próximo ano? Contudo, é justamente em tempos como este que precisamos exercer a nossa confiança no Deus que vê o que não vemos, sabe o que não sabemos e ouve o que não ouvimos.

Por meio de Jeremias, o Senhor declarou que tem bons planos para nós. E temos a garantia de que os desígnios divinos para a nossa vida não visam nos causar dano, e sim nos dar esperança e um futuro. Nós não sabemos o que nos aguarda no próximo ano, mas Deus sabe, e ele é aquele que "faz todas as coisas cooperarem para o bem daqueles que o amam e são chamados de acordo com seu propósito" (Romanos 8:28, NVT).

Portanto, embora você não saiba para onde vai, confie em Deus. Ele não nos deixa desamparados ao longo do caminho, mas, por meio do seu Espírito, que habita em nós, nos direciona em cada passo. Podemos confiar que, assim como ele esteve conosco durante todo este ano, nos guardando e ensinando, também estará no ano que se iniciará. Uma certeza nós já temos: não é preciso temer o dia de amanhã, pois nele o Senhor já está!

O Senhor já está à nossa frente preparando o caminho. Ele guardará os nossos passos e nos capacitará para o que está por vir.

"Eu te agradeço, ó Deus, pela tua companhia, pelo teu cuidado e por todos os teus ensinamentos ao longo deste ano. Ajuda-me a confiar que tu tens planos de me dar esperança e um futuro, em nome do Senhor Jesus. Amém."

Nuvens de palavras

Uma Nuvem de palavras é formada pelas palavras que tiveram maior ocorrência em determinado período em uma fonte de dados. Vamos usar o seu devocional como fonte de dados. Se preciso for, revisite as páginas, folheie e releia seus escritos e reflita sobre o seu ano.

Em seguida, preencha a nuvem com as palavras que mais foram usadas por você. Lembre-se de deixar no centro e com cor e letras maiores as mais importantes.

Chegamos ao final deste ano!

Sua sensação é de "Ufa!", de "Aleluia!", de "Glória a Deus!", ou de "Obrigado, Senhor"? Confesso que, no decorrer do ano, várias vezes passei por sentimentos diversos e, como é comum a todos nós, nem todos foram positivos.

Uma certeza, porém, carrego comigo: "Ebenézer, até aqui o Senhor nos ajudou" (cf. 1Samuel 7:12). Como é reconfortante saber que construímos juntos um tempo precioso diante do nosso Deus e que ele está ao nosso lado hoje, como esteve ontem e prometeu estar todos os dias até o fim dos tempos (cf. Mateus 28:20).

Agradeço-lhe a companhia e espero que este devocional tenha sido abençoador para a sua vida de tal modo que você tenha o desejo de espalhar a mensagem aqui contida a todos ao seu redor.

Nós nos encontramos amanhã, no ano que vem!